U0462268

「十四五」时期国家重点出版物出版专项规划项目

中国传统伦理道德文化丛书

修订版

道家伦理道德精粹

王泽应 著

湖南大学出版社·长沙

图书在版编目（CIP）数据

道家伦理道德精粹 / 王泽应著. -- 修订版. 长沙：湖南大学出版社，2025. 3. --（中国传统伦理道德文化丛书）. -- ISBN 978-7-5667-4054-0

Ⅰ. B223. 05

中国国家版本馆 CIP 数据核字第 2025KY2698 号

道家伦理道德精粹（修订版）
DAOJIA LUNLI DAODE JINGCUI（XIUDINGBAN）

著　　者： 王泽应
策划编辑： 王和君　全　健
责任编辑： 刘　旺　崔　桐　尹鹏凯
责任校对： 张　宪　肖晓英
印　　装： 湖南天闻新华印务有限公司
开　　本： 710 mm×1000 mm　1/16
印　　张： 30. 5
字　　数： 415 千字
版　　次： 2025 年 3 月第 1 版
印　　次： 2025 年 3 月第 1 次印刷
书　　号： ISBN 978-7-5667-4054-0
定　　价： 106. 00 元

出 版 人： 李文邦
出版发行： 湖南大学出版社
社　　址： 湖南 · 长沙 · 岳麓山
邮　　编： 410082
电　　话： 0731-88822559（营销部），88820008（编辑室），88821006（出版部）
传　　真： 0731-88822264（总编室）
网　　址： http://press.hnu.edu.cn
电子邮箱： 437291590@qq.com

序：传统文化三题[①]

在我国，自1840年鸦片战争爆发至今前后180多年间，所谓古今、中西、体用、传统与现代之争一直不绝于耳，从未间断，其核心就是如何正确认识传统与传统文化，如何处理和对待传统和现代化的关系问题。近年来，习近平总书记从新时代实现中华民族伟大复兴中国梦的高度，又一次把以上问题提到了全党和全国人民的面前。他指出："培育和弘扬社会主义核心价值观必须立足中华优秀传统文化。牢固的核心价值观，都有其固有的根本。"[②] 习近平总书记多次强调，我们要加强对中华优秀传统文化的挖掘和阐发。习近平新时代中国特色社会主义思想也融入了大量传统文化精髓，体现了对中华优秀传统文化的继承和发扬。因此，认清什么是传统与传统文化，把握传统文化和现代人的真实关系，处理好传统文化与现代化的联系等问题，具有重大的理论意义和实践意义。

一、什么是传统与传统文化

"传统"一词在拉丁文中，是指从过去延传到现在的事物，在英语中也基本上是这个含义。有学者认为，凡延传三代以上，被人类赋予某

---

① 本文曾发表于《求索》2018年第3期，作为《中国传统伦理道德文化丛书》（修订版）的序，有改动。

② 习近平：《习近平谈治国理政》，外文出版社，2014，第163-164页。

种价值和意义的事物，都可以看作传统。一般来说，传统包含三个构成部分。一是器物层面，即历史上延传下来的典章制度、文化经典、古迹文物等。二是行为层面，即历史上延传至今的风俗习惯等。事实上，风俗习惯乃是一种相对固化的行为模式，是一个民族群体认知和智慧的积淀。这两个构成部分可以说是传统的“显性的方面”。三是精神层面，即历史上延传至今的社会理想、生活信念、伦理道德观念、民族性格和心理特征等，具体说就是历史上形成而延传至今的人们的价值观念、思维方式、审美情趣和宗教信念等。这可以说是传统的“内在隐性的方面”。传统的这三个构成部分、两个方面的关系是怎样的呢？前两者，即“显性的方面”，是传统得以呈现和延传的载体和媒介，是观念意向的表意象征。而后者，即“内在隐性的方面”，则是传统得以延传的血脉和灵魂。没有前两者，传统就无法得以延传和呈现；没有后者，传统就会枯萎坏死，也无法鲜活地存在和延传。从这两者的关系来讲，我们又可以把传统划分为广义的和狭义的两个方面。广义的传统就是我们前面讲的器物层面、行为层面和精神层面三个方面的统一。从这个意义上说，传统的概念与人类文化学所使用的“大文化”概念是一致的，它是历史上人类创造的、赋予象征意义并延传至今的所有事物的复合整体，我们可以把它叫作“传统文化”。狭义的传统则是指世代相传、延续至今的社会理想、宗教信念、价值观念、思维方式、行为方式和审美情趣等，属于精神层面。在我国典籍中关于传统的概念，主要是就这个方面而言。故古人有“道统”“政统”“学统”之类的讲法。我们今天讲要继承与弘扬中华优秀传统文化，也主要是就这个方面而言。据此我们又可以把传统叫作“文化传统”，即文化的传统。它体现着一个民族特有的民族精神、价值理想、民族性格、民族气质和民族心理。

传统或传统文化具有两个显著的特征。一是世代相传事物的同一性。无疑，由于传统或传统文化是世代相传、从过去延传到现在的事物，它本身就是一个变化着的文化链条；但它的这种变化总是围绕一个或几个被接受和延传的主题展开，进而形成了有着不同变体的时间的链条。这样，它虽然在世代相传中发生了种种变异，始终处于流动状态，但其中又有着某种共同的渊源、共同的主题以及相近的表现形式和出发点。也就是说，它的各种变体之间由于存在着某种共同的脉络，又表现出某种变中不变的同一性。这种同一性在观念上具体表现为某种相对稳定的问题意识、解题路径、解题方式和相近的价值取向与价值目标。二是世代相传事物的持续性。这种持续性首先表现在它是世代相传、相承相因的；其次表现在它现在还存活着，还在这样或那样地影响与制约着人们的思想和行为，从这个意义上可以说它是“存在于现在的过去”。正因如此，它作为过去人们所创造的事物的表意象征，同时又是现今社会的文化遗产。这种文化遗产使得一个国家、一个民族的代与代之间、不同历史阶段之间，始终保持着某种连贯一致的持续性。

那么，传统或传统文化是怎样形成的呢？这也是一个常常容易被人们误解甚至扭曲的问题。事实上，传统或传统文化的形成并不是某种外在力量强制或法律规定、行政命令的结果，也不能简单地把它理解为只是少数圣贤明哲的主观设计或纯粹外在灌输的产物，而是一个民族群体在长期共同生活和社会实践中形成的价值共识和道德认同的产物。确切地说，它是一个国家、一个民族主流社会意识的价值倡导和引领，及广大社会成员基于社会生活实践的需要而形成的价值共识和道德认同相统一的结果，是合规律性与合目的性的统一。正是这种价值共识和道德认同，经过时空的过滤和筛选，世代相传，最终才积淀形成了一个国家与民族的传统或传统文化。

二、传统或传统文化和现代人

传统或传统文化和现代人到底是什么样的关系？这是一个长期被一

些人忽略甚至误读的问题。有的人常常自以为很现代、很时尚，把自己民族的传统或传统文化视为“敝帚”，认为传统就是落后、保守，甚至给讲传统的人戴上“食古不化”“抱残守缺”的帽子。他们极端反传统，认为中国近现代之所以落后于西方国家，就是我们国家的传统造成的。他们宣扬中国的这种黄土地的“黄色文明”已经没有了存在的理由，必须用西方的“蓝色文明”取而代之，“黄色文明”只有自觉地接受“蓝色文明”的阳光雨露的滋润，才能继续生存与发展下去。为此，他们对中华民族几千年的文明发展历史进行大肆歪曲和轻率贬斥。这种思想以极端的形式延续了我国自 1840 年鸦片战争爆发以来，由于西方列强侵略，我们国家长期处于落后挨打局面，而在一部分人中慢慢滋生的一种文化自虐、文化自残的病态心理。“外国的月亮才是圆的”，西方一切都好，成为某些人宣扬、标榜“现代”与“时尚”的理由。

为了澄清这个问题，很有必要反思一个基本的问题。那就是，一个国家、一个民族的传统或传统文化，同现代人的真实关系到底是怎样的。理论和实践告诉我们，对于现代人来说，一个国家、一个民族的传统或传统文化是不能被简单地否定和抛弃的，而应该理性地对待和科学地选择。这里讲的理性地对待，就是要在重视、尊重自己民族的传统或传统文化的前提下，对其进行分析、鉴别，站在现代社会发展需要的立场上，区分其精华与糟粕，吸其精华，弃其糟粕。用习近平总书记的话来说，就是要处理好继承和创造性发展的关系，重点做好创造性转化和创新性发展。为什么必须如此呢？

首先，从一定意义上说，任何一个现代人不管其自觉与否，在其原初意义上都是一个传统人。

关于这一点，美国著名的社会学家爱德华·希尔斯（1910—1995）在其专著《论传统》中就作出了专门论述。这本书的第一章的标题就是

“在过去的掌心中”[1]。

一个基本的事实是，人是用语言来进行思维的。“语言是思维的物质外壳”，语言也“是一个民族存在的家园”。瑞士著名语言学家索绪尔就提出，语言是人类的共性，它有其共时性的结构性质。各个民族都有自己的语言。语言作为一个民族认识外部事物，对外部事物作出判断、进行思考，实现人际交流的工具，仔细分析就会发现，它本身就积淀了一个民族群体由于长期共同生活和社会实践而形成并传承的价值观念、思维方式、审美情趣和宗教信仰等的内涵，可以说它是一个民族群体传统的价值观念、思维方式、审美情趣和宗教信念等固化和形式化了的一种文化符号。这就是为什么在日常生活中，同是赞美人、贬斥人，或者同是表示喜悦、悲恸等意念层面的内容，各民族的语言表达方式有着截然不同的深刻根源。现代语言学对此可以作出充分的证明。

其次，人是一种文化的存在物。一个国家与民族的传统或传统文化乃是这个国家、民族成员认识和处理同外部事物的关系，实现其作为文化的存在物的价值和进行文化创造的文化基因。

“基因”一词源于古希腊语，意思是“生”。在古希腊时期原本是一个哲学概念，后来成为现代生物遗传学上的一个基本概念，指一个生命体的内部组织结构的特殊方式。正是这种特殊的组织结构方式作为在上下代之间传递遗传信息的基本单位，决定着一个生命体的生命性状和发展轨迹，“种瓜得瓜，种豆得豆”正是因为此。那么在文化上有没有基因呢？也有。这种基因和生物学上的基因性质一样，正是有了它才能够解释，一种特殊的文化类型其何以如此，将来大致可能的走向如何，及为什么它不同于别的文化类型。

讲到这里，有必要了解一下皮亚杰的发生认识论的基本思想。皮亚杰是瑞士杰出的心理学家、生物学家和哲学家，他通过对儿童心理和儿

---

① ［美］希尔斯：《论传统》，傅铿、吕乐译，上海人民出版社，2009，第37页。

童道德判断的研究发现，人的认识并不是像照镜子一样是对客体对象的消极反映和模写，而是对主体与客体关系的一种把握，是主体意识的一种建构过程。这种建构是主体为了适应外界对象及其变化而对自身意识中原有的“文化图式”进行的某种调适，皮亚杰把这种调适叫作“顺化”或“顺应”。与“顺化”或“顺应”相对的是“同化”。具体来说，本来作为主体的人在接触外部对象时，总是试图以自己原有的相关的“文化图式”去同化客体对象，然而在同化过程中主体就可能发现，自己原有的“文化图式”与客观对象并不完全一致。于是主体只好对自己原有的相关的“文化图式”作出调整，以顺应客体而形成关于客体的观念。所以，人的认识过程就是一个主体对客体对象进行同化或顺应的过程。这一过程实质上就是主体在意识层面的一种观念建构过程。那么，主体意识中原有的“文化图式”是从哪里来的？当然是主体出生后在后天生活中习得的，这和主体后天的生活环境、行为活动、学习教养等都密切相关，但这一切都以主体后天习得的语言为中介。无论是皮亚杰所说的“文化图式”还是现代社会心理学家所讲的“文化心理结构”，都是以一个国家、一个民族的语言为中介的。既然语言乃是一个国家、一个民族的成员所特有的价值观念、思维方式、审美情趣和宗教信念等的一种固化、形式化了的文化符号，这就不难理解为什么传统或传统文化乃是一个国家与民族的成员认识和处理同外部事物的关系，实现其作为文化存在物的价值和进行文化创造的文化基因了。

从这个方面说，人们能够摆脱和抛弃传统或传统文化吗？不能。任何一个现代人都只能面对，只能对其进行理性的选择。这一点，现代信息科学也作出了进一步的诠释。实际上一个人所具有的“文化图式”或“文化心理结构”，乃是一个信息处理系统。外部对象对主体的刺激，其信息是要通过主体这个信息处理系统进行处理的。人们接收到的任何信息，都要经过这个信息处理系统的筛选、加工和改造，才能为主体所认同和接受。这也是对于同一事物会“仁者见仁，智者见智”的缘故。同样，对于不同的国家和民族也是如此。

再次，传统或传统文化也是人们生存和处理同外部世界的矛盾的一种特殊的文化力量和文化途径。它赋予人们的生活某种秩序和意义，不仅是人们民族身份认同感和归属感的重要形成机制，且已成为人们的一种内在的心理需要。

“每逢佳节倍思亲”，这是中国人植根于传统的一种特有的心理需求，它也表征着中国人对生命意义和生活秩序的独特理解。在现实生活中，亲情常常成为中国人解决特定范围人际矛盾的特殊文化力量。那么，为什么传统或传统文化能够在现代人的生活中起到这样一种特殊的作用呢？究其根本，就在于一个国家、一个民族的传统或传统文化，乃是这个国家、这个民族群体在长期的共同生活和社会实践中所形成的价值共识和道德认同的产物。这种价值共识和道德认同经过时空的过滤和筛选，世代相传，最终积淀为历史经验和生存智慧。它们在传承和发展中不仅赢得了人们的广泛支持，深入人心，而且逐渐上升为历史理性而获得某种特殊的权威性、神圣性，甚至被赋予某种传奇的存在形式。

爱德华·希尔斯在《论传统》一书中提出了“实质性传统”的观念。他所讲的“实质性传统”，是指那些能够长期受到人们的敬重、为人们所依恋，并对人们的行为具有强大的道德规范作用和感召力的传统。他认为这些传统之所以能够发挥如此巨大的作用，是因为它们往往具有一种神圣的“克里斯玛”特性。“克里斯玛”一词最初出现在《新约·哥林多后书》中，原指受神恩而被赋予的天赋。19世纪法国哲学家用它来指称基督教的超世俗性质，后来著名社会学家马克斯·韦伯全面扩展和延伸了克里斯玛的含义，既用它来指称某种具有神圣感召力的人物和事件的非凡精神特质，也用来指称一切与日常生活或世俗生活中的事物相对、被认为是超自然的神圣事物。爱德华·希尔斯认为，许多实质性传统都是人类原始心理倾向的表露，如敬重权威和道德规范，思念过去，依恋家乡，渴求家庭的温情，等等。爱德华·希尔斯写道："实质性传统还继续存在，这倒不是因为它们是仍未绝灭的习惯和迷信的外部表现，而是因为，大多数人天生就需要它们，缺少了它们便不能生存下去。"① 正因为如此，他认为不仅创建一种传统需要克里斯玛的想象力，破除一种传统同样离不开克里斯玛特质，甚至需要有双倍的克里斯玛特质。因为破除一种传统必须同时创建一种更适合时宜和环境也更具有想象力的新传统。只有新传统的克里斯玛力量压倒了旧传统的习惯势力之后，旧传统才会退出历史舞台，新传统才会赢得人们的广泛支持，才能深入人心，否则是不可能凭空破除旧传统的。传统是既有的解决各类人类问题的文化力量和途径，如果没有更好的、更具有克里斯玛力量的传统出现，旧传统即使表面上被破除了，也仍然会死灰复燃。在这里，不是不破不立，而是"不立不破"。

应该指出的是，爱德华·希尔斯是站在文化保守主义立场上来研究传统或传统文化的，他对问题的分析和论述不无可以质疑之处；但是他强调传统或传统文化是人们既有的解决各种人类问题的文化力量和途径，是一种对人们的行为具有规范作用和道德感召力的文化力量，则是值得重视的。因为传统或传统文化毕竟包含着一定国家和民族群体在长期的共同生活和社会实践中，世代相传、不断积淀而形成的历史经验和生存智慧，任何社会、任何人都不可能完全破除或抛弃其传统的影响。很显然，人们不可能一切都从头开始或简单地完全代之以新传统。如果是这样，人们就会失去对其文化的认同感和归属感。一个失去文化认同感和归属感的人，就会变得如同没有根的浮萍，随波逐流，无所依归；就会如同没有母亲的孤儿，感到身世飘零，无家可归。这是不可想象的。人类文明发展的历史证明，人们只有在已有的传统的基础上对其进

① ［美］希尔斯：《论传统》，傅铿、吕乐译，上海人民出版社，2009，第327页。

行创造性转化、创新性发展，传统或传统文化才能相承相因、继往开来，与时俱进、发扬光大。现代人应该自觉地具有这样的文化品格和文化自觉。

三、传统或传统文化和现代化

所谓现代化，是指人类走出传统的农业社会，逐步走进工业化、信息化时代，实现现代社会工业化、信息化的历史过程，简单地说，就是用现代的“工业-信息”文明代替传统的以小生产为基础的农业文明的历史过程。这无疑是一个社会结构急剧变化和转型的变革过程。那么走出传统社会是否意味着要抛弃或者简单地否定传统文化呢？显然不是。正如现代化和现代性是两个有联系但又不同的概念一样，传统社会和传统文化也是两个有联系但又不同的概念。传统社会主要是就社会结构、社会形态而言，而传统或传统文化则是一个更为广泛的具有总体性的文化概念。应该看到，无论是走出传统社会还是走向现代社会，它的主体还是人，人的现代化才是社会现代化的最重要、最根本的问题。“走出”传统社会、“走向”现代社会，本质上是人的生产方式和生活方式的一种变革。无疑，对于承受和担当这种变革的人来说，为了适应现代社会的要求，就必须站在现代的立场上去面对自己原来所浸淫的传统或传统文化，反思自己所承受的传统或传统文化。在这里理性地对待传统或传统文化，对其进行认真的价值评估，是十分必要和非常重要的。为此，对传统或传统文化进行创造性转化和创新性发展就成为现代人的一种重要的社会责任和历史使命。这本身就是对传统或传统文化同社会现代化的相互关系的选择问题，而不是简单的二律背反式的相互否定的问题。

世界历史发展证明，世界上每个民族和国家在面临社会急剧变化和转型的关头，在迎接新的历史挑战、走向新的历史阶段的过程中，都曾经遇到过如何认识和对待自己民族和国家的传统或传统文化的问题。中国从奴隶社会向封建社会过渡的春秋战国时期，就有百家争鸣特别是儒法之争，其中的焦点之一就是“法先王”还是“法后王”，即如何对待已有的传统或传统文化的问题。这一争论前后延续了上百年，直到汉武帝尊崇儒术才算收官，才奠定了往后中国封建社会的基本思想政治格局。西方社会在走出中世纪、走向近现代社会的历史过程中，也曾经重新审视它们民族和国家的传统或传统文化，并通过对其作出新的评估、进行新的诠释，才最终建构了西方近现代的工业文明。这一过程始于14—16世纪的欧洲文艺复兴运动，直到18世纪法国资产阶级革命才算告一段落，前后经历了几百年的时间。

在当代，伴随着西方的所谓新、旧现代化理论之争，我们清楚地看到，一些地方例如拉丁美洲国家，就曾经试图拒绝自己国家的本土文化资源，抛弃自己民族的传统，简单地移植和嫁接已经实现现代化的西方发达国家的价值观念、文化模式和制度规范，以期实现本国的现代化。其结果如何呢？不仅没有实现现代化，反而导致国家发展长期停滞、社会动乱和人民生活贫困。这正是拉丁美洲一些国家反美情绪长期高涨的深刻根源。同样，某些西方国家进行的“价值观战争”，也造成了中东地区的长期乱局、难民危机，并导致恐怖主义滋生。对此尽管人们可以作出各种各样的解释，但它们证明了西方旧现代化理论的破产却是一个不争的事实。它们也证明，对于任何一个国家或民族来说，社会的现代化都不可能通过抛弃本土的文化资源，割断自己国家、民族的传统文化的血脉和纽带，简单地从外部嫁接和移植而来。现代化必须立足于自己国家和民族的文化根基，尊重文化自身发展的规律，正确处理好本来和外来、民族化和国际化的辩证关系，且这只能是一个依据时代发展的需要，吸收外来先进成果，对自己国家和民族的传统文化进行创造性转化和创新性发展的历史过程。

为什么必然如此呢？因为如前所述，所谓现代化归根到底还是人的现代化。一个国家、一个民族的传统或传统文化，本质上就是这个国家、这个民族群体的自我意识。就个体而言，每个人之所以是他自己而不是别人，是因为这个“自我”就是由他所特有的自我意识系统构成的。那么，一个国家、一个民族群体有没有“自我”呢？有。这个“自我”就是这个国家、这个民族群体在长期的共同生活和共同社会实践中所形成的，世代相传的传统或传统文化。古人云：“人贵有自知之明。”对于一个国家、一个民族群体来说，只有认识“自我”才能走向“新我”。因为这个“自我”中蕴含着其特有的文化基因，是其处理同外部世界关系的独特的文化力量和途径，也是其对生活秩序与意义的一种特殊把握，并形成了其所特有的问题意识、解题路径、解题方式和价值目标。但是这些又毕竟是在过去的特定生存境遇和历史条件下形成和发展起来的，必然会打上深刻的历史烙印，存在这样或那样的同现代社会发展不相适应的局限。因此，面对新的历史条件和新的生存境遇，一个国家或民族群体首先必须继续保持“自我”，因为是它自己而不是别人走向新的历史时期和社会形态；其次，一个国家或民族群体又不可能完全保持原来的“自我”，因为它不可能以不变应万变，而必须在应变中、在迎接各种新的挑战中去保持“自我”、创造“新我”。这是一个社会历史的发展和作为这一发展主体的人之间双向互动、相互促进的文明发展过程，也是人们常说的“人创造了历史，历史又创造了人”的辩证过程。

在如何认识和对待传统或传统文化与现代化的关系问题上，澄清所谓西化论的理论是非，对于我们来说仍然十分重要。西化论在我国自近代以来一直不绝于耳，至今仍为一些人所信奉和宣扬。这种理论认为，在当今世界上任何国家或民族要实现现代化就必须走西方化的道路。美国著名学者费正清教授把它概括为一个模式——“冲击-反应”。按照这个模式，任何发展中国家要实现现代化，就必须接受西方发达国家的先进文化的冲击，并对此做出单向的反应。这就是说，对于已经实现现代化的西方国家来说，现代化就是进行积极的自我扩张和发展，是不断地甚至强行地推销和输出其价值观念、文化模式和制度规范的过程。而对于发展中国家而言，似乎出路只有一条，那就是放弃自己国家、民族的文化传统，否认自己能够遵循社会发展的内在规律自主地走上现代化道路，抛弃本土资源，去被动地接受西方发达国家文化的冲击，似乎只有这样才能实现国家的改造和转化，才能走向现代化。不难看出，这种西化论的基本立足点是“西方中心主义”。其理论基础是社会达尔文主义，其思维模式则是西方特有的二分法。这种理论人为地把整个世界划分为西方和非西方、现代和非现代或者说是传统和现代化两个部分。显然，这种人为的二分法实际上一开始就预设了一个前提或者说一种价值取向，即西方“优于”“高于”非西方。在这种理论看来，历史是进化的，是一种由低级向高级的线性发展过程，既然西方已经处于进化的高端阶段，而非西方还处于进化的低端阶段，那么，西方当然就要优于、高于非西方。而非西方要进化就必须接受西方的冲击和改造，也即“适者生存，优胜劣汰”。这就是西化论的理论逻辑。显然，这种理论是十分错误的。

首先，这种理论的前提是虚假的。正如印度著名学者德赛所指出的，西方学者这种西化论是以两个假设为前提的。一是将美国和欧洲发达国家的资本主义社会看作典型的现代化社会，并将其作为现代化的唯一模式。二是这种理论所使用的“现代化”概念实质是对资本主义生产方式框架内社会转变过程和转变方式的描述。也就是说，这种理论将资本主义生产方式发生学上的一个概念，偷换成了一个具有普遍意义的实质性概念。这就把特殊夸大为普遍、把个别夸大为一般，从而使西方资本主义生产方式成了唯一的现代化模式。正是基于这种错误的逻辑，才得出了只有西方化才能实现现代化的荒谬结论。

其次，这种理论否认和拒斥人类文化发展的多样性、多元性。有句谚语说，“条条大路通罗马”。世界各国各民族由于国情不同、文化传统有异，其走向现代化的道路必然是多样的。历史地说，人类走出原始的野蛮状况、走向文明社会的历史道路本就各不相同。古希腊、古罗马走的是“家庭—私有制—国家”的道路，而亚洲的许多国家则走的是“家庭—国家—私有制”的道路。关于这一点，在马克思主义经典著作中有过充分论述。马克思把这两种不同的道路分别概括为“古典古代”和“亚细亚古代”。同样，人类走出中世纪、走向现代化的道路也必然是多样的、多元的。这是人类文化和文明发展的规律。实践证明，所谓现代化就是西方化的说教，不过是以美国为首的西方国家为其推行殖民主义、霸权主义而张目罢了。

再次，这种理论违背了社会发展和文化交流的客观规律，否认并拒斥非西方国家走向现代化的内在动因和本土资源。历史发展表明，在中国，早在明代中期就出现了资本主义萌芽，明清之际这种萌芽更是得到了进一步的发展。正如毛泽东所指出的，“如果没有外国资本主义的影响，中国也将缓慢地发展到资本主义社会”①。20 世纪 60 年代以来东南亚经济奇迹的出现，更是有力地证明，传统或传统文化并不是一个国家、一个民族走向现代社会的历史包袱和障碍；相反，只有充分重视本土文化资源，发挥其在现代化中的积极作用，真正做到不忘本来、吸收外来、面向未来，对本国本民族的优良传统文化进行创造性转化、创新性发展，才是走向现代化的必由之路。在当代，我国人民在中国共产党的领导下，通过不断增强文化自信、文化自强和文化创新，创造了举世瞩目的中国经验、中国道路和中国模式，更是有力地宣告了西化论的破产。

习近平总书记指出：“中华文明绵延数千年，有其独特的价值体系。中华优秀传统文化已经成为中华民族的基因，植根在中国人内心，潜移默化影响着中国人的思想方式和行为方式。今天，我们提倡和弘扬社会

① 毛泽东：《毛泽东选集》第二卷，人民出版社，1991，第 626 页。

主义核心价值观，必须从中汲取丰富营养，否则就不会有生命力和影响力。”[①] 正因为我们的血液中流淌着这样的文化基因，我们才能形成民族世代相传的世界观、人生观、价值观和审美观，也才能在新时代以“富强、民主、文明、和谐，自由、平等、公正、法治，爱国、敬业、诚信、友善”等新形式，实现对中华优秀传统文化的传承和升华。中华优秀传统文化既有着自身的连续性和稳定性，又与时俱进；既传承了民族特色，又彰显着时代价值。认清什么是传统与传统文化，把握传统文化和现代人的真实关系，处理好传统文化与现代化的联系等问题，对于我们培育和践行社会主义核心价值观具有重要的理论意义和实践意义。

唐凯麟

2022 年 6 月

① 习近平：《习近平谈治国理政》，外文出版社，2014，第 170 页。

总　论
正确对待中国传统伦理道德文化

要实现现代化，走向世界，从文化学的意义上说，首先就意味着一种新的民族文化和现代伦理道德的营造和建构，意味着一代新生文化主体的培育和塑造。因此，从时代的课题出发，立足现实、面向未来，应该成为我们总的出发点和基本的价值取向。也唯其如此，如何对待我们的传统文化包括传统伦理道德文化的问题就变得不可回避，因为任何一种新的民族文化和现代伦理道德的营造和建构，都必须解决好当代人的价值观念的形成、确立和发展同本民族文化传统包括伦理道德传统的联系问题；任何一代新生文化主体的培育和塑造，都离不开这一文化主体同本民族整体的代际传承和历史延续。因此，正确地对待传统文化包括传统伦理道德文化，坚持把批判继承和超越创新统一起来，以加速现代化建设的步伐，努力建设有中国特色的社会主义新型文明，才是我们应有的理性精神和科学态度。

一

在当代中国，如何对待传统文化包括传统伦理道德文化，从根本上讲是一个如何认识和处理现代化和民族化的关系的问题，而问题的实质则是走什么样的现代化的道路。现代化建设要坚持走有中国特色社会主义的道路，正确对待传统文化包括传统伦理道德文化，就是一个十分重要、十分现实的问题。

传统文化的突出特点和功能就在于，它具有极大的相对稳定性。这就使它成为一个影响和调节社会生活的稳定系统，表现为一种内控自制的历史惯性运动；它不是少数圣哲贤人的观点或一部分人的思想倾向，而是反映和代表了一个民族的社会整体意识和行为的总的倾向。这也使它成为一种特殊的社会文化信息系统，成为一定的社会经验得以传播和积累的中介。当然，在不同的社会历史条件下，传统文化的这些功能得以发挥的程度和所产生的社会效用是极不相同的，但它已成为一个民族面临新的时代挑战、进行新的历史创造活动的文化环境和心理背景。因此，每一个民族在走向新的社会时，都有一个如何对待传统文化包括传统伦理道德文化的问题。西方走向近代的开端，就是以古希腊、古罗马文化的复兴为旗帜的。在这一旗帜下，西方通过对其传统文化包括传统伦理道德文化作出新的认识和诠释，创建了近代资产阶级的工业文明。我国“五四”前后也曾出现过所谓中西文化之争。这些都历史地表明，传统文化包括传统伦理道德文化作为一个民族历史经验的积淀，是回避不了的，只不过不同的阶级对它所采取的态度不同罢了。

坚持现代化和民族化的统一，这是我们对待传统文化包括传统伦理道德文化的基本出发点。因此，我们既坚决反对民族虚无主义、“全盘西化论”，又坚决反对传统保守主义、复古主义。对于这两种错误的思潮，早在新民主主义革命时期，毛泽东就作出了深刻的批判，指出“‘全盘西化’的主张，乃是一种错误的观点”[①]。同时，毛泽东又强调不能搞复古主义。他说，我们继承历史文化遗产，“是给历史以一定的科学的地位，是尊重历史的辩证法的发展，而不是颂古

① 毛泽东：《毛泽东选集》第二卷，人民出版社，1991，第707页。

非今，不是赞扬任何封建的毒素”①。毛泽东对上述两种错误观点的批判，为我们继承和发扬中华民族的优良文化传统和伦理道德传统，创造科学的、民族的、大众的新文化、新传统，奠定了理论基础，指明了正确的方向。

在我国社会主义建设的新时期，邓小平创造性地继承和发展了毛泽东思想，总结了新中国成立以来正面的经验和反面的教训，提出了建设有中国特色社会主义理论，科学地解决了社会主义建设中现代化和民族化统一的问题。

“有中国特色社会主义”是一个科学的概念。它强调必须坚持社会主义的基本原则，体现社会主义的共同的性质、方向和道路，但在内容和形式上又必须反映中国历史发展的特殊性，带有中国化、民族化的特色，凝结着中国人民的独特创造，从而使中国的社会主义不仅在形式上而且在内容上都具有自己的特殊规定性。因此，以马列主义、毛泽东思想为指导，从国情出发，正确地对待传统文化包括传统伦理道德文化，继承和发扬中华民族的优良传统，既是有中国特色社会主义的一个重要的构成因素，又是建设有中国特色社会主义的必然的客观要求。

民族传统是一个民族世代积累、相对稳定的群体的历史经验，虽然就其整体而言，不可避免会被打上深刻的历史烙印，但其中所包含的精华部分，却往往能够超越历史时空的界限，成为一种文明的积累。它凝结着一个民族的智慧和力量，是一个民族迎接新的时代挑战的历史前提和内在动力。它能够唤起全体人民的历史责任感和民族使命感，激励全民族在新的历史条件下不断前进。社会主义如果忽视了对中华民族优良传统的继承和发扬，就会失去历史的根据，脱离民

① 毛泽东：《毛泽东选集》第二卷，人民出版社，1991，第708页。

族精神的依托，最终变成一种外在的强加。只有把中华民族的优良传统作为一个必要因素，本质地包含在社会主义之中，这样的社会主义才是有中国特色的，才能更好地释放民族的潜能，成为人民群众进行新的历史创造活动的旗帜。

建设有中国特色社会主义离不开建设有中国特色的社会主义精神文明。正确对待传统文化包括传统伦理道德文化，继承和发扬中华民族的优良传统，乃是建设有中国特色的社会主义精神文明的重要内容和重要任务。任何时代的精神文明都是对前代精神文明的继承和发展，把前代人的终点作为起点，继往开来，推动精神文明从低级向高级不断前进，这是人类精神文明发展的一般过程。“中国的长期封建社会中，创造了灿烂的古代文化。”① 它为我们的社会主义精神文明建设提供了丰富的营养。

正确地对待传统文化包括传统伦理道德文化，继承和发扬中华民族的优良传统，还是保证改革开放顺利发展的必要条件。我们的改革是社会主义制度的自我完善和发展，它是在当代中国和世界的交叉点上进行的，也是在中国的历史和现实的交叉点上进行的。这就要求我们的改革必须从我国的国情出发，充分考虑人民群众的心理承受能力，因势利导，努力寻找传统和现实的结合点。只有这样才能认清改革的实际步骤，找到改革的具体形式，把握改革的驱动机制。而要做到这一点，一刻也离不开正确地对待传统文化包括传统伦理道德文化。同样，实行对外开放，也始终有一个扬长避短、趋利避害的问题。在这种情况下，只有正确地对待传统文化包括传统伦理道德文化，继承和发扬中华民族的优良传统，才能保持和增强我们民族的自尊心和自信心，提高对外来文化的消化功能，增强对西方腐朽生活方

① 毛泽东：《毛泽东选集》第二卷，人民出版社，1991，第707页。

式、价值观念侵袭的免疫力。否则，我们就可能对一切外来的东西都失去理性的态度，忘记民族的“自我”，丧失民族的主体性，丢掉自己的立足点，陷入迷茫之中，从而背离社会主义方向。前些年在这方面的教训，就是这样启示我们的。

二

传统文化包括传统伦理道德文化是人创造的，它既是前代人和后代人在文化联系上的纽带，又要靠后代人的自觉选择和创造才能传承和发展。它并没有超越历史的绝对的合理性，它的合理性存在于人类不断选择、不断创造历史的发展过程之中。因此，正确地对待传统文化包括传统伦理道德文化，还必须坚持马克思主义的批判继承的方针，这也是关系到我们能否真正继承和弘扬中华民族的优良传统、建设有中国特色社会主义的重大问题。

人类文化的传承是一种文化自身的客观延续性和文化主体（一定阶级、社会集团和民族、国家）的主观选择性相统一的辩证过程。前者决定了对待传统文化的继承性，后者则必然表现为对待传统文化的批判性。批判和继承是同一过程的两个不可分割的方面。否定继承的批判，是民族虚无主义的做法；没有批判地继承，则会犯传统保守主义的错误。这两者割裂批判和继承的统一，都违背了人类文化传承的客观规律，都是片面的、错误的。批判和继承之间并没有不可逾越的鸿沟，我国近现代史上这两者的相互转化是不乏其例的。所以，毛泽东和邓小平都反复强调坚持批判继承方针的重要性，认为继承只能是批判地继承，批判是继承的前提和基础，继承是批判的结果。所谓批判地继承，就是分析、鉴别、取舍和改造。

分析是揭示事物的特点、弄清事物的本来面貌的一种基本的认识方法。在分析的基础上还必须进行鉴别，因为中国传统文化包括传统伦理道德文化本身的特点和面貌，是历史的事实存在，并不等于就是优点和缺点、精华和糟粕。鉴别就是评价，作出价值判断，这是与认识事物的特点、作出事实判断有着紧密联系但又不同的一种重要的认识方法。要评价，首先就必须正确地认清评价的主体。这个主体不是指个人，而是指建设有中国特色社会主义的当代中国社会群体。而作为评价者，这个主体则应严格从社会主义现代化建设需要出发，来评价中国传统文化包括传统伦理道德文化。其次还必须有正确的标准。这个标准不能是什么“西方的异质文化”，也不能是别的什么东西，而应该是中国社会发展本身的客观需要。具体说来，对于中国传统文化包括传统伦理道德文化的价值鉴别，一是要看其在历史上是否曾经有利于社会的发展；二是要看其是否有利于当代中国的社会主义现代化建设，这一点尤为重要。再次，明确评价的对象也是十分重要的。评价的事物，可以是事物的整体，也可以是组成事物整体的内部构件，还可以是事物的内容或形式。中国传统文化包括传统伦理道德文化，除了其特定的历史形态，还包括其在历史演变过程中所积淀下来的行为方式、心理模式、价值观念、伦理精神等。它作为一种文化定式，常常具有超越时空的意义，是评价中应该特别注意的。只有明确上述三个问题，才能科学地区分哪些是优点和精华、哪些是缺点和糟粕，慎重地进行选择和取舍，取其精华，去其糟粕。应该肯定，在中国传统文化包括传统伦理道德文化中，那些优良道德传统，一般说来代表了进步势力和人民利益，反映了反压迫斗争和革新需要，并且在长期的历史积淀中已经内化为中华民族优秀的民族精神，是传统伦理道德文化中的精华，能够成为我们建设有中国特色社会主义的丰富养料，值得我们认真地总结。

那么，精华是不是就意味着可以直接沿用、“无批判地兼收并容”呢？如果作出这样的理解，显然也是不正确的。因为即使是传统文化包括传统伦理道德文化中的精华，也必须进行改造。这里讲的改造，就是根据无产阶级和人民群众的利益及社会主义现代化的需要，通过社会主义建设的实践，将其有用的部分重新熔铸，使其升华为社会主义新文化的构成因素。这也就是毛泽东讲的要“经过自己的口腔咀嚼”，“决不能生吞活剥地毫无批判地吸收”。[①] 要达到这个目的，就一刻也离不开我们的社会主义现代化建设的实践。实践是认识的基础，也是正确地对待传统文化包括传统伦理道德文化、继承和发扬中华民族优良传统的基础，而改造的过程本身就是一个社会主义现代化建设实践的过程。

总之，我们必须在社会主义现代化实践的基础上，把对传统文化包括传统伦理道德文化的批判和继承统一起来。这种统一就是辩证的否定，即“扬弃”，它是否定和肯定、中断和连续的统一。正因为这样，它才能成为发展的环节、联系的环节。这就是马克思主义的批判和继承的统一观。

三

马克思主义认为，无论是坚持现代化和民族化的统一，还是坚持批判和继承的统一，其根本的目的就是继承优良传统、超越旧传统、创造社会主义新的文化道德传统，这也是检验我们能否真正正确地对待传统文化包括传统伦理道德文化的实践尺度。19世纪以来，所有国家的现代化历程均表明，现代化不能简单从一个社会外部向内部作直接的嫁接和移植。西方现代先进的技术、实业、科学、社会形

① 毛泽东：《毛泽东选集》第二卷，人民出版社，1991，第707页。

态自有其深刻的历史渊源，它是在西方传统文化背景上自然而且必然地生长出来的。中国的社会主义现代化也应当从中国自身文化传统背景的创造性转化中有机地、合乎逻辑地生长出来。社会主义的新的文化道德建设也是如此，这本身只能是一个继承优良传统，超越旧传统，创造新文明、新传统的过程。

超越创新，就意味着突破，意味着创造一种既适应时代前进步伐又不失民族文化特质和民族精神的，既优于和高于资本主义文明又适应当代科技、工业、市场经济要求的新文明、新传统。所以在这里，超越创新和批判继承是相辅相成的。批判继承是超越创新的基础性步骤，没有批判继承，所谓超越创新就是一句空话；反过来说，超越创新构成批判继承的目标指向，不能实现超越创新，所谓批判继承就毫无意义。这两者的辩证统一，对我们来说，就是要立足于现代和未来，既批判地继承传统伦理道德文化中的精华，使之内化为我们民族的主体意识，又从时代的课题出发，赋予它现代意义，使之同时代精神相融合，努力建设有中国特色社会主义的新型文明。

建设有中国特色社会主义的新型文明，这是一个复杂而艰巨的任务，也是历史赋予我们的使命。完成这一使命，也许需要上百年甚至更多的时间，我们生逢其时，理当为之努力奋斗。为此，做到如下几点是至关重要的。

第一，要正确认识和处理好伦理文化、思想道德建设中的“软”和“硬”、“虚”和“实”的关系。作为观念形态的伦理文化、思想道德，相对于社会政治、法律等制度因素来讲，乃是一种“软件”。一定社会的伦理文化、思想道德总是一定社会的经济、政治制度的反映，并反作用于这一社会的经济、政治制度。因此，它们之间既是一种被决定和决定的关系，又是一种互动、互补、互促的关系。这就要求我们把加强社会主义的伦理文化、思想道德建设同加速社会主义政治、经济体制的民主化、法制化的“硬件”建设有机地结合起来。事实上，思想文化作为一种“软件”，只有在一定制度的“硬件”中才能正常地生长，有效地发挥作用。制度是思想文化作用于经济的一个重要的中介，在不同的制度条件下，即使是同一思想文化，其发挥作用的性质、功能及方式也是不一样的。只有在民主化的政治和完善化的法律制度的条件下，民族传统文化的优良成分才能得到有效的继承、改造和升华，并充分地发挥积极作用。同时，就伦理文化、思想道德建设本身而言，使其由“虚”变“实”，做到真抓实干，努力在实际、实事、实行、实功上花功夫，在强化其实际操作性上下力气，也是十分重要的。只有这样，才能坚持批判继承和超越创新的辩证统一，使建设社会主义的新文化、新文明落到实处，收到实功。

第二，要正确认识和处理好伦理文化、思想道德建设中的民族性和世界性的关系。人类文化发展的历史表明，不同民族和国家的异质文化的碰撞和交流、冲突和融合，乃是文化发展的一条重要规律，这在当代更是成为一种世界性的文化现象。因此可以说，在当代，一个民族文化的生命力就在于它既能保持本民族文化的优良传统，又能充分地吸收其他民族文化中适应时代发展要求的积极成分和合理因素。所以，当代文化发展和文化建设只能是也应当是“民族意识”和“全球意识”的有机结合，是民族性和世界性的统一。不能坚持这种统一，我们就不可能站在世界发展的高度来看待文化问题，就不可能反映当代历史发展的要求，相反还可能使我们的文化建设脱离当代人类文化发展的轨道。这样的文化是不可能有生命力的，更不是我们要努力建设的社会主义的新文化、新文明。因此，只有坚持民族性和世界性的统一，具备面向世界的广阔的文化胸怀和着眼于未来的深邃的文化视域，把对民族传统文化的批判继承和对外来文化积极成分与合理因素的引进汲纳有机结合起来，在综合中创新、在创新中综合，我们才能更好地坚持批判继承和超越创新的辩证统一，才能建设人类历史上迄今为止最先进、最科学的社会主义新文化、新文明。

第三，要正确认识和处理好文化建设与新生文化主体的培养造就的关系。人是实践的主体，也是文化的主体。传统文化是人创造的，它既是前代人同后代人在文化联系上的纽带，又要通过后代人的自觉选择和创造才能传承和发展。因此，要实现批判继承和超越创新的辩证统一，完成中华民族传统文化的创造性的转化，建设社会主义的新文化、新文明，其首要的前提和最终的落脚点就是必须培养和造就一代新生的文化主体。只有这样，才能为实现批判继承和超越创新的辩证统一找到现实的承担者，提供建设社会主义新文化、新文明的主体动因。实践表明，随着社会主义的理想和道德的日益深入人心，随着人们的科学文化知识的逐渐增长和纪律意识的日益增强，人们不仅将越来越珍视人类文明的一切优秀成果，自觉地把继承和弘扬本民族的优良文化传统视为己任，而且将越来越主动地提出和实现更高的道德目标，成为建立适应时代发展要求的新的良好的道德关系、创造新的崇高道德价值的自觉的承担者和开拓者。

正是基于上述认识，我们从中国传统伦理道德文化的主要构成成分——儒、佛、道三家的思想学说中，选取了一些在历史上对于我们民族精神的形成和发展产生过重要作用，且在今天的现实生活中仍然具有某种积极因素的伦理命题和道德思想，进行一番历史的挖掘和现代的诠释，以期为批判地继承传统伦理道德文化、实现批判继承和超越创新的辩证统一，提供一些可供借鉴的思想资料。我们在编写这套丛书时，对于上述伦理命题和道德思想的选择，力图从儒、佛、道三家的伦理道德思想体系的内在逻辑出发，努力避免主观性和随意性；对于这些伦理命题和道德思想的诠释，则尽可能地着眼于其在我们民族历史发展中已经获得较广泛认同的视角来立论，并立足于现实作出必要的阐发。诚如不少专家所指出的，在中国传统文化和传统伦理道德文化中，不但精华与糟粕杂陈，而且精华的东西中也可能包含着糟粕，因此要在杂物堆中选取珍珠，其爬梳、清理工作是十分艰巨的，即使选取出来的是珍珠，如何使它重新显示应有的光泽，也有一个用现代意识去加以观照和磨砺的问题，要完成这一任务更是有如攀登蜀道。因此，我们编写的这套丛书只是试图作出一些初步的探索和尝试，肤浅在所难免，不当之处一定很多，权作引玉之砖，以期专家和读者指正。

唐凯麟

1998 年 6 月

目　次

第一章 道家思想概述

道家指以先秦老子关于“道”的学说为中心而发展起来的学术派别。“道家”之名，最初见于汉代司马谈《论六家之要指》，当时称其为“道德家”，后来简称为“道家”。司马谈指出：“道家使人精神专一，动合无形，赡足万物。其为术也，因阴阳之大顺，采儒墨之善，撮名法之要，与时迁移，应物变化，立俗施事，无所不宜，指约而易操，事少而功多。”（《史记·太史公自序》）道家提出了行动应顺应无形的“道”，以使万物富足的理论。道家学说在形成与发展的过程中吸收阴阳家的“四时大顺”，采纳儒家、墨家之长，汲取名家、法家的精神要义。它推崇与时迁移，主张适应万物变化，以此来立俗施事，使其无所不宜。道家学说的主旨简约易行，能够达到事少而功多的效果。

司马谈又说：“道家无为，又曰无不为，其实易行，其辞难知。其术以虚无为本，以因循为用。无成势，无常形，故能究万物之情。不为物先，不为物后，故能为万物主。有法无法，因时为业；有度无度，因物与合。”（《史记·太史公自序》）道家提倡“无为”，又说“无不为”，他们的主张容易推行，但其辞意难以把握。道家认为，世界是以虚无为根本的，以顺乎自然、无为为法则的，凡事没有固定不变之势，凡物没有固定不变的形态，因而能究察万事万物的情状。不被物推于前，不被物牵于后，所以才能成为万物的主宰。有法而无一成不变之法，顺应时事而成就其业；有度而无一成不变之度，顺应事物而与其相合。司马谈对道家的这一论述既说出了道家理论的关键命题和核心观点，又揭示出了道家理论的精神实质和功用效果，有助于我们从整体上认识道家思想及其特质。

《汉书·艺文志》将道家列为“九流”之一，指出：“道家者流，盖出于史官，历记成败存亡祸福古今之道，然后知秉要执本，清虚以自守，卑弱以自持，此君人南面之术也。”作为道家学派的创始人，老子把“道”作为哲学最高范畴，视为世间万物的总根源，提出了“道法自然”，“道生一，一生二，二生三，三生万物”以及“道可道，非常道”等观点，对后世产生了重要而深刻的影响。庄子继承并发展了老子的学说。可以认为，道家学派论述的许多问题，由老子初步提出，而庄子运用生花妙笔予以发挥，赋予其更为丰富生动的内容。后人大多以老庄并提。先秦道家还有黄老之学。黄老之学大约产生于战国中期，一般分为三派：一是较多保存老子思想原貌的环渊一派；二是强调“以道变法”，比较接近法家的田骈、慎到一派；三是具有明显调和色彩、过渡色彩的宋钘、尹文一派。秦汉以后，道家思想既在注老解庄的学者中得以不断衍化发展，又在道教中得以传承和递嬗，并与儒家、佛教发生了极为密切而又纷争不已的关系。

作为中国思想文化史上的重要一家，道家与儒家、佛教长期鼎足而立，既相反相斥又相辅相成，共同构成中华民族传统文化的主要学脉和学术谱系。佛教是从印度传入中国的外来文化，而儒道两家则产生于中国本土。儒家以北方华夏文化为根基，强调礼法和自强不息，具有浓厚的人文主义色彩；而道家则以南方的荆楚文化为依托，注重真朴和厚德载物，具有自然主义倾向。儒家文化重视人伦关系，向往建功立业，以治国平天下为己任，把内圣外王视为自己的价值目标；道家则追求人与自然的内在统一，渴望在生趣盎然的宇宙中悟道自得，过一种超然物外、守朴尚俭的恬适生活，体现了顺应自然、无为不争的生存智慧。如同古希腊有“日神文化”和“酒神文化”一样，中国以孔子为代表的儒家文化和以老子为代表的道家文化也构成阳刚文化和阴柔文化两大主脉，它们一刚一柔，一阴一阳，一社会一自然，一有为一无为，既对立又互补，相互兼容地存在于中国文化历史中，塑造着中华民族的性格和中华文明的特质。汉以后，儒、道文化和从印度传过来并日渐中国化的佛教文化相互颉颃、相互影响，形成儒释道三家竞争互补的文化格局，一起共同铸就了中华民族的传统美德和处世精神，成为东方伦理智慧的不竭源泉。

道家思想博大精深，涵盖面广，涉及政治、经济、文化诸方面，常以妙思奇想、洞见本根而受到世人青睐，其丰富的辩证法思想、治国安邦方略和贵生养生理论为人们所竞相推崇。唐玄宗把道家思想的精粹概括为“理身”和“理国”两大方面，认为依道家之论，“理国则绝矜尚华薄，以无为不言为教”，“理身则少私寡欲，以虚心实腹为务”。[①] 清世祖顺治皇帝认为道家之道亦是“治心治国之道”[②]，可从治国和治心两大方面探寻挖掘。在科技方面，诚如英国科技史专家李约瑟所言，没有道家就没有中国古代的科学技术。道家的阴阳和合、天人合一观念影响了中国古代的医学养生、建筑及化学等多个领域。美国当代著名物理学家卡普拉更说：“在伟大的诸传统中，据我看，道家提供了最深刻并且是最完美的生态智慧，它强调在自然的循环过程中，个人和社会的一切现象和潜在两者的基本一致。”[③] 就文学层面而言，道家的浪漫主义精神以及钟情山水、崇尚豁达的观念影

① 刘韶军点评：《唐玄宗、宋徽宗、明太祖、清世祖〈老子〉御批点评》，湖南人民出版社，1997，第473-474页。

② 刘韶军点评：《唐玄宗、宋徽宗、明太祖、清世祖〈老子〉御批点评》，湖南人民出版社，1997，第476页。

③ Fritjof Capra. *Uncommon Wisdom: Conversations with Remarkable People*, Simon & Schuster Edition, 1988, p. 36.

响了一代又一代文人学士，成为中国田园诗、山水画、自由体文学的灵感源泉。

道家是中华民族思想文化的重要一脉。春秋战国时期，儒墨道法互相争鸣辩论，道家是百家争鸣中的一支重要力量，与儒家并驾齐驱；从汉魏时期开始，儒释道三家长期相互交融、相互激荡，并立而互补，道家是中华文化三维结构中的一维，既与儒家相互影响，又与佛家相互交融，其地位不容忽视。全面系统又深入地研究中国古代伦理文化，探索中华民族的伦理精神或民族性格，自然无法绕过或撇开道家。老庄之道与孔孟之道一样，同是中国伦理文化的有机组成部分。如果说以孔子为代表的儒家伦理文化主要是一种阳刚文化，崇尚自强不息，以修身齐家治国平天下为人生理想和价值追求，渴望在世俗生活中建功立业，推进社会生活和人类历史的进步，那么以老子为代表的道家伦理文化则主要是一种阴柔文化，崇尚自然无为，把道法自然、知足不争视为人生应有的生活原则和价值风范，追求清静无为、少私寡欲的恬淡生活。西方人也往往将孔老并称，并以孔老思想作为理解和把握中国古代思想和伦理文化的重要途径。

第一节　老子与道家学派的形成

道家作为一个影响久远的学术流派，形成于春秋时期，其创始人是老子。老子是道家学派的宗师。《老子》（又称《道德经》）一书总结古代诸家的论道观点，对原始氏族社会的平等意识、物我一体的观念、天人同构的思想以及进入阶级社会后一部分避世之士的反抗意识和向往自由宁静的生活态度进行了系统的阐述，提出“道法自然”的理论。以老子为代表的道家崇尚自然无为，关注人性的自由与解放，认为天道变化本身无所谓是非善恶，真正值得重视的是在社会中谋生存、求发展的智慧。

一、何谓道家

所谓道家是指以先秦老子、庄子为代表的学者以“道”为世界万物的本原，以“自然无为”为万物的根本法则，以“柔弱不争”为道的表现形式的学术派别。先秦时的道家既与儒、墨对立，又与法家有别，因其以“道”作为天地万物的本原和人类思想形成的总法则，故得名道家。道家之名，始见于西汉司马谈《论六家之要指》，称为“道德家”。《汉书·艺文志》称为“道家”，列为九流之一。老子是道家学派的创始人，庄子继承和发展了老子关于道的思想，是故人们常常以老庄并称，并将其学说冠以“老庄之道”。在庄子之前或同时，有杨朱、宋钘、关尹、彭蒙、田骈、慎到等人，其思想接近道家，被视为道家别派。道家学派在政治上主张无为而治，认为“道常无为而无不为”，侯王若能以无为之道治国，就会实现天下太平和人民安居乐业。在伦理思想上，道家主张知足不争、贵柔谦让，认为人类道德生活的本质即“法自然”。道家强调尊道贵德，视道为人所共由的内在法则，德为道的功用及人体道悟道的结果，是故道家常将“道”与“德”并称，人们也因此把道家称为“道德家”。《老子》一书提出了“道生之，德畜之”，“万物莫不尊道而贵德。道之尊，德之贵，夫莫之命，而常自然”的观点，既注重道的本质与特征，又强调道的功用和表现（即“德”）。道家所谈论的道与德，包含了本体论、宇宙论、人生论等诸多方面的内容。正如康德所说的，头上的星空和内心的道德法则越思考越产生无限的敬畏与景仰，道家正是因为执着于体道悟道和同于道相忘于道，故显示出恢宏的气势和博大的襟怀，理论精湛而深幽，思想神奇而超迈，成为中华文化的智慧之源。

道家与道教既有联系又有区别。道教是在西汉尊儒浪潮中，道家思想流入民间并与之结合而形成的宗教派别。几乎所有的道教教派都奉老子为教祖，尊其为“太上老君”，并以老子的《道德经》和庄子的《南华经》（即《庄子》一书）为主要经典。但是道家与道教毕竟在本质上是有区别的。道家思想主要是一种哲学理论，强调自然无为，讲究齐生死或精神的自由；道教则是一种宗教教派，向往神仙境界，希图长生不死或羽化成仙。道家思想强调心斋坐忘，少私寡欲，见素抱朴，并以此作为养生之方；道教则强调斋戒沐浴、记诵健身，并以此作为长生不老的仪范。道教信仰神仙长生，主张通过修习神仙之道使生命永恒不朽。道教仙学包括内丹、外丹等修仙之术，这是道家思想所没有的。此外，道教除了奉道家的《老子》《庄子》为经典外，还有许多为道家所不曾有的经典，如《太平经》《清静经》《劝世经》《因缘经》《妙始经》等。秦汉之后，道家思想的继承与发展并不仅限于道教，事实上，道家思想在秦汉以后主要是通过注老解庄的学术路径得以传承发展的。王弼、何晏、颜师古、唐玄宗、杜光庭、叶梦得、宋徽宗、李道纯、吴澄、明太祖、李贽、王夫之、清世祖、傅山等，都通过自己对老庄的注释阐发，推动了道家思想的传播和发展。魏晋玄学、宋明理学也援道入儒，促进了道家思想文化的发展。

二、老子其人其书

春秋战国是我国思想史上的“轴心时代”，也是我国文化史上的“英雄时代”。在这个“英雄时代”，诞生了老子这样一位睿智深邃、光彩夺目且影响深远的思想巨人。老子以“道”“德”为核心范畴，对天地万物的存在、生长和归宿进行本原式的思考，并提供了独到的思想解答。这种解答也为理解人的生存、社会的发展提供了形而上的根据和原则。以此为基础，老子对既定的政治文化和思想传统进行批判，创建了一个博大精深、智深慧远的哲学伦理思想体系。老子是道家学派的创始人，后来被道教奉为始祖，历代帝王对老子多有加封，有“圣祖大道玄元皇帝”“大圣祖高上大道金阙玄元天皇大帝”等称号，足见其在中华文化中的重要地位。

关于老子其人，学术界有许多争论，一说老子就是老聃，一说老子为老莱子，还有人认为老子是太史儋。这里我们取学术界比较一致和流行的观点，认定老子即老聃。司马迁《史记·老子韩非列传》指出：“老子者，楚苦县厉乡曲仁里人也，姓李氏，名耳，字聃，周守藏室之史也。”“老子修道德，其学以自隐无名为务。居周久之，见周之衰，乃遂去。至关，关令尹喜曰：‘子将隐矣，强为我著书。’于是老子乃著书上下篇，言道德之意五千余言而去，莫知其所终。”据《史记》裴骃集解：“《列仙传》曰关令尹喜者，周大夫也。善内学星宿，服精华，隐德行仁，时人莫知。老子西游，喜先见其气，知真人当过，候物色而迹之，果得老子。老子亦知其奇，为著书。与老子俱之流沙之西，服巨胜实，莫知其所终。亦著书九篇，名《关令子》。”《老子》一书是在关令尹的恳求下写出来的。关令尹得到老子的《道德经》以后，深感其思想博大精深，于是挂冠而去，不知其所终。

据记载，孔子曾向老子问过道和礼。《庄子》一书多处提到孔子向老子请教的情景，其中一处，孔子请教完老子后对颜渊说：“丘之于道也，其犹醯鸡与！微夫子之发吾覆也，吾不知天地之大全也。”（《庄子·田子方》）意即我对于道，好像酒缸里的小蠛蠓，所知甚少，如果没有老子的启发，就不会知道整个天地的广大。另一处提到，孔子见老聃归，三日不谈。弟子问曰："夫子见老聃，亦将何规哉?"孔子曰："吾乃今于是乎见龙。龙，合而成体，散而成章，乘云气而养乎阴阳。予口张而不能嗋，吾又何规老聃哉?"子贡曰："然则人固有尸居而龙见，雷声而渊默，发动如天地者乎？赐亦可得而观乎?"遂以孔子声见老聃。(《庄子·天运》) 弟子们问孔子，孔子说："我现在真的是见到了龙。龙，合拢来就成为形体，分散开是灿烂的云彩，乘着云气遨游于天地四方。"认为老子的德性和思想似龙，简直可以与天地相配，可见孔子对老子的看法与评价。

《老子》一书又称《道德经》，分上下两篇，共计八十一章，其中一至三十七章为上篇；三十八至八十一章为下篇。1973 年 12 月，在湖南长沙马王堆出土的西汉墓葬中，考古人员发现了大量抄写在帛书上的古代文献，其中就包括两个版本的《老子》：一个以篆书抄写，不避汉高祖刘邦的讳，可以认定是刘邦称帝以前的抄本，学者称之为《帛书老子甲本》；一个以隶书抄写，避刘邦讳，可以认定抄写在刘邦称帝之后，学者称之为《帛书老子乙本》。《帛书老子乙本》比之《帛书老子甲本》多了四篇久已失传的古代文献，分别是《经法》《十大经》《称》和《道原》，这四篇文献置于《老子上下经》之前。唐兰先生最早指出它们可能是《汉书·艺文志》中记载的《黄帝四经》。[①] 据陈鼓应的研究，《老子》的哲学思想散见于《黄帝四经》各篇，《黄帝四经》引用《老子》一书的字词、概念，多达一百七十余处。[②] 由于帛书《老子》将"德经"置于"道经"之前，这一发现引起了学术界广泛的争论。陈鼓应肯定高亨等人的观点，坚

① 唐兰：《马王堆帛书老子乙本卷前古佚书的研究》，《考古学报》1975 年第 1 期。

② 陈鼓应：《先秦道家研究的新方向》，载《黄帝四经今注今译——马王堆汉墓出土帛书》，商务印书馆，2007，第 5 页。

持认为道经在德经前的《老子》通行本维持了《老子》的原貌，是老子道家的传本；而德经在道经前的帛书《老子》本，应该是黄老道家的传本。[①] 1993 年在湖北荆门郭店楚墓出土了竹简本《老子》。考古学者研究认为，郭店《老子》甲本是目前抄写年代最早、思想语言最优的《老子》版本。《汉书·艺文志》虽提及《老子经》，但尚未以“道德经”为名。实际上，称《老子》一书为《道德经》始于葛洪祖父葛玄《老子道德经序诀》。历代注疏《老子》一书者甚众，版本流传甚广。其中，河上公的《老子注》是现存最早的《老子》注本，其文笔简古，为民间流派之楷模。王弼的《老子注》是目前流传较广、成书较早、影响较大、参考价值较高的古注之一。《老子注》运用简畅的语言，以阐述《老子》书中所表达的思想。在《老子》注疏史上，有多位皇帝御注《老子》，把《老子》一书看成是治国理政的宝典，如唐玄宗、宋徽宗、明太祖、清世祖。唐玄宗认为，该书“其要在乎理身理国。理国则绝矜尚华薄，以无为不言为教，……理身则少私寡欲，以虚心实腹为务”[②]。明太祖《御注〈道德真经〉序》指出：“斯经乃万物之至根，王者之上师，臣民之极宝。”[③] 清世祖《御制〈道德经〉序》认为：“老子道贯天人，德超品汇，著书五千余言，明清静无为之旨。然其切于身心，明于伦物，世固鲜能知之也。”[④]

《老子》是中国典籍中译介最为广泛的一部。据统计，《老子》

① 陈鼓应：《先秦道家研究的新方向》，载《黄帝四经今注今译——马王堆汉墓出土帛书》，商务印书馆，2007，第 6 页。

② 刘韶军点评：《唐玄宗、宋徽宗、明太祖、清世祖〈老子〉御批点评》，湖南人民出版社，1997，第 473-474 页。

③ 刘韶军点评：《唐玄宗、宋徽宗、明太祖、清世祖〈老子〉御批点评》，湖南人民出版社，1997，第 475 页。

④ 刘韶军点评：《唐玄宗、宋徽宗、明太祖、清世祖〈老子〉御批点评》，湖南人民出版社，1997，第 476 页。

已经被译为世界上73种语言文字，凡数千种，其在英语世界的发行量仅次于《圣经》和《薄伽梵歌》。1988年，时任美国总统里根在国情咨文中引用《道德经》中“治大国若烹小鲜”句，将《道德经》英译推向一个历史高点。美国有八家出版公司争着出版英译《道德经》，哈珀·柯林斯（Harper Collins）出版公司最终以13万美元购得史蒂芬·米歇尔（Stephen Mitchell）译稿的出版权。该书出版后短短八年间，总计发行55万余册，其版权使用费之高、发行数量之大、影响之广泛，在《道德经》英译历史上都是极其罕见的。[①]2000年，老子被美国《纽约时报》评为人类有史以来十大思想家、作家之首。2003年，安乐哲（Roger T. Ames）和郝大维（David L. Hall）为了还原《道德经》作为哲学经典的原有意义和本来面目，合作对《道德经》进行了哲学角度的复译，力求在道家哲学语境中阐释道家思想及其术语，成稿出版为《道不远人——比较哲学视域中的〈老子〉》（*Daodejing “Making This Life Significant”: a Philosophical Translation*）。西方一些学者认为老子的思想是推动未来发展的能动力量，它比任何现代思想，都更加具有现代意义；它比任何生命，都更加具有生命活力，值得人们好好去研究。人们可从中获得正视现实和奔向未来的启迪、智慧和力量。

《老子》一书总结了前人的思维成果和同时代人的思想精华，创立了一个以“道”为核心，涵盖天道人事、政治伦理和处世养生等内容的思想体系。这部著作的成书和问世，标志着道家思想的正式形成。《老子》一书通过探寻世界的普遍本质与内在法则，既构建了一种涵盖宇宙论、本体论、方法论、认识论的哲学体系，又落实到经邦济世、立身为人的实用理性层面。它阐发了无为而治的政治思想和

① 王华玲、辛红娟：《〈道德经〉的世界性》，《光明日报》2020年4月18日。

“尊道贵德”的伦理思想，为道家学派奠定了理论基础。

三、老子思想形成的社会基础

《老子》一书作为春秋战国时期社会大变动的产物，是老子思考宇宙及生命的内在机制、谋求天下大治和人民安居乐业之方的理论结晶。春秋战国时期（公元前 770—前 476 年为春秋时期，公元前 475—前 221 年为战国时期）中国社会正经历着由奴隶制向封建制发展的巨大转变。这一时期，由于铁器和耕牛的使用，生产力得到发展，私有土地和私人工商业也逐渐兴起，并在奴隶起义和“国人暴动”的推动下，动摇以至最终冲垮了原来以“王有”为形式的奴隶制土地制度。随着经济、政治制度的变革，社会关系的各个方面也都发生了深刻的变化。在人们好货、好土地的财富贪欲及追求政治权力的权势欲的推动下，子弑父、弟弑兄、诸侯争霸、大国灭小国、君臣易位、政在大夫的混乱局面出现了，以周天子为“天下之大宗”的宗法等级统治体系逐渐瓦解，“周道衰而王泽竭，利害兴而人心动”。在鲁国，季孙、叔孙、孟孙三家新兴势力于公元前 562 年“三分公室而各有其一”（《左传·昭公五年》）。齐大夫田乞用大斗借贷、小斗归还并用小斗征税的办法争取民心，民众“皆归之如流水”。其子田常于公元前 481 年杀了齐简公。晋国的赵、魏、韩三家新兴势力又陆续吞并了其他贵族，最终实现了三家分晋的局面。公元前 403 年，魏、赵、韩三家被正式册立为诸侯。与此同时，各诸侯国为争霸天下，频繁发动战争。“争地以战，杀人盈野；争城以战，杀人盈城”，使人民饱受战乱之苦。秦国攻打韩魏两国，韩魏国民“刳腹折颐，首身分离，暴骨草泽，头颅僵仆，相望于境，父子老弱系虏相随于路”，“百姓不聊生，族类离散，流亡为臣妾，满海内矣”（《战国策·秦策四》），可见当时战争的惨烈程度。

春秋战国时期，政治动乱、军事纷争以及社会经济制度的变革，给社会思想意识和人们的精神观念以巨大的冲击。许多思想家都在思考济世方略，他们彼此辩难论争，形成了诸子蜂起、百家争鸣的文化景观。儒、墨、道、法诸家各自“思以其道易天下”，提出他们解决社会问题的方案或思想，以期调适各种社会关系，稳定天下秩序与世道人心。在政治思想方面，儒家主张礼治、德治和仁政，墨家提出尚贤、尚同、兼爱、非攻，主张贤人政治，法家则主张法治。

与儒家崇礼乐仁义、墨家倡兼爱尚贤、法家主耕战变法的救世方略不同，以老子为代表的道家则主张无为而治。在老子看来，春秋以来诸侯争霸、天下动乱的根本原因是国君及卿大夫无限膨胀的欲望，他认为用儒、墨、法所提倡的政治观点来救世道之乱，无异于抱薪救火。儒家所宣扬的礼乐仁义，墨家所鼓吹的兼爱尚贤，以及法家所倡导的法治，只会滋长人们的贪欲和诈伪，弄得天下沸沸扬扬，社会动荡不安。由此老子提出了无为而治的主张。所谓无为而治，就是按照事物自身的发展规律，任其发展，不要人为去干预。老子说：“我无为而民自化，我好静而民自正，我无事而民自富，我无欲而民自朴。”（《老子》五十七章）他认为，只要统治者坚持无为的原则，处无为之事，行不言之教，那么天下自然能大治。老子所关心的是从根本上消解人类社会的纷争，使人们生活安定幸福。他所期望的是，人的行为能取法于“道”的自然性与自发性，政治权力不干涉人们的生活，消除战争的祸害。

四、《老子》一书的主要思想

《老子》一书，共约五千言，蕴含了丰富的哲学、政治、军事、经济、生态等思想，其中尤以哲学思想见长。老子哲学思想在中国哲学史上影响十分深远。在宇宙论方面，老子用“道”来说明宇宙万物的演变过程，把“道”看作生育天地万物的本体和本原，提出了“道生一，一生二，二生三，三生万物，万物负阴而抱阳，冲气以为和”（《老子》四十二章）的观点，创立了一种宇宙生成的理论。老子认为，“道”是“天地之始”“万物之母”，它“渊兮似万物之宗”“湛兮似或存”，“道”本幽深虚静、玄妙无穷，生万物而又寓于万物之中，有了道就有了世界的本原和世界的一切。老子说：“有物混成，先天地生，寂兮寥兮，独立而不改，周行而不殆，可以为天地母。吾不知其名，字之曰道。”（《老子》二十五章）这就是说，“道”是万物的本原，又是万物的规律，先天地而存在。老子把“道”看作天地万物的本原，不仅在理论上直接否定了天帝的存在，“取消了殷周以来人格神的天之至上权威”[①]，批判了殷周以来以“上帝”“鬼神”为基础的宗教神学宇宙观，而且发展了无神论的思想体系，建立了一个超绝时空的形而上学的本体“道”，这是对前人关于本体论思想的一个突破性贡献。它突破了以阴阳五行来说明世界本原的局限，把中国古代本体论问题的理论探讨推到了一个新的阶段。

在发展观方面，老子提出了“有无相生”和“反者道之动”的命题，肯定了祸福相倚、物极必反，意识到了矛盾双方相互依存、相互转化的特性，揭示了一切事物都要走向自己的对立面这一普遍法则，并较为具体地描述了事物从量变到质变、质变以量变为条件的发展过程，表露了否定之否定的思想观念。老子认为，无论是自然界还是人类社会都充斥着各式各样的矛盾，它们相反相成，相比较而存在，相斗争而发展。“天下皆知美之为美，斯恶已；皆知善之为善，

① 郭沫若：《郭沫若全集·历史编》第一卷，人民出版社，1982，第351页。

斯不善已。故有无相生，难易相成，长短相形，高下相倾，音声相和，前后相随。……夫惟不居，是以不去。”（《老子》二章）从概念来讲，“有”与“无”也是相对而言的，有了“有”才有所谓的“无”，有了“无”才有所谓的“有”，没有“有”也就无所谓“无”，没有“无”也就无所谓“有”，故“有无相生”。难与易、长与短、高与下、前与后等的关系也是这样。老子不仅看到了对立面相互依存的关系，而且看到了对立面相互转化的可能性与必然性，认为祸中隐藏着福的萌芽，福中埋藏着祸的种子，祸可以转化为福，福也可以转化为祸。事物在发展过程中不会呈直线前进，到了一定界限就会转到反面，本来要损害某物，但结果却可能促进了某物的发展；本来要扶持某物，结果却损害了它。老子从多方面论证了对立面的相互转化，并在此基础上阐发了“柔弱胜刚强”的原理，提出了“知雄守雌”的方法论原则。关于柔弱胜刚强，老子以水为例来说明柔能克刚的道理。他说：“天下莫柔弱于水，而攻坚强者莫之能胜。”（《老子》七十八章）又说：“天下之至柔，驰骋天下之至坚，无有入无间。”（《老子》四十三章）天下没有比水更柔弱的东西了，而水滴可以穿石。天下最柔弱的东西，可以像奔马一样驰骋于最坚强的东西之中，无形的力量能透入没有间隙的坚固的东西。柔弱的水能载大物、转大石、穿陵谷。老子将柔弱看成是攻强克坚的法宝，并将其视为人立身处世的重要原则。不仅如此，老子还主张知雄守雌，即主张虽有雄健之本，却甘居于雌弱之地。他说：“江海所以能为百谷王者，以其善下之，故能为百谷王。”（《老子》六十六章）老子的上述观点，包含着深邃的辩证法观念。可以说，老子是在中国哲学史上第一个系统地提出辩证法理论的哲学家，他的辩证法对于中华民族的思想方法产生了巨大的影响，对中国哲学作出了伟大贡献。两千多年来，从荀子到王夫之乃至毛泽东的辩证思维理论，无不与老子的辩证法思想有着某种理论上的联系。

在认识论方面，老子提出了“静观”“玄览”的直觉主义认识路线，主张通过玄思冥想去直觉天地万物。老子所讲的静观，既要求主体做到“致虚极，守静笃”，保持绝对虚静的精神状态，又强调主体应无私无欲，保持内心世界的清明澄澈。在老子看来，只有“常无欲”，才能“观其妙”。人们只有排除一切私心杂念，才能在虚静中达到主观和客观的绝对统一，达到“玄同”的境界，从而认识事物的本质。老子认为，认识的根本任务是理解和把握“道”，但“道”无形无名，既非感官所能触及，也非一般理性思维所能认识。认识“道”要靠内心的“静观”和“玄览”。所谓“玄览”即通过心这面特殊的镜子，深观远照，以达到对“道”的认识。据《老子·河上公章句》解释，“玄览”的含义是“心居玄冥之处，览知万物”，老子这种用内心的“玄览”来认识“道”，然后再用“静观”来通观万物的认识方法，旨在追求一种理性直观，以达到主观和客观的绝对统一，即“玄同”之境。老子所提倡的直觉主义的认识方法，表明他既看到了感性认识的局限和肤浅，又意识到了理性认识的相对性和有限性，他试图超越这两者，寻求一种更高明的认识方法。这在认识论上无疑有其神秘的方面，但也不失为一种大胆探索，他试图将认识推进到人们无法直接感知的宏观与微观世界，这具有一定的积极意义。尤为难能可贵的是，老子提出“知常曰明”，强调认识客观规律的重要性，展现了道家对真理的执着追求，启迪着后来者在认识真理的道路上不断进行有效的探索。老子说：“知常曰明。不知常，妄作，凶。”（《老子》十六章）所谓“知常”，即认识客观规律。所谓“知常曰明”，意指只有认识客观规律，才能心明眼亮，而不懂得客观规律，盲目从事，只会撞得头破血流。老子这些闪耀着智慧光华的认识论思想，在中国哲学史上占有重要的学术地位，也影响着后世认识论的发展。

在社会历史观方面，老子深深忧虑文明可能对人类本性构成的严重伤害，较早对人类文明进行了反省与批判。在老子看来，人类文明是一把双刃剑，在进步的同时孕育着退步的风险。生产力的发展造成社会物质财富的增加，但有了金玉珠宝等稀有之物后可能会使人心失去平衡，有了锦衣玉食等物质享受后可能会使人堕落为只知吃喝玩乐的行尸走肉。随着物质文明的发展，私有制和不平等现象产生，与富人“服文采，带利剑，厌饮食，财货有余”相对的是贫苦劳动者的“田甚芜、仓甚虚”（《老子》五十三章），“上食税之多”导致“民之饥”，“损不足以奉有余”成了文明社会最普遍的现象。私有制和物质财富还激发了人们对财富、权力、地位的无限欲望，导致争夺、盗窃、劫掠频发，出现了重货轻身、重物轻人的本末倒置的现象，更有因富贵而骄、贪念利禄而导致家破人亡的悲剧。令老子感到痛苦的是，人为了求得自身的发展而创造了物质文明，为什么物质文明反过来又成了损害人、妨碍人发展的异己力量，使人活得痛苦、悲惨和无奈呢？精神文明的发展也是如此，是非善恶观念的确立、美丑好坏标准的提出并没有使人避恶趋善，进入求真爱美之状态和提升精神之境界，反而带来了泛滥于整个社会的虚伪和沽名钓誉之风。如果说作为物质文明的财富造成人的争利之心，那么作为精神文明的善美智慧就造成了人的争名之心。在统治者的利禄诱惑下，人为了追求名利，不惜压抑个性和真实情感，以致损害身体和精神。人类文明造成“小人殉财，君子殉名”的灾难性后果，使老子深感悲痛和失望，觉得社会的种种弊病不但不能用文明的方法来消除，相反文明本身就是许多弊病的根源。基于此种认识，他试图跳出既有文明的圈子，在一个更高的层面上来考虑摆脱文明社会弊端的路子，进而提出了“小国寡民”的理想社会模式和“无为而治”的社会治理模式。

老子说："小国寡民，使有什伯之器而不用，使民重死而不远徙。虽有舟舆，无所乘之；虽有甲兵，无所陈之。使人复结绳而用之。甘其食，美其服，安其居，乐其俗。邻国相望，鸡犬之声相闻，民至老死不相往来。"(《老子》八十章)"小国寡民"是老子出于对统治者推行广土众民的兼并战争的强烈不满，在当时农村生活基础上构想出来的"桃花源"式的乌托邦。在这个小天地里，无须用高压强制力量来维持社会秩序，仅凭各人纯良的本性就可相安无事。在这个小天地里，没有战争的祸害，没有苛捐重赋的催逼，没有骄横暴戾的欺压，没有凶悍野蛮的劫掠，人民淳朴真诚，安居乐业。老子"小国寡民"的社会理想从总体上看确实充满了对文明的彻底否定和复古倒退的色彩，这是其消极的方面，应当予以批判；但另一方面也应该看到，它同时又表达了人民厌恶战争、渴望和平，厌恶争夺、向往安宁的愿望和要求，表达了人民对甘食美服、安居乐业美好生活的向往和追求。老子基于自己的社会历史观，十分同情当时饱受战争苦难的人民，提出了激进的反战思想，认为"师之所处，荆棘生焉。大军过后，必有凶年"(《老子》三十章)，并以为"兵者不祥之器"(《老子》三十一章)，主张"不以兵强天下"。在老子看来，兵器乃不祥之物。即使在不得已而用之的情况下，也应当保持淡然处之的态度，切不可过分热衷。即便在战争中获胜了，也不应认为是美事。如果认为是美事，那就是以杀人为乐了；如果以杀人为乐，就不会得志于天下。从这一方面看，老子的社会历史观充满了对普通劳动者生命价值的重视，对他们所受到的战争苦难的深切同情，以及对给劳动者带来巨大灾难的战争肇始者的愤怒谴责，表达了他的人道主义精神。"无为而治"是老子提出的不同于儒家"礼治""德治"，法家"法治"，墨家"尚同"之治的政治治理或社会治理模式，认为"我无为而民自化，我好静而民自正，我无事而民自富，我无欲而民自朴"(《老子》五十七章)，认为最好的社会治理是老百姓“不知有之”，感受到的是一种“无言的命令”和“无声的教导”。在老子看来，“道常无为而无不为，侯王若能守之，万物将自化。化而欲之，吾将镇之以无名之朴。无名之朴，夫亦将无欲。不欲以静，天下将自定”（《老子》三十七章）。只有坚持无为而治，天下才能安定，老百姓才能过上自由自在的生活。

此外，老子在伦理、美学、经济及其他方面提出了许多颇有创见的观点。司马云杰指出：“《老子》得《归藏》[①] 之体，即从哲学本体论，从道体形而上学，会通伏羲先天《连山》[②] 与文王后天《周易》[③]，会通上古大道真脉，会通太古自然哲学与黄帝以来的人文精神者也；而且是在道体形而上学、在微妙玄极的道体上会通的；而得之谓德，以为性命之理，以应无穷，即所谓‘玄德’，即道德形而上学精神也。”[④]《老子》建构了颇具中国特色的道德形而上学，将人道纳入天道自然的框架中来思考，要求尊道贵德，凸显了在自然无为中超越狭隘功利和私欲追求的伦理精神，奠定了道德纯粹主义和道德实质主义的价值基础。

---

① 《归藏》系黄帝时代的筮书，含有与《周易》类同的八卦、六十四卦符号，但六十四卦顺序以“坤”卦居首。《周礼·春官·太卜》载：“掌《三易》之法，一曰《连山》，二曰《归藏》，三曰《周易》。其经卦皆八，其别皆六十有四。”郑玄注：“《归藏》者，万物莫不归而藏于其中。”王应麟《玉海》引《山海经》云：“黄帝得《河图》，商人因之，曰《归藏》。”这是《归藏》时代及命名之义的较通行看法。尚秉和认为，《归藏》一书“亡于晋永嘉之乱”。

② 《连山》系伏羲时代的筮书，为“三易”之一，含有与《周易》同类的八卦、六十四卦符号，但六十四卦次序以“艮”卦居首。郑玄注：“名曰《连山》，似山出内气也。”贾公彦疏：“此《连山易》，其卦以纯《艮》为首，艮为山，山上山下，是名《连山》，云气出内于山。”王应麟《玉海》亦引《山海经》云：“伏羲氏得《河图》，夏后因之，曰《连山》。”尚秉和《周易尚氏学》认为《连山》“亡于永嘉之乱”，吴承仕《经典释文序录疏证》认为《连山》“或绝于中兴之际”。

③ 《周易》是我国古代的一部经典著作，被视为“群经之首”。《周易》的作者，通常以为是伏羲作八卦，周文王演为六十四卦并作卦爻辞，孔子作《易传》，故班固《汉书·艺文志》称：“《易》道深矣，人更三圣，世历三古。”通常意义上的《周易》包含了“经”“传”两部分，经部分含六十四卦符号及卦辞六十四则、爻辞三百八十四则（又有两则“用九”“用六”文辞），传部分含《文言传》、《彖传》上下、《象传》上下、《系辞传》上下、《说卦传》、《序卦传》、《杂卦传》七种，凡十篇，亦称《十翼》。

④ 司马云杰：《中国精神通史》第一卷，华夏出版社，2016，第376页。

总之，老子是中国思想文化史上的先知人物和巨匠，他给中国思想文化提供了一个宇宙论和本体论的哲学体系，其辩证法和认识论具有很高的学术价值。正如俄国汉学家C. 海澳基也夫斯基所说，老子的学说是中国一切哲学发展的出发点，所有其他中国哲学家的体系，都是在道德经哲学体系的各个部分的基础上发展起来的。① 当然，老子思想也因时代和思维视角、认知方式的局限存在着不可避免的弊端和矛盾性。他的“道”是一个不可见、不可闻、不可思议的神秘物，具有浓厚的神秘主义色彩，这是老子被道教奉为修道成仙的教主的根源。他的“小国寡民”的政治理想与社会发展的要求背道而驰，不可能解决社会历史所提出的问题。他的“无为而治”整体否定了有为政治的合理性，在某种意义带有无政府主义色彩。他关于文明的反思揭示出“为学日益，为道日损”的矛盾性关系，包含着某种意义上的愚民主义或蒙昧主义倾向。凡此等等，都说明了老子思想有其自身所特有的局限性。尽管如此，老子作为中国思想史上伟大的思想家，是当之无愧的。老子的思想标志着道家学派的正式形成。他创立的以道为核心的哲学体系及伦理、政治、军事、经济等思想体系，在中国思想文化史上享有独特且十分重要的地位。

第二节 庄子与道家思想的发展

老子“道”的模糊性与神秘性，使后人围绕“道是什么”议论不休，由此引申出道家学派的不同体系。自老子以后，道家思想广泛传播，杨朱、列御寇、魏牟各立一说，道家渐次分为两派。第一是关

① 转引自黄钊主编：《道家思想史纲》，湖南师范大学出版社，1991，第4页。

尹、列子的静虚派，第二是杨朱、魏牟的全性派。静虚派主张人应当舍弃自己的欲望，断绝知虑，顺着天生的真性来生活。全性派以为情欲乃人类的本性，当舍弃人间的名利，放纵本能的情欲。静虚派可以说是消极的道家，后为慎到、田骈所承传。全性派为积极的道家，庄子学说即从这派发展而来。

一、稷下学宫与稷下道家

战国中期，由于百家争鸣的推动，道家思想得到了充分的发展，它经由关尹、杨朱、列御寇等开始分化为两大流派。一派以稷下黄老学者为代表，把老子的“道”解释为精气或元气，主要继承和发挥了老子朴素唯物主义和朴素辩证法的思想，从而奠定了气生万物的唯物主义思想路线；另一派以庄周为代表，把“道”解释为虚无或无有，从而丰富和发展了“有生于无”的唯心主义学说。稷下黄老学派在继承和发展老子思想的同时，也吸收了儒、墨、名、法诸家的成果，这构成了“因阴阳之大顺，采儒墨之善，撮名法之要”的黄老道家基础。庄子的相对主义及无能生有学说对魏晋玄学产生了很大影响。

稷下学宫是战国时期齐国的学术中心，可以称之为齐国当时的最高学府。因设在齐国都城临淄（今山东淄博）稷门附近而被称为“稷下”，是传播诸家学说和开展学术争鸣的重要学术场所和学术平台。齐桓公在位时，开始在稷门外设置学馆，召集各诸侯国前来游学的学者，准允他们在稷下传道、立说和相互切磋，对出类拔萃者封“大夫”称号。稷下学宫在齐威王时经过整修发展，至齐宣王时进入鼎盛时期。齐宣王喜好“文学游说之士”，扩置学宫，不仅规模较前大为增加，而且影响也日趋深远，宫内汇聚名辩之士“数百千人”。荀子年轻时曾到稷下学宫讲学，他在稷下学宫中“最为老师”，并且三度被委任为学宫主持人（“祭酒”），弟子满门，成为当时最有威望的学术领袖。田骈、接子、环渊、宋钘、尹文等人在稷下积极传播道家思想，形成并发展为稷下道家一派。所谓稷下道家，是指在齐国稷下学宫中从事学术活动而主黄老思想那部分学者所组成的学派，其主要代表人物有慎到、田骈、接子、环渊、宋钘、尹文等人。慎到（赵国人）早年精于黄老道家，齐宣王、湣王时到稷下学宫讲学，被封为上大夫。彭蒙（齐国人）曾游学稷下，主张万物平等齐一，无贵贱好坏之分，对万物采取“莫之是，莫之非”的态度，一切听其自然。从师于彭蒙的田骈（齐国人）曾于稷下学宫讲学，他精于词辩，因有一次演讲折服数千辩士，被时人誉为“天口骈”。他主张“齐万物以为首”，“万物皆有所可，皆有所不可”。宋钘（宋国人），宋尹学派的代表人物，齐宣王时曾与尹文、彭蒙、慎到同在稷下学宫游学和讲学，主张宽恕均平，认识事物首先要破除主观偏见，以清心寡欲、使人不斗为尚。宋钘的弟子尹文（齐国人）曾劝说齐宣王“无为而能容下”，认为“圣人寡为而天下理矣”（《说苑·君道》）。

整体而言，稷下黄老道家中慎到、田骈等人主张以道家为主融合法家的思想，宋钘、尹文等人主张把道家思想与墨家思想结合起来，故有人将他们称为法道家和墨道家。《庄子·天下》道：“公而不党，易而无私，决然无主，趣物而不两，不顾于虑，不谋于知，于物无择，与之俱往，古之道术有在于是者，彭蒙、田骈、慎到闻其风而悦之。”彭蒙、田骈、慎到等人一方面主张因任自然，顺着事物必然的法则行事，减退自己的热情，消除自己的浊气，对于事物没有好恶的选择，随顺物情，不任职事；另一方面又主张“以道变法”“公而不党”“易而无私”，决断行事毫无偏见，亦无人我的分别。他们的思想既具有强烈的道家色彩，又吸收了法家思想的合理成分。对于宋钘、尹文一派的道家思想，《庄子·天下》作了这样的评述：“不累于俗，不饰于物，不苟于人，不忮于众，愿天下之安宁以活民命，人我而养，毕足而止，以此白心。古之道术有在于是者，宋钘、尹文闻其风而悦之。”宋钘、尹文的思想继承了老子清静、少私寡欲等观点，本质上具有道家的思想倾向，但同时又强调“禁攻寝兵”，提倡“非攻”以救世，淡泊情欲以修身，并以这种禁止攻伐、提倡裁军的学说周游天下，上劝国君，下教人民。尽管处处碰壁，但他们还是强说不止，体现了墨家“利天下即为”的精神。总的来说，稷下道家学派是道家发展过程中一个极其重要的阶段，其学术思想对战国中后期的政治斗争产生了重大的影响，并为西汉初期的黄老之治奠定了基础。

二、庄子其人其书

庄子是战国中期老子学说的继承者和道家学派的主要发展者。他面对战国时期的社会动乱和诸子纷起的局势，以弘扬老子学说为己任，将道家学说发展到了一个新的阶段。后人谈论道家，习惯以“老庄”并提，焦竑认为，“老子有庄，如孔子有孟”[①]。明末憨山大师认为，中国圣人，“上下千古负超世之见者，去老惟庄一人而已。载道之言广大自在，除佛经，即诸子百氏究天人之学者，惟《庄》一书”[②]。从“归之自然”的主旨和性质上讲，老庄思想有相同的地方。司马迁说，庄周“其学无所不窥，然其要本归于老子之言”（《史

① 焦竑：《庄子翼序》，《澹园集》卷十四，中华书局，1999，第138页。

② 憨山德清：《老子道德经解》，中华书局，2020，第164页。

记·老子韩非列传》)。一般说来，老庄思想大体是相同的。“不同的是，老子以箴言表达，庄子以散文表达；老子凭直觉感受，庄子靠聪慧领悟；老子以微笑待人，庄子凭狂笑处世；老子教人，庄子嘲人；老子说给心听，庄子直指心灵。”“若说老子像惠特曼，有最宽大慷慨的胸怀，那么，庄子就像梭罗，有个人主义粗鲁、无情、急躁的一面。再以启蒙时期的人物作比，老子像那顺应自然的卢梭，庄子却似精明狡猾的伏尔泰。”[①] 庄子的举止庄严高雅，言语活泼坚实，思想深刻高远。“如果说庄子将老子视为一个‘合而成体，散而成章，乘云气而养乎阴阳’的‘龙’，那么，他自己则是那‘水击三千里，抟扶摇而上者九万里’，‘徙于南冥’的‘鹏’。”[②]《庄子》为老子思想的创造性发展和超大规模的传播作出了巨大贡献。所以，老庄之道与孔孟之道并称是有道理的。

庄子（约前369—前286），姓庄名周，战国中期宋国人。庄子生平情况我们所知甚少。他做过蒙地方的漆园吏（管理漆园的小官），社会地位不高。相传“庄周家贫，曾贷粟于监河侯”，“处穷闾厄巷，困窘织履”，住在破陋的街巷里，面黄肌瘦，靠打草鞋维持生活。他在政治上鄙视权贵，对现实深为不满，不愿与统治者合作，孤傲、清高。据《史记·老子韩非列传》记载，楚威王闻庄子贤，派使者厚币迎之，许以为相，却被庄子拒绝了。他对使者说，千金可谓重利，卿相更是尊位，但这好比祭祀用的牛一样，畜养多年，衣以文绣，当被牵进太庙作祭品时，就是想做只自由的小猪也不可能了；你快走开，不要玷污我，“我宁游戏污渎之中自快，无为有国者所羁”。庄子后来终生过着隐居的生活。庄周富于形象思维，以寓言写哲理，“其言洸洋自恣”。其构想之新奇、运思之精妙，用语之狂巧，先秦

① 林语堂：《圣哲的智慧》，陕西师范大学出版社，2002，第182页。

② 司马云杰：《中国思想通史》第一卷，华夏出版社，2016，第546-547页。

诸子很少有人能与之媲美。释德清（即憨山德清，1546—1623）《庄子内篇注》有言："庄子文章波澜浩瀚，难窥涯际。若能看破主意，则始终一贯，森然严整，无一字之剩语，此所谓文章变化之神鬼者也。"[①] 又说："庄子心胸广大，故其为文，真似长风鼓窍，不知所自。立言之间，主意构思，即包括始终。但言不顿彰，且又笔端鼓舞……"[②] 庄子"载道之言"具有"广大自在"而"究天人之学"的独特建树。如果去除了庄子其人，"万世之下，不知有真人"；如果去掉了《庄子》一书，"万世之下，不知有妙论"。[③] 清代宣颖在《庄解小言》一文中认为，"庄子之文，长于譬喻。其玄映空明，解脱变化，有水月镜花之妙，且喻后出喻，喻中设喻，不啻峡云层起，海市幻生，从来无人及得"[④]。庄子在历史上产生的巨大影响，在很大程度上得益于其文章的特殊风韵。

记录庄子思想的著作为《庄子》。汉代以后，学者尊庄子为南华真人，道教据此称《庄子》为《南华经》，将其与老子的《道德经》共奉为道教经典。郭象《庄子序》将《庄子》一书称为"百家之冠"，认为《庄子》一书"通天地之统，序万物之性，达死生之变，而明内圣外王之道，上知造物无物，下知有物之自造也。其言宏绰，其旨玄妙。至至之道，融微旨雅；泰然遣放，放而不敖……是以神器独化于玄冥之境而源流深长也"[⑤]。成玄英《庄子序》指出，"夫《庄子》者，所以申道德之深根，述重玄之妙旨，畅无为之恬淡，明独化之窅冥，钳揵九流，括囊百氏，谅区中之至教，实象外之微言者也"[⑥]。《汉书·艺文志》载《庄子》五十二篇，由内篇七、外篇二

---

① 释德清：《庄子内篇注》，华东师范大学出版社，2009，第59页。
② 释德清：《庄子内篇注》，华东师范大学出版社，2009，第28页。
③ 憨山德清：《观老庄影响论》，《老子道德经解》，中华书局，2020，第164-165页。
④ 宣颖：《庄解小言》，《南华经解》，广东人民出版社，2008，第1页。
⑤ 郭象：《庄子序》，郭庆藩《庄子集释》上，中华书局，2004，第3页。
⑥ 成玄英：《庄子序》，郭庆藩《庄子集释》上，中华书局，2004，第6页。

十八、杂篇十四和解说三构成。据唐代陆德明《经典释文序录》中的记载，晋代注《庄子》的学人众多，且所注篇目不同，其中向秀的《庄子注》为二十六篇，李颐的《庄子集解》为三十篇，司马彪的《庄子注》为五十篇，郭象的《庄子注》则为三十三篇。郭象注《庄子》时根据“凡诸巧杂，十分有三”[①] 加以删定。由于郭象的《庄子注》在众多庄子注本中影响最大、流传最广，因此许多后世研究庄子思想的学人都以郭象的《庄子注》为宗。现存的《庄子》三十三篇，分为“内篇”“外篇”和“杂篇”三部分，学术界一般认为“内篇”七篇即《逍遥游》《齐物论》《养生主》《人间世》《德充符》《应帝王》《大宗师》为庄子本人所作，“外篇”十五、“杂篇”十一是庄子弟子及后学的作品。总的看来，全书的基本思想大体上是一致的。《庄子》现存最早的注本是晋郭象的《庄子注》。清代王先谦的《庄子集解》博采众长，是较好的注本。郭庆藩《庄子集释》吸收了晋至清注解《庄子》的成果，可谓《庄子》一书集大成之作。司马迁《史记》说《庄子》“善属书离辞，指事类情，用剽剥儒、墨，虽当世宿学不能自解免也。其言洸洋自恣以适己，故自王公大人不能器之”（《史记·老子韩非列传》）。为什么《庄子》一书令王公大人“不能器之”？原因可能在于《庄子》笑傲权贵王侯，对世人追求功名利禄的现象作出了尖刻而又无情的批判，凸显了个人逍遥自适的内在价值。

三、庄子的主要思想

朱熹指出：“老子则犹自守个规模子去做，到得庄子出来，将他

① 陆德明：《经典释文序录·庄子》，郭庆藩《庄子集释》上，中华书局，2004，第4页。

那窠窟尽底掀翻了，故他自以为一家。”[①] 又说：“《天下篇》首一段皆是说孔子，恰似快刀利剑斫将去，更无些子窒碍，又且句句有着落”，虽然庄子“说得好”，但是“却不肯去做”，故此也可以说是批判有余而行为不足。[②] 当然，朱熹是站在儒家理学的立场上来评价庄子思想的。实质上，庄子将老子思想发展到了一个新的阶段。清代宣颖《南华经解》序有言：“庄子既不避圣人罕言之戒，而于圣人之不欲剪者剪之，圣人之不轻示者示之。此庄子所以维末流之穷，而一出于忍俊不禁，一出于苦心致觉者也。”[③]《庄子》一书有着与儒家《中庸》相表里的独特妙用，不失为高论绮言。释德清《庄子内篇注》指出：“庄子一书，乃老子之注疏，予尝谓老之有庄，又孔之有孟；若悟彻老子之道，后观此书，全从彼中变化出来。”[④] 严北溟先生认为，“庄无老无以溯其源，老无庄无以扬其波”[⑤]。当然，老子与庄子无论在思想表达、行文风格乃至性情禀赋方面都存在着较大差异。胡哲敷在《老庄哲学》中不无正确地指出：“老子是一位深厚沉默、谨饬言行的学者，庄子则系雄才博学、不可绳检的才士。”[⑥] 如果说庄子将老子视为一条“合而成体，散而成章，乘云气而养乎阴阳”的“龙”（《庄子·天运》），那么庄子自己就是那“水击三千里，抟扶摇而上者九万里”的“鹏”。庄子站在“九万里”的云端高处，俯视整个宇宙生命的生化流转，发表了许多令世人瞠目的惊世骇俗之论。《老子》一书五千言句句皆属警语、箴言，透露着历史的机理和哲学的深邃；《庄子》一书十万言，如大河奔流、惊涛裂岸，带着对文明的

① 黎靖德编：《朱子语类》卷六十三，中华书局，1984，第1540页。
② 黎靖德编：《朱子语类》卷六十三，中华书局，1984，第1540页。
③ 宣颖：《南华经解》，广东人民出版社，2008，第1页。
④ 释德清：《庄子内篇注》，华东师范大学出版社，2009，第2页。
⑤ 严北溟：《从道家思想演变看庄子哲学》，《社会科学战线》1981年第1期。
⑥ 胡哲敷：《老庄哲学》，中华书局，1935，第43页。

审思和人性的批判：老庄二人都在中国哲学、思想文化史上留下了深远而持久的影响。

庄子哲学继承并发展了老子哲学，体系更为宏大，内容更为丰富。从本体论上看，庄子同老子一样，也把道作为产生世界万物的本体。他说：“夫道，有情有信，无为无形；可传而不可受，可得而不可见；自本自根，未有天地，自古以固存。神鬼神帝，生天生地；在太极之先而不为高，在六极之下而不为深，先天地生而不为久，长于上古而不为老。”（《庄子·大宗师》）“道”虽然不能为人的感官所察觉，但它确实是一种“自古以固存”的客观实体，它不仅能“神鬼神帝”，而且能“生天生地”。这和老子所讲的“道为天下母”的思想一致。庄子以独特的提问方式来表达他对自然界自发性的看法。在《齐物论》中，庄子指出：“必有真宰，而特不得其联。可行已信，而不见其形，有情而无形。百骸、九窍、六藏，赅而存焉。吾谁与为亲？汝皆悦之乎？其有私焉？如是皆为臣妾乎？其臣妾不足以相治乎？其递相为君臣乎？其有真君存焉？”在庄子看来，人体内的百骸、九窍、六藏密切相关，其运作是一个自然的、不受意识控制的活动过程，没有必要在它们之外设想一个“真宰”“真君”。由小宇宙（人体）的状况，庄子进而推想到大宇宙中的“道”同样也并不需要意识的介入去完成其所有功能。

在《天运》中，庄子发出一连串气势磅礴的疑问：“天其运乎？地其处乎？日月争于所乎？孰主张是？孰维纲是？孰居无事推而行是？意者其有机缄而不得已乎？意者其运转而不能自止邪？云者为雨乎？雨者为云乎？孰隆施是？孰居无事淫乐而劝是？风起北方，一西一东，有上彷徨。孰嘘吸是？孰居无事淫乐而劝是？敢问何故？”自然万象到底是造物主有意识作为的结果，还是“道”的自发性的展示？对于这一问题，庄子的回答是“感其自取”。“道”的根本特征是自然无为，“道”本无心，它并不是有意要使这物如此、那物那般。大自然的一切现象都是自生自长、自然而然的，无论是小宇宙还是大宇宙，都不需要假设一个有意识的操纵者。作为自然秩序和法则的“道”，是自本自根、自然而然的。

在庄子看来，天自然，所以清澈，地自然，所以安宁，天地自然的和合，化生了万物，天地万物都是自然的产物。“天地有大美而不言，四时有明法而不议，万物有成理而不说。……物已死生方圆，莫知其根也。扁然而万物自古以固存。六合为巨，未离其内；秋毫为小，待之成体。天下莫不沉浮，终身不故；阴阳四时运行，各得其序；惛然若亡而存，油然不形而神，万物畜而不知。此之谓本根，可以观于天矣。”（《庄子·知北游》）正因为“道”本身是自然无为的，所以“道”所化生的天地万物无疑也都是自然的，它们遵循自然的法则而生存和发展。庄子据此把人的生死也视为自然现象，认为“人之生，气之聚也。聚则为生，散则为死”（《庄子·知北游》），因此没有必要贪生怕死。生则自然而生，死则自然而死。庄子的妻子去世时，庄子鼓盆而歌，庆祝她回归自然。在庄子看来，生生死死就好像是春夏秋冬一年四季在运行一样。生，源于自然；死，归于自然。人死就要安静地到天地这间大房子里去休息，与其为之悲哀，不如为之庆幸。从这种自然史观出发，庄子论证了人应该遵循自然无为的原则，反对刻意追求或以人化天。庄子的自然主义天道观和宇宙论是其整个思想体系的理论基础，他将整个人类社会纳入他设立的框架之中，既体现了他尊重自然的基本态度，同时也展现了他达观的精神个性，这些思想观念对后世产生了深远的影响。

当然，庄子的自然主义天道观和宇宙论并未走向纯客观的唯物主义，其思想深处弥漫着一种以虚无为本的气息。相对主义是庄子哲学思想的核心。从理论的继承性看，庄子的相对主义是对老子辩证法的极端化发展，或者说老子的辩证法包含着向相对主义发展的可能性。庄子则把这种可能性发展为完整的相对主义理论。庄子的相对主义思想具体表现在以下几个方面：第一，齐万物，否认事物的质的规定性，抹杀事物之间质的差别。庄子认为，“物无非彼，物无非是”（《庄子·齐物论》），彼与此的区别和对立是相对的。从一方面看，任何一物相对于他物来说，都是“此”，所以“物无非此”；但从另一方面看，任何一物又都是他物之“彼”，所以“物无非彼”。不仅彼与此的关系是这样，生死、可否、大小、成毁、久暂、贵贱的关系也是这样。依生死可否而论，任何事物都是“方生方死，方死方生，方可方不可，方不可方可”。它们之间并没有什么本质的差别。万物是齐一的，没有差别的。第二，齐是非，抹杀主体对一切事物是非、然否之价值判断的确定性和差别性。首先，在庄子看来，没有划分是非的统一的客观标准，万物都是道的一部分，都是道的表现，所以都是天然合理的。同时，正因为它们只是道的一部分而非道的全体，所以都有其局限性，说它可，自有可的道理；说它不可，自有不可的道理。因此，对于描述事物性质的是非观念来说，便没有一个能够划清是非界限的统一的客观标准。“因是因非，因非因是。”（《庄子·齐物论》）根据某一理由说它对，这就意味着根据同一理由也可说它不对；根据某一理由说它不对，这就意味着可以根据同一理由说它对。“因其所大而大之，则万物莫不大；因其所小而小之，则万物莫不小。……因其所有而有之，则万物莫不有；因其所无而无之，则万物莫不无。”（《庄子·秋水》）其次，庄子指出，从人们各自不同的立场和意向看，也没有足以划清是非的统一的客观标准。庄子说：“以趣观之，因其所然而然之，则万物莫不然；因其所非而非之，则万物莫不非。”（《庄子·秋水》）世间没有绝对的真假是非，是非观念只是出于人们的偏见或成心。“是非之彰也，道之所以方也。”是非观念的出现是对“道”的损害，因为任何是非观念都是片面的。“道隐于小成，言隐于荣华，故有儒墨之是非。”（《庄子·齐物论》）“道隐于小成”，是说“道”被成心所遮蔽。“言隐于荣华”是说真实的语言被浮华之词所掩盖。由于“道”受到偏见与浮词所损，所以产生了是非。最后，庄子从是非无客观标准，推断出辨明绝对的是非是不可能的。辩论双方不论谁胜谁负都不能说明谁是谁非，双方真有一个是，一个非吗？抑或大家都是，大家都非吗？是非也不能由第三者来判断。因为第三者不论同意哪一方的观点，总归要站在一方的立场上，因而也就不能判断双方的是非。第三，齐物我，试图在主观世界中消除物我界限。在庄子看来，“天地与我并生，而万物与我为一”，人既是天地万物的一部分，也是齐同于道的，人本身就是一个小宇宙。人同天地万物本质上是没有什么差别的。“道”是浑然一体的，没有对立面。“大道不称，大辩不言”，是非齐一是“道”的要求，物我齐一也是“道”的要求。人为地制造人与天地万物的差别，只会使人远离“道”，最后遗祸人类、流毒无穷。庄子主张消除物我的差别，自觉地与天地万物齐一。

庄子的相对主义虽有否定判断是非善恶的客观标准的一面，但由于它具有针对儒、墨、法等家把自己的学说当成绝对真理和合理的化身的倾向，在某种意义上具有反对独断论、冲破绝对主义樊篱的思想解放作用。同时，相对主义同辩证法也有某种密切的联系。虽然我们不能把辩证法归结为相对主义，但也应该承认辩证法包含着相对主义的因素。在庄子哲学体系中，不仅阐述了事物发展变化、天地运行不息的思想，而且把“盈虚”“终始”“变移”和“自化”看作事物永无止境地发展、变化的特征，强调万物固将自化，这无疑是对古代辩证法思想的新贡献，而且透露出矛盾对立统一的思想，强调了同一性在事物发展变化中的作用，突出了事物的普遍性联系，发展了老子的矛盾观。此外，庄子在批判儒墨的基础上主张俯仰随物、应时而变，流露出因时间、地点、条件而转移的变化思想，这无疑发展了老子的辩证法思想，有其合理因素。

在政治思想方面，庄子继承并发展了老子的政治主张，强调治理国家应当顺应和效法自然，以自然为法则。在庄子看来，“天下有常然。常然者，曲者不以钩，直者不以绳，圆者不以规，方者不以矩，附离不以胶漆，约束不以纆索。故天下诱然皆生，而不知其所以生，同焉皆得，而不知其所以得”（《庄子·骈拇》）。治理天下不依赖人为的礼乐法律，而应顺应自然。若用规矩准绳去纠正，就会损伤事物的本性；若用绳子胶漆来加固，便会破坏事物的原貌。规定了礼节，定下了音调，装腔作势地谈论仁义来安慰人心，会使人们失去常情。庄子认为，天下万事万物都有常情。所谓常情，弯的用不着拗，直的用不着削，圆的不用规画，方的不用尺量，粘连不用胶漆，捆绑不用绳索。万物自然生长，并不知它为什么要这样生长。君子如果不得已而统治天下，要实行自然无为之道。无为，然后才能使老百姓性情安宁。天地虽广，化育万物却一视同仁；万物虽众，治理之道则归一。君主以无为为根据，任天然获得成功。“君原于德而成于天，故曰玄古之君天下，无为也，天德而已矣。”（《庄子·天地》）庄子理想中的治世是不重“贤才”，不用“才能”。君上如高树之枝，百姓像野鹿。心思纯正，不相侵害，不知道这是义。互相亲爱，不知道这是仁。诚实，不知道这是忠诚。得当，不知道这是信用。动与静互相依存，不以为这是恩赐。庄子说：“夫有土者，有大物也。有大物者，不可以物。物而不物，故能物物。明乎物物者之非物也，岂独治天下百姓而已哉！”（《庄子·在宥》）拥有国土者，是拥有了大物，但不能将其视为私物支配。唯有不将其视为物，方能成其为物。此理岂止适用于治理天下百姓！那些一心想治理国家的人，是想得到三代（夏、商、周）

帝王主宰国家的利益，满足自己的权势欲，他们一点也没有看见三代帝王实行有为政治所造成的祸害。“此以人之国侥幸也，几何侥幸而不丧人之国乎！其存人之国也，无万分之一；而丧人之国也，一不成而万有余丧矣！”（《庄子·在宥》）奉行有为政治而能保存国家的，万中无一，而因此丧失国家，使天下大乱的，却比比皆是。正是由于反对有为政治，所以庄子特别强调要“逍遥乎无为之业”，“不以心捐道，不以人助天”，“无以人灭天，无以故灭命”。庄子的理想社会模式，将老子“小国寡民”的社会理想，推进到极致。庄子曾描绘老子的理想社会，说：“昔者……民结绳而用之，甘其食，美其服，乐其俗，安其居，邻国相望，鸡狗之音相闻，民至老死不相往来。若此之时，则至治已。”（《庄子·胠箧》）理想的社会，是民性纯朴、自然清静、安居乐俗的社会。在这个社会里，“民居不知所为，行不知所之，含哺而熙，鼓腹而游”，他们“其行填填，其视颠颠”（《庄子·马蹄》），享受着天赐的自由与幸福。在这个社会里，“其民愚而朴，少私而寡欲，知作而不知藏，与而不求其报；不知义之所适，不知礼之所将，猖狂妄行，乃蹈乎大方。其生可乐，其死可葬”（《庄子·山木》）。这个被称为“建德之国”的社会是庄子的理想社会。这个社会的人没有私心和欲望，只知劳作，不知私藏，赠人不求回报。庄子的理想社会比老子的理想社会更完善的地方在于它不仅强调了人的天性自由和素朴本性，而且强调了人们的大公无私和公而忘私，更突出了人们的生死都能得其所必需。“其生可乐，其死可葬”这一观点，对后世产生了深远的影响。

在人生观方面，庄子既不认同儒家杀身成仁、舍生取义的人生价值论，也不赞同墨家以牺牲个性为代价去兼爱天下的人生追求，他把个体的身心健康和精神自由看得无比宝贵，强调要尊重人的个性和自由。庄子思想中最脍炙人口的就是他的“逍遥游”。庄子说：“予方将与造物者为人，厌则又乘夫莽渺之鸟，以出六极之外，而游无何有之乡，以处圹埌之野。”（《庄子·应帝王》）他想象自己与世界的创始者为朋友，以轻虚之气为乘鸟，飞于“六极之外”，遨游于“无何有之乡”，漫步于旷远之野，这是多么大胆神奇的想象。庄子的“逍遥游”作为庄子的人生理想，是庄子人生观的集中体现，是庄子人生论的核心内容。在庄子看来，无论是展翅高飞九万里的大鹏，还是乘风破浪的大舟；无论是“举世誉之而不加劝，举世非之而不加沮”的宋荣子，还是御风而行的列子，他们所获得的自由都是一种“犹有所待”的自由，因此都算不上是真正的“逍遥游”。真正的“逍遥游”是一种无待乎外、不为外物所累的自由，是一种无条件的精神自由和彻底的精神解脱，它如同“乘云气，骑日月，而游乎四海之外”（《庄子·齐物论》），或“乘天地之正，而御六气之辩，以游无穷者”（《庄子·逍遥游》），那般无拘无束，超脱自我生死、得失荣辱。庄子所说的“六极之外”“无何有之乡”都是想象中的世界，因此庄子的逍遥游其实是心灵在自由想象的天地中驰骋。能够在想象的天地里自由驰骋的，不是人的躯体，只能是人的心灵，故庄子把逍遥游也称为“游心”。庄子说：“且夫乘物以游心，托不得已以养中，至矣。”（《庄子·人间世》）“游心”即心游，“乘物”与“托不得已”都是要随顺外物，安于无可奈何的现实，“游心”与“养中”则是保持内在的精神上的绝对自由与平和。此外，庄子说的“游心于淡，合气于漠，顺物自然而无容私焉”（《庄子·应帝王》），“不知耳目之所宜，而游心乎德之和”（《庄子·德充符》），也都说明庄子的“逍遥游”是心灵在想象中自由翱翔的心游。显然，庄子的逍遥游追求的是超脱现实的玄想的自由或内心的自由，是一种神秘的体验，而不是现实生活中行动的自由。

庄子为什么要在现实之外、内心之中去寻求自由呢？这是因为他感到现实生活中充满了不以个人意志为转移的必然，人们不可能在现实生活中获得真正的自由。在庄子看来，“死生，命也，其有夜旦之常，天也，人之有所不得与，皆物之情也”（《庄子·大宗师》）。死生有命，正如天有昼夜，是无可奈何的，万物之实情也是人所不能干预的。“死生、存亡、穷达、贫富、贤与不肖、毁誉、饥渴、寒暑，是事之变，命之行也。”（《庄子·德充符》）生死存亡、贫富贵贱、荣辱毁誉、饥渴寒暑、贤愚善恶都是事情的变化，都是命运的交替，它们天天在人们的面前发生，仅靠人的智慧所无法完全把握的。既然现实的一切都是命之流行，是人无法改变的必然，那么自由就不能诉诸客观的外部世界，而只能诉诸冥冥的精神世界。庄子找到的人生自由，正是主体本身的内心自由。自由的取得不在于对外部必然性的改造，而在于对外部必然性的认识和适应。既然外部的一切都是无法改变的，那么就应该认识到现实的一切变化都“不足以滑和，不可入于灵府”（《庄子·德充符》），也就是不足以扰乱内心的平和，这样就可以获得内在的精神自由了。真正自由的人是齐善恶、超生死的，他平和悠闲、通达事理，从来不会失去自身的喜悦。时光不停地流逝，而他总像春天一样地对待事物。他不知悦生、不知恶死，对于生在世上不感到欢喜，对于死亡也不抗拒，“安时而处顺，哀乐不能入”，如此便可以避免情绪的波动，获得精神的解脱与内心的自由。

庄子的“逍遥游”不是现实的感性的自由和行动的自由，而是超现实的精神自由和玄想式的内心自由。他对外界必然性的态度是“知其不可而安之若命”，因此其总的倾向是消极的。但是如果我们把庄子的自由观放到人类争取自由的历史中来看，就会发现其还是有一定的价值——承认客观必然性的同时积极追求自由。这种自由就在于认识和尊重客观必然，自由的实现要放在随顺必然的基础之上。庄子率先提出了在客观必然面前如何实现主观自由的问题，认为尽管外在有约束但内在亦可自由。

庄子生于各种社会矛盾错综复杂的战国中期，目睹了统治阶级因争权夺利、钩心斗角而引发的许多社会弊端，清醒地意识到荆棘丛生的险恶社会环境以及儒墨所倡导的仁义道德对人的个体自由和精神生命的压抑。于是，他挺身而出，大胆揭露社会生活的诸种弊端，抨击权贵、批判儒墨，表现了不与世俗同流合污的高尚情操和精神风骨。庄子的思想学说愤世嫉俗，他耻于媚事权贵，不畏惧任何权威，反对巧诈虚伪，要求个性自由，反对专制强权，其辛辣尖刻的批判精神无疑具有反对异化、抗争社会的进步性质。诚然，庄子的思想体系包含着许多内在的矛盾：既有悲观主义，又有理想主义；既有怀疑主义，又有直觉主义；既讲究安之若命，又讲究绝对自由；既表现出与人不争、安时处顺的态度，又有着傲视权贵、放达不羁的一面；既对现实有着深刻的观察和批判，又对现实表现出一种冷漠和逃避。尽管如此，庄子确实揭示了宇宙和人世间许多深刻的矛盾，提出了许多富有启发性的理论命题和观点，极大地推进了道家思想和中华民族理论思维的发展。庄子不仅在哲学、政治、伦理上卓有建树，在文学和美学上也多有贡献。他的寓言和散文在中国文学史上大放异彩，其浪漫主义风格影响了一代又一代文人学士。庄子通过对人为物役现象的批判，肯定了人的个体存在，强烈地表达了对个人从世俗桎梏中解脱出来的自由向往，并由此强调了个体的独立人格，反映了庄子对人的个体存在的自觉意识和对个人价值的重视。庄子精神往往成为后世许多人安身立命的精神支柱。

此外，杨朱学派在先秦时期也是道家思想的重要一脉。杨朱之学是与儒、墨之学并称的显学。孟子就曾说过，“杨朱、墨翟之言盈天下，天下之言，不归于杨，即归墨”（《孟子·滕文公下》）。杨朱是先秦哲学家，战国时期魏国人，字子居，生卒年代未详，但据史载应是生活在墨子（约前468—前376年）与孟子（约前372—前289年）之间的人物。一般认为《列子》是先秦时期道家著作，此书有一篇题为《杨朱》，是不可多得的代表杨朱思想的著述。在先秦道家诸学派中，杨朱主张“贵己”“重生”“人人不损一毫”，对老子思想有相当的发展。《列子》据传为列御寇所作。《汉书·艺文志》道家类录《列子》八篇，班固曰，列子“名圄寇，先庄子，庄子称之”。《列子》内容形式多为民间传说、寓言故事和神话等，既带有足以警世的教训，又包含深刻的哲学思想，也具有一定的文学价值。该书按章节分为《天瑞》《黄帝》《周穆王》《仲尼》《汤问》《力命》《杨朱》《说符》等八篇，以《天瑞》《力命》《杨朱》三篇尤为突出。其思想主旨近于老庄，追求一种冲虚自然的境界。《列子》认为万物产生于无形，并变化不居，任何事物都不一定是完美的，包括天地及圣人，人要掌握并利用自然界的规律。后来《列子》这本书被道教奉为经典，称为《冲虚经》，列御寇被称为“冲虚真人”。《列子》一书注本较多，魏徵撰有《列子治要》，宋徽宗撰有《冲虚至德真经义解》。高守元所撰的《冲虚至德真经四解》吸收了张湛、卢重玄、宋徽宗、范致虚四家列子注的研究成果，并有自己的综合性发挥，可以视为列子注的集大成之作。道教奉《老子》为《道德经》、《庄子》为《南华经》、《列子》为《冲虚经》，说明老子、庄子、列子在道教思想谱系中的重要地位，也说明了道家思想对道教传承发展的重要意义。

第三节　汉唐宋明清道家思想的演变

公元前221年，秦始皇灭六国，建立了中国历史上第一个中央集权的封建帝国，标志着中国正式进入了封建社会。从西汉至明清，道家思想经历了起伏不平的演变发展道路，汉初黄老之治、魏晋玄学、隋唐道教以及宋明理学等都同道家思想的发展演变相关并构成其发展演变的特定阶段。汉末道教的产生，将道家思想宗教化，将道家思想与追求长生成仙的价值结合起来，还构建出一套包括神人、真人、仙人、道人、圣人、贤人在内的神学体系。《老子》被道教奉为《道德经》，《庄子》被奉为《南华经》，《列子》被奉为《冲虚经》。从某种意义上说，道教对道家思想进行了宗教化和神学化发展，并在后来与儒教和从印度传过来的佛教形成三足鼎立的发展格局。汉唐至明清道家的思想发展既包括了学术层面的探讨也渗透并体现在宗教形态的道教思想中，体现了既学术又宗教的跨越性特征。

一、汉初黄老之学

战国时秦国运用以商鞅为代表的法家学派变法图强，使经济实力、军事实力迅速增长，之后吞并了韩、赵、魏、楚、燕、齐六国，建立了中国历史上第一个统一的多民族封建专制国家。秦国统治者为了巩固统治，采取严刑峻法，征收繁重赋税，加以连年用兵，使得广大人民痛苦不堪。公元前 206 年，陈胜、吴广“奋臂为天下倡始”，农民起义风暴席卷天下，建国仅十几年的秦帝国便覆亡了，接着建立的是汉帝国。汉初统治者深刻吸取秦帝国灭亡的历史教训，抛弃秦朝的严酷法治，转而以道家黄老之学作为治国安民的指导思想。他们提倡与民休养生息、轻徭薄赋，以恢复生产，安定人民生活。汉初之所以能重视道家思想，不仅与当时人心思定思治、对秦代苛政深感不满，以及道家思想发展到汉初已经相当成熟有关，还与汉初君主、大臣崇尚道家“无为而治”密切相关。汉高祖刘邦统一天下后，深感总结亡秦教训的必要，对谋臣陆贾说：“试为我著秦所以失天下，吾所以得之者何，及古成败之国。”（《史记·郦生陆贾列传》）于是陆贾著《新语》，提出新的治国方略。每写成一篇，就呈给刘邦看，“每奏一篇，高帝未尝不称善”。陆贾《新语》崇尚“无为而治”，认为夺取政权可以靠“逆取”，巩固政权则必须靠“顺守”。惠帝、高后、文帝、景帝及窦太后等人都崇尚黄老，如文帝、窦太后“好黄老之言，不悦儒术”。汉初不仅君主崇尚黄老，许多谋臣如张良、萧何、曹参、陈平、田叔、汲黯等都在政治上重视黄老之学，并努力实践黄老之术。曹参在任齐相时，即拜黄老学者盖公为师，“其治要用黄老术，故相齐九年，齐国安集，大称贤相”。后来曹参代萧何为汉相国，“清静极言合道”，“载其清静，民以宁一”（《史记·曹相国世家》）。汉初由于君臣同心协力实行黄老之道，因而收到了良好的政治成效，出现了“文景盛世”的太平景象。西汉初期不仅涌现出了一批著名的黄老学者，而且产生了总结黄老之治的《淮南子》。

《淮南子》又称《淮南鸿烈》或《淮南家书》，是西汉皇室贵族淮南王刘安招集宾客编著而成的。《淮南子》继承并发展了稷下黄老学派及黄老帛书的思想，是对黄老之术的总结和发展，同时又融合了庄子及儒墨法思想，形成了自己独特的思想体系。《淮南子》对老子的“道”进行了更为全面而系统的描述：“夫道者，覆天载地，廓四方，柝八极；高不可际，深不可测；包裹天地，禀授无形；原流泉浡，冲而徐盈；混混滑滑，浊而徐清。故植之而塞于天地，横之而弥于四海，施之无穷而无所朝夕；舒之幎于六合，卷之不盈于一握。约而能张，幽而能明；弱而能强，柔而能刚；横四维而含阴阳，纮宇宙而章三光……”（《淮南子·原道训》）其认为“道”有着覆天载地、化育生长万物的功能，既是世界的本原和本体，也是万事万物发展变化的内在动因和规律。在政治上《淮南子》猛烈抨击了暴君专制，主张推行开明政治，使天下“安其性”，主张君主无为，指出“无为者，非谓其凝滞不动也，以其言莫从己出也”，强调人主要“乘众人之智”“用众人之力”，“一度而不摇，因循而任下”（《淮南子·主术训》）。《淮南子》主张无为、抨击暴君，对揭露统治者的残暴、独裁以及特权等腐朽统治，具有一定的积极意义。

西汉时期，黄老学者司马谈在《论六家之要指》一文中，对汉初黄老道家的基本特征进行了理论上的概括。他指出，“道家使人精神专一，动合无形，赡足万物”，它“因阴阳之大顺，采儒墨之善，撮名法之要”，吸收了各家思想的长处，因此是六家中最完善的学说体系。司马谈认为，道家“与时迁移，应物变化”，“有法无法，因时为业；有度无度，因物与合”，“指约而易操，事少而功多”，“道家无为，又曰无不为。其实易行，其辞难知。其术以虚无为本，以因循为用。无成势，无常形，故能究万物之情。不为物先，不为物后，故能为万物主”。司马谈所概括的黄老道家，是对老庄道家和黄老帛书的道家思想的继承和发展，是在新的历史条件下对道家思想继承发展之后所取得的新成果。《淮南子》和《论六家之要指》通过对汉初黄老之术的实践总结，从积极的角度继承、发挥并改造了道家思想，把道家思想推向一个新的理论高度。

此外，汉成帝时期，严遵①继承并发展了先秦老庄思想，“依老子、庄周之指著十余万言”（《汉书·王吉贡禹传》）。他在《道德真经指归》（或曰《老子指归》）中把“道”视为天地万物的总根源，认为“道”是“虚之虚”“无之无”，是溶解、取消一切差别、矛盾的

---

① 严遵，字君平，蜀郡成都人。本姓庄，后人避明帝讳，改“庄”为“严”。著有《老子注》《老子指归》。成帝时，卜筮于成都市，日得百钱即闭门讲授《老子》。

“玄冥”境界。道的本体从“虚之虚”的本体（元）经由太初之虚“无之无”的“神明”，到“有中之无”的“和”，再到“有”形之万物，从超越有无的绝对本体演变为无而生有，道就是这样开辟虚无、导引神明、形成万物的。“吾是以知道以无有之形，无状之容，开虚无，导神通，天地和，阴阳宁，调四时，决万方，殊形异类，皆得以成。”（《道德真经指归》卷五）政治上，他强调“无为”“守分”，认为帝王统治天下必须遵循道法自然的原则，反对任用一己的心意去“妄为”，提出“故王事自然，不得妄起，得之全命，持之有理，圣知有性，治之有道。失其理则王事不成，去其道则性情不则。是以圣人信道不信身，顺道不顺心”（《道德真经指归》卷十一）的治国原则。人生观上反对“求生之厚”，强调“名利”与“重身”是水火不相容的，主张保全精神性命，不为外物所扰，不为名利所累，“不贵侯王，不贱奴虏。听造化者煞之不忧，生之不喜，然后与道为人，与天为友”（《道德真经指归》卷十三）。严遵的道家思想充分利用庄周思辨的思维方式解释、发挥老子思想，唱出了魏晋玄学的先声，成为魏晋玄学的重要的思想渊源。严遵《老子注》和《老子指归》对老子思想作出了自己的诠释和发挥，是汉代道家思想发展的重要成果。

二、汉末道教的产生

道教是中国土生土长的宗教，具有鲜明的中国特色和本土性质。道教的源头可以追溯至氏族社会的原始宗教。夏商周三代时，原始宗教发生分化，对天神和祖先的祭祀纳入朝廷的礼乐制度，而对鬼怪乱神的崇拜则持续在民间社会流传。战国时期，追求长生成仙的方士们形成了神仙家，或称“方仙道”。汉初逐步形成以老子为崇拜对象的

“黄老道”。自董仲舒提出尊崇儒术的建议并为汉武帝所接受后，儒家逐渐成为占统治地位的意识形态，黄老之学受到官方儒学的排斥，丧失了在西汉初年的那种显赫地位，但道家思想仍在夹缝里求生存，在挫折中前进。到东汉时期，道家思想不仅有了复苏，而且得到了长足的发展，大有同儒家分庭抗礼之势，并为魏晋玄学的产生提供了理论来源。不仅如此，东汉时期还产生了使道家思想宗教化的道教，道教徒们以《道德经》作为道教经典，并按照道教自身的需要，对道家思想进行了解释和发挥。

道教源于中国古代的鬼神崇拜、神仙方术、谶纬神学、黄老思想，后由信奉老子的黄老道和信仰神仙的方仙道合流，于东汉中后期正式形成。道教以“道”为最高信仰，称老子为“太上老君”，视老子为“道”的化身，认为只要认真修炼就可以得道，成为长生不死的神仙。不同道派修炼方式各有侧重，如丹鼎派注重炼丹以求长生成仙，符箓派通过符咒驱鬼治病、祈福禳灾。东汉后期，政治腐败，民不聊生。张陵（一名张道陵，34—156）在鹤鸣山创立五斗米道，奉老子为教主，以《道德经》为经典。因道徒尊张道陵为天师，五斗米道又称天师道。信奉黄老道的张角（？—184）以《太平经》为经典创立太平道。他一边用符水咒语为人治病，一边传教，信徒达数十万。太平道与五斗米道同为早期道教的两大派别。公元184年，张角以“苍天已死，黄天当立，岁在甲子，天下大吉”为口号，自称“天公将军”，率领群众发动起义，史称“黄巾起义”。黄巾起义，沉重地打击了东汉政权。

道教奉老子为教祖，尊其为太上老君，以《道德经》为经典。道教与道家，一为宗教，一为学术，前者讲信仰，后者讲哲理，二者确有区别，但道家与道教同宗老子与《道德经》，二者又有着千丝万缕的联系。一方面，道教以道家思想为基础，想方设法从道家的思想中去寻找立论的根据。道教的根本信仰是老子的“道”和“德”。教徒们所说的修炼，概括起来说，就是“修道养德”。另一方面，道家思想中确实含有可以为宗教所援用的神秘主义因素，特别是其中有关宇宙本原的唯心之说，神仙信仰的长生久视之道，修道养寿的人生哲学，都是能够为道教所吸收、引申的内在思想因素。道家思想通过道教学者的宣传，扩大了影响力，增加了新内容。道教在其创立的过程中，主要是利用和改造了道家的哲学本体论和养生之道，通过神化老子，把道家创始人老子变为道教始祖，把《道德经》由哲学著作变为道教经典的方式来扩大其影响、吸引道教徒的。东汉时期，道教的重要经典除《道德经》外，还有张道陵的《老子想尔注》及于吉、甘忠可等撰注的《太平经》。《老子想尔注》神化老子的“道”，从本体论上论证“道”的至尊无上的地位，建立了一个以“道”为最高精神本体的神学思想体系，并在此基础上阐扬长生成仙说，论证彼岸世界的存在，提出了“保形”“炼形”与“食气”三种通向彼岸世界的方法。《太平经》一方面继承了汉代道家宇宙演化、万物生成的学说，肯定元气是最初的本原，另一方面又有意识地把这种元气说皈依于神学，把道家的元气本体论改造为神学本体论，进而把老子的“道法自然”改造为“道畏自然”，初步构建出天上神仙的等级系列，同时又将它同人间善恶圣愚的等级相衔接，为人的超凡入仙铺设了层层阶梯。魏伯阳撰著的《周易参同契》是道教丹鼎派的重要经典，它运用道家哲学理论阐述炼丹方术，提出按照天地间阴阳消长的规律来锻炼自己的精气，即顺从阴阳变化的原则，掌握乾坤六十四卦的运行规律，以达到“养性”、“延命”、长生不老的目的。虽然《周易参同契》旨在为道教宣扬长生久寿提供实验论证，但却透露出了一些符合科学要求的思想内容。比如它提出炼丹必须认识和掌握阴阳变化的规律，重视物质变化中质和量的关系。它所讲的内丹，相当于今天的气功；它所讲的外丹，同古代的化学密切相关。《周易参同契》的道教炼丹术，在某种意义上来说推动了中华气功和中国古代化学及药物学的发展。

三、魏晋时期道家及道教的发展

魏晋时期，道家思想通过三条路径获得发展：一是何晏、王弼、阮籍、嵇康等人把老庄哲学改造为魏晋玄学，使道家的思辨特征有了进一步发展；二是葛洪、陶弘景等人把道家思想宗教化，进一步发展了道教理论；三是佛教传入中国后，开始吸收道家思想的某些元素，促进了道教与佛教的合流。

魏晋玄学的兴起，使老庄思想广泛渗透到中华文化的各个方面，也塑造了魏晋士人的品格，为中国士人增添了玄、远、清、虚的生活情趣和轻人事、任自然的价值追求。汉末以后的天下分崩、军阀混战以及动荡不安、杀夺无常的社会变乱，使儒学独尊的地位面临严重挑战，儒学日益失去其统治地位。儒学的危机一方面来自王充等唯物主义者对用以论证儒家纲常名教神圣性的神学目的论的批判和黄巾起义对儒家精神统治的有力打击，另一方面也来自封建统治阶级的内部矛盾及其“以族举德”“以位名贤”的种种社会弊端。魏晋玄学的产生既是门阀士族政治上的需要，也是汉魏思想变迁的必然结果。玄学的发展大致经历了正始玄学、竹林玄学和元康玄学三个阶段，代表人物有王弼、阮籍、嵇康、裴頠、向秀、郭象等。玄学因老子“玄之又玄，众妙之门”而得名，始倡于正始年间，史称“正始之音”。

冯友兰在 1948 年出版的《中国哲学简史》中把魏晋玄学称为“新道家”，称向秀、郭象为“主理派”，称竹林七贤中的嵇康、阮籍以及王弼、何晏、钟会、支遁等人为“主情派”。《晋书·王衍传》称“晏、弼祖述老庄，谓天地万物，皆以无为本。无也者，开物成务，无往而不存者也”。当时，以何晏、王弼为首的一批名士一改支离烦琐、神秘僵化的汉代儒学，“祖述老庄”“辨名析理”，以改造了的道家思想解释儒家经典，糅合儒道，出言以玄远为高雅，崇尚虚无无为之理，经常互相辩论，即所谓“清谈”。后进之士“递相夸尚，景附草靡”，玄风从此大盛。何晏、王弼等正统派玄学家宣扬以无为本、自然无为的世界观和人生观，提倡崇本息末的方法论，主张自然为本、名教为末，名教出于自然。王弼著有《道德真经注》和《道德指归论注》，郭象著有《庄子注》，向秀著有《庄子注》，这三人对《老子》《庄子》二书作出了注释并将其义理与自己的玄学理念结合起来，阐发了一系列有关玄学的理论主张和价值理念。嵇康和阮籍等异端派玄学家高唱“越名教而任自然”，他们对儒家纲常名教的批判甚至超过了老庄。阮籍作《达庄论》和《大人先生传》以表明自己对庄子的敬慕之情。嵇康更是公开声明：“老子、庄周，吾之师也。”（《与山巨源绝交书》）他们放浪形骸、清高自好，不屑与浊世庸人为伍，只求在尘世的一角，自由自在，恬淡养生，逍遥浮世。如果说正统派玄学家的“名教出于自然”其实质是糅合儒道，用道家理论来阐明儒家纲常名教的合理性，那么异端派玄学家的“越名教而任自然”则是公开地树起反对儒家纲常名教的旗帜，使道家纯任自然的思想得到了充分发挥。可以说，两派玄学家都是比较纯正的道家学者。需要指出的是，即便是正统派玄学家以“名教出于自然”来糅合儒道，为儒家名教观念提供了一个隐藏的存续空间，在当时的情况下儒家的危机必须依靠道家来解救。儒家的纲常名教不得不借助道家的“自然”来安身立命，这样道家的权威就得到了凸显。所以，魏晋玄学的儒道合流是以道家思想居于主导地位的合流，它同宋明理学儒释道三教合一是以儒家思想居于主导地位的合一，本质上是不同的。

魏晋南北朝时期，道教获得了较为广泛的发展且影响日趋扩大。由于大批士族人物进入道教，道教组织的文化构成和阶级构成得到了改变。他们从自己的利益出发对道教进行了从形式到内容的全面改革，建立和健全了融道家哲理与道教信仰于一体的道教理论基础。东晋葛洪的《抱朴子内篇》，用道家之理论阐释神仙之可行可学，建立了一个以道家养生为内、儒术应世为外，以修道作为长生成仙之方的道教理论体系。他通过消除山林修道的隐士与当朝在政的士人之间的对立，强调二者在政治和道德目标上的一致，来为道教争取正当的社会地位。在《抱朴子内篇》中，葛洪宣传求仙以积善为本的观点，指出“若德行不修，而但务方术，皆不得长生也”，“积善事未满，虽服仙药，亦无益也；若不服仙药，并行好事，虽未便得仙，亦可无卒死之祸矣”。

北魏时期寇谦之在明元帝拓跋嗣、太武帝拓跋焘和宰相崔浩等人的支持下，对早期道教进行了改革，创立了北天师道，使道教由民间宗教变成了官方宗教。他托言老君亲授其天师道之位及道书，诡称太上老君的玄孙李谱来到嵩岳，传授他《录图真经》六十卷，并令他辅佐北方太平真君（北魏太武帝）。由此他清整道教，破除张角兄弟三人的伪法，禁止道教徒乱收钱粮，吸收丹鼎派炼气养生之术，使天师道焕然一新，更加适应统治阶级的需要。当寇谦之在北方创立新道教之时，陆修静在南方创立了南天师道。他“祖述三张，弘衍二葛”，汇集东晋以来上清、灵宝、三皇等各派系的经典，并对之进行了系统的整理、认真的鉴别和细致的校正，将其区分为“洞真”“洞玄”“洞神”三部。同时他还撰写了《道德经杂说》《自然因缘论》等多部著作，大力提倡斋戒科仪并将其视为致太平的良方，提出“身为杀盗淫动，故役之以礼拜；口有恶言，绮妄两舌，故课之以诵经；心有贪欲嗔恚之念，故使之以思神。用此三法，洗心净行，心行精圣，斋之义也”（《洞玄灵宝斋说光祝戒罚灯祝愿仪》）。

陶弘景继陆修静之后致力于南天师道的发展与传播，吸取儒佛理论，提倡道释儒三教合流，主张儒释道三教并修，提出“万物森罗，不离西仪所育；千法纷集，无越‘三教之境’”。为了更好地论证人间等级制度的合理性，更好地使道教为统治阶级服务，他把各种神仙划分等级，创立了天上的等级官僚制度即神仙谱系。他说：“三清九宫，并有僚属，列左胜右，其高总称曰道君，次真人、真公、真卿，其中有御史、玉郎诸小号，官位甚多也。女真则称元君、夫人，其名仙夫人之秩比仙公也。”陶弘景还创立了佛道双修的茅山宗，推动了天师道及整个道教的发展。他所提出的道释儒三教合流，为后来宋明理学的形成奠定了理论基础。

魏晋时期，西汉末年传入中国的佛教也获得了较大的发展，不仅有像法显一样的中国僧人踏上西行求法的征程，而且有一些西域和印度的高僧，像支谦、竺法护、鸠摩罗什等也纷纷来华译经传教。通过中外僧侣的共同努力，大量佛教经典被译出并得以传播。与此同时，佛教中国化也取得重大成果，并产生了用玄学阐发佛教《般若经》义理，用《般若经》阐发玄学义理的“般若学”。[①] 佛教与玄学在交融中形成了“六家七宗”的发展状况，其代表分别为道安的本

① 般若，音译为“波若”“钵罗若”等，意译为“智慧”“智”“慧”“明”等，全称“般若婆罗密多”，佛教大乘六度之一，谓通过智慧到达涅槃之彼岸。《大智度论》谓，般若婆罗密是诸佛母。诸佛以法为师，法者即是般若婆罗密。

无宗，支道林的即色宗，于法开的识含宗，道壹的幻化宗，支愍度的心无宗，于道邃的缘会宗，竺法深、竺法汰的本无异宗。前六者是六家，若加上本无异宗则为“七宗”。为了扩大自己的影响，部分佛教徒以当时流行的神仙方术即道教思想来解释佛经，从而使佛教带有若干神仙方术的特色，客观上为传播道教起到了一定的作用。

四、隋唐时期道家及道教思想的繁衍与传播

隋唐五代时期，尤其是在唐代，道家思想又开始受到官方的重视而得到相应的发展。唐太宗李世民借鉴西汉初年的历史经验，将黄老学说运用于自己的政治实践中，推崇道家清静无为、与民休息、宽刑简法的治国理念，开创了“贞观之治”。唐代因为皇族姓李，便与老子李耳攀上了亲缘关系，老子因此声名大振，道教也因此备受推崇。唐高祖李渊宣布老子为宗室的“圣祖”，道教在唐初被列为三教之首。唐高宗封老子为“太上玄元皇帝”。唐玄宗称老子为孔子和释迦牟尼之师，是“万教之祖”，把《道德经》列于六经之上，说老子“逆著元经五千言，用救时弊……岂六经之所拟”。天宝二年（743年），玄宗又封老子为“大圣祖玄元皇帝”。与老子相比，孔子在唐代的地位显得寒酸了许多，武则天封孔子为“隆道公”，唐玄宗封孔子为“文宣王”。唐玄宗还在太清宫、大微宫里把孔子之像立于老子之像的两侧，让孔子与四大真人并列，俨然把孔子当成了老子的侍从。不仅如此，唐玄宗还亲自撰有《御注道德真经》和《御制道德真经疏》等著作，继承并发展了道家无为而治的理论，主张“因循天下，责成不劳”，“进退应时，动静循理”（《御疏外传》），并用体与用的关系来阐明道与德的关系，推崇“得意忘言”。

在唐代统治者的扶持下，道教得到了充分发展，教派组织不断壮大，经典得到系统整理，理论也有了明显深化。唐代道教学者继续深入探究老庄的深奥意旨，吸纳玄学的思辨方法，在与佛教论争中不断吸取新知，向义理方面迈出了一大步。成玄英、李荣毕生从事注疏《老子》《庄子》的工作，援佛入道，用佛教思辨方法来充实道家哲理，深化了道家的“重玄之道”。他们提出“不滞有无”而行“中和之道”，“道本虚玄，俗便滓秽。顺俗求道，失之于真；反俗修德，入之于妙。入妙则无可无不可，归真则无通无不通”（李荣《老子注》），认为只有“反俗修德”才可以“入妙归真”，实现长生成仙；只有做到“三业清静，六根解脱”①，才能达到绝对清静的境界，达到庄子那样“忘于物我，混和玄同”的境界。成玄英、李荣从破“双执”（即滞于“无”、滞于“有”）出发，主张“偏去中忘，都无所有”，提出了修道长生的基本方法，论证了修道长生的必要性和可能性，在理论上加深了宗教意识，有助于道教的传播与发展。王玄览从老子“道可道，非常道”出发，提炼出“可道”与“常道”这对概念，并以此作为他的修道成仙说的理论基石。他认为众生不仅可以通过修道修得“可道”，而且可以通过修道修得“常道”。就“可道”而言，“众生生时道始生，众生灭时道亦灭”，其特点是道不离众生。就“常道”而言，则是“众生虽生道不生，众生虽灭道不灭”，其特点是道可脱离众生而单独存在。修“常道”的途径是通过修变以求不变。人们只要修得“常道”，与道为一，就可以不变不死，长生久视，成为神仙。唐末五代时期的杜光庭承用“以遣偏执”的方法，构建了一个博大精深的道教哲学思想体系。他以道气作为宇宙本体，断定天地人皆由道气所生。在他那里，道既是客观规律，也是精神实

① 三业指“身业”“口业”“意业”，泛指一切身心活动。六根指眼、耳、鼻、舌、身、意。

体，气既是物质实体，也是运动。以道气作为宇宙本体，既能满足求虚的需要，符合道教徒赋予道“超言绝象”的特性的要求，又能满足求真的需要，符合俗人“物不能生于非物”的见解。道气既是实又是虚，既可以是物质性的也可以是精神性的，虚实变通无方，精神与物质圆融无碍，正好适应了道教神秘主义的理论需要。

五、宋以后道家及道教思想的曲折发展

宋代以后，伴随儒、释、道之间的相互渗透相互影响，产生了以儒学为主体，融合儒释道三家精髓的宋明理学。宋明理学虽是以儒家思想为主体的思想体系，但却吸收了道家思想的许多元素，带有一定的道家色彩。宋儒使用的一些重要概念如“无极”“太极”“无”“有”“道”“器”“动”“静”“虚”“实”“天”“理”“气”“性”“情”“欲”等，大都来自道家。程朱论“天理”，更与老庄“论道”有着许多相似之处。正是因为程朱思想受到道家思想的重大影响，所以后人才有“朱子道，陆子禅”之说。全祖望指出：“两宋诸儒，门庭径路，半出于佛老。”（《鲒琦亭集外编·真西山集》）宋至清代，除理学深受道家思想影响外，道教也获得了较大的发展，表现在道教宗派继续繁衍，道教理论日益深化，并出现了一大批道教学者。有宋一代，真宗、徽宗都十分崇奉道教。元统治者入主中原后，更是利用道教来安抚汉族人民。成吉思汗曾遣使至山东栖霞召见丘处机。明太祖朱元璋即位后，更是授天师道张正常“正一嗣教真人”之学，赐银印，令其永掌天下道教。

宋明时期，注《老》解《易》之风盛行，出现了许多高道逸人，他们在丰富和发展道教理论方面，作出了重要贡献。张伯端的《悟

真篇》、陈景元的《道德真经藏室纂微篇》《南华真经章句音义》、雷思齐的《老子本义》《庄子旨义》、白玉蟾的《蟾仙解老》、李道纯的《道德会元》、杜道坚的《道德玄经原旨》、陆西星的《老子道德经玄览》等，从不同角度探讨了道教修道宗旨及方法，极大地丰富、深化了道教理论研究。比如张伯端的《悟真篇》主张性命双修，认为炼丹不需外求，只需以自身为鼎炉，锻冶身内的精、气、神就可达到目的。王重阳的《重阳全真集》把成仙证真的根据建立在人心所具有的真性上，强调先收心降念，做对镜不染的明心见性工夫，使心定念寂，然后静坐调息，按传统炼丹法程依次炼精化气、炼气化神、炼神还虚。道教性命双修及精、气、神三者皆炼思想，将内丹学理论推到了新的高度。明清之际，不少学者以解《老》注《庄》的形式，从道家思想中汲取灵感，以此来锻铸新的思想武器，反思社会现实。李贽、傅山、方以智、王夫之等人就是这方面的代表，他们吸取或改造道家思想，使之成为早期启蒙思想的重要组成部分。

鸦片战争以后，一些致力于救亡图存的思想家在积极向西方学习的同时，也注意挖掘道家思想的宝贵遗产。魏源的《老子本义》和《论老子》等文章，肯定了道家思想具有经世致用的作用，认为“老氏书赅古今，通上下”，就其精神实质而言是一部“救世书”。他举例说，“上焉者，羲皇、关尹，治之以明道。中焉者，良、参、文、景，治之以济世。下焉者，明太祖诵‘民不畏死’而心减；宋太祖闻‘佳兵不祥’之戒而动色是也”[①]。从远古的伏羲、关尹，到汉初张良、曹参、汉文帝、汉景帝，再到宋太祖、明太祖，无不受到道家思想的影响。因此他认为，“《老子》，救世之书也。……遂以太

① 魏源：《论老子》，《诸子集成》（三），团结出版社，1996，第7页。

古之治，矫末世之蔽，夫世之不治，以有为乱之也”[①]。道家思想绝不是无所事事的空虚之学，也不是放浪形骸的放旷之学，不是贵己贱物的为我之学，也不是一付诸法的刑名之学。道家之学是民族智慧的精华，其内容是丰富的，其精神是积极的。严复认为老庄的无为思想与西方的天赋人权论大体是一致的，老庄的天道自然思想就是中国古代的进化论。他说：“一气之行，物自为变，此近世学者所谓天演，而西人亦以庄子为古之天演家。”（《庄子评点·齐物论》）梁启超的《论中国学术思想变迁之大势》《先秦政治思想史》等著作，认为我国有黄河、扬子江两大河流，学术思想上形成了以孔子为代表的北派和以老子为代表的南派。他指出：“北派之魁，厥惟孔子；南派之魁，厥惟老子。”[②] “孔、老分雄南北，而起于其间者有墨子焉。”[③]并认为春秋战国时期之中国学术思想分为“孔学”“老学”“墨学”三大家。论及“老学”一系，梁启超认为可以分为“哲理一派”“厌世一派”“权谋一派”“纵乐一派”和“神秘一派”五大派别。王先谦、朱谦之、刘师培、陈垣、陈国符、林语堂、王明、许地山、南怀瑾、陈鼓应等近现代学者对道家及道教思想也展开了深入的研究。

20世纪以来，道家思想引起世界范围内的广泛关注。由于全球生态危机和现代文明弊病日益暴露，相当一部分人越来越憧憬返璞归真的生活方式，并开始挖掘道家文化的现代社会价值。罗素、海德格尔、汤川秀树、卡普拉、李约瑟等国外学者在这方面作出了杰出贡献。日本著名物理学家汤川秀树指出：“早在二千多年前，老子就已经预见到了今天人类文明的状况，甚至已经预见到了未来人类文明

---

① 魏源：《老子本义》，《诸子集成》（三），团结出版社，1996，第14页。

② 梁启超：《论中国学术思想变迁之大势》，上海古籍出版社，2019，第29页。

③ 梁启超：《论中国学术思想变迁之大势》，上海古籍出版社，2019，第29页。

所将达到的状况。”[①] 他坚信，对老庄道家思想的深入认识可以增进对现实的理解，并为未来提供启示。1991 年，董光璧发表了《当代新道家兴起的时代背景》，同年出版了《当代新道家》一书，认为汤川秀树、李约瑟、卡普拉的新科学世界观和新文化观的哲学基础是道家思想，并把他们三人称为“当代新道家”。美国世界观察研究所所长莱斯特·R. 布朗认为，老子哲学包含着对持续发展的社会至为重要的价值观念。老子提倡的无私和博爱是人在事业中获得幸福和取得成功的关键。老子教导人们追求精神价值，按照老子的见解，“如果我们把追求物质财富作为我们的最高目标，那就会导致灾难”[②]。当代人与自然的分裂及其所造成的种种危机，需要我们重新认识老子思想的意义和价值，将人类社会的整体观与人类对地球命运的责任感同人类本身的利益和子孙后代的利益有机地结合起来。道家思想在 20 世纪受到了广泛的社会关注并产生了世界性的影响，人们将老子学说视为现代社会的救世良方，并将其运用于现代科技研究、管理控制、生态平衡、政治运行、伦理建设等领域，取得了意想不到的效果。

道家思想是一座巨大的宝库，“就像经过无数平静生活的岁月而形成的贝壳纹理一样，它们那种神奇的美在某种新的形式下出现，并激励着理智去探索它那无法达到的底蕴”[③]。道家思想不断为人类提供生命智慧，为人们研物论理、立身处世提供精神动力和价值指南。道家思想既属于中国，也属于世界。

---

① ［日］汤川秀树：《创造力与直觉——一个物理学家对东西方的考察》，周林东译，复旦大学出版社，1987，第 48 页。

② ［美］布朗：《建设一个持续发展的社会》，祝友三译，科学技术文献出版社，1984，第 281 页。

③ ［法］祁雅理：《二十世纪法国思潮》，吴永泉等译，商务印书馆，1987，第 3 页。

第四节 道家思想与中华传统文化

中华传统文化是多源发生、多维发展的，是一种包含着多种思想成分相激相荡的复合型、富于创造性的文化，在这由多元文化架构组合而成的中华传统文化系统中，儒家文化和道家文化占据着特别重要的地位。儒道两家，有着不同的思维方式、价值观念和思想体系，它们相互颉颃、相互刺激、相互吸收，共同推动着民族智慧的发展和民族精神的演进，构成了中华传统文化的主流。在汉晋以后的中国文化发展谱系中，儒释道三家长期争鸣。道家及道教是三家中的重要一家，不仅与儒家展开了激烈的思想交锋，而且与佛家多有辩难论争，这进一步深化并发展了中华学术文化多元一体的发展格局。宋明理学本身就是儒释道思想融合的产物，“朱子道，陆子禅”的论说表明程朱理学带有道家及道教思想的色彩，而陆王心学则带有禅宗及佛学的意蕴。

一、儒家与道家的对立和互补

关于儒家与道家的关系问题，在春秋战国时期百家争鸣中就有所论及，孟子辟杨墨，庄子辟儒墨，各自表达了自己的立场和价值观。汉代司马谈《论六家之要指》中也对儒、道两家的异同作了阐释。魏晋时期的玄学家，无论是秉持“名教出于自然”还是“越名教而任自然”，都有对儒、道两家关系的论述。葛洪在《抱朴子内篇》中多处论及儒家与道家之间的关系，如他在《塞难》一文中指出："仲尼，儒者之圣也；老子，得道之圣也。儒教，近而易见，故宗之者众焉。道意远而难识，故达之者寡焉。道者，万殊之源也。儒者，大淳之流也。三皇以往，道治也。帝王以来，儒教也。"又说："且夫养性者，道之余也；礼乐者，儒之末也。所以贵儒者，以其移风易俗，不唯揖让与盘旋也。所以尊道者，以其不言而化行，匪独养生之一事也。若儒道果有先后，则仲尼未可专信，而老氏未可孤用。"这些观点应该说是比较公允的，对儒家和道家的所长和所短都有论及。在葛洪看来，"儒者，易中之难也。道者，难中之易也"，他对儒家"易中之难"和道家"难中之易"作出了自己的分析和界定。

首先，我们必须承认，儒道之间存在着严重的分歧与斗争。以孔子为代表的儒家"祖述尧舜，宪章文武"，"留意于仁义之际"，建构起了自强不息、厚德载物的道体哲学，提出了以修身、齐家、治国、平天下为主要内容的人生哲学和伦理道德建设理论。而以老子为代表的道家在对历史、宇宙和人生世事的深度审察过程中建构起了以道法自然、知足贵柔为精神内核的道体哲学，为华夏民族提供了以知常、归根、复命、畜养为主要内容的性命之理和道德哲学。从对中华易学的继承发展上说，道家思想继承并发展了《归藏》的易学思想，而儒家则主要以《周易》为根源。两家都吸收了伏羲氏所作的"八卦"和《连山》。《连山》起于伏羲、神农而用于夏，《归藏》作于黄帝而用于殷。《归藏》虽作于黄帝，但仍遵循伏羲之卦序。《周礼·春官·太卜》有言："（太卜）掌三《易》之法，一曰《连山》，二曰《归藏》，三曰《周易》。"郑玄注《周礼》云："《连山》者，象山之出云，连连不绝；《归藏》者，万物莫不归藏于其中；《周易》者，言易道周普，无所不备。"《连山》以象征山的"艮"卦为六十四卦之首，表达着生活在山坡高地的夏代初民对高山的崇敬。《归藏》以象征土地的“坤”卦为六十四卦之首，表达着水患得以治理之后而迁居丘陵、平原的殷人对生养自己土地的崇敬。《周易》以象征天的“乾”卦为六十四卦之首，表达着商末周初的周人关于天道变化及天道对人道之影响的认识和智慧。道家思想源于《归藏》，凸显了“万物归根”的哲学智慧。老子把“归藏”看作一个归根复命的过程，一个复归于本性、本原和婴儿的过程，一个道生之、德畜之的尊道贵德过程。儒家文化以《周易》为根源，强调了“刚中而应，大亨以正”的天道精神，主张体认天道，自强不息，进而更好地来改造自己的命运，建设一个合乎人性和人道需求的社会。

从学术史上说，儒道异说源于齐、鲁异政，后发展为荆楚学风与邹鲁学风的不同取向。孟子辟杨、墨，庄子辟儒、墨。孟子认为，“杨氏为我，是无君也。墨家兼爱，是无父也。无父无君，是禽兽也。……能言距杨、墨者，圣人之徒也”（《孟子·滕文公下》）。庄子认为，儒墨之徒提倡的仁义之行，诱发人们爱利贪欲，实为陷众人于不义。庄子借盗跖之口指责孔子“缝衣浅带，矫言伪行，以迷惑天下之主，而欲求富贵焉。盗莫大于子，天下何故不谓子为盗丘?”（《庄子·盗跖》）孟轲与庄周生当同时，虽未谋面，但思想路线早已形成对立。孟轲贵仁义，庄周非仁义；孟轲重整体，庄周重个体；孟轲倡救世，庄周言避世；如此等等，不一而足。发展到汉初，儒、道对立色彩愈益鲜明，儒、道两家在政治、思想领域的冲突更加尖锐。辕固生因与好黄老之道的窦太后争论对《老子》一书的评价，竟被要求入圈刺豕，几致丧生；申培公参与议设立明堂事，触怒了窦太后，导致其弟子赵绾、王臧被株杀，自己也被免官遣送回家。汉武帝“罢黜百家，独尊儒术”，对宣扬黄老道家思想的人也多有迫害。儒道之间的这种尖锐对立和斗争，正如司马迁所总结的，“世之学老子者则黜儒学，儒学亦黜老子。道不同不相为谋，岂谓是邪！”（《汉书·司马迁传》）司马迁本人崇尚黄老之道，“先黄老而退六经”，因此《史记》一书有“谤书”之嫌。东汉王充自命“虽违儒家之说，但合黄老之义”，故《论衡》一书长期被斥为“异端”。两汉时期儒道两家之间的相互排斥、对立逐渐深化，主要表现为“名教”与“自然”之间的冲突，这一对立后来衍化为魏晋玄学辩论的中心命题。玄学中以阮籍、嵇康为代表的竹林学派提出“越名教而任自然”的口号，表明他们决意抛弃儒家名教而纯任道家自然的倾向。他们因推崇道家自然、摒弃儒家名教的思想主张而受到司马氏政权的迫害与屠杀，这更说明了儒道思想在政治和思想上的对立。

同时，我们也必须看到，两汉魏晋时期的儒道互黜毕竟从不同意义上展示了儒道两家各自思想的合理性与局限性。儒家思想的存在和发展，既面临着内部的理论困惑，也面临着外部的挑战。从内部理论困惑上讲，孔孟儒家把仁义礼智视为人性的基本内涵，这种人性论以人具有感觉官能上的同好进而推论人同好于“理义”，实际上便是把仁义礼智上的良知良能降格为人性低层次的自然本能，把低层次的经验事实与高层次的价值判断混同起来。孟子用以往的经验事实来论证人性本善，不仅犯了逻辑上的错误，而且其所选取的论据也成问题，他所使用的归纳推理并不具有普遍性和高度的保真性。同时，孔孟儒家认为，在圣人的境界中，道德修养和道德活动并不具有人为的强制性，圣人的境界是完全可以通过道德修养和道德实践达到的。但是，问题在于并不是所有的人都能自觉地去践行这种道德修养，也并不是每个人都认为圣人的境界值得追求。仁义礼智对大多数人来说并不是必需品，道德规范对他们来说仍是人为的束缚。不仅如此，这些规范还可能导致人性的矫饰与虚伪。儒家的仁义之说本是为成就圣人、君子，可是它在现实生活中推行时却导致许多敷衍应付、虚伪矫饰的恶行产生，造就出大批“伪君子”“乡愿”和“小人”。道家正是看到了这一点而激烈批评儒家仁义学说的虚伪性、矫饰性和人为性，才得出了“圣人之利天下也少而害天下也多”的结论。此外，儒家思想片面强调社会整体而忽视了个体，片面强调社会秩序而忽视了个人的精神解放和个性自由，这些都说明了儒家思想有其自身的局限性。

儒家思想所面临的外部挑战，主要来自先秦时期社会政治现实对儒家思想的否弃和道家、法家对儒家思想的批评与谴责。孔孟儒家身处“礼崩乐坏”、诸侯争霸、灭国绝嗣、父子相篡、兄弟相残的动乱时代，他们所提倡的仁政、德治与当时的政治现实存在着相当大的差距。他们奔走救世、周游列国，到处宣传自己的政治主张和社会理想，可是没有一位国君或政治家真正采纳了他们的学说和主张。严酷的社会现实对他们的讲仁义、倡仁政、行德治理念并不感兴趣，他们不得不把对仁政社会的向往寄托在对上古三代的怀念上。政治现实与儒家政治理想的冲突，使得孔孟荀等人不得不“安命”，这其实等于承认，儒家无法实现其“内圣外王”的理想，现实政治的发展并没有按照儒家所设定的价值模式运行，儒家的政治理想受到了严峻的挑战。此外，在学术领域，先秦时期儒家思想还受到了来自法家和道家的批评。以商鞅为代表的法家主张以法治国，倡导任力不任德，贵法不贵义，把儒家提倡的仁义道德视为“贫国弱兵之教”，把仁义礼乐视为“六虱”之一，认为“礼乐，淫佚之征也；慈仁，过之母也”（《商君书·说民》）。在法家看来，讲仁义的人，虽然能爱人，但无法使人具备仁爱的品德，所以仅靠仁义说教不能治理天下。只有推行法治才既能使臣民尽忠尽孝、通晓礼义，才能在面临饥饿时也不去做不义的事，所以法治是维持正义的根本途径。道家对儒家思想的批评主要体现在两个方面，一方面，道家对儒家的仁义礼智持否定的态度，认为它是对人性自然的扭曲、矫饰；另一方面，道家认为儒家致力于以人为的仁义礼智去治世，将人的精神生命局限在“方内”，导致人的精神生命的萎缩。在道家眼里，儒家思想阻碍了人性的自然发展，也限制了人的精神生命空间的拓展，儒家的仁义是片面、有限制的，因此应当被否定和排斥。

面对这些挑战，儒家思想想要获得进一步的发展，就必须认同甚至采纳道家思想中与之相关的许多观点、学说与主张。当然，道家出世退隐、避世无为的观念也需要儒家思想的矫正和补充，正是这两个方面的原因构成了儒道互补的必要性。

儒、道两家，从表面上看来，一个入世，一个出世；一个乐观进取，一个消极退避；一个从人际关系中来确定个体的价值，一个通过摆脱人际关系来寻求人的个体价值；一个重视社会秩序和人际和谐，一个崇尚个人自由和独立自存；一个强调建功立业，治国平天下，一个醉心自然山水，优游于天地间；一个主张杀身成仁、舍生取义；一个倡导长生久视、自保其身。儒家思想的重心在人伦本位和家国情怀，道家思想的重心则在生存本体和全性保真。二者看似离异对立，水火不容，但从本质和效用上看，它们恰好可以相互补充；儒、道之所以能互相补充，是因为它们之间存在着相通一致的思想观念。正是这些相通一致的思想观念构成儒道互补的理论基础和儒道相互阐释的媒介。

儒道两家相通的观念表现在以下三个方面：第一，人的行为必须顺乎人性自然；第二，重视人的精神生活，否定或贬斥物欲功利；第三，推崇独善其身等方面。首先，儒道两家都主张人的行为必须顺乎人性自然，差别在于儒家视仁义礼智为人性的自然流露，道家则主张效法自然来形成人的德性；儒家认为仁义礼智是天生于人的良知良能的产物，是顺乎自然、合乎人性的，道家则认为人作为自然的一分子，只要与自然万物一样依循自然规律就算是有德的表现；儒家讲天人同构、天人合一，常常用自然来比拟人事，以更好地倡导人事、增强人事的感召力；道家讲天人合一，则要求彻底舍弃人事，与自然合一；儒家认为人的自然性必须契合人的社会性，只有这样人才能成为真正的人，道家认为人必须舍弃其社会性，使其自然性不受污染，并与宇宙同构，才能成为真正的人。如果说儒家讲的是“自然的人化”，那么道家讲的便是“人的自然化”，二者既对立又能互相补充。其次，儒道两家都重视人的精神生活，否定或贬斥物欲功利。儒家重义轻利，强调人应当为道义而活，“不义而富且贵，于我如浮云”，凸显的是人的道德精神的价值，认为“放于利而行，多怨”。道家义利俱轻，主张摆脱物欲功利的纠缠和道义的束缚，追求一种“忘其肝胆、遗其耳目”的绝对自由，“茫然彷徨乎尘垢之外，逍遥乎无为之业”（《庄子·大宗师》），强调人的心灵的解放和精神的快乐。虽然儒道两家的思维路径各异，立足点迥异，但却异曲同工，共同培育出中国文化鄙薄功名利禄的基本精神。再次，儒道两家都有推崇独善其身的思想倾向。儒家讲正心诚意、格物致知，讲“明明德”，“穷则独善其身”，“不得志，独行其道”，强调人不能因为自己的志向抱负受挫就放弃道德上的追求。道家讲究特立独行、自完其身，讲究隐逸遁世，洁身自好，认为人不能因社会的混浊、他人的堕落就随波逐流，丧失自我。儒道两家在精神实质上也是一致的，可以互补。如果说儒家是中庸平实的，那么道家则是经虚涉旷的，经虚涉旷本是对中庸平实的超越，但又包容着中庸平实，恰恰可以弥补中庸平实之不足。

唐代陆希声在《道德真经传序》中阐述道："圣人忧斯民之不底于治，而扶衰救乱之术作，周之末世其几矣。于是仲尼阐三代之文以扶其衰，老氏据三皇之质以救其乱，其揆一也。盖仲尼之术兴于文，文以治情；老氏之术本于质，质以复性。性情之极，圣人所不能异；文质之变，万世所不能一也。"老子的"本于质"与孔子的"兴于文"合起来则是文质合一的结果。陆希声又说："昔伏羲氏画八卦，象万物，穷性命之理，顺道德之和；老氏亦先天地，本阴阳，推性命之极，原道德之奥，此与伏羲同其元也。文王观大《易》九六之动，贵刚尚变而要之以中；老氏亦察大《易》七八之正，致柔守静而统之以大，此与文王通其宗也。孔子祖述尧舜，宪章文武，导斯民以仁义之教；老氏亦拟议伏羲，弥纶黄帝，冒天下以道德之化，此与孔子合其权也。"伏羲、文王与孔子是儒家三位重要的代表人物，与老子这位道家先驱或"同其元"或"通其宗"或"合其权"，说明以老子为代表的道家与儒家有很多相近相通的地方。特别是老子与孔子，关系更加非同一般，"仲尼之所以出，老氏之所以处；老氏之所以默，仲尼之所以语，盖屈伸隐显之极也"。区别只是在于他们"或俯身力聘以天下为其忧，或藏名飞遁示世故不能累"。道家以其特有的广博精微，填补了儒家思想留下的精神空间，为中国传统文化注入了一种抗拒逆境的力量，也提供了消融苦闷情绪的宣泄途径，使中国传统文化具备了很强的包容性，拥有了接纳、消化外域文化的能力。

二、儒道互补的内在路径

儒道互补是中国文化思想史发展的内在要求。儒家的进取意识和刚健精神与道家的无为意识和柔弱精神，儒家的人生哲学与道家的道德哲学，儒家重群体和谐，道家重个体自由，以及儒家的入世与道家的超世等都可以实现互补。儒道互补有以下几条道路。

其一是哲学思维方式的道路。儒家运用正面和肯定的思维，确认现实社会和人生的价值，栖栖遑遑奔走救世，追求自己的理想和价值。道家则是运用负面和否定的思维，通过对现实社会的种种罪恶的揭露，以及对人生诸多烦恼的排遣，来为自己的存在寻找理由、平衡身心关系，抒发对理想境界的向往。儒家正面求解，通过对仁义道德的正面倡导，来表达自己修齐治平的愿望。道家以反求正，通过知雄守雌、主静贵柔来为人们设立安身立命之道。儒家贵阳刚，道家主阴柔。而这正与负、肯定与否定、积极与消极、阳刚与阴柔完全是可以互补而且也应当互补的。南怀瑾先生指出，孔子是个文化医生，他从正面入手来对社会文化的疑难杂症作出诊断，投以对症的药石，尝试解决当时社会、文化所面临的难题。老子是医生的医生。“他认为儒生们开的药方，对是对，但是药吃多了，难免又会出毛病，副作用在所难免。光讲仁义道德，说得天花乱坠，有人自然要加以利用，做出假仁假义，欺世盗名之事，结果弄巧成拙，照样害人。”正是基于此种认识，老子“便从反面来对症下药”①。我们知道，每一件事情或每一种现象都有正反两方面。只考虑正面或只考虑反面都有局限性，也许正是这样，儒道两家在哲学思维上可以互补也应当互补。

其二是伦理学和人生哲学的道路。儒家的人生态度是积极进取的、入世的。虽然儒家思想也有一些超世或出世的思想因素，但从总体上看还是入世的。儒家向往修身、齐家、治国、平天下，追求“立德、立功、立言”和“内圣外王”，充满了“知其不可而为之”

① 南怀瑾：《老子他说》，国际文化出版公司，1991，第189页。

的救世精神。孔子念念不忘的是“克己复礼”和“博施于民而能济众”，他怀着“老者安之，少者怀之”的人生理想周游列国，到处宣扬自己的思想主张，倡导行德治、敦风化俗和杀身成仁。宋儒更是以“为天地立心，为生民立命，为往圣继绝学，为万世开太平”为己任，充满了强烈的主体意识和入世情怀。与儒家积极进取和入世的人生态度迥然相异，道家睥睨万物、鄙薄功名、笑傲王侯，他们主张齐是非、齐万物，“游乎尘埃之外”，以避世、游世和超世作为人生的最佳选择。老子洞察了人类智巧的危机，认为绝圣弃智是人类最大福音，他又觉察了人类劳役的徒然，故教人“行不言之教，处无为之事”。老子退隐，庄子不为功名利禄所动。他们不为权贵所羁，情志孤傲，洁身自好。据载，楚威王闻庄子贤，遣使以厚币迎之，许以为相，却被庄子厉声拒绝了，他“宁游戏污渎之中自快，无为有国者所羁，终身不仕，以快吾志焉”（《史记·老子韩非列传》）。老庄的思想集中地反映了当时一部分避世之士的社会心理和人生态度。正如林语堂所说，儒家的入世可谓工作姿态，道家的避世则是游戏姿态。“每一个中国人当他成功发达而得意的时候，都是孔教徒，失败的时候是道教徒。道家的自然主义是服镇痛剂，所以抚慰创伤了的中国人之灵魂者。”① 在中国每劝服一个人使之“与家庭团聚而重负俗世之责任，常引用孔子的哲学理论；至遁世绝俗，则都出发于道家的观点”②。儒家入世，故心在庙堂之上，一心想参政，把治国平天下作为人生的重要价值目标；道家避世，故钟情于山林，淡化当官心理，把恬淡虚静、保身尽年作为人生最好的价值追求。这两者形成了既相互对立又相互补充的关系，为中国人提供了无论进退取守皆可从容面对的精

① 林语堂：《圣哲的智慧》，陕西师范大学出版社，2002，第174-175页。
② 林语堂：《圣哲的智慧》，陕西师范大学出版社，2002，第176页。

神调节剂。有时候，入世与避世、醉心庙堂与钟情山水会在同一个人身上体现，他们在志得意满、有所作为时崇尚儒家，而在官场失意、命运多舛时又醉心道家。“儒道两家的差别，在西元前136年之后，被明显地划分了出来：官吏尊孔，作家诗人则崇老庄；然而，一旦作家、诗人戴上了官帽，却又走向公开激赏孔子，暗地研究老庄的途径。”① 儒道两家所提供的人生态度和价值取向，恰好满足了人们在不同境遇中的精神需要，帮助他们在处境变化时保持心理平衡。不仅如此，道家的避世和超脱精神还可以帮助人们在救世济民活动中获得更强大的精神支撑，即以不执着任何世俗的态度去对待世俗，将救世济民看作是一件自然而然的事情，因此既不需要外在的旨意和命令，也不需要内在的狂热与激情，还可以达到“以天地胸怀来处理人间事务”“以道家精神来从事儒家的业绩”② 的境界。

其三是文学艺术的道路。儒家强调“诗言志”“文以载道”，注重陶冶人的性情，批评改造社会现实，突出文学艺术的教化功能和现实效用，洋溢着现实主义和功利主义的价值精神。可以说，儒家始终关怀着人生、关注着社会、关心着现实，以理性之光照耀艺术思维，以人道主义滋润艺术苗圃，倡导“诗以言志”“比德喻志”“兴观群怨”“乐而不淫”和“尽善尽美”。从《毛诗序》“经夫妇，成孝敬，厚人伦，美教化，移风俗”到杜甫“致君尧舜上，再使风俗淳”，“穷年忧黎元，济时肯杀身”，体现的是一种关注现实和人生的现实主义和道德主义传统。道家则不同，它强调的是“天地有大美而不言”，主张冲破狭隘的功利框架和现实世俗的人伦纲常，强调艺术和美的独立，肯定浪漫不羁的形象想象、热烈奔放的情感抒发和独特个

① 林语堂：《圣哲的智慧》，陕西师范大学出版社，2002，第180页。

② 李泽厚：《华夏美学》，天津社会科学院出版社，2001，第143页。

性的意境表达。道家向往“抟扶摇而上者九万里”“背负青天而莫之夭阏者”（《庄子·逍遥游》）的“御风而行”“游于无穷”，以及以排除耳目心意的情绪感受为前提，以忘怀得失、忘己忘物为特点的“天乐”。这种逍遥游与天乐并不是一般的感性快乐或理性愉悦，而是一种超现实、超世俗的审美境界和浪漫情怀，是一种感应天地、映照万物，与宇宙自然合一的最高的快乐和真正的自由。可以说，道家的浪漫主义精神不仅造就了许多文人逸士风流倜傥的独立人格，而且也铸就了中国文学艺术自然隽永的审美风范以及驰骋于天地之间的博大精神。尽管道家浪漫主义与儒家现实主义迥然有别，但它们却恰恰可以相互补充。正如李泽厚所言，道家超利害、反异化的思想可以“转化为出污泥而不染的超脱、独立等肯定性的正面价值，即是说，道家的否定性论断和超世形象转化成为现实生活和文艺、美学中的儒家的肯定性命题和独立人格。这不但是对儒家原有的‘危行言逊’‘其智可及也，其愚不可及也’的极大提升，而且成为‘自然的人化’的高级补足。自然在（一）生活（二）思想情感（三）人格这三方面都成了人的最高理想，它们作为‘人的自然化’的全面展开（生活上与自然界的亲近往来，思想情感上的与自然界的交流安慰，人格上与自然界相比拟的永恒形象），正是儒道互补的具体实现”①。

在中国思想文化史上，儒道互补既可以通过以改造了的道家思想解释儒家经典的方式来进行，也可以通过以改造了的儒家思想来解释道家经典的方式来进行。前者如王弼、何晏等正统玄学，他们以玄学来论证名教的来源和存在，意在援道入儒来挽救名教的危机。后者如东晋道家代表葛洪，他肯定儒家应世的必要，致力于新的儒道合流，主张以道家养生成仙为内，以儒术应世为外，并认为“道者，

① 李泽厚：《李泽厚十年集·美的历程》，安徽文艺出版社，1994，第308页。

万殊之原也；儒者，大淳之流也”，“道之为源本，儒之为末流”（《抱朴子内篇·塞难》）。葛洪特别推崇黄帝，认为黄帝“先治世而后登仙”，既是治世之圣人，亦是得道之圣人。葛洪以后，寇谦之、陶弘景等人试图系统地以儒家礼法改革道教的内容，使儒家伦理纲常宗教化，宣称“臣忠子孝夫信妇贞兄敬弟顺”，并把反对儒家所宣扬的伦理纲常的思想言论视为“惑世乱民”的“诈伪邪说”。

儒道互补说明，儒家思想的前进与发展需要道家的思辨理论和超越精神作动力，同时也说明道家思想的绵延与发展也不得不以儒家思想的经世致用和内圣外王作武器。

三、道家与佛家的融合

佛教在两汉之际传入中国。尽管它有独特自成的理论体系，但为了使自己在中国扎根，不得不依附于当时占统治地位的黄老之学和神仙方术，形成了带有道家色彩的佛学。武翊在谈到当时译传的佛家《四十二章经》时指出，“此经与《太玄》《老》《庄》相表里”，说明佛经的译传一开始就打上了浓厚的道家烙印，当时的佛教徒也自称其学说为“佛道”。这种佛道的结合，使佛教在中华大地站稳了脚跟，并在魏晋时期获得了新的发展。为了适应中国的文化环境，佛教大量吸收老子和庄子的思想，并实现了自己的中国化发展，产生了禅宗。[①] 这一以道为主兼融佛儒的理论形态，为宋明理学的形成奠定了基础。魏晋时期，部分佛家学者也强调三教合一，他们在融合佛道的同时积极调解佛儒之间的矛盾，把佛教的五戒比附于儒家的五常，认为佛教教义并不违背忠君、孝亲的儒家道德规范。慧远说：“悦释迦

① 郑鸿：《老子思想新释》，上海文艺出版社，2002，第10页。

之风者，辄先奉亲而敬君。”（《弘明集·沙门不敬王者论》）佛教“拯溺俗于沉流，拔幽根于重劫，远通三乘之津，广升天人之路，是故内乖天属之重而不违其孝，外阙奉主之恭而不失其敬”（《弘明集·答桓太尉书》）。又说：“道法之于名教，如来之于尧孔，发致虽殊，潜相影响，出处诚异，终期相同。”（《弘明集·沙门不敬王者论》）晚明佛教复兴的中坚人物憨山大师（释德清），以其高深的佛学造诣和对儒家、道家思想的透彻了解，先后著有《道德经解》《庄子内篇注》和《观老庄影响论》等著作，主张融通三家，并认为“习儒者拘，习老者狂，学佛者隘”①，又说：“学佛而不通百氏，不但不知是法，而亦不知佛法；解庄而谓尽佛经，不但不知佛意，而亦不知庄意。”② 他之所以要为《老子》《庄子》作注，就是要打破儒释道三家互不相融、相互排斥的局面，从深层次上揭示三家的内在关联。在他看来，“不知《春秋》不能涉世，不精《老》《庄》不能忘世，不参禅不能出世”③。儒家以《春秋》为代表，强调家国情怀和道德实践，体现了积极入世的精神；道家则以《老子》《庄子》为核心，展现了出世、超越的哲学取向；而佛教则是把关注的重点放在出世而向往涅槃境界上。当然，他在论述儒释道三家的境界追求时还是把孔子视为“奉天以治人”的“人乘之圣”，把老子视为“离人而入天”的“天乘之圣”，而把佛教所敬重的菩萨视为“超人天之圣”④，表达了对佛教境界的高度认同和推崇。

不仅如此，一些儒家代表人物也主张在保持儒家主导地位的基础上融合佛、道的思想成果，他们不断从佛、道那里吸取思想资料，

---

① 憨山德清：《老子道德经解》，中华书局，2020，第 14 页。
② 憨山德清：《老子道德经解》，中华书局，2020，第 166 页。
③ 憨山德清：《老子道德经解》，中华书局，2020，第 166 页。
④ 憨山德清：《老子道德经解》，中华书局，2020，第 167 页。

以补充和丰富儒家思想。他们认为沙门主性善、倡仁慈同封建纲常有相似之处，肯定佛教的天堂地狱之说，“助世劝善，甚利甚优”。

四、中华传统文化的三维结构

佛教传入中国后，儒道互补的结构又多了一极，从此以后形成了儒、佛、道三者在相互斗争、彼此颉颃中形成相互吸收、相互融合的局面。

三教合一的主张早在魏晋时期就已初露端倪。魏晋时期以“六家七宗”为代表的空观智慧，以鸠摩罗什和僧肇为代表的般若学和以竺道生为代表的涅槃佛性说的创立，不仅标志着中国佛学走上独立发展的道路，也是佛学吸收、融合魏晋玄学以丰富自身的结晶。魏晋玄学本质上是糅合儒道的产物，般若学吸收、融合玄学实际上就是吸收、融合儒、道思想，开了儒、释、道三教合一的先河。东晋时道教学者葛洪提倡三教合一，从此使三教合一成为一种社会思潮。北魏时期的寇谦之则以儒家名教来改革道教、训诫道徒，并在制作道教戒律时把佛教生死轮回的思想引入道教，他所创立的新道教即是融合儒、释、道三家思想的产物。南朝陆修静也是以三教融汇为宗旨创立新道教。陶弘景更是大力提倡三教合流，主张儒释道三教并修。他说，“万物森罗，不离西仪所育；千法纷集，无越三教之境”，“崇教惟善，法无偏执”。他不仅于茅山道观中建佛道二堂，敬事佛教同于道教，而且训诂儒家典籍，主张率性修道、使性成真。三教合一的成果是宋明理学的产生。宋明理学虽被后人称为新儒学，但它本身是儒释道长期斗争和相互作用的产物。理学家通过融合儒佛道，把空无之道变为统摄人伦物理的实有之道，把“经虚涉旷”的名理清谈变为格物穷理的理性追求，把“止观”“定慧”的宗教修持变为“主敬”“立诚”的道德修养。在理学家看来，儒家重视伦理实践而疏于哲理论证，佛、道精于哲理思辨而流于寂灭空虚。为了恢复并强化儒家所提倡的伦理道德观念，他们“出入于老释”，吸收佛道二教思想，建立了一套以儒家伦理纲常为核心，以佛、道的修养原则和思辨逻辑为立论依据的融合儒释道的三教合一的思想体系。因此，理学家并非醇儒，他们的宇宙观、认识论、伦理观、修养论，都直接或间接地打上了佛、道的印记。

儒、佛、道三家合流，说明儒、佛、道三家各有优长，同时也有不可避免的偏蔽。儒家崇德性，道家讲道心，佛家言佛性，儒佛道的融合即是德性、道心和佛性的融合，三者形成了中华传统文化的有机而完善的结构。在这个结构中，刚、柔、忍三位一体，入世、避世、出世相互补充。以宋明理学言，儒家伦理是主干，集中体现了血缘、情理、入世的文化方向特征；道家智慧是中国文化自身产生的调节与补充的机制；佛家信念则是中国文化融合外来文化，同化改造外来文化而产生的调节与完善的机制。儒家伦理强调的是入世的道德进取，道家智慧展现的是避世的人生悟性，佛家信念建立的则是出世的精神慧命。儒佛道三者的合流使中国传统文化既具有情感的特性，又具有理性的品格，同时还具有超理性或直觉的功能；既具有世俗的关怀性，又具有世俗的超越性，还具有宗教的神圣性，从而使中华传统文化成为包容甚广、具有相当的调节和完善机能的开放的弹性的结构系统。南怀瑾先生曾以粮店、百货店和药店来比喻儒、佛、道三家与中国人的关系。儒家像粮食店，它提供精神食粮，是大家都不能缺的；佛家像百货店，它提供给中国人各式各样的生活用具，可以去买东西，也可以去逛逛观光；道家则像药店，一旦人们生病，非自动找上门去不可，每到人们失去精神寄托的时候，每到社会衰乱的时候，道家就会受到欢迎。

总之，无论是儒道互补抑或是儒佛道三教合流，均说明道家思想在中国传统文化体系中享有不可或缺的地位。从某种意义上说，道家思想综罗百代、广博精微，涵盖了中国上下五千年的文化智慧。所以李约瑟博士说："中国如果没有道家，就像大树没有根一样。"① 道家思想是中国传统文化的根，不研究道家思想文化，也就无法真正破译中华传统文化的密码，也就无法从整体上理解和把握中华传统文化。

① ［英］李约瑟：《中国科学技术史》，陈立夫译，江西人民出版社，1990，第35页。

第二章　道家伦理思想的建构特色

不同于儒家以现实生活的伦理道德关系或人伦秩序为主要关注点，道家思想文化立足于天地人相统一的高度探寻宇宙大化、天地运行以及社会变迁、人事兴废的内在规律及其本根智慧，贡献给人类的是一个涵盖真善美，容摄天象物理、理国要旨、处世奥蕴的博大深邃的思想体系。在道家思想体系中，伦理道德无疑享有重要的地位，但绝非其全部内容。如果以儒家伦理道德作为伦理道德的参照系，道家或许可被视为超道德主义甚或是非道德主义的。道家伦理思想，亦如冯友兰所说的处于超道德境界的天地境界，它有自身的建构特色和独特风韵，如同“道”本身一样玄妙幽微、清虚寂寥，超越于万有之外，同时又位居宇宙万有之中。“在天地境界中底人的最高底造诣是，不但觉解其是大全的一部分，而且自同于大全。”天地境界是在功利境界和道德境界中的人所不能达到的，只有达到天地境界的人才能不仅“与天地参”，“而且是与天地一”[①]。道家伦理思想以奇特的理论运思、奇异的观念体系在人类伦理文化史册上熠熠生辉，为中国伦理文化和世界伦理文化贡献了重要的一脉。

① 冯友兰：《新原人》，《贞元六书》下册，华东师范大学出版社，1996，第635页。

第一节　自然主义的理论基础

以老子、庄子为代表的道家，与以孔孟为代表的儒家思想取向上截然不同。儒家致力于维护现实社会中的伦常关系，强调礼教和仁义秩序；而道家则崇尚“自然”和真朴，认为“道”是以自然为运行法则，本身就是自自然然的，没有人为的因素。因此，道家反对儒墨刻意讲道德，抨击世俗人生并以人为取代天性，搅乱了人心的自然安宁，强烈呼唤人们复归本真天性，在自然状态中依循自然本性而生活。道家的伦理思想本质上是建立在自然主义的理论基础之上的。但是这种自然主义又不同于西方纯粹以人的趋乐避苦和追求感官享受为主要内容的自然主义，而是根源于天地之道“生而不有，为而不恃，长而不宰”“功成而弗居”的自然德性基础之上，具有自己独特的精神品质和伦理个性。

一、纯素之道，惟神是守

道家伦理思想主张保育和涵养人自身的自然本性，认为人之生命的自然本性是“见素抱朴”“少私寡欲”。朴素无为是道家人性论的基本观点。朴素即自然。朴是指未经雕刻、质地优良的原始木头，素是指没有染上颜色的丝。朴素也就是未加文饰造作的自然状态。道家认为，宇宙间的万事万物都是自然质朴的，人作为自然界的一部分，其本性也应如此。怀抱这种原始天然的素朴本性以接物应对、立身处世，便能够做到听其自然，纯真诚恳。平常做事不掩饰虚伪，当哭即哭，当笑即笑。哭不是为了某个目的而哭给别人看；笑也不是为了取悦别人而笑给别人看。如同天地一样，虽然生长万物但不据为己有，虽能促使万物成功但不自恃为功，虽能统领万方但不愿自居于主宰的地位。“见素抱朴”要求人类法天法地，达到“曲成万物而不遗”的纯粹无疵，物来则应，过去不留。天地并没有自己立定一个仁爱万物的主观的天心而生万物，它只是自然而生，自然而有，自然而归于还灭。人以自然为本，故应效法天地自然之法则，不以物喜，不以己悲，不必存心标榜高深，不必逞一己之私而自欺欺人。“少私寡欲”是人性自然的基本特征和基本要求。在道家看来，五色缤纷使人眼花缭乱，五音纷杂使人听觉不灵，五味鲜美使人味觉失常，骋马狩猎使人癫狂放荡，稀有的财货使人行为不轨，所以圣人治理天下，教导百姓只取生活所必需的，而不为外物所诱惑。正常的生活是一种自然恬静、为腹不为目、务内不务外的少私寡欲的生活。一个人多私纵欲，追逐世俗的富贵，只会伤生害性，自取败辱。他越是投入外在的贪欲的旋涡里，越是流连忘返而不能自拔，就越会产生自我疏离与心灵日益空虚的感觉，最终厌弃自我，否定生命。

道家认为，人不能完全无欲，也不能完全无私，但是应该做到少私寡欲。在物欲横流的生活中，但求安饱，不求纵情于声色之娱，应当摒弃外界物欲生活的诱惑，持守内心的安足，确保那份固有的天真。俗话说：“罗绮千箱，不过一暖；食前方丈，不过一饱。”人应当顺其自然，学会知足。事实上，“罪莫大于可欲，祸莫大于不知足，咎莫大于欲得，故知足之足常足矣”（《老子》四十六章）。世间一切纷争祸害的产生，往往源于人类的不知足与贪得无厌，“心见可欲，非理而求，故罪莫大焉；求而不已，必害于人，故祸莫大焉；欲而必得，其心愈炽，故咎莫重焉”①。少私寡欲的具体表现是知足不争。

① 王垶：《老子新编译解》，辽宁古籍出版社，1995，第170页。

知足者，即便客观享受不多，主观上也能自感富有。他们尊道贵德，深知天下之物无可贪，因此能清静恬淡，乐在其中。道家从推崇人的自然本性出发，倡导知足不争和“不贵难得之货”，进而鄙薄功名利禄和笑傲权贵王侯，建立起无私无欲和真实不妄的伦理价值学说。

自然主义是西方哲学、伦理学、文学、美学所使用的用以描述推崇自然、反对矫揉造作的理论或思想观点，含义复杂，包容甚广。从哲学上讲，自然主义认为整个可知的宇宙是由自然对象构成的，这些对象的产生和消亡都是自然原因作用的结果；能够引起某个自然对象变化的自然原因本身也是一种自然对象，自然的序列并不只是所有自然对象的一个集合，而是所有自然过程的系统。科学的描述和认识并不能穷尽自然的所有实体，未被科学所描述的自然对象与能被科学所认识的对象具有同等的真实性；人类虽与自然相区别，但终究是自然界的一部分。自然主义强调用自然本身来解释自然，推崇自然方法。其阵营庞杂，包括实验主义的自然主义、人本主义的自然主义、理性的自然主义、科学的自然主义、进化的自然主义、结构的自然主义等多种自然主义流派。从伦理学上讲，自然主义可与超自然主义、非自然主义相对。“自然主义首先可宽泛地分为客观的自然主义和主观的自然主义。根据客观自然主义的主张，善性完全由于某些对象本身的自然性质或关系而从属于这些对象，它与这些对象是否被认识或与欲望完全无关。这些善性依赖于对象的自然构成，它在于这些对象要达到其力所能及的完满发展或充分效能时所需要的东西。”①主观自然主义认为，善性是由于某种知识、欲望或兴趣才从属于某些东西的。主观自然主义可以区分为认识的主观自然主义和非认识的主观自然主义。认识的主观自然主义认为，善性和价值由对对象或经

① ［美］格沃斯等：《伦理学要义》，戴杨毅等译，中国社会科学出版社，1991，第46页。

验所作的某些认识步骤产生；非认识的主观自然主义认为，善性或价值是从生物体的某些欲望、兴趣或情感中产生的。在西方伦理学史上，乔治·爱德华·摩尔的直觉主义伦理学就是在批驳自然主义的基础上建立起来的。他考察了以往的伦理学说，发现它们定义善时，全都犯了一种混淆善性质与善事物并以自然性事实或超自然的实在来规定善的“自然主义谬误”。历史上的自然主义伦理学（进化论伦理学、功利主义伦理学、快乐主义伦理学）和形而上学伦理学（神学伦理学、义务论伦理学、自我实现论伦理学）都无一例外地犯了“自然主义谬误”，它们或是借助于日常生活经验的自然因素来给道德的善下定义，可以超感觉的实在或非自然性质的因素来给善下定义，结果却将“善的”混同于其他的性质。

摩尔之后，人们对自然主义有了许多新的理解，并将其用来指称那些混淆事实判断与价值判断，试图从事实中推出正当与价值的伦理学说。格沃斯认为，各种类型的自然主义虽然看到了人类与非人的自然之间的连续性，看到了与此相应的二者各自的价值根源之间的连续性，特别是在自然欲望或冲动方面的连续性，但是，由于道德思索并不从属于非人的自然界，所以自然主义者对价值的一般态度本身也就是与道德无关的了。自然主义认为价值在于顺应人类自然倾向的发展，然而真正的道德总是要涉及对自然冲动的约束而不是这种冲动的完成；自然主义认为价值分别地从属于各个有机体或各个个人，然而真正的道德总要涉及人与人之间的相互关系，就此而言，自然主义的伦理学并未为道德提供什么真正有价值的东西，并未对道德的应当性作出实质性的说明。

道家的伦理学无疑与西方伦理学家所界定的自然主义有根本的差别，它既非乔治·爱德华·摩尔所批判的进化论伦理学、功利主义伦理学或快乐主义伦理学，也非格沃斯所论及的客观自然主义伦理学或主观自然主义伦理学。西方伦理学家所指的自然主义伦理学，是一种与直觉主义伦理学和情感主义伦理学相对立或互有冲突的、侧重于用人的自然本性和自然权利来界定善与应当的伦理学理论类型，然而道家伦理学却并非完全这样。道家伦理学的自然主义并不反直觉主义，而且与直觉主义互为表里，相得益彰。更重要的是，西方伦理学家讲的自然主义是建立在自然人性即人天生自私、追求个人物质生活享乐的基础之上的，而道家所推崇的自然则是天道“生而不有，为而不恃，长而不宰”“功成而弗居”的集中体现，人效法天道，就要以这种天德为品性，培养起“利而不害”“为而不争”的德性，这恰恰是一种自然主义的德性论，属于美德伦理学的范畴，从某种意义上说，其境界甚至比人世间的美德如儒家所讲的仁义礼智信还要更高，或者说是一种超越“道德境界”的“天地境界”。

二、恬淡寂寞，道德之质

道家伦理思想是以“道法自然”的思想为起点和基础，并自始至终贯穿这种基本精神，受制于这种基本精神的。可以说“道法自然”的思想是道家区别于儒、墨、名、法诸家思想的内在特质。老子说：“人法地，地法天，天法道，道法自然。”（《老子》二十五章）又说：“道之尊，德之贵，夫莫之命而常自然。”（《老子》五十一章）“道法自然”是老子千古不易的妙语，为老子思想的精华所在，懂得“道法自然”的道理，也就打开了通往道家伦理思想的大门。在道家看来，道、天、地、人都是自然存在的，人效法大地，大地则依法于天，天则效法道，以道为其运行的依归，道则以自然为归。道本身即是自然的，自然便是道。道是“自然而然”“法尔如是”。“道法自然”是说道本身就是自自然然，再也找不到一个东西可以另为之主，它既没有为什么，也不是为什么，本来就是这样，无始无终，无前无后，生生不息。道的至高无上的地位是自然而然的，不同于被授予的爵位等。道生养万物却不占有万物，成就万物并不自恃有功，使万物成长并不主宰它们，一切听其自然。自然万物和人类社会都要以自然亦即以道为其法则。道家伦理思想的一系列范畴、概念和命题，比如无为、无欲、无私、见素抱朴、少私寡欲、柔弱谦恭、知足不争、致虚守静等都是围绕“道法自然”这一关键和枢纽所展开的。

庄子说：“夫恬淡寂寞，虚无无为，此天地之平，而道德之质也。”（《庄子·刻意》）恬淡寂寞，是凝湛之心；虚无无为，是寂用之智。天地以此为公平之源，道德以此为质实之本。恬淡、寂寞、虚空、无为，这是天地赖以公平均衡的基准，也是道德最为内在的本质。一个人恬静淡然，具有甘于寂寞的性格，心中虚无，不去强求什么，这是天地的平衡之道，也是有道之人的品质。所以，“圣人休，休焉则平易矣。平易则恬淡矣。平易恬淡，则忧患不能入，邪气不能袭，故其德全而神不亏”（《庄子·刻意》）。圣人效法自然，心境清静，平易恬淡，而平易恬淡则意味着“忧患不能入，邪气不能袭”，从而使其天性之德处于纯粹整全的境界，精神也不会受到任何亏损。《淮南子·齐俗训》曰：“夫竹之性浮，残以为牒，束而投之水则沉，失其体也；金之性沉，托之于舟上则浮，势有所支也。夫素之质白，染之以涅则黑；缣之性黄，染之以丹则赤。人之性无邪，久湛于俗则易。易而忘本，合于若性。故日月欲明，浮云盖之；河水欲清，沙石秽之。人性欲平，嗜欲害之，惟圣人能遗物而反己。”竹子因为中空的特性能浮于水面，但一旦被砍削成竹简，捆成一束扔入水中，就会沉下去。金属物体入水便沉，但将它们放在船上，有船依托就会随船漂浮于水面。原本洁白的绢绸，用涅染过便变黑，原本黄色的绢绸，用朱砂一染就变成了红色。人性也是这样，本来是很天真无邪的，可是长久沉沦于世俗生活就会发生变异，变异了就会使人性失却其原初的天性。人性要回复到原初的状态，就会受到嗜欲的干扰和阻挠，只有圣人才能超越物欲而返回到淳朴的境界。

三、顺之以天理，应之以自然

道家伦理思想将人视为自然界的一部分，并认为“人是一个小天地”，因此人应当效法天地自然，遵循自然界的规律，依凭自然的天性行动，反对破坏自然的矫饰和人为。道家认为，普遍绝对与永恒无限的道以自身为本原创造了整个世界，在包括宇宙太空、地球、人类在内的整个现实世界中，不仅道是普遍绝对与永恒无限的存在物，而且宇宙太空、地球、人类也是普遍绝对与永恒无限的存在物。作为自然界的一部分，人的活动受自然规律和自然过程的支配和控制。人不可能超越自然并使自己游离于自然界之外，人没有不遵循自然规律的权利。如果人将自己同自然界对立开来，那么人就是在自己摧残自己，这最终会毁灭自己。

《庄子·天运》：“吾奏之以人，征之以天，行之以礼义，建之以大清。夫至乐者，先应之以人事，顺之以天理，行之以五德，应之以自然。然后调理四时，太和万物。四时迭起，万物循生。”天、地、人的存在与发展各以内在的道为根本。天道刚健，地道柔顺，都是自然的。人生活在地球上，同地球上的一切生物及其他事物的关系都极为密切。人吃的是大地长的，穿的是大地生的，其他居住日用，无一不得之于大地。大地不但滋养了万物，而且承载、包容了万物。人法地即是以大地为师，效法大地那种大公无私、无所不包的伟大精神，厚德载物，以“柔顺”“无为”为人生要务，涵育和发展人道。老子提出“上善若水”的命题，认为水滋养万物生命，使万物得利而又不与之争利。它“处众人之所恶”，宁愿自居下流、藏垢纳污也不要求占据高位、把持要津，故水几乎近于道。人法地就要效法水的无私善行，像水那样“利万物而不争”，藏垢纳污而包容一切，同时激浊扬清、化腐朽为神奇，重现晶莹清澄之本色，不为外物所污染。道家伦理思想正是从“人法地”的观念出发建立起贵柔、崇俭、尚谦以及利而不争等学说体系的。

道家的上述思想与西方自然主义把自私利己、自爱自保、趋乐避苦视为人的自然本性，进而认为道德促进个人私利实现的观点可谓天壤之别。西方自然主义伦理学从总体上而言无助于人类社会的道德净化和精神升华，没有给人类的道德生活提供什么真正有用的东西，而道家伦理学通过把人的本性界定为自然无为、见素抱朴和少私寡欲，不仅有助于抨击社会的贪欲之风和个人的自私利己行为，更有助于净化人的灵魂，提升人的精神境界，使每一个人都注重自然的和谐，保持自然质朴的品质。道家的自然主义综合着超利己主义、超功利主义、超快乐主义和超物欲主义等诸多因素，是一种比儒家人本主义和德性主义内涵更丰厚、境界更高远的伦理学体系。

道家伦理思想是建立在自然主义基础之上并以自然主义为其基本价值导向和价值目标的。但它并不是那种诉诸人的感性欲求、置重人的物质生活需要并以此来界定善与正当的自然主义，而是一种将人置于自然界的系统之内，以天地自然的率真纯朴、生而不有、为而不恃、长而不宰作为人类道德生活的底蕴和最高评价标准的自然主义，是一种对人的感性欲求持批判态度，认为自私利己、巧取豪夺、贪得无厌为不自然的自然主义。道家的自然主义伦理学是能帮助人们祛除忧患、洞察人生真相和摆脱世俗功名利禄束缚、获取真正的自由和幸福的伦理大智慧，是指点迷津、超越尘世痛苦、获得人生真知识和真觉悟的处世法宝，因此从某种意义上来说，道家的自然主义伦理学对于以谋利计功为人生要务的芸芸众生来说不啻是一服清醒剂，还是一种从整体上关心芸芸众生并为其安身立命提供精神食粮的价值关怀之学。

第二节　无待于外的自由意识

道家伦理思想追求内在的精神自由和道德自由，为此，它同儒家和墨家伦理思想进行了尖锐的斗争。在道家看来，人活在世上，拥有精神和道德意志的自由会比拥有财富和功名更加有意义。身体行动的自由，精神意志的自由，特别是无待于外的“逍遥游”，是实现生命价值和人生幸福的基础、核心和保障。因此，如何确立追求自由和向往自由的信念，如何捍卫内心的自由意志，确保在抉择时能够依从自己内在自由意志的指令，对人来说就具有特别重要的伦理意义和价值。

一、独立而不改，周行而不殆

老子的道是自然、自由、自在和自如的。在老子看来，道是浑然自成的，在天地形成以前就已经存在。人们听不到它的声音也看不见它的形体。它寂静而空虚，不依靠任何外力而独立长存，循环运行而永不衰竭，可以作为万物的根本。老子不知道它的名字，所以勉强把它叫作“道”，再勉强给它起个名字叫作“大”。它广大无边而运行不息，运行不息而伸展遥远，伸展遥远而又返回本原。所以说道大、天大、地大、王也大。宇宙间有四大类，而王居其中之一。人取法地，地取法天，天取法“道”，而道纯任自然。“道”的这种“寂兮寥兮，独立不改，周行而不殆”凸显了其自由自在的品性，也是人应当师法学习的。道宏大到无所不包，故强名之曰“大”。它“不守一大体而已，周行无所不至，故曰逝也。周无所不穷极，不偏于一逝，故曰远也。不随于所适，其体独立，故曰反也”[①]。集“大”“逝”“远”“反”以及“寂兮寥兮，独立不改，周行而不殆”和“先天地生”“以为天下母”诸多功能属性于一体的“道”既是自由的又是自然的，既是独立的又是周行的，有着“妙”“玄”“虚”“清”“高”“远”“深”“神”等独来独往、自来自往、常来常往以及自然无为等诸多令人叹赏的优秀品质。因此，学习和师法“道”的人应当甘于“独泊兮，其未兆，如婴儿之未孩”；乐于“儽儽兮，若无所归”，“忽兮，若晦；飘兮，若无所止”，以“我独异于人，而贵食母”（《老子》二十章）作为自由自信自然自在的价值根基。真正有道之人将众人孜孜以求的名利不屑一顾，所看重的是“贵食母”即以道作为自己追求的目标，“把依道行事、根据‘道’的原则来存在和生活作为人生的基本态度”[②]。老子所言的“独”并不是离群索居，脱离社会的遗世独立，而是“在与众人共在的过程中，展现独立的品格”[③]。老子是那种于四野中茫然四顾、冷静审视世界的人，当人们对功名利禄孜孜以求的时候，老子说要“独异于人”，“贵食母”，旨在提醒世人要顺应大化自然之道，把在体悟追求道的过程中所获得的自由自在当作人生最大的幸福与快乐，因为顺着自然规律去生活才能真正获得精神生活的自由，才能产生“同于道”的那种自然吉祥和安宁。

---

① 王弼：《老子注》，《诸子集成》（三），团结出版社，2016，第95页。

② 杨国荣：《老子讲演录》，中国人民大学出版社，2021，第93页。

③ 杨国荣：《老子讲演录》，中国人民大学出版社，2021，第92页。

二、乘天地之正，以游无穷

庄子思想以“逍遥游”开篇立世，而所谓“逍遥游”其实就是指精神能够摆脱各种功名利禄和外在俗物的羁绊或束缚，达到一种不受约束、自由自在的状态和境界。《庄子·逍遥游》指出：“若夫乘天地之正，而御六气之辩，以游无穷者，彼且恶乎待哉?”庄子此一论述是建立在对列子乘风而行，轻快美妙，一次飞行十五天后才返回之事基础之上的，意即列子这种“御风而行”在人世间已经非常难得，可谓屈指可数，但是列子虽然能够免于行走的劳苦，却依旧是有所待的，即列子飞行必须依赖风力，并没有达到绝对自由的状态。只有那些能够顺应天地的本性，驾驭自然的变化，而遨游于无穷无尽之天空的人，才是无所待的，他们才获得了真正意义上的绝对自由。

庄子在《逍遥游》中通过隐喻的方式表达了“有待”和“无待”的差别和不同境界。在庄子看来，不论是“辩乎荣辱之境”的宋荣子，还是“御风而行”的列子，都没有达到逍遥游的境界，因为他们都“犹有所待者也”。“有所待”，就是有所依赖、有所对待，是指人的某种愿望、要求的实现会受到一定主、客观条件的限制。庄子认为，“有所待”是造成人生无法实现自由的根本原因，摆脱有待，达到无待，才能实现自由，即获得“逍遥游”，“逍遥游”也就是无待的自由境界。任何人都渴望自由，可生活在社会群体中就会受到各种各样的限制。庄子认为，即便身处世俗社会也可以达到逍遥的境界。怎样才能摆脱有待，达到无待呢?庄子强调，最重要的是要认识到，不是外在的客观条件束缚了人的自由，而是人们自己的主观认识、自己的思想束缚了自己；如果能从主观上齐同万物，忘却外在的一切差别，就能无所不适、无所对待了。

庄子借助于“逍遥游”是要告诉人们清醒地看到万事万物的同一性，告诉人们生命的最高意义在于活出真正的自己，“尽己与自适”。进入绝对自由的精神境界不凭借任何外在的依托，包括虚名、事业、私心等，这样才能使自己的精神超越世俗的一切束缚；一旦人有了“为己”之心，就有了种种牵挂和顾忌；有了“功业”之心，就不免在世俗社会中产生种种算计；有了“名誉”之心，就会被名所累，思想就受到束缚，为世俗的认可、赞同、称颂所牵累。只有感受到个体生命存在的自由和轻松，才能体验到生存的真实意义。

庄子是以冷笑面对世界的哲学家和思想家。庄子认为，世界万物，风云雷电与细雨清风一样，贫贱与富贵一样，甚至连生与死都不过是自然之气的不同表现而已，既然万物齐一，那么你为何还要做那些没有意义的事情呢？你追求闻达，但闻达的代价是人生的不自由。庄子渴望自由自在的生活，说他宁愿做一只在泥浆中打滚的快乐的乌龟，也不愿意去做披金衣绣的牛，因为人们把牛打扮得漂漂亮亮，其实是要拉出去杀掉祭天的。你追求富贵，但富贵最终不过是一堆黄土而已，人哭着来，哭着走，在赤条条的来去中，什么也无法留下。

人生为什么会如此痛苦、沉重与悲伤？那是因为心灵背负着沉重的枷锁，行动又被种种不自由的状态所束缚。庄子认为，人们要摆脱世俗生活的种种痛苦与悲伤，就必须超越尘世的功名利禄，取消一切外在的依赖，始终保持自由自在的精神状态。在庄子看来，人们所孜孜以求的那些东西，其实是一堆有害于人生的“垃圾”，被“垃圾”所包围奴役使人们自己成为心或欲望的奴隶，而真正的自由的人生，要“物物而不物于物”。《庄子·逍遥游》提出了“至人无己，神人无功，圣人无名”这一重要观点。庄子所推崇的“至人”“神人”“圣人”以及他们所显示出的“无己”“无功”“无名”三种秉性品质和精神境界，凸显出了庄子“逍遥游”思想的精髓。[①]

庄子一方面肯定大鹏和小鸟能够自由飞翔，获得了自己“任性而游”的生存状态，比起那种“笼中之鸟”要快活很多，但是另一方面又认为大鹏和小鸟的自由飞翔是有条件的，需要借助大风和自己的翅膀，因此其自由是相对的，不是绝对的自由。庄子还列举了三个案例，即君王、宋荣子、列子的逍遥游，认为君王要依靠权力、名位、财富才能发号施令，宋荣子要依赖定力、辨别能力才能做到“举世而誉之而不加劝，举世而非之而不加沮”（《庄子·逍遥游》）。宋荣子能做到对外界的批评和赞誉都不为所动，能够明确地认识内我与外物的分别，分清荣誉与耻辱的界限，并不急切地去追求世俗的声誉，但这算得上是真逍遥吗？不算，因为他心中还有物我的分别，他的内心虽然不受外部世界的影响，但他的逍遥只局限于自己的内在世界。列子要依赖自己的修炼条件才能“御风而行”，一次飞行十五天后返回。这算得上是真逍遥吗？不算。

他们的自由只是相对的自由，是有待的自由。绝对的自由是无所待的自由，这种自由本质上只能是心灵和思想的自由。“若夫乘天地之正，御六气之辩，以游无穷者，彼且恶乎待哉？”（《庄子·逍遥游》）只有那些能够顺应天地本性，驾驭自然变化，而遨游于无穷无尽之天空的人，才达到了“无所待”的自由状态。

庄子在《逍遥游》中还谈到了大树“大而无用”的问题，建议惠子将其“树之于无何有之乡、广莫之野，彷徨乎无为其侧，逍遥乎寝卧其下”，认为这样反倒有可能实现其“无用之大用”。庄子笔下的“无何有之乡、广莫之野”，亦指一块没有战争、暴力，摒弃功名利禄、是非贵贱的净土，也是心灵上无名、无功、无己，与天地精

① 王景琳、徐匋：《庄子的世界》，中华书局，2019，第36页。

神同游的逍遥之境。庄子认为大树长得臃肿盘结、枝蔓卷曲，这是它的天性。世俗的人之所以觉得它“无用”，完全是因为心中“有己”，实际上无为而无不为，无用恰是最大的用。正因“无用”，这棵大树才能免遭斧斫、顺性生长、自在逍遥。

三、功名利禄为“尘垢秕糠”

以老庄为代表的道家看到了世人孜孜以求功名所带来的伤生、害性及其人性异化等弊端，主张鄙薄功名，过一种视功名利禄如“尘垢秕糠”的道法自然的生活，将意志和行为的自由视为幸福生活的真谛。尘垢是指灰尘和污垢，秕糠是指谷壳和米皮，一般来说，二者都是对人类无用的东西。《庄子·逍遥游》曰：“是其尘垢秕糠，将犹陶铸尧舜者也，孰肯以物为事！”一个人若单纯为了建功而建功，即便拥有尧舜那样的大功，也不过是神人眼中的“尘垢秕糠”。罗大经《鹤林玉露》卷五有言：“夫老子曰：‘身与名孰亲。’况于荣贵外物，有道之士，盖视为尘垢秕糠。”将功名利禄视为尘垢秕糠表达了道家对世俗生活中人们价值追求的鄙视和不满，又凸显出道家看重的不是外在的功名利禄，而是内在的精神自由和人格独立。

曾担任过周朝掌管文献典籍史官的老子因不见容于当朝权贵而愤然离职，从此过起了隐居生活，著书立说，“言道德之意五千余言而去，莫知其所终”（《史记·老子韩非列传》）。庄子家境贫寒，生活潦倒，然气志孤傲，自命清高。“其学无所不窥，然其要本归于老子之言。”“其言洸洋自恣以适己，故自王公大人不能器之。”《史记·老子韩非列传》《庄子·秋水》都记载了庄子在濮水边钓鱼时对楚使来请他为相而不为所动的故事。他以神龟为例，论证与其扬名显世于庙堂、位列卿相，倒不如在乡间草泽隐踪敛迹，过着虽清贫淡泊却自由自在的生活。庄子说:“吾闻楚有神龟,死已三千岁矣。王巾笥而藏之于庙堂之上。此龟者,宁其死为留骨而贵乎?宁其生而曳尾于涂中乎?”两个使者说“宁生而曳尾于涂中”时,庄子欣慰地说,那么请你们回去吧,我将愿意做一只拖着尾巴在泥里爬来爬去的龟。庄子“假灵龟以托喻,宁掉尾于涂中”表明的是自己安于贫贱而不愿与权贵为伍的生活态度。老庄的愤世嫉俗、不为功名利禄所动的精神,使得他们能以旁观者的身份来剖析芸芸众生的真相,探寻世界失衡的原因,追问世风日下、道德堕落的内在缘由。

《韩非子·功名》有言:“圣人德若尧舜,行若伯夷,而位不载于世,则功不立,名不遂。故古之能致功名者,众人助之以力,近者结之以成,远者誉之以名,尊者载之以势。如此,故太山之功长立于国家,而日月之名久著于天地。此尧之所以南面而守名,舜之所以北面而效功也。”这里谈到了尧舜之所以能够守名和效功,正是因为他们善于发挥众人之力。

阳子居拜见老子,请教老子何谓“明王之治”,老子回答说:“明王之治,功盖天下而似不自己,化贷万物而民弗恃。有莫举名,使物自喜,立乎不测,而游于无有者也。”(《庄子·应帝王》)明王之治可以理解为圣王之治,他建立了盖世之功却好像与自己一点关系也没有,施恩于万物而人们却不觉得对他有什么依赖。他建立的功德无法用言语来表达,使万物各得其所而又欣然自得。圣王立身处世总是高妙莫测,神游于清静无为的虚静境界之中而不知有我。

庄子提出了自己的伦理价值主张和人生处世理论,即宁肯“曳尾于涂中”而不肯“留骨而贵”(《庄子·秋水》),宁肯“游戏污渎之中自快”而不愿“为有国者所羁”(《史记·老子韩非列传》),表现了坚决不与统治者合作,重视人的精神自由的独特个性。

第三节　相反相成的辩证思维

道家伦理思想是中国伦理文化体系中最富于辩证思维的伦理思想类型。道家伦理思想的代表人物老子和庄子都是著名的辩证法思想大师，他们的伦理思想充分肯定道德的发展变化，认为道德是变动性与恒常性、相对性与绝对性的矛盾统一，是善恶对立、相互斗争的产物。老子和庄子都对伦理道德上的独断主义和绝对主义十分反感，庄子为了反对独断主义和绝对主义甚至不惜趋近相对主义。

一、天下皆知善之为善，斯不善已

善恶矛盾是人类道德生活领域的特殊矛盾，善与恶总是相比较而存在，相斗争而发展的。老子说："天下皆知美之为美，斯恶已；皆知善之为善，斯不善已。"（《老子》二章）意即天下都知道美之所以为美，丑的观念也就产生了，都知道善之所以为善，不善的观念也就产生了。美丑、善恶作为矛盾中的两个方面既相互依存，共处于一个统一体中，又相互排斥相互斗争。世界上的人们一旦知道美之为美的原因，那么他们也就必然同时知道丑之为丑的原因；一旦知道善的事物之所以为善的事物的原因，那么他们也就必然同时知道恶的事物之所以为恶的事物的原因了。美丑善恶相互依存，有美即有丑、有恶即有善，知道此之谓美，则彼为丑矣；知道此之为善，则彼为恶矣。正如古希腊伦理学家德谟克利特所说："善从那里来，恶和避免恶的办法也从那里来。”[1] 人们之所以肯定和推崇善，完全是因为社会生活中存在着许多恶。如果没有恶的存在，善便无法体现，自然也就不会为人们所认可了。正是因为社会生活中充满着钩心斗角、利己自私以及敲诈欺骗等恶习，所以人们才把团结合作、利人达人和诚实守信视为善行。善的价值是在与恶的比较中显示出来的，恶的行为也是人们依据与之相对应的对善的理解而予以界定的。善之可亲系之于恶之可憎，倘若恶不可憎，那么善也就不可亲了。道家“知善之为善，斯不善已”的善恶相互依存、互为存在条件的思想，深深触及人类道德生活的辩证法，有助于人们完整而正确地把握人类道德生活的规律。

庄子揭示了善恶价值的相对性与有限性，认为只有“道”才是永恒的、完满的、绝对的、终极的，善恶是非的区别都是相对的、有条件的，而且它们之间还能相互转化。《庄子·秋水》借助河神与海神的对话，以海神之口说：“以道观之，物无贵贱；以物观之，自贵而相贱；以俗观之，贵贱不在己。以差观之，因其所大而大之，则万物莫不大；因其所小而小之，则万物莫不小。知天地之为稊米也，知毫末之为丘山也，则差数睹矣。”从大道的视域出发，万物并无贵贱、大小等差别；从个别事物本身的立场出发，万物都以自己为贵，以别物为贱；从世俗的观点看问题，贵贱大小都取决于外在的安排，不由自己做主。按照物与物的差别去看，从物体大的方面去观察，则万物没有不大的；从小的方面去观察，那么万物没有不小的。从人的价值取向、节操品行方面去评价，依据它正确的方面而加以肯定，那么万物也就没有不正确、不伟大的；依据它错误的方面而加以否定，则万物没有不错误、不渺小的。用庄子的智慧来观察世间，就会发现

---

① 周辅成编：《西方伦理学名著选辑》上卷，商务印书馆，1964，第 79 页。

善恶等并没有恒定的客观标准，只是出于主观成见而已。高下、善恶、美丑、贤与不肖、可与不可的区别，都是相比较、相对而言的。《齐物论》说："仁义之端，是非之涂，樊然淆乱，吾恶能知其辩?"仁义是非，各人有各人的看法，呈现出错杂混乱的状况，我们又怎么能够去分得清？去辩得明呢？《齐物论》又提出以"道枢""天钧"来统摄彼此、是非、善恶、美丑的矛盾。庄子认为，大道正是统一这些矛盾的枢纽，把握了它，才可以得其环中，应对是非各方面的无穷变化。圣人超越这些矛盾，将彼此调和起来，使它们自然均衡发展，并行不悖，各得其所。这才是"道"的境界。

二、祸兮福所倚，福兮祸所伏

柔弱之水可以冲决坚强之石，弱可以胜强，柔可以克刚，新生的、弱小的事物能够战胜腐朽的、强大的事物。强大了就接近死亡，刚强会带来挫折，荣誉会招致毁辱，老子因这一些现象提出了"祸兮福之所倚，福兮祸之所伏"的观点。道家不仅看到了人类道德生活中所存在的对立面相互依存的关系，而且看到了对立面相互转化的可能性与必然性。老子指出："祸兮福之所倚，福兮祸之所伏。孰知其极？其无正也？正复为奇，善复为妖。人之迷，其日固久。"（《老子》五十八章）灾祸中隐藏着幸福的萌芽，幸福中也埋藏着灾祸的种子。祸可以转化为福，福也可以转化为祸。正常可以变为反常，善也可引发不良的后果。这都是事物在发展中走向对立面的情况。谁知道这种变化的极限是什么呢？这种变化难道没有一定的规律吗？每一个人就其主观愿望来说都是喜福而厌祸，或者说是迎福而避祸的。谁也不喜欢灾祸。然而，就福与祸的关系而言，它们却是相反相成、相互转化的。一个人如果一味地沉溺于幸福，习惯了安逸的生活，精神就会松弛下来，且慢慢失去勤勉、发奋图强的作风，从而产生侥幸心理，这么一来福祚就不会长久，而且其中还可能潜藏着灾祸。反之，如果一个身处灾祸中的人，能正确认识灾祸发生的原因并采取积极有效的方式予以克服或补救，总结经验教训，那么灾祸就可能转化为幸福。正如河上公注所云："夫福因祸而生，人能遭祸而悔过责己，修善行道，则祸去而福来。祸伏匿于福中，人得福而为骄恣，则福去祸来。"① 古今中外，祸福相因相生、相互转化的事例不胜枚举，著名的如"塞翁失马"。《淮南子·人间训》云："北叟，塞上之翁也。马无故亡入北。人吊之，翁曰：'安知非福乎？'后其马将胡骏马而归。"后人常用"塞翁失马"来表达虽然暂时受到损失但也可能因此得到好处之意，其中含有祸福相互转化的道理。宋代文学家欧阳修在《伶官传序》一文中通过总结后唐庄宗李存勖成败的教训指出："满招损，谦受益。忧劳可以兴国，逸豫可以亡身，自然之理也。故方其盛也，举天下之豪杰莫能与之争；及其衰也，数十伶人困之而身死国灭，为天下笑。夫祸患常积于忽微，而智勇多困于所溺，岂独伶人也哉！"忧虑和勤劳能使国家兴盛，耽于安逸快乐则会使人丧家亡身，祸患这个东西确实是由一些微小的事情逐渐积累起来的。道家"祸福倚伏"的思想，言简意赅、寓意深远，不愧为中国伦理文化处世立身之精华。

三、天下难事，必作于易

如果说"祸福倚伏"涉及矛盾对立面的相互转化，那么"天下难事，必作于易"则涉及量变与质变的关系问题。道家认为，人们

① 河上公：《道德真经注》，河上公、杜光庭等注：《道德经集释》上册，中国书店，2015，第 79-80 页。

道德观念的变化、道德习惯的养成以及社会道德风貌的形成，都有一个从量变到质变的发展过程。老子说："图难于其易，为大于其细。天下难事，必作于易。天下大事，必作于细。"（《老子》六十三章）又说："合抱之木，生于毫末；九层之台，起于累土；千里之行，始于足下。"（《老子》六十四章）完成一件困难的事情，要从容易做的事情做起；干一番伟大的事业，必须从平凡的小事做起。做难事要从易事入手，做大事要从小事入手。道德实践和道德追求要从点滴起步，应当一步一个脚印地前进，不要贪多求快，更不能一曝十寒。事情处于稳定状态时，容易维持；事情还未显露迹象时，容易谋划；事情脆弱时，容易分解；事情微小时，容易消散。要在事情还未发生时进行预防，要在事情还未紊乱前进行整治。常言道："宝剑锋从磨砺出，梅花香自苦寒来。"不经过一番精神上的磨砺与人格上的提升，就不可能在道德上达到一个比较高的境界。正如合抱的大树是一点点长大的；九层的高台，是一抔土一抔土堆起来的；走千里远路，是从抬脚第一步开始的。凡事都有一个从小到大、由近至远的发展过程。远大的事情，必须有毅力和耐心一点一滴去完成，心意稍有松懈，常会功亏一篑。道德修养和人格完善的过程就是一个从点滴和小事做起进而合乎道德的积累过程。轻视小事和点滴，势必永难进至大的境界。道家告诫人们重视小事，因为小可积大；重视少量，因为少可成多。想要完成一份艰难的事业，就应该从容易的地方着手；想要实现一个伟大的目标，就应该从其细小的地方开始。道家反对那种好高骛远、不切实际的虚浮作风和空想行为，认为质变必须有量变的准备并以量变为前提。量变的发展孕育和催生着质变。质变是量变发展到一定阶段的产物。人类已经完成的任何一份艰难的事业必然都是从其容易的地方着手的；人类已经实现的任何一个伟大的目标必然都是从其细小的地方开始的。人们的道德品质的提高、精神境界的升华总是在无数不起眼的点滴积累和一步一个脚印中实现的，道德上的超越和变革必须经过量的积累才能实现。道家“天下难事，必作于易”的思想，对于个人道德的躬行践履，以及对于在整个社会范围内提倡一种务实求实、重实尚实的风尚，均具有发人深省、切中时弊的重要意义。

老子从“反者道之动”的命题出发，论述了世间一切事物都要向自己的对立面转化以及肯定否定的规律。既然一切事物都要走向自己的对立面，则肯定的东西必然要走向否定，否定的东西也必然要走向肯定。老子说：“曲则全，枉则直，洼则盈，敝则新，少则得，多则惑，是以圣人抱一为天下式。不自见故明，不自是故彰，不自伐故有功，不自矜故长。夫唯不争，故天下莫能与之争，古之所谓曲则全者，岂虚言哉？诚全而归之。”（《老子》二十二章）能随形势而弯曲的，才能保全不折断；能随压力而屈伸的，才能保持挺直；处在低洼处的水，往往汇集而盈满；旧的来临，往往是新的开始；能满足于少量自然心安理得，贪多反而使自己迷惑。所以深明道德的圣人紧守着“道”作为天下事理的范式。不自我表现，反而能够表现；不自以为是，反而能够彰显；不自我夸耀，反而能够建功；不自我矜骄，反而能够长久。这都是不和人争反而能显现自我的结果。正因为不与人争，所以天下没有人能和他争，这样反而成就了自我的伟大。所以古人所谓弯曲才能保全的道理并不是虚言。人的修养达到这样的程度，那么天下的人都会受他的影响而归附他了。在老子看来，大道是生天、生地、生人、生物的宇宙本体和根源，而且大道的运行本是反复循环的，通常无所谓正与反的区别，等到有正反相随时，大道则由静而动了。这是大道含有的相反相成之阴阳两仪互相推动、产生变化的缘故。庄子也认为，阴阳之气互相感应相消相长，四时的循环相生相杀，于是产生了欲、恶、去、就，然后雌雄相交便产生了万物。万物的安危是互易的，祸福是相生的，生聚死散，也都是息息相关的。至于四时的变化、五行的运转，物极必反，终则复始等现象，都是万物具有的本质，正可谓“穷则反，终则始，此物之所有”（《庄子·则阳》）。将“反者道之动”和“物极必反”的思想运用于观察社会生活，道家得出了“贵以贱为本”和“柔弱胜刚强”的结论，揭示了贵与贱、柔弱与刚强的辩证关系。一般人尊贵贬贱，追求刚强，鄙视柔弱，道家则特别指出有贱才有贵，有柔弱才有刚强，并且认为“天下莫柔弱于水，而攻坚强者莫之能胜，以其无以易之。弱之胜强，柔之胜刚，天下莫不知，莫能行”（《老子》七十八章）。“人之生也柔弱，其死也坚强。万物草木之生也柔脆，其死也枯槁。故坚强者死之徒，柔弱者生之徒。是以兵强则不胜，木强则兵。强大处下，柔弱处上。”（《老子》七十六章）人活着的时候，身体是柔软的，死了以后就变得僵硬。草木活着的时候，形质是柔脆的，死了以后形质立刻变得枯槁。从用兵逞强反而不能取胜、树木强大反而遭受砍伐来看，凡是强大自夸、妄图高居人上的人，结果必被厌弃，反居人下，而那些柔弱自守的人，最终受人推戴，反居人上。老子还说过：“天长地久，天地所以能长且久者，以其不自生，故能长生。是以圣人后其身而身先，外其身而身存。非以其无私邪，故能成其私。”（《老子》七章）从古至今，天还是这块天，地还是这块地，天地之所以能长久存在，是因为它虽然生养万物但并不为自己营生。圣人明白天长地久的道理，所以常把自身的利益及自身的事置之脑后，凡事都让别人占先，时刻都以他人利益为重，但是他的收获却远远超出他的预期，结果自身有时反而占先。遇到危难，圣人将自身置之度外，结果自身反而能转危为安。为长生而不自生，为先身而后身，为存身而忘身，以无私而成私，这都是道德生活中对立转化的具体实例，它们充分说明了正反相生，特别是反可为正的道理。道家伦理思想常常由反入手、以反求正，主张知雄守雌、知荣守辱、以退为进，以无为而致无不为。

总之，道家伦理思想不仅看到了道德生活中善与恶的相互依存、相互转化，而且意识到了矛盾双方的同一性和斗争性，而且阐发了量的积累对质的变化的作用，更提出了“反者道之动”和“物极必反”的观点，体现了否定之否定的思维。这些思想标志着我国古代伦理辩证思维的成熟，翻开了中国伦理文化辩证法和方法论的崭新一页。尽管道家的辩证法并不彻底，但从整体上看却极富创新意义，是中华民族伦理思维中的宝贵财富。

第四节　粪土王侯的批判精神

道家伦理思想不仅建立在自然主义的理论基础之上，还建立在无待于外的自由精神的基础之上，而且也是对善恶、祸福、难易等道德生活范畴进行辩证思考的产物，是对儒墨道德观和现实道德时弊进行反省和批判的产物。

一、大道废，有仁义

对现实伦理道德的不满以及对儒家所推崇的伦理道德观念的猛烈抨击与批判，是道家伦理思想的一个突出特征。如果说儒家的伦理思想是致力于维持现存社会秩序和道德秩序的伦理学说，重在处理世俗世界的种种伦常关系，教导人们改造自身以适应社会道德生活的要求，那么道家的伦理思想则是冲破现存社会秩序和道德秩序的伦理学说，它重在培育人们的道德真诚以抵抗世俗的虚伪，重在追求心灵的解放和道德自由，教导人们从人际的道德束缚中挣脱出来，过上一种真正符合人的自然本性的自由自在的生活。

人类道德观念的发展变化需要一种对现实道德持批判态度的批判主义精神。德国著名的哲学家和伦理学家麦克斯·霍克海默在自己所著的《批判理论》一书中认为，批判是一种以社会本身为对象的人类活动。尽管它本身产生于一定的社会结构之中，但其目的不是帮助这个结构的任一要素更有效地运作。“一般说来，个人必须坦白地承认他存在的基本条件是给予的东西，他必须努力完善它们。……但我们说的批判态度却根本不相信现存社会为其成员提供的行为准则。”“具有批判思想的人与社会认同的特征就是紧张，而紧张又是一切批判思想概念的特征。”①

批判理论与传统理论在价值取向、行为态度上有着很大的区别，“传统理论可以把一些事物看作是理所当然的：它在正常运行的社会里的肯定作用、它与一般需要的满足的公认为间接和模糊的关系，以及它对自我更新的生活过程的参与……批判理论追求的目标——社会的合理状态，是由现存的苦难强加给它的。设计这样一种解决苦难的办法的理论，不会为既存现实服务，而只能揭露那个现实的秘密”②。霍克海默认为，哲学、伦理学的一个重要功能和任务即是对现实所流行的东西进行批判。因为如果没有这种批判，现实的惰性将会更加急剧而不可抵挡，人受时尚观念和习惯的奴役将会更加严重。人类迄今为止建立的任何一种社会形式和道德秩序都不是十全十美的，这意味着批判对于任何一种社会形式和道德秩序都是必要的，尤其是那种深刻、合理的社会批判永远是使人直面现实、变革现实和奔向未来的精神武器，是保持社会清醒、防止各种社会神话和道德神话产生的必要条件。没有了批判的社会是一个没有生气的社会，没有了批判的伦理道德只能使人变得俗不可耐或成为现实律法的牺牲品。

---

① ［德］霍克海默：《批判理论》，李小兵译，重庆出版社，1989，第198-199页。

② ［德］霍克海默：《批判理论》，李小兵译，重庆出版社，1989，第206页。

道家伦理思想的创始人老子和后继者庄子都是著名的社会批判和道德批判理论家，他们用自己笑傲王侯、鄙视权贵、不与统治者合作的人生态度，用自己针砭时弊、爱憎分明的态度对传统伦理道德进行了辛辣嘲讽，揭开了中国伦理文化史批判现实主义的崭新篇章。人们常说，老庄爱唱反调，他们由反入手，以反求正，反对世俗的伦理道德，其实这种唱反调、由反入手的方式即是批判精神的生动体现。

道家老庄笑傲王侯，不为权贵所束缚，鄙视功名利禄，这就使他们有可能超越世俗的功利考量，站在一个比较高的理性角度来审视社会现实和人生，从而更能清醒地意识到世俗道德的弊端。

古希腊毕达哥拉斯学派曾把现实生活中的人分为三大类，并用出席奥林匹克运动会的三类人作比喻，认为一类是趁召开运动会来做买卖交易的生意人；一类是参加各种竞赛项目的运动员；还有一类是来观看比赛的旁观者。在毕达哥拉斯学派看来，“那些来作买卖的人都属于最低的一等，比他们高一等的是那些来竞赛的人。然而，最高的一种乃是那些只是来观看的人们。因此，一切中最伟大的净化便是无所为而为的科学，唯有献身于这种事业的人，亦即真正的哲学家，才真能使自己摆脱‘生之巨轮’”[①]。暂且不论这三类人的高低之分是否正确，单就理论研究、哲学思考来说，它确实需要从事理论研究、哲学思考的人对现实社会生活保持必要的距离和具有一定的超越性。世界上任何一位无论如何优秀和公正的法官都不可能真正审理好自己牵涉其中的案件，参与其中与超越其间毕竟会造成两种截然不同的心态和价值评价标准，这也就是我们常说的“当局者迷，旁观者清”。老子和庄子也许正是因为同社会的世俗生活保持着一定的距离和具有超越性，所以才能拥有那么恢宏高远的视野，那么清醒

① ［英］罗素：《西方哲学史》上卷，何兆武、李约瑟译，商务印书馆，2012，第68页。

无妄的觉悟，对社会生活和世俗道德的批判才会那么尖锐深刻、入木三分。正如林语堂所说，入仕和位居庙堂的人尊崇儒家和孔子，而作家、诗人、学者则推崇老庄，“孔子的哲学，是维持社会秩序的哲学”，“老子的箴言传达了激奋，实非孔子沉闷乏味的‘善’所能办到的”。儒家尚理性、贵修身，以治国平天下为宗旨，故对社会生活持肯定态度；道家却持反面的观点，偏好自然与直觉，对社会生活保持一定的批判态度。“喜欢抗拒外物的人，似乎总站在高处，较易于接受外界事物的一方更能吸引人。代表这两种典型的人，便是尊崇礼教的孔子，和喜欢抗拒外物的自然主义者——老聃。”① 如果说孔子及儒家学者是参加奥林匹克运动会的竞赛者，那么老子及道家学者则是出席奥林匹克运动会的观众。他们对儒家学者在运动会上的表现颇为不满，认为他们宣扬的仁义道德“撄人之心”，激发了人们的爱利之心，诱发了人们的贪欲，并导致世风日下、道德堕落。庄子表现出对于儒墨两家道德规范及其争辩的冷漠与不屑一顾。他希望人们在世俗生活中不要沉溺于争胜、计较，不仅是物质利益方面，也包括荣誉等精神方面。即使是社会的道德生活，固然存在道德是非对立者，但如果人们的精神整天纠缠、计较于此，也不利于心灵的空旷放达、人格的健康发展与精神的超脱解放。他希望人们站在更高的层面上反思道德，跳出道德是非争执的场景，追求无差别的圆融境界。

二、捐仁义者寡，利仁义者众

老庄对儒墨所宣扬的仁义道德进行了深刻的剖析与评判，以自身所特有的深思睿智和清醒意识对其予以批判和揭露。

---

① 林语堂：《中国哲人的智慧》，中国广播电视出版社，1991，第 191 页。

首先，老庄认为，儒墨所提倡和鼓吹的仁义道德皆属人为造作，故不是真正的道德。老子区分了上德与下德，将孔墨所宣扬的仁义道德视为下德，认为这种下德是对上德的破坏与损害。史载孔子问礼于老子，老子曰：“子所言者，其人与骨皆已朽矣，独其言在耳。且君子得其时则驾，不得其时则蓬累而行。吾闻之，良贾深藏若虚，君子盛德，容貌若愚。去子之骄气与多欲，态色与淫志，是皆无益于子之身。吾所以告子，若是而已。”（《史记·老子韩非列传》）在老子看来，孔子所信奉的周礼与仁义均是对人的自然本性的破坏，是“忠信之薄而乱之首”，是“下德”。老子认为，天地万物都是按其自然本性而生长演变，人的本性也应当顺任自然、顺道而行。人遵循自然的本性，依自然之道行事便是“有德”。反之，如果故意“有为”，像儒家那样到处宣扬礼义，就会破坏自然之道，失去上上之德。老子指出：“上德不德，是以有德；下德不失德，是以无德。上德无为而无以为，下德为之而有以为，上仁为之而无以为，上义为之而有以为，上礼为之而莫之应，则攘臂而扔之。”（《老子》三十八章）上德不刻意表现德，是真正的德。下德刻意追求不失无德的形式，反而失去了德的本质。上德顺任自然，无所作为，下德勉强作为，却带有功利性的意图，上仁有所作为，但并非出于私心目的，上义有所作为，但带有明确的功利性，上礼强求他人遵循，若无人响应，便拉扯手臂强迫服从。

庄子也说：“大道不称，大辩不言，大仁不仁，大廉不嗛，大勇不忮。道昭而不道，言辩而不及，仁常而不成，廉清而不信，勇忮而不成。”（《庄子·齐物论》）这即是说，真正的道是无法用名来称呼的，最有水平的辩论是连话都不用说，最博大的仁爱没有偏私，最纯粹的清廉不露形迹，真正的勇不会伤人害物。“道”一旦被讲出来，就已经不是道了，“言”只要一争辩就肯定有所不及，“仁”坚持常久就肯定不能遍及万物，“廉”若太夸示就不可信，“勇”若怀害意就非真勇。在庄子看来，道不是可用言语标榜的，德也不是自称有德就可得到，最大的祸害便是有心为德。道德本是自然和无心的表现，若是有心为善，便会偏离大道，造成道德的堕落。

其次，老庄认为，世俗的仁义礼乐伤生害性，桎梏人性，破坏人性的纯朴，变易人性的自然，使人逐物不反，伤生殒命。老子说：“我无为而民自化，我好静而民自正，我无事而民自富，我无欲而民自朴。”（《老子》五十七章）真正的道德是自然无为的，是人自然本性的真切流露。自从孔子讲礼乐仁义、论道德，便破坏了人的纯真本性，甚至使人沦为礼乐仁义的工具和牺牲品。增加几分雕琢，便减少几分纯朴。庄子指出：“自虞氏招仁义以挠天下也，天下莫不奔命于仁义，是非以仁义易其性与？故尝试论之，自三代以下者，天下莫不以物易其性矣。小人则以身殉利，士则以身殉名，大夫则以身殉家，圣人则以身殉天下。故此数子者，事业不同，名声异号，其于伤性以身为殉，一也。”（《庄子·骈拇》）在庄子看来，天地万物都有自己的本来天性。用礼乐来周旋，用仁义来劝勉以安抚天下人心，就是违背了人的自然本性。仁义的伤生害性与富贵的伤生害性都是一样的。伯夷为了名死于首阳山下，盗跖为了财死于东陵山上，二人死的原因虽然不同，但在伤生害性这一点上是一样的，所以有什么必要去赞颂伯夷而贬损盗跖呢？有人为仁义而牺牲，孔子称他们为君子，有人为货财而牺牲，孔子却称他们为小人，本质上都是在残害人的生命、伤害人的天性，为什么要将人区分为君子、小人呢？庄子认为，若改变自己的本性去从事礼乐仁义道德的修养，即便像曾参、史鱼那样自觉和精通，也不是完善与完美。庄子所认为的完善，并非指仁义之类，而是指天性天德的完善，他所认为的完美，也绝不是仁义之类，而是指顺任自然。真正的完美与完善是遵循自然本性行事，不汲汲追求道德之名，不是为了取悦他人或博得好名声而讲道德。他对于儒墨之徒号召以仁义救世的行为不以为然，认为他们徒托空言，都无实义，甚至会使仁义成为假借仁义之名逞一己之私欲之辈的工具。他真诚地希望人们效法天地、自然而然，处厚重实，反对浮华虚伪，重现人类敦厚淳朴的德性。庄子认为，儒墨提倡仁义道德并以此为尊卑贵贱的评价尺度，极大地诱发了人们的爱利之心和贪欲，以致成了贪利者的假借之器。庄子指出："爱利出乎仁义，捐仁义者寡，利仁义者众。夫仁义之行，唯且无诚，且假乎禽贪者器。是以一人之断制利天下，譬之犹一覕也。夫尧知贤人之利天下也，而不知其贼天下也。"（《庄子·徐无鬼》）正是由于那些讲仁义说道德的所谓贤人的宣扬与提倡，仁义道德成为人们竞相追逐的目标，人们为了得一善名而卷入名利之争，个个都成了借仁义之名而行贪利之实的伪君子。名"为之仁义以矫之"，实"则并与仁义而窃之"，造成"窃钩者诛，窃国者为诸侯，诸侯之门而仁义存焉"（《庄子·胠箧》）等种种弊端。庄子认为，只有杜绝曾参、史鱼之类的刻意求德行为，堵住孔孟之流宣讲和兜售道德的口舌，摒弃仁义礼智的说教，才能内聚人们的天赋德性，使人们返璞归真，才能使大盗止息，天下永无邪僻。

老庄的论述，确实具有反对道德形式主义的合理因素，从一个侧面揭露了儒家所宣扬的仁义礼智的虚伪性，实际上提出了要警惕一些人对仁义礼智进行歪曲利用，防止欺世盗名、以道德作为钓饵去谋取功名利禄这样一个十分严肃、事关道德纯洁性的问题。辛亥革命时期的民主主义理论家章太炎从总体上肯定了道家对儒家伦理道德的批判，认为"儒家之病，在以富贵利禄为心"，他断言，"用儒家之道德故艰苦卓厉者绝无，而冒没奔竞者皆是”。[①] 因此儒家伦理“无益于民德秋毫”，对革命党人有腐蚀作用，是断不可用的。章太炎强调革命道德，认为要想使革命取得成功，必须净化人们的道德心灵，万万不可“夹杂一点富贵利禄之心”，不可以道德作钓饵捞取名声和好处，不仅应当反对行为功利主义，尤其应当注重反对道德功利主义。

最后，老庄认为，儒家所宣扬的仁义礼智从其效用上讲非但无益于人心的稳定，反而会激发人们求名的欲望，滋生诈伪的行为，形成以仁义道德来保护自己的私欲、谴责别人过失的恶习，同时还会导致人与人之间的纷争与仇恨，导致天下大乱。仁义礼智成了人们相互攻讦、钩心斗角的工具，人们竞相上演了一幕幕以道德整人、坑人、害人的恶剧。庄子指出，自尧舜用心设仁爱的教化、创义理的法度起，天下就开始大乱。他们苦心施行仁义和经营法度，却仍不能改变天下人的心态，作乱的人相继而起。于是，尧将驩兜流放到崇山，把三苗流放到三峗，把共工流放到幽州。即便如此，也无法治理好天下。到了夏商周三代，天下大受惊扰，紧随其后的是儒墨的说教，于是乎喜怒是非互相猜疑，智者愚者互相欺侮，良善丑恶互相攻讦，虚伪诚实互相讥讽。“天下脊脊大乱，罪在撄人心。故贤者伏处大山嵁岩之下，而万乘之君忧慄乎庙堂之上。今世殊死者相枕也，桁杨者相推也，刑戮者相望也，而儒、墨乃始离跂攘臂乎桎梏之间。噫！甚矣哉，其无愧而不知耻也甚矣！”（《庄子・在宥》）天下纷纷大乱，罪过在于扰乱人心。在庄子看来，宣扬仁义道德的圣人其实是在替大盗看守赃物。何以见得呢？以关龙逄被斩首，比干被剖心、苌弘被破肠、伍子胥尸体被投入江中任其腐烂等事例来看，这四人是如此贤能，最终

① 章太炎：《诸子学略说》，汤志钧编《章太炎政论选集》（上），中华书局，1977，第289-291页。

还不免被杀被弃，圣人法度的祸害也就可见一斑了。所以盗跖的门徒问跖："盗也有道吗?"跖说："怎么会没有道? 猜测室中藏有什么财货就是圣，率先进室偷就是勇，最后出来就是义，知道见机行事就是智，分赃公平就是仁。不具备这五种德性而成为大盗的自古以来没有。"由此看来，行善的人若未获圣人的道就不能立身，盗贼没有圣人的道也无法行盗。"天下之善人少而不善人多，则圣人之利天下也少而害天下也多。故曰：唇竭则齿寒，鲁酒薄而邯郸围，圣人生而大盗起。掊击圣人，纵舍盗贼，而天下始治矣!""圣人不死，大盗不止，虽重圣人而治天下，则是重利盗跖也。"(《庄子·胠箧》)因此只有钳儒墨之口，绝仁弃义，才能使大盗不起，"天下之德始玄同矣"(《庄子·胠箧》)。

正是在对儒墨所宣扬的道德的批判中，道家建立了以自然主义为理论基础，以崇尚真诚纯朴、反对巧诈虚伪为重心的伦理价值学说，并大大发展起了反对道德功利主义和道德实用主义、强调道德纯洁性的思想，筑起了一道抵御世俗功名利禄侵蚀的心理屏障，从而为人们追求一种与自然天性相契合的生活方式铺平了道路。

三、名曰治之，而乱莫甚焉

以老庄为代表的道家，对现实社会从物质到精神生活的各个层面进行了深入的揭露和批判，尤其批判了统治者横征暴敛、巧取豪夺的丑恶行径及其醉生梦死、腐朽靡烂的生活方式，谴责了他们践踏人命、残杀无辜的暴行。老子面对着统治者横征暴敛、挥霍无度所造成的田地荒芜、仓库空虚、饿殍遍野的社会危机，以建立在对世界整体认识和宏观把握基础上的"道"为武器，展开了对统治阶级及其整个社会经济政治制度的批判。道家站在"道"的立场上观察和审视社会现实，认为大道被废弃，便必然会出现眼前这种国家昏乱、六亲不和的混乱现象。老子愤怒地揭露了当时“朝甚除，田甚芜，仓甚虚”而剥削阶级却“服文采，带利剑，厌饮食，财货有余”的不合理现象，怒骂剥削阶级为掠人财物的强盗，称统治者为强盗头子。在老子看来，民众之所以忍饥挨饿，完全是因为统治者横征暴敛、赋税太多，弄得人民因此陷于饥饿。民众难治理，完全是由于统治者强作妄为，人民无所适从，所以才难治。民众不怕死，是因为统治者奉养过奢，人民不堪搜刮，所以才舍死求生。假使在上的人，能够看轻自己的权势，恬淡无欲，清静无为，这种情形也就不会产生了。

老子指出，人民的贫困与统治者的富庶这种社会不平等是完全违背自然规律的。他说：“天之道，损有余而补不足。人之道则不然，损不足以奉有余。”（《老子》七十七章）天之道是“高者抑之，下者举之；有余者损之，不足者补之”，即“损有余而补不足”，实现万物平等，各自生生不息。可是，现实的人类社会则充满了贫富对立、阶级压迫。社会的法规，却要剥夺不足而用来供奉有余的人。人世间多少富贵人家不劳而获，多少权势人物苛敛榨取，处处可以见到弱肉强食的情形以及“朱门酒肉臭，路有冻死骨”的现象。有什么办法可以消除这种有违天道的“损不足以奉有余”的现象呢？老子从当时可能达到的高度，提出了一个解决办法，那就是要求富有者效法天道，“去甚，去奢，去泰”（《老子》二十九章），认为体道者不积聚财富，尽量去帮助别人，自己反而会更富有。他称那些能损有余以补不足的人为“善人”，指出天道无亲无故，常和那些能帮助贫困者的善人在一起。同时他要求体道者放债于人，却手执借据而不去向别人讨债，此即“圣人执左契，而不责于人。有德司契，无德司彻”（《老子》七十九章）。老子的这些主张虽然在阶级社会里很难成为现实，但却表达了他对民众的深切同情。

老子还批判了统治阶级热衷于战争、残害无辜的种种暴行。他把兵革看作不祥的东西，指出，“夫佳兵者，不祥之器，物或恶之，故有道者不处”（《老子》三十一章）。又说：“师之所处，荆棘生焉。大军过后，必有凶年。”（《老子》三十章）兵革是不祥的象征，军队所到的地方，耕稼废弛，荆棘丛生。每次大战之后，或因尸体腐败，传染疾病，或缺乏粮食，造成荒年。老子主张“不以兵强天下”，认为用道辅佐国君的人，是不会用兵力逞强于天下的。善于用兵的人只求达到救济危难的目的，绝不敢用来逞强黩武，欺霸天下。正因为兵器是种不祥的东西，所以心地和平、厌恶杀生的有道之人是不会使用的，万不得已而使用也要心平气和，只求达到目的。即使打了胜仗，也不可得意，得意就是喜欢杀人。喜欢杀人的，天下人不会归服他，当然也就无法治理天下。武力是带来凶灾的东西，老子指出了战争的祸害，表达了他的反战思想。老子指出，战乱是天下无道的表现。天下有道，干戈不兴，马不用于军而用来耕田；天下无道，母马生驹于战场。针对当时战争带给社会的动乱和人民的灾难，老子提出了“胜而不美”“恬淡为上”的反战思想，体现了老子的和平主义和民本主义精神。

对于统治者滥施淫威、以暴力统治人民的种种行为，老子进行了尖锐的揭露和批判。他提出“治大国若烹小鲜”（《老子》六十章）的主张，认为治理国家要像烹小鱼那样的小心谨慎，不能反复折腾，否则鱼会碎散而无法吃。政策也不可以朝令夕改，过于多事，人民不堪其扰，民怨生焉。“民不畏威，则大威至。”（《老子》七十二章）人民到了忍无可忍，不怕威胁的时候，统治者的大难就要来了。人民会铤而走险，发动暴乱。统治者可以镇压，但是人民并不怕死，会以死抗争，挑战统治者的权威，甚至会把统治者送上断头台。“民不畏死，奈何以死惧之?”（《老子》七十四章）老子警告统治者，不要损害人民的生存，使他们得不到安居；不要压榨人民的财货，使他们无法安身。只有不威胁人民的生存，不过分地压榨人民，人民才不会厌恶你，才不会带来莫大的祸乱。老子提出，治理人事、对待自然都要爱惜，不能以杀人为儿戏，肆意妄为。人的死亡是应由“司杀者”也即自然规律来完成的，而不应由统治者来随意完成，统治者如违背自然规律随意杀人，那么就会自食其果。老子向统治者提出了严厉的警告和尖锐的批评，表达和反映了人民的愿望和心声。就此而论，道家伦理思想具有比其他诸家伦理思想更多的人民性、人道性。

庄子对当时残酷的社会现实，尤其是对统治阶级的本性，有着更深刻的认识和更尖锐的批判。在《在宥》篇里，庄子借老子之口，说出了当时社会的黑暗、政治的腐败和统治阶级的暴虐专横。他说：“今世殊死者相枕也，桁杨者相推也，刑戮者相望也”（《庄子·在宥》），“故举天下以赏其善者不足，举天下以罚其恶者不给。故天下之大，不足以赏罚。自三代以下者，匈匈焉终以赏罚为事，彼何暇安其性命之情哉！”（《庄子·在宥》）“方今之时，仅免刑焉。福轻于羽，莫之知载；祸重于地，莫之知避”（《庄子·人间世》）。《庄子·天运》载子贡借助孔子的名义去拜访老子，并请教老子对三皇五帝治理天下的评价，然后老子就对子贡谈了对三皇五帝治理天下的看法，指出：“黄帝之治天下，使民心一。民有其亲死不哭，而民不非也。尧之治天下，使民心亲，民有为其亲杀其杀，而民不非也。舜之治天下，使民心竞，民孕妇十月生子，子生五月而能言，不至乎孩而始谁，则人始有夭矣。禹之治天下，使民心变，人有心而兵有顺，杀盗非杀，人自为种而天下耳，是以天下大骇，儒墨皆起。其作始有伦，而今乎妇女，何言哉？余语汝，三皇、五帝之治天下，名曰治之，而乱莫甚焉。三皇之知，上悖日月之明，下睽山川之精，中堕四时之施。其知憯于蛎虿之尾，鲜规之兽，莫得安其性命之情者，而犹自以为圣人，不可耻乎？其无耻也！”无论是黄帝治理天下，还是尧、舜、禹之治理天下，都是名义上的治理，实际上都在很大程度上扰乱了天下，他们用的智巧有悖于日月之明、山川之精、四时之施，比蝎子的尾巴还要毒，致使小小的兽类也无法安守自己原有的天性。可以说，三皇五帝治理天下的行为实在是非常可耻的。老子的这一番评价，使子贡听得惶恐万分，坐立不安。

庄子还深入考察了知识阶层处于“昏上乱相之间”的贫苦、困窘及其最终的悲剧性命运，认为士阶层在当时所面临的生存环境与其自身渴望得到重用、得到承认的期望是完全背道而驰的。身处这样的时代，天下喧嚣、纷争不断，人们都互相践踏，互相欺压，追名逐利，不惜丧生，“善人少而不善人多”（《庄子·胠箧》），因此要自由地发展自己、实现自己的理想目标又谈何容易?！庄子本人有一次穿着一件有补丁的粗布衣服，用麻绳捆着破布鞋去见魏王。魏王问庄子：“何先生之惫邪?”亦即先生你因何这般疲惫不堪呢？庄子回答道：“贫也，非惫也。士有道德不能行，惫也。衣弊履穿，贫也，非惫也。此所谓非遭时也。”（《庄子·山木》）“非遭时”就是生不逢时，怀才不遇，壮志难伸。庄子也把自己当时的不逢时处境比作一只在多刺的树丛中跳跃的猿猴，尽管小心谨慎，内心还是战栗不已。这并不是由于筋骨受了束缚而不灵活，乃是处在不利的情势下，不能够施展它的才能呀！庄子还把当时士阶层的处境比作在睡龙颌下摘取宝珠，一旦睡龙醒来，就会有粉身碎骨的危险，揭示了知识阶层从事政治活动而不能主宰自己命运的无奈，表达了宁愿全性保真也不要陷入你争我夺的政治陷阱的价值选择。

与儒家积极入世、投身现实的现实品格相比，道家展现的是一种超越和放达的姿态。他们并不是积极肯定、参与、改造现实，而是以保持距离的心态，否定、扬弃、超越现实。儒家建构人文，以人文化成天下；道家解构人文，从人文化成中超拔出来。道家正是在对社会现实和统治阶级种种丑恶行径揭露和批判的基础上，逐渐建立起了别具一格的伦理思想理论。他们粪土王侯的批判精神，同时也是其伦理思想的重要组成部分。这种粪土王侯的批判精神激励着他们去深刻地审视现实与人生，寻找克服社会弊端、解脱人生桎梏、重建理想社会和适意人生的精神武器。尽管他们对人类社会所面临的种种问题的认识存在着这样或那样的缺陷，尽管他们对克服社会弊端、解脱人生桎梏所提出的一些理论不可避免地带有乌托邦的色彩，但是他们关注宇宙、人生的大问题，触及了社会与个人角度许多深层次、整体性的问题，并试图揭示伦理的实质和人生的真相，这无疑是难能可贵的。

第三章　道家道德论的理论致思

道家以“道”作为天地万物的本原和人类观念形成的总法则。道家之道既具有一本性和统贯性，又具有多样性和丰富性；它既创生天地万物，又内具于天地万物之中，涵盖天地人，可以总论天道、地道、人道。道家伦理思想以尊道贵德为要义，把道和德作为其伦理学说的最高范畴，提出道是万有的本原和内在法则，德是万有的本性和内在根据，把天地、万物、人类社会看成一个根本一致的无可分割的统一体，因而效法道，与天地万物的运作保持统一，成为人类道德建设的根本要求和内在目标。道家所建立的人类道德是效法道的道德，从这个意义上说，道家的伦理学是一种大伦理学或宇宙伦理学，它相较于仅就人与人、人与社会的关系而论道德的儒家伦理学或墨家伦理学，其视野要更为广阔，立意要更为深远，蕴意要更为深厚。道家的伦理智慧是中华民族伦理文化的重要组成部分，也是我们民族冥想宇宙、反观人生、寻求安身立命之道的精神瑰宝。

德国著名哲学家、伦理学家康德在《实践理性批判》中说：“有两样东西，我们愈经常愈持久地加以思索，它们就愈使心灵充满日新月异、有加无已的景仰和敬畏：在我之上的星空和居我心中的道德法则。”[①] 道家对这两种东西同样进行了反复思考与上下求索，他们仰观天象之大，俯察品类之盛，并以此作为探寻处世之道的依托，把处

① ［德］康德：《实践理性批判》，韩水法译，商务印书馆，1999，第177页。

世之道同追问宇宙成因、万化本原联系起来，进行一体化思考，从而建构起自己博大深邃、恢宏高远的伦理思想体系。道家伦理思想首先以其道德论彪炳于世。《老子》一书对“道”“德”及其相互的关系进行了比较全面、深刻且系统的论证，提出“尊道贵德”的理论命题，建构了一个有别于儒墨的道德论体系。庄子以及道教对老子的道德论进行了一定的继承与发展，从而使道家道德论不断得以传承，并成为中国道德文化的重要一脉。

第一节　道家道论的形上深蕴

老子以对道的辨析和探寻作为《老子》一书的出发点，一开始就试图对道作出自己的界定和论述，打开了哲学本体论和宇宙论的大门，凸显了道既可道亦不可道的玄妙性，为建立自己的道论奠定了基础。

一、道可道，非常道

《道德经》第一章开宗明义地指出：“道可道，非常道。”将道的可以言说和不可言说的问题鲜明地提了出来，意即可以言说的道已经不是经常意义上的道的完整呈现，因为人们从自己的角度去认识和把握道时，总会受到认识能力、思维能力和行为能力的限制，即便是圣人也不可能全面深刻地把握道，最多只是比常人更加接近道的完整性而已。

唐玄宗在《道德真经疏释》中说：“道者，虚极妙本之强名，训通训径，首一字标宗也。可道者，言此妙本通生万物，是万物之由径，可称为道，故云可道。非常道者，妙本生化，用无定方，强为之名，不可遍举，故或大、或逝，或远、或近，是不可常於一道也，故云非常道。”[①] 唐玄宗这一段疏释强调道是虚极妙本和万物生化的根源，“道”只是人们勉强为这一虚极妙本和万物生化的根源所起的一个名字，而且道之名还因道的不同妙用而有多种差别。宋徽宗的《老子注》说：“无始曰道，不可言，言而非也。又曰道不当名，可道可名，知事物焉，如四时焉，当可而应，代废代兴，非真常也。常道常名，自本自根，未有天地，自古以固存。”[②] 宋徽宗的这一段注释强调道的无始无终，自本自根，永远是自在自足的“真常”。其他事物都不具有道的这种性质。人与道的关系只是“得之”的问题。道可得之而不可言，“言而非也”。可见人要得道是一种神秘的认识、觉解、体悟与内化的过程。一般的人可以部分得道，只有圣人才可能接近道或与道相会。

《老子》一书，将“道”作为哲学、伦理学的最高范畴，标志着中华民族理论思维水平的深化与提高。自此，我们民族的思维告别了宗教或神话传说以及比附臆测的感性直观，步入了理论思维的新天地。老子是中国历史上第一位摆脱了宗教的束缚，从哲学的角度思考世界起源和存在根据问题的伟大思想家。老子哲学的突出贡献在于他第一次提出了“道”的概念并将其视为天地万物的总根源和天道人事的总原则。《老子》五千言，“道”字出现了七十三次。《庄子》一书，“道”字出现了三百二十多次。老庄所使用的“道”，含义纷繁复杂，但其要旨不外乎以下几个方面：

第一，本体论意义上的“道”。此即把“道”视为天地万物的总

① 刘韶军点评：《唐玄宗、宋徽宗、明太祖、清世祖〈老子〉御批点评》，湖南人民出版社，1997，第2页。

② 刘韶军点评：《唐玄宗、宋徽宗、明太祖、清世祖〈老子〉御批点评》，湖南人民出版社，1997，第3页。

根源。老子说："道可道，非常道；名可名，非常名。无名天地之始，有名万物之母。故常无，欲以观其妙，常有，欲以观其徼。此两者同出而异名，同谓之玄。玄之又玄，众妙之门。"（《老子》一章）又说："有物混成，先天地生，寂兮寥兮，独立而不改，周行而不殆，可以为天地母，吾不知其名，字之曰道。"（《老子》二十五章）庄子说："道不可闻，闻而非也。道不可见，见而非也。道不可言，言而非也。知形形之不形乎？道不当名。"（《庄子·知北游》）又说："夫道，有情有信，无为无形。可传而不可受，可得而不可见。自本自根，未有天地，自古以固存。"（《庄子·大宗师》）这些论述属于从本体论意义上论"道"，视"道"为构成世界的实体或本体。老子从万象纷纭的世界，推溯到天地万物的生成根源，从日月运行、四时变更、生死消长、社会演化中意识到人类感官所能感知的天地万物之外，有一种玄妙的自然之力，它大而无外，小而无内，无时不在也无处不在，构成了天地万物的总根源。老子明明知道不能用言辞来准确地表达这种实体或本体，只能为它起一个勉强的名字为"道"。正是基于此种认识，老子才说"道可道，非常道；名可名，非常名"，"吾不知其名，字之曰道"。一方面告诉人们那永恒不变、运行不已的"道"还不能说明白，那永恒的"名"还不知叫什么；另一方面告诉人们"道"是先于天地万物而存在的一种潜藏力量，这种潜藏力量是天地万物的根源和始源。老子把这种无形的潜藏力量称为"无名"或"无"，把有形的天地万物叫作"有名"或"有"。"无""有"是用来指称"道"的，是用来表明"道"由无形质落实向有形质的一个活动过程。可见老子所说的"无"是蕴藏着无限未显现的生机或蕴含着无限的"有"。庄子认为，作为天地万物总根源的"道"是自本自根的，即自己就是自己的原因，是天地万物最初的唯一的原因，而不是任何一种结果，是世界的一切、总体，无所不是，"广广乎其无不容也，渊乎其不可测也”（《庄子·天道》），大包天地之外，细入毫芒之内，其体一而不可分拆，其理玄而不可验证。“道”既存乎天地万物之先，也内具于天地万物之中，支配着天地万物和人类社会的发展演变。

第二，宇宙论意义上的“道”。此即把“道”视为创造宇宙万物的动力，它不仅化育和形成天地万物，而且决定着天地万物的生存和发展。老子说：“道生一，一生二，二生三，三生万物。”（《老子》四十二章）“道”是浑然一体的，禀赋阴阳两气，阴阳两气相交而生第三者，如此生生不息，便繁衍了万物。因此万物禀赋阴阳二气的相交而生，阴阳二气互相激荡而生成新的和谐体，始终调养万物。“道”创造宇宙万物是一个从少到多、从简单到复杂的不断分化发展的过程。“道生一”可理解为无极生太极，“一生二”亦即太极生阴阳，“二生三”，是说阴阳二气相交而生第三者。“三生万物”意味着，只要阴阳二气相交即可生第三者，如此一来，则阴阳物类生生不息，就有万物。老子的“道生一，一生二，二生三，三生万物”揭示出“道”创生天地万物时的活动过程，构成老子的宇宙生成论。《老子》三十四章又说：“大道汜兮，其可左右。万物恃之以生而不辞，功成不名有。衣养万物而不为主，常无欲，可名于小；万物归焉而不为主，可名为大。以其终不自为大，故能成其大。”庄子说：“夫道……神鬼神帝，生天生地。在太极之先而不为高，在六极之下而不为深，先天地生而不为久，长于上古而不为老。”（《庄子·大宗师》）又说：“夫道，覆载万物者也，洋洋乎大哉！……夫道，渊乎其居也，漻乎其清也。金石不得，无以鸣。……故形非道不生。”（《庄子·天地》）另外庄子还说：“天不得不高，地不得不广，日月不得不行，万物不得不昌，此其道与”（《庄子·知北游》）。“且道者，万物之所由也。庶物失之者死，得之者生；为事逆之则败，顺之则成”（《庄子·渔父》）。庄子所说的

“道”显然是指万物以其所固有的那种样态和性质存在的依据。在庄子看来，昭昭之物生于冥冥之物，有形生于无形。道来到没有痕迹，离去没有界限，没有门径没有归宿，因而通达。天不得道不能高，地不得道则不广，日月不得道则不运行，万物不得道则不繁育昌盛。道使物有盈虚而自身却没有盈虚，道使物有衰杀而自身却没有衰杀，道使物有始有终而自身却无始无终，道使物有聚散而自身却没有聚散。

老庄关于“道”作为世界的总根据，决定着天地万物的思想，无疑是从宇宙论的角度来探讨“道”。在西方近代，有人把关于宇宙生成演化的学说称为“宇宙论”，把关于存在的始因的学说称为“本体论”。老庄认为“道”先天地万物而生，并视“道”为天下之母，这无疑属于“本体论”范畴；把“道”与天地万物的关系视为生成与被生成的关系，无疑属于“宇宙论”范畴。“本体论”重视“道”的自本自根和始因，“宇宙论”则重视“道”创生天下万物的活动及过程。二者既有联系又有区别。

第三，发展论意义上的“道”。此即把“道”视为天地万物运动变化的内在规律及其法则。老子说的“道常无为而无不为”“莫之命而常自然”等，就是对“道”作为普遍法则的揭示。在老子看来，“道”的作用是自然而然的，世界万物无一不是由它生化而来。对于万物的成长，它不强制，不干预，顺其自然。它经常向事物的相反状态运动，以静制动，以柔弱胜刚强。老子重视事物相反对立的关系和事物向对立面转化的作用，认为自然界的一切现象都是在相反对立的状态下形成的，相反相成是推动万事万物变化发展的力量。事物不仅因其对立面而形成，而且在发展过程中经常向相反的方向转化。当事物的发展达到某种极限时，就会改变原有的状况，转变成它的反面。“道”生成繁衍天地万物之后就内在于天地万物之中，在天地万物的发展演变过程中支配着它们的发展轨迹和发展方向，因此天有天道，地有地道，物有物道，人有人道，如此等等。“天道”是指天运行的规律以及天象变化发展的法则，有广义和狭义两种含义。广义的“天道”泛指与“人道”相对而言的整个自然界生生不息、发展演变的规律，包含了地道、物道等。狭义的“天道”则指与地道和人道相对而言的日月星辰、风雨雷电、四时更替、天象变化等运行变化的规律或法则。老子和庄子论述的天道两种含义兼而有之。老子说：“天之道不争而善胜，不言而善应，不召而自来，繟然而善谋。天网恢恢，疏而不失。”（《老子》七十三章）又说：“天之道，其犹张弓与！高者抑之，下者举之；有余者损之，不足者补之。天之道，损有余而补不足。”（《老子》七十七章）上述所说的天道即是泛指自然界物质运动的规律。在老子看来，天道是均平调和、统一而又平衡发展的。作为与天道相对而言的地道，老庄认为它是地球万物运行及其发展演变的规律，“地法天”意味着地应当效法天。在地道中，老子特别推崇水，认为水善于滋润万物却不和万物相争，所以最接近“道”。地道以柔弱、清静为要，故能包容万物。

第四，人生论意义上的“道”。此即所谓处世之道，待人接物之道，亦可简称为“人道”。依照中国传统文化的观点，“人道”包括修身之道、齐家之道、治国之道、治学之道、处世之道等等。“人道”可以指人类生活的规律、理想，是人之道和人伦之间的道德规范的总称，也可以指其中的某一方面特别是指待人接物之道；可以指人之所以为人之道，也可以指人间律则或普遍现象。

此外，道还具有认识论、价值论和历史论等方面的内涵，本质上是同世界的本原、发展的动力、人生的律则、价值的机制、方法的要义以及必由之路、历史规律、万物的主宰联系在一起的，具有玄奥、幽深、高远、广大、悠久、无疆以及不能被完全认识、精准把握、科学概括等特征，老子说的“迎之不见其首，随之不见其后”（《老子》十四章），“惚兮恍兮，其中有象；恍兮惚兮，其中有物。窈兮冥兮，其中有精；其精甚真，其中有信。自古及今，其名不去”（《老子》二十一章）大体上揭示了“道”的玄奥性及其难以精准认识和把握的特征。也许正是“道可道，非常道”的玄奥和“吾不知其名，字之曰道，强而名之曰大”等十分抽象的蕴涵，才唤起了一代又一代求道之士的不懈致思，凝结成中华民族的大道哲学和常道精神。

二、天之道，利而不害

“天道”与“人道”是一对重要的哲学范畴。“道”原为道路，“天”“道”连用，指天的行事法则。最初“天”的观念与中国远古宗教相关，为主宰一切的人格神。“天道”即最高主宰之神的意志。春秋战国之际，随着对天命神学怀疑思潮的兴起，天道受到审视，郑国子产提出“天道远，人道迩”的思想，将“天道”和“人道”加以区别，“天道”作为中国传统哲学的概念被首次提出。老子以“有为”作为“人道”的特征，以“无为”作为“天道”之标志，提出“天道自然无为”的天道观。庄子又对这种无为而自然的天道观作了进一步发挥和阐释。

老子“天之道，损有余而补不足。人之道则不然，损不足以奉有余”（《老子》七十七章），庄子“无为而尊者，天道也；有为而累者，人道也”（《庄子·在宥》），即是把人道视为人间普遍现象或人间律则。从某种意义上讲，老庄认为，现实的人道违反天道，所以不是真正的人道，真正的人道应该效法自然。故老庄视现实有为的人道有害无益。

“天之道，其犹张弓与！高者抑之，下者举之；有余者损之，不足者补之。”（《老子》七十七章）天道就像是把弦绷在弓上射箭一样，弦拉高了就要压低一些，低了就把它抬高一些。拉得过满时就把它放松一些，拉得不足时就把它补充一些。一阴一阳、物极必反，这些都是大自然的规律，比如，水满则溢，日中则偏，月满则亏，花开则谢，等等。天道使弱者变强，使强者变弱，保持万事万物趋向某种平衡。

所谓“道者，万物之奥，善人之宝，不善人之所保”，“人道”需以“天道”为本，尊道而贵德，秉持清静，于不露不显中任运自然本性，以成就万物和自身的本然状态。天道侧重于客观性与公正性，它不偏向任何一方，并且不以人的个人意志为转移，而人道则更加倾向于主观性和为己性。正如老子所言“天之道，损有余而补不足。人之道则不然，损不足以奉有余”，揭示了“人道”与“天道”的不同之处，人因“贪婪”而“强作妄为”，因为“欲望”是个无底洞，于是人便“强作妄为”，剥夺“不足”的，去奉养“有余”的，当这种“剥夺”和“奉养”关系走到极端的时候，人类世界便战争不断，这是老子眼里“人世”的悲哀，也进一步展现了老子对强作妄为之人性贪婪的批判。

天道是让万事万物都得到好处，而不会去伤害它们。效法天道的圣人之道便是无论做什么事都不跟别人争夺。从道家角度分析，圣人之道要求统治者采取无为而治、顺应天命的治国理念，也要求普通人虚心实腹、不与人争。正所谓“上善若水，水善利万物而不争”。

庄子继承并发展了老子的思想，他在《在宥》篇中指出：“不明于道者，悲夫！何谓道？有天道，有人道。无为而尊者，天道也；有为而累者，人道也。……天道之与人道也，相去远矣，不可不察也”（《庄子·在宥》）。清静无为而又无比尊贵是天道，进取有为而又十分疲惫是人道，天道与人道之间的差别巨大，我们不能不细加体察。明白了天道的高明与公正，了解了人道的世故和短视，我们就要好好地按照天道来改造人道和升华人道。“不明于天者，不纯于德；不通于道者，无自而可。”（《庄子·在宥》）不懂得天道法则的人不可能形成纯粹的德性，不懂得大道精义的人也无法在世界上安身立命。

三、圣人之道，为而不争

在老子看来，“天之道，损有余而补不足。人之道则不然，损不足以奉有余”（《老子》七十七章）。天道是减少有余而来补给不足的。人道是要剥夺不足再来奉养有余的。现实生活中的人之道，往往与天之道相反，损不足以奉有余。在老子眼里，许多人世间之“损不足以奉有余”的现象，皆是因为“有余”之人的“贪婪”，也就是“私欲”。“私欲”就有“利己排他”之所求。“利己排他”的原因，往往是心中拥有无法填满的“欲望”。在老子看来，违背“天道”的“人道”，是无法获得天道之乐的。人因为胸中私欲泛滥成“贪婪”，继而就出现了违背“天道”的行为，人们开始为了一己私欲而强作妄为。表现在人事上，最直接的例子就是百姓要上交本就不是很富裕的粮食货物，去奉养本就不缺钱财货物的王公贵族，于是，许多百姓的生活依旧困苦。若追溯百姓生活困苦的原因，就能发现，百姓的苦，大抵就来自人那违背“天道”的贪婪之欲。

真正的人道是效法天道的圣人之道。天之道，利而不害，圣人之道，为而不争。圣人效法天道，所以常把自身的事放在脑后，但是他的收获却远超出他的本意。这种人正是由于处处为别人着想，反而能够实现他的理想生活。道常无为而无不为，圣人效法天道，故以“无为”作为人类社会生活的法则，既不尚贤，也不贵难得之货，更强调不欲以静。因此，奉天道为尊，以人道附天道，而非以人道替天道，方为天地之正道、人类之坦途。老庄尊重和凸显“天道”，其宗旨是使“天道”引领和支配人道并使人道真正依循天道的规律和行为法则，正因为如此，人要努力在人道中去发现天道，这样的努力便形成了一种朝向天道、超越自身局限性的积极的原始驱动力。

老庄认为，人是自然界的产物也是自然界的一部分，和万物一样都受制于“道”的法则。老庄处处以天道推论人道，并要人道效法天道。而他们论及的真正的人道既以天道为依归，也是天道在人类社会生活中的具体表现。无论是把人道运用于齐家、治国，还是把人道运用于修身、律己，都要效法天道的无私无为。当然，人道毕竟与天道有区别。天道无为，顺乎自然；人道无为，求其顺乎自然。所以圣人的无为，并非不为，而是“为无为”。通过“为无为”而达到“无不为”，“退其身而身先，外其身而身存”。将这个道理运用于修身，即可以不为五色、五音、五味以及田猎等物质生活所诱惑，即可以不为宠贵与辱患等虚名毁誉所迷惑。将这个道理运用于为政，便是“欲上民，以其言下之；欲先民，以身后之”“以其不争，故天下莫能与之争”。《老子》主要的内容是向世人阐述天道和人道及其之间关系，并想方设法使天道推及人道，使人道服从并遵循天道。“道法自然”是指道以自身的自然自在为基本的运行规律，道本身即是自然而然，以自然为师，顺其自然。道家的“无为”同“自然”含义相近，它不是什么都不做，而是不矫揉造作，不刻意妄为，不强行武断。福永光司说：“老子的无为，乃是不恣意行事，不孜孜营私，以舍弃一己的一切心思计虑，一依天地自然的理法而行的意思。在天地自然的世界，万物以各种形体而出生，而成长变化为各样的形态，各自有其一份充实的生命之开展；河边的柳树抽发绿色的芽，山中的茶花开放粉红的花蕊，鸟儿在高空上飞翔，鱼儿从深水中跃起。在这个世界，无任何作为性的意志，亦无任何价值意识，一切皆是自尔如是，自然而然，绝无任何造作。”[①] 庄子也认为，天地虽博大，但无为自化的道理却是一致的；万物虽繁杂，但率性自得的道理却无不同。庄子在《天道》篇中提到“夫帝王之德，以天地为宗，以道德为主，以无为为常”，即圣人应以天地之道作为行为之宗法，从内在之德与外在之行上皆效仿天地之德。庄子还用“牛马四足，是谓天；落马首，穿牛鼻，是谓人”的比喻，说明了“天”“道”在生命自然个体中的存在以及人为矫饰对于“天道”的背弃。

第二节　道家德论的精神要义

儒家与道家都重视“德”，《论语》中孔子提出“据于德”，《道德经》中老子提出“贵德”，但儒家和道家对“德”的认识和界定却有着明显的区别。儒家通过赋予“天”道德内涵，为人性论提供了依据。儒家的“德”是由天而来的，天德是人德的保证。与儒家不同，道家的“德”不再以“天”为根据，而是“道”的体现。老子将“德”抽象化，使其成为一个仅次于“道”的哲学概念。人通过“德”而通达“道”，最终回归自然自在的生活。

一、元德深矣，远矣

许慎的《说文解字》将“德”界定为“外得于人，内得于己”。王弼同样将“德”与“得”联系起来，并且进一步表示，通过“德”所获得的东西不是别的，而是“道”，“德”也可以被认为是

① 陈鼓应：《老子注译及译介》，中华书局，2009，第 67 页。

"得道"和"守道"或"有道"。

"道"与"德"的这层关系，在《老子》第二十一章中有明确的表述："孔德之容，惟道是从。"苏辙解释说："道无形也，及其运而为德，则有容矣，故德者道之见也。自是推之，则众有之容，皆道之见于物者也。"[①] 道本身是无形无相的，没有形状可见。"德"由"道"而来，是无形之"道"的具体体现。只有德之至者，方能称为"道"。在《老子》第三十九章中，老子描绘了万物得"道"而生的景象："昔之得一者，天得一以清，地得一以宁，神得一以灵，谷得一以盈，万物得一以生，侯王得一以为天下贞。"万物从"道"而来皆有所得，但对不同自然个体而言，依"道"所得之"德"，因个体的层次、境界、区域等不同，呈现出不同的德性特征。万物因"道"而生，因"德"而显，虽然它们的"德"各不相同，却有一个共同的根源，即"道"。这是"道"由抽象到具体的过程。

"德"与"道"密切相关。老子以"道"为天地万物的本原和总规律，以"德"为每个具体事物因得到"道"而获得的存在和发展的根据。也可以说，"道"是万物生存的总原理，"德"是万物从这个总原理中所得的一理。"道"与"德"的关系可以说是体与用、全与分的关系。"道"是"德"的体，"德"是"道"的用。单说本体就称"道"，单说功用就称"德"。"道"是整体，"德"是部分。具体来说，"道"与"德"的关系是：第一，"道"是无形的，它必须作用于物，通过物的中介而显现其功能。"道"所显现于物的功能即是"德"。苏辙说："道无形也，及其运而为德，则有容矣，故德者道之见也。"杨兴顺说："'德'是'道'的体现。'道'因'德'

① 苏辙：《道德真经注》，河上公、杜光庭等注：《道德经集释》上册，中国书店，2015，第301页。

而得以显现于物的世界。”[1] 或者可以说“道”是“德”的内容，“德”是“道”的运动形式。第二，一切事物都由“道”所形成，内化于万物的“道”中，并在一切事物中表现它的属性，也就是表现它的“德”。“德”是万物分有“道”而产生的一种内在规定性，它体现和表征着“道”的功能。可以说，“德”者，“道”之功也，“道”之用也。第三，当形而上的“道”落实到人生层面时，称之为“德”，即“道”是惟恍惟惚、深远暗昧、看不清楚的，它在人生活动中的体现，就是“德”。第四，就人类道德生活的整体性与个体性而言，“道”多指社会的道德原则和道德规范，属于客观的看法，“德”常指个人的道德品质和德性，属于主观的看法。“道”的内化即为“德”。“德”者，得也，得其“道”于心而不失之谓也。总之，“道”与“德”的关系诚如唐君毅在《老子言道之六义》中所说的，“自道之别于德上说，即道乃从天地万物之共同之本始或本母上言，即自天地万物之全体之公上言；德乃从道之关联于分别之人物言。人物之德，即从人物之个体之私（私犹自己）之所得上言；道之玄德，则为再就此德之属于道体之自己而言”[2]。从人类道德生活而论，“道”是规律，是法则，是总的价值目标，“德”是德性，是品行，是个体成员体道行道过程中所达到的境界和水平。

二、孔德之容，惟道是从

《老子》以道体德用、道德不二为方法论原则与理论架构，以对本于道、合于道之无为“上德”与儒家及世俗之有为“下德”的辨析为理论前提，以“生而不有，为而不恃，长而不宰”之“玄德”

---

① 杨兴顺：《中国古代哲学家老子及其学说》，科学出版社，1957，第 50 页。

② 唐君毅：《中国哲学原论・导论篇》，九州出版社，2021，第 293-294 页。

为基本思想内核，以“天德”与“人德”为二层架构，以修身治国之“人德”为具体展开，形成了一个既与其“道”论密切关联又相对独立的德论体系。老子所说的“玄德”和“常德”，亦即“道”最自然、最真实的本性。人如果要拥有这种“玄德”和“常德”，就一定要向天地万物学习，摒弃人为的矫饰，真正回到人的本然的纯粹的状态。

玄德是指幽昧、深奥、超越、玄远的“德”，是指“道”所具有的生育长养万物而又不自居其功的德性。玄，训“远”，取“玄祖”之“玄”义，故“玄德”可以理解为玄远而高明的根本德性，是指道产生了万物而不据为己有，创造了万物而不以为有恩德，育成了万物而不以为主宰，它比人世间所有的道德都要玄远、高明、根本。老子说：“生之畜之，生而不有，为而不恃，长而不宰，是谓玄德。”（《老子》十章）又说：“故道生之，德畜之：长之、育之、亭之、毒之、养之、覆之。生而不有，为而不恃，长而不宰，是谓玄德。”（《老子》五十一章），汉代张衡曰：“玄者无形之类，自然之根；作于太始，莫之能先；包含道德，构掩乾坤；橐籥元气，禀受无形。”[①] 扬雄曰：“玄者，幽摛万类而不见形者也。”[②] 对于“玄德”，王弼注曰：“不塞其原，则物自生，何功之有？不禁其性，则物自济，何为之恃？物自长足，不吾宰成，有德无主，非玄而何？凡言玄德，皆有德而不知其主出乎幽冥。”[③] 唐玄宗疏曰：“始之为生，养之为畜。增进曰长，抚字曰育，辅相曰成，成遂曰熟。资给曰养，荫庇曰覆。八者皆道德功用之谓，所以万物尊而贵之。”“德之为养也，不见有物之可为，不恃其功，结上德畜之之义也。以道德忘生育之功，故虽居万物之长，长

① 张衡：《御览引玄图》，朱谦之《老子校释》，中华书局，1984，第 7 页。

② 扬雄：《太玄经玄摊图》，朱谦之《老子校释》，中华书局，1984，第 7 页。

③ 王弼注，楼宇烈校：《老子道德经注》，中华书局，2001，第 26 页。

育成熟，不为主宰，责望于物，言此者欲令人君法道生育而忘其功尔。是谓玄德，此叹忘功之德也。玄者深远不测之名，大道虽能生能畜，而终不恃不宰，德施周普而名迹不彰，岂非深远不测之德乎？”①宋徽宗注曰：“然生而不有其功，为而不恃其能，长而不睹其刻制之巧，非德之妙而小者，孰能与此？故曰是谓玄德。”② 可见，“玄德”其实就是一种对万物有生长养育之功而又不居功的幽深、玄远的德性，也可以说玄德是一种以奉献、付出为主而又根本不在乎收获的纯粹的、高明的、玄远的德性。

孔德是一种完全以“道”为准则的广博与至高的德性。“孔德之容，惟道是从。道之为物，惟恍惟惚。惚兮恍兮，其中有象；恍兮惚兮，其中有物。窈兮冥兮，其中有精；其精甚真，其中有信。自古及今，其名不去，以阅众甫。吾何以知众甫之状哉？以此。”（《老子》二十一章） “孔德之容”，言大德之貌。魏源《老子本义》释“孔”为“大”，认为“孔德之容，惟道是从”系“言盛德之容，皆自道中出也。恍惚似有似无，窈冥则全不可见，此皆言道之无也。有物有象者德之容，犹其粗者。德则有物有象之本，尤其精也。庄子云：‘以德为本，以本为精’，是言德出乎道也。”③ 这里实质上说明了德是对道的依循，只有顺从道，才能够彰显德的功用和价值。

三、常德不离，复归于婴儿

常德是指真常之德，表现为“为天下谿”“复归于婴儿”那样

① 刘韶军点评：《唐玄宗、宋徽宗、明太祖、清世祖〈老子〉御批点评》，湖南人民出版社，1997，第 322 页。

② 刘韶军点评：《唐玄宗、宋徽宗、明太祖、清世祖〈老子〉御批点评》，湖南人民出版社，1997，第 323 页。

③ 魏源：《老子本义》，《诸子集成》（三），团结出版社，1996，第 27 页。

“不离”的常德，“为天下式”“复归于无极”那样“不忒”的常德，“为天下谷”“复归于朴”那样“乃足”的常德。老子说：“知其雄，守其雌，为天下豁。为天下豁，常德不离，复归于婴儿。知其白，守其黑，为天下式。为天下式，常德不忒，复归于无极。知其荣，守其辱，为天下谷。为天下谷，常德乃足，复归于朴。”（《老子》二十八章）老子连讲了“为天下豁”“为天下式”“为天下谷”三种自然无为的状态，强调了与之相关的“常德”的三种呈现状况，即常德不离，常德不忒，常德乃足，用了三个“复归”，即复归于婴儿，复归于无极，复归于朴，揭示出的都是“常德”的品性、功能和属性，旨在告诫和提醒人们只有“复归于婴儿”才能使“常德不离”，只有“复归于无极”才能使“常德不忒”，只有“复归于朴”才能使“常德乃足”。老子认为，人的修养的提升并不是一蹴而就的，需要经过一个“复归”的过程。“复归”一方面强调的是向最初状态的返回，另一方面也代表着终极的归宿。

此外，老子还谈到了“上德”“广德”“建德”等德目，提出了“上德若谷”“广德若不足”“建德若偷”等命题。所谓“上德若谷”，是说上德之人有最深厚之德，却又好似虚谷一般，其心如太虚，德量如天地，心德广大无边，无所不容，无所不纳。所谓“广德若不足”是说秉有大德之人虽功德无量但总觉得不足，心如宇空，量如大海，心始终空静如虚，不显露智慧，似若愚顽者之智慧不足。所谓“建德若偷”是说建德者“因物自然，不立不施，故若偷匹”①。心怀大志向的人，努力修立道德，事必求其至，功必造其成。以圣贤之任为己任，以天地之心为己心。建德奋勇精进，然其心总觉得德行不足。德虽已厚，仍觉其薄；功行已深，而不自以为深。兢兢业业，

① 王弼：《老子注》，《诸子集成》（三），团结出版社，1996，第103页。

谦以自牧。有德从不炫耀于人，总觉得自己不足。内心自性虚静，故待物必简。世人性暗心乱，认繁为好，物必多得，心必多虑，故常被繁物搅得心烦意乱。建德之人，质朴如一，心持其正，建德之志坚定，然其心若虚谷，其心存无为，永不以为已足。“建德若偷”，是建德修德永不自满之意。“质真若渝”，“质真”就是真德，“渝”者污也。有真德之人，质地纯朴，但外表好像没染好的粗布，斑驳陆离。心地质朴之人，五德俱足，五气纯真，做人处事，好似变得浅淡不明。德存之于内，心性敦厚，言谈举止，宽厚待人；德流之于相，形貌朴实无华。虽不浓汝艳抹，但却仪表堂堂，五官端庄，慈眉善眼。这与世人执善于显，以洁自鸣，矫揉造作，内外不一相比，有着质性的差异。

四、上德不德，下德不失德

“上德不德”与“下德不失德”是老子德论两个重要的德之类型判断，揭示出真正的德与表面或外显的德之本质差异，也告诉人们必须崇尚不德的上德而学会抵制不失德的下德，意即将生活建立在一种不以表象形式为尚而以内在清纯为尚的基础之上，使每一个人的德性更加纯粹朴实，而不是注重表面和现象。

“上德不德，是以有德，下德不失德，是以无德。上德无为而无以为，下德为之而有以为。”（《老子》三十八章）“上德”之人不自恃有德，不以德为德，所以有德；“下德”以具体的道德规范而为之，处处表现自己有德，唯恐失去得到的善名，这样的德，只是形式上的，实即无德。也可以说，上德是道德实质主义和道德纯粹主义的道德，下德则是道德形式主义和道德工具主义的道德。“上德之人，惟道是用，不德其德，无执无用，故能有德而无不为。不求而得，不为而成，故虽有德而无德名也。下德求而得之，为而成之，则立善以治物，故德名有焉。求而得之，必有失焉；为而成之，必有败焉。”（王弼《老子注》三十八章）上德之人讲道德纯粹是一种质朴清纯的天性所为，并不是为了什么利益、名誉或好处。因此可以说，他是为道德而道德，道德本身即是目的。他讲道德不是为了别人，或装给别人看的，所以他动机纯正，心地纯良，不夹杂任何私心私利。他讲道德既不是为了捞取自我炫耀的资本，也不是为了取悦别人，更不是为了得到社会的赞许。别人肯定也罢，否定也罢，社会认同也罢，不认同也罢，他都能够义无反顾，一任自己的德性自然，“为而不恃，功成而弗居”。

与此相反，下德之人讲道德则是出于功利的目的，如果讲道德不能有助于实现自己的求名求利之目的，那他马上就会原形毕露，弃道德而不顾。在下德之人那里，功名利禄是人生的至上目的，仁义道德只是手段和工具。为了得到道德的美名，他们不得不装出仁义的样子，以仁义为手段来沽名钓誉达到个人的目的。他们“假道于仁，托宿于义”，所讲的道德并不是一种真正的道德。在老庄看来，那些貌似维护仁义道德的卫道士们，多半是因为他们所致力维护的仁义道德就代表着他们的既得利益，代表着他们的功名利禄。庄子说：“以富为是者，不能让禄；以显为是者，不能让名。”（《庄子·天运》）那些为功利名誉之欲望所驱使的人所讲的道德，实质是对道德的亵渎。道家认为，真正的道德既不可作为礼物献给他人，也不可用语言来向他人表达。假使“道”可以进献，则人臣莫不想以此进献给君主；假使“道”可以供奉，则人子莫不想以此供奉给父母；假使“道”可以给予他人，世人就会将其给予子孙。然而“道”是不可以进献供奉的，因为心中不自悟则道不留驻。《庄子·天运》篇还记载了孔子与老子会谈的情形。孔子去见老子，跟老子谈仁义。老子说：

"夫播糠眯目，则天地四方易位矣；蚊虻噆肤，则通昔不寐矣。夫仁义憯然乃愤吾心，乱莫大焉。吾子使天下无失其朴，吾子亦放风而动，总德而立矣，又奚杰然若负建鼓而求亡子者邪？夫鹄不日浴而白，乌不日黔而黑。黑白之朴，不足以为辩；名誉之观，不足以为广。"老子奉劝孔子，你如果想要天下不丧失真朴，你可以顺化而行，持德而立。又何必遑遑然标榜仁义像敲大鼓找丢失的孩子呢？也就是说，道德说教只会使人失去赤子之心，丧失本然之性，使其成为贪功好名之徒的遮羞布。真正的道德不是靠宣扬仁义礼智就能培育起来的。真正的道德是淳朴清静、自然无为的。如果以道德作为谋利计功的手段，那种道德已经不是原初自在自为的上德，而是一种下德了。下德只会给人类社会生活带来无穷无尽的危机。所以，要想拥有真正尊道贵德的生活，应该复归到原初自然无为的上德和道法自然的状态。

第三节　尊道贵德的价值视角

道家伦理思想以尊道贵德为其基本的价值视角和理论基石。老子作为道家的创始人，深入探讨和论述了道、德的含义、本质与特性。他提出了"万物莫不尊道而贵德"以及"道之尊，德之贵，夫莫之命而常自然"的观点，以"生而不有，为而不恃，长而不宰"建构起"道法自然"的哲学体系。

一、万物莫不尊道而贵德

在老子看来，"道生之，德畜之，物形之，势成之。是以万物莫不尊道而贵德。道之尊，德之贵，夫莫之命而常自然。故道生之，德畜之：长之、育之、亭之、毒之、养之、覆之。生而不有，为而不恃，长而不宰，是谓玄德”（《老子》五十一章）。王弼《老子注》曰：“物生而后畜，畜而后形，形而后成。何由而生？道也。何得而畜？德也。何由而形？物也。何使而成？势也。唯因也，故能无物而不形；唯势也，故能无物而不成。凡物之所以生，功之所以成，皆有所由。有所由焉，则莫不由乎道也。故推而极之，亦至道也。随其所因，故各有称焉。”又说：“道者，物之所由也；德者，物之所得也。由之乃得，故曰不得不失，尊之则害，不得不贵也。”① 唐代陆希声《道德真经传》卷三曰：“秉其精谓之生，含其熟谓之畜；遂其形谓之长，字其材谓之育；权其成谓之亭，量其用谓之毒，保其和谓之养，护其伤谓之覆；此之谓大道。既生之而不执有，既为之而不矜恃，既长之而不宰制，此之谓玄德。”② 宋代李嘉谋《道德真经义解》有言：“物自有形以至于成势，莫不以道德为主。然道虽尊，德虽贵，而不自尊其尊，不自贵其贵；其施于物，非有心以命于物也；莫之使令而自然生，自然畜；凡所以长育、成熟、养覆，莫非自然者，由其自然。故未尝望物之报，生不辞劳，施不求报，是为玄德。”③ 明末清初张尔岐在《老子说略》一书中指出：“物之形，形此道德之所生畜而已；势之成，成此道德之所生畜而已；是以万物莫不尊道而贵德，斯岂有所待而然哉？故道之于物，生之畜之不已也，而又长育、亭毒、养覆之，其为功于物如此，然皆自然而然；生之不有也，为之不恃也，长之不宰也，此岂可得而测乎！”④ 魏源案：“释文云：亭，别也，平也，均也，调也。《易师卦》马氏注：‘毒，治也。’盖

① 王弼：《老子注》，《诸子集成》（三），团结出版社，1996，第 103 页。
② 魏源：《老子本义》，《诸子集成》（三），团结出版社，1996，第 51 页。
③ 魏源：《老子本义》，《诸子集成》（三），团结出版社，1996，第 51 页。
④ 魏源：《老子本义》，《诸子集成》（三），团结出版社，1996，第 51-52 页。

生之、畜之者如春；长之、育之而物以形者如夏；亭之、毒之而势以成者如秋冬；势既成则养之、覆之而已。"[①] 陈鼓应认为"亭之、毒之"有两种解法，一种是作"安""定"解。《仓颉篇》曰："亭，定也。"《广雅释诂》曰："毒，安也。"可见"亭之、毒之"即是安之定之。还有一种作"成""熟"解，河上公《老子注》和其他老子注本多将"亭之、毒之"作"成""熟"解。傅山说："'亭''毒'两字最要紧。'毒'字最好最有义，其中有禁而不犯之义，又有苦而使坚之义。"[②]"亭之、毒之"就是使万物各安其心性，它是建立在"长之、育之"的基础之上，又是通向"养之、覆之"的，整体上都彰显了大道大德的本性和功能。从上述思想家的阐释中，我们可以发现，"道"为天下之母，是天地万物包括人类社会产生和发展的总根源，所以万物皆以"道"生。"德"是"道"的具体表现和功能效用，所以万物皆由"德"畜。"道"生万物，此即"道"为天下万化之本原，它生天生地、成己成物。"道"生万物，"不塞其原也"，"德"畜万物，"不禁其性也"。前者讲的是物之自行生成，后者讲的是物之自行发展，二者构成了世界的基础。冯友兰说："老子认为，万物的形成和发展，有四个阶段。首先，万物都由'道'所构成，依靠'道'才能生出来（'道生之'）。其次，生出来以后，万物各得到自己的本性，依靠自己的本性以维持自己的存在（'德畜之'）。有了自己的本性以后，再有一定的形体，才能成为物（'物形之'）。最后，物的形成和发展还要受周围环境的培养和限制（'势成之'）。在这些阶段中，'道'和'德'是基本的。没有'道'，万物无所从出；没有'德'，万物就没有了自己的本性；所以说，'万物莫不尊道而贵德'。但是，'道'生长万物，是自然而然如

① 魏源：《老子本义》，《诸子集成》（三），团结出版社，1996，第 51 页。

② 陈鼓应：《老子注译及评介》，中华书局，2009，第 256 页。

此的；万物依靠‘道’生长和变化，也是自然如此的；这就是说并没有什么主宰使它们如此，所以说，‘莫之命而常自然’。”① 如果说“道”是世界总的根源和总的本质，那么“德”则是具体物象的内在本性和依据。正是因为“道”生万物、“德”畜万物，所以天地间的万事万物莫不尊道而贵德。

虽然“道”极为尊崇，“德”十分贵重，但是却从来不自以为尊，自以为贵。“道”生长万物是自然且不妄加作为的，并没有任何主宰浮沉的神秘力量。这正是“道”值得尊重的内在原因。“德”畜万物也是自然而然的长养，并没有对其内在本性加以禁止，这也恰恰是“德”值得尊重的内在原因。“万物莫不尊道而贵德”既是天道自然的普遍现象，也是人类社会必须从中效法和学习的主要内容，是人类社会能够过上一种恬淡清虚、自然乐道生活的必要条件和价值保障。人类尊道贵德就是要像“道”那样生长万物却不以万物为己有，像“德”那样畜养万物却不自恃有功，进而净化自己的动机，纯洁自己的心灵。唯其如此，才能使人类的道德生活真正具有大道大德的性质和意义，才能使人类过上与道德合一的尊贵生活。

二、生而不有，长而不宰

尊道贵德是《老子》的基本主题。关于“道”与“德”的基本含义，《老子》理解有二：一是“道”指世界的本原、万物的根本，“德”是指由此产生的万物的本性，即“道生之，德畜之，物形之，势成之。是以万物莫不尊道而贵德”（《老子》五十一章）；二是“道”指人类生活的最高准则，“德”指人的本性或品德，基本内涵即“圣人

① 冯友兰：《三松堂全集》第七卷，河南人民出版社，2000，第254页。

之道，为而不争”，“常德乃足，复归于朴”（《老子》二十八章）。老子伦理思想中上有两种道德类型：一种是宇宙本体论意义上的道德，即“道生之，德畜之”，以及“生而不有，为而不恃，功成而弗居”这样的天道天德；另一种是人类社会生活意义上的道德，即人类必须遵循的道德原则、道法规范及其内化的道德品质。从整体上考察，老子认为宇宙本体论意义上的天道天德是既纯粹又兼具终极至善价值的，它们是人道人德必须去努力学习效法的。在老子看来，人类社会中，“先天地生”“可以为天下母”（《老子》二十五章）的“道”所显示的基本特征是人类生活准则，“德”则是形而上的道逐渐下落，落实到生活层面而成为人类行为的指南、生活的方式与处世的方法。从这个意义上讲，“道”与“德”又是体与用的关系，“道”是人的本然状态，“德”指向本然状态的复归；“道”是高高在上的可供效法的原则，“德”是“道”的凝结、内化、体验与复归。

老子指出，尊道贵德的人应以“无为”的态度来处理世事，实行“不言”的教导，不偏私，不占有，不爱慕虚荣，不崇尚奢华，一切遵循自然法则。在老子看来，人世间一切概念与价值多系人所设定，其中有不少主观的执着与专横的判断，造成了许多无休止的是非论争、言辞之辩，使人类社会躁动浮华。真正尊道贵德的人却不是这样，他们不恣意行事，不搬弄是非或矫揉造作，超越主观的执着与专横的判断，依循着自然的法则立身行事，其行为如行云流水，义所当为，理所应为，做应当做的事。做过之后，如雁过长空，风吹水面，不着丝毫痕迹，不存纤芥在胸中。

三、夫莫之命而常自然

道家尊道贵德的价值视角，旨在净化人类道德心灵、提升人类道德境界的命题和理论，对于廓清被道德功利主义所污染的道德氛围，建构起一种境界高远、格调清新的伦理思想体系，无疑具有重大的意义和价值。

古希腊著名伦理思想家德谟克利特曾经提出："追求美丽不亵渎美，这种爱是正当的。"[①] "命运是很阔绰，然而很无常的，至于自然，则自满自足。所以自然总能以它那些比较差，然而很可靠的手段，赢得那些伟大的希望。"[②] 德谟克利特认为，一个人只要遵循自然的法则而行，与自然为一，那么他就不仅是有道德的，而且也是幸福的。他说："整个大地对贤智的人都是敞开着的，因为一个高尚的灵魂的祖国，就是这个宇宙。"[③] 斯多亚派强调合乎道德的生活即是"顺应自然而生活"。芝诺曾在他的《论人性》中说，至善就是明显的依照自然而生活，也就是依照道德而生活，因为自然领导我们走向道德。[④] 依照自然而生活也就是依照人自己的本性和普遍的本性而生活。自然既是外在的亦是内在的。自然要求人们为道德而求道德，而不是为解除恐惧或追求感官欲望而讲道德。斯多亚派还提出，最高的幸福在于精神上的无动于衷，在于内心的宁静淡泊和灵魂的完善。近代德国伦理学家康德认为，真正的道德"完全取决于德性原理的纯粹性，而我们只有从行为的动力之中排除人们只可以算入幸福的东西，这种纯粹性才能真正地呈现出来"，因此他强调，"德性表现得愈纯粹，它必定对人心愈有力量"[⑤]。费尔巴哈认为，道德不是别的，恰恰只是一种遵循自然的倾向而采取的行为。他说："真正有道德的人，不是根据义务，根据意志而有道德，而是根据本性就是道德

① 周辅成编：《西方伦理学名著选辑》上卷，商务印书馆，1964，第76页。
② 周辅成编：《西方伦理学名著选辑》上卷，商务印书馆，1964，第80页。
③ 周辅成编：《西方伦理学名著选辑》上卷，商务印书馆，1964，第86页。
④ 周辅成编：《西方伦理学名著选辑》上卷，商务印书馆，1964，第215页。
⑤ ［德］康德：《实践理性批判》，韩水法译，商务印书馆，1999，第170页。

的。”① 尽管西方伦理思想史上感性主义者和理性主义者对自然的理解存在显著差异，但是都把道德视为一种自然的合乎人的本性的东西，主张依循道德而行也就是依循自然而行。这却从一定程度上印证了中国道家伦理思想所提出的尊道贵德的伦理观的普遍性价值。更为可贵的是，道家尊道贵德的价值视角具有一种既包容人我又超越人我的幽玄奥妙，又具有一种破除感性与理性、主观与客观的界限，将二者熔为一炉后所展现出的博大的包容性。

第四节　道家道德论的独特价值

道家的道德论既不同于儒家的志道据德，也不同于墨家的兼爱尚贤，其核心在于尊道贵德。道家所尊之道和所贵之德是生万物的道和畜万物的德，这种道德创造养育了万物，却又不以主宰者自居，“夫莫之命而常自然”，体现出超越世俗道德的自由自然和无为无欲特征。它超越了形式主义、功利主义和实用主义道德的狭隘，具有幽玄高妙和纯粹广远特点。道家以天道来要求人道并使人道向天道看齐和师法天道的道德论类型，在中华民族道德论体系中占有独特的地位。

一、道者同于道，德者同于德

道家道德论以“道者同于道，德者同于德”的观点凸显出尊道贵德的伦理意义，同时也将对自然无为的道与德的认识、体悟和内化

① ［德］费尔巴哈：《幸福论》，《西方思想宝库》，吉林人民出版社，1988，第592页。

的人生价值揭橥于世，而这种“同于道”和“同于德”又绝不只是关于世俗功利主义和实用主义层面上的，而是具有与大道大德合为一体的超功利意义乃至超一般人伦道德的超道德意义。

老子认为：“故从事于道者，道者同于道，德者同于德，失者同于失。同于道者，道亦乐得之；同于德者，德亦乐得之；同于失者，失亦乐得之。”（《老子》二十三章）王弼《老子注》解释“从事于道者，道者同于道，德者同于德”时指出：“道以无形无为成济万物，故从事于道者以无为为君、不言为教，绵绵若存，而物得其真。与道同体，故曰‘同于道’。”德者，德也。“行得则与得同体，故曰‘同于得’也。”[①] 唐玄宗《道德真经疏》有言：“从者，顺也。虚极至道，冲用无方，在物则通，未尝凝滞，故凡人欲体斯妙道而顺者，不当有所执滞尔，故云从事于道。顺同于道之人，故谓之道者，谓能顺事于道，则不凝滞，悟了言教，一无封执，可与道同，故云同于道尔。德者，道用之名也，谓其功用被物，物有所得，故谓之德尔。谓体悟之人，顺事于道，岂唯自能了出，抑亦功济苍生。苍生被其德，德者忘其功，凡所施为，同于道用，故云德者同于德尔。”[②] 唐玄宗的解释凸显了“悟道忘言”和“体道忘功”的伦理意义，旨在提醒学道和修道之人，道本身是功成而弗居的，人也应当师法道这种功成弗居的德性，将自己同于道或与道合一。悟道和“同于道”，行德并“同于德”，才能使人心获得道德的支持、养育和泽润，进而产生一种同于道德的力量。

“天道运而无所积，故万物成；帝道运而无所积，故天下归；圣道运而无所积，故海内服。”（《庄子·天道》）天道在运行过程中不积

① 王弼：《老子经》，《诸子集成》（三），团结出版社，1996，第95页。

② 刘韶军点评：《唐玄宗、宋徽宗、明太祖、清世祖〈老子〉御批点评》，湖南人民出版社，1997，第156页。

滞、停顿，故而能够使万物不断生成；帝王之道在运行过程中不积滞、停顿，故而能够使天下万民诚心归附。圣人之道在运行的过程中不积滞、停顿，故而能够使海内之人无不折服。“明于天，通于圣，六通四辟于帝王之德者，其自为也，昧然无不静者矣。”（《庄子·天道》）明白了天道运行的规律，弄通了圣人之道的真谛，精通并具备了帝王之德的人，万物就会自由发展，自己也能处处坚持清静无为的自然原则。圣人内心清静，不是因为知道了清静于自己有好处才去清静的，而是因为他效法天道从而内化于心，任何事物都不能扰乱他的内心，故而内在清静。圣人的清静之心，可以体察天道自然的法则，洞悉万物运行的规律。“夫虚静恬淡寂漠无为者，万物之本也。”（《庄子·天道》）这里将虚静恬淡、寂漠无为视为天地万化的本原和道德的最高价值，凸显了道德就是要以虚静恬淡、寂漠无为为最高价值目标和行为的最高原则。与此相关，一切违背虚静恬淡、寂漠无为的行为和现象就是非道德和反道德的，必然会给人类社会生活造成巨大的灾难和损失。道家这种“明于天”所明的，旨在告诫统治者一定不能违背天道天意，应当像天那样，对于自身“无所积”，像春雨润地无声那样勤于奉献。对于最高统治者来说，道家认为，这种“明于天”乃是他们应当具有的境界。“明此以南乡，尧之为君也；明此以北面，舜之为臣也。以此处上，帝王天子之德也；以此处下，玄圣素王之道也。”（《庄子·天道》）具有虚静恬淡、寂漠无为这种品质而居于上位的人，就具备了帝王天子的治国美德；具有这种品质而居于下位的人，就是掌握了成为精神崇高之人的方法。这样的人安居不动时堪称圣人，有所行动时就会成为帝王，他们清静恬淡却尊贵无比，淳厚朴素而天下无人能够与他们相媲美。庄子指出：“夫明白于天地之德者，此之谓大本大宗，与天和者也；所以均调天下，与人和者也。与人和者，谓之人乐；与天和者，谓之天乐。”（《庄子·天道》）认识并把握了天地之德的人，可以说掌握了大本大原的宇宙规律，不仅能够与天地万物和谐相处，而且能够与天下万民和谐相处。能够与天下万民和谐相处，可以叫作人间的快乐；能够与天地万物和谐相处，可以被称为天道自然的快乐。

庄子从天人合一的视角，对天道与人道的关系作了进一步说明。庄子认为："天地与我并生，而万物与我为一。"（《庄子·齐物论》）天道与人道应是统一的，但人们在主观认识上将天人区分开了，造成了天道与人道的断裂。庄子强调天道是最神圣最崇高的，人在天道面前只能俯首听命而任其摆布。顺应天道，消除天人之间的差别，以达到"与道合一"的境界，这是庄子的思想特色之一。

二、彼正正者，不失其性命之情

道家崇尚天道文化，认为天道"独立不改，周行而不殆"，天地就是如此，不会以人的意志为改变，并要求人道以遵循天道为基准，向着"利而不害"的方向发展。老子最早对天的本原与运行规律作了哲学探讨，提出了天道自然无为的思想，为道家的宇宙论奠定了基础。老子以"天大，地大，王亦大。域中有四大，而王居其一焉"，肯定人是自然宇宙的一部分，且在这个世界整体里，其本原乃是"天道"。道家理想的审美生存是在人与天地万物相互交通交融的"天人合一"的浑融境域里展开的，人生而不违"道"，并以"道"为在世生存的唯一法则。庄子在《天道》篇中提出"极物之真，能守其本"，"其本"便是"自然无为""不失其真"的本性，在《人间世》中庄子表示"与天为徒者，知天子之与己皆天之所子"。"与天为徒者"不同于"与人为徒"和"与古为徒"的地方在于他知道天子和我自己都是天所养育的，人与万物皆秉于自然，本质上没有什么贵贱之别，荣辱之分。“与天为徒”的人遵循的是自己的天性，其行为和生活亦如童子般自得其乐。“与人为徒”是指表面上顺应世俗、与人共处的生存方式，但本质上仍属未达道家思想境界的权宜之态。“成而上比者，与古为徒。其言虽教，谪之实也。古之有也，非吾有也。若然者，虽直而不病，是之谓与古为徒。”（《庄子·人间世》）“与古为徒”其实就是以古人的行为作为自己行为的依据，古人没有做过的事自己最好不要做，古人已经做过的事自己就可以大胆去做。在思想上也应当如此。庄子借孔子回答颜回之问表达了自己的观点，此即是不主张“与人为徒”和“与古为徒”，而主张“与天为徒”，按照天道要求来思考和行动。

在“通道为一”的自然宇宙中，顺天任性，无论小大，于其性分各得所安，在于去除人为矫饰，不离道宗，不离于道所给予的真性。在《齐物论》中，庄子提出了“照之于天”的认识态度，并得出了“天地一指也，万物一马也”以及“凡物无成与毁，复通为一”的大化义理。他强调万物各秉自性，且无高低、上下、是非之分。同时庄子还强调人不应当从自我的角度去干涉自然本真的状态，人所不加干涉之处便是“天”所存在之处，尊重差异，并在以天为照的基础上齐同差异才能彰显大全的生存智慧。

三、人含其德，则天下不僻矣

“人含其德，则天下不僻矣”，语出《庄子·胠箧》，这是说如果人人都秉持自然而然的德性，那么天下就将远离邪恶。庄子认为，像儒家和墨家那样提倡仁义道德，使得世俗之人出现了以仁义道德谋取个人私利的现象，从而导致了“捐仁义者寡，利仁义者众”的后果，造成了原初道德不断被忘却，道德底线不断被冲破，道德生活每况愈下的惨状。要解决道德生活的种种乱象和危机，就必须复归道德的原初状态，此即是道家所推崇的“道生之，德畜之”“生而不有，为而不恃，长而不宰”之道德秉性，这种德性摒弃功利执念，唯任万物自化，能够使人享受“夫莫之命而常自然”的天道天德之自然快乐，做一个独与天地相往来的真正意义上的人。

在本真的意义上，道家的“虚静”，乃是求“致虚极”而动，是“道通为一”之动。如“虚则静，静则动，动则得矣。静则无为，无为也则任事者责矣。”这种静而动能达到天下无争的美好境界。如“静而圣，动而王，无为也而尊，朴素而天下莫能与之争美。”这种“道通为一”的静而动，之所以能有如此功效，就在于能与天和。道家的静而动，是在天、地、人中寻求和谐。或者说，这种战略上的大和谐，也只有得“天之德”即站在“道通为一”的高度，才能做到。以“大宗大本”“均调天下”，以“道”使天和人和，达到“天乐”“人乐”的境界。庄子疾呼：“吾师乎，吾师乎！”其所呼的师，不是别的，就是作为“大宗大本”的道。正因为能体道而得道，所以能“均调天下”，能获得天和人和而得天乐人乐，“‘知天乐者，其生也天行，其死也物化。静而与阴同德，动而与阳同波。’故知天乐者，无天怨，无人非，无物累，无鬼责。故曰：‘其动也天，其静也地，一心定而王天下。’”（《庄子·天道》）道家强调顺应自然，无为而无不为，以此来立人道。而道教则更将顺应自然作为长生的基点，追求个人的延年益寿，努力寻求并修炼使人长生的种种道术，“假求于外物以自坚固”，与死亡作斗争。道教重视个体生命延长和现世生活的安康与幸福，以自利为根本宗旨。

懂得与天地自然和谐相处的人，会以清静安宁的心去顺应天地万物的运动，效法天地自然之道来应对和处理人世间的各种事务。“帝王之德配天地。此乘天地，驰万物，而用人群之道也。”（《庄子·天道》）帝王的品德就是“以天地为宗，以道德为主，以无为为常”。历史上那些深明大道原则的人总是首先去弄懂自然规律，然后再去研究道德。只有体认天道，才能更好地理解人道，才能够以天道来指导和规约人道。道家道德论既出于自然，又有着超于自然的价值论意蕴，本质上是存在与价值、现有与应有的有机统一。

第四章　道家个人伦理的价值主张

与儒家致力于修齐治平的人生伦理价值追求不同，道家将目光投向了对个体的生存状况及其自我解救的探寻，强调从个体自我的价值入手，主张彰显个体人格尊严，突出个体道德主体性。在道家看来，只有超越世俗功名利禄的藩篱，回归人的自然本性，“为善无近名，为恶无近刑，缘督以为经”，才“可以保身，可以全生，可以养亲，可以尽年”（《庄子·养生主》），才能够使人既合乎自然的道德原则，又合乎个体自我的道德本性，过上一种真正有道德意义的生活，使人的价值得以真正实现。虽然《老子》《庄子》与《周易》被称为“三玄”，似乎与现实的人生和个人的安身立命无关，殊不知，老庄对宇宙万有的玄思正是为了揭示人生的真谛，为芸芸众生提供在茫茫人海中立身行世的伦理智慧。事实上，老庄道家建构的个人处世伦理既高远广大又贴切自然，既幽玄深邃又平凡实在，人们可以细细地思量，也可以慢慢地品味，从中会发现一片崭新的天地，会有一种茅塞顿开、豁然开朗的欣喜与轻松。道家思想中的处世智慧使人能够挣脱世俗名利的束缚，获得一种变劳顿为舒坦、化沉重为轻松的精神解放，从而找回生命的根，自然真纯地对待现实的人生。可以说，道家的个人伦理如同一汪汩汩流淌的清泉，当代人汲泉而饮，不仅可以缓解心灵的饥渴，而且会获得一种困顿尽消的精神充实感。

第一节　自知知人的伦理觉悟

道家个人伦理的基础，在于把自知与知人联系起来，既主张人贵有自知之明，倡导理性地认识自己，破除自见、自是、自矜等自我认识的误区，又主张人需要有知人之智，认为知人是自我在社会生活中立足或处世做人的重要一环。

一、知人者智，自知者明

做人贵在自知。自知，即正确地认识自己，这是古往今来的伦理学家都十分看重的。古希腊的苏格拉底、中国的老子都十分强调认识自己，并把认识自己视作一切美德的源头。老子深知人心中的固陋和偏私等弊端，并对“自见”“自是”“自伐”“自矜”等进行了尖锐的批评与辛辣的嘲讽。他说：“企者不立，跨者不行，自见者不明，自是者不彰，自伐者无功，自矜者不长。其在道也，曰余食赘行。物或恶之，故有道者不处。”（《老子》二十四章）踮起脚想要出人头地的人反而站立不稳，跨着大步想要疾步如飞的人反而走不了多远。自己认为有见地而喜好表现的人，人人提防，孤掌难鸣，反而不能高明显达；自以为是并固执己见的人，心胸狭窄，行事反而不能彰明昭著；自我炫耀好作夸张的人，言实不能相符，反而没有功劳；骄傲自满的人，欠缺来自四面八方之助力，反而不能长久，发挥长才。从大道的观点来看，这些急躁的行为，简直是多余无用的东西，连物类都讨厌，何况万物之灵呢？所以有道的人决不会如此炫耀自夸自大，自处于此种愚昧之境。“自见”指只看见自己、认同自己和只关注自己，含有自我中心和个人至上的因素。“自见”的人所看到的自己并不是一个真实、自然而全面的自我，而是一个追求利益、充满欲望的自我，是一个被自己孤立起来、被自己欲望所认同的自我。这种“自见”不是自知，而是愚昧的无知或者说昏庸的偏私。“自是”指只肯定自我的存在，只认为自己是对的，似乎世界的全部真理都只掌握在自己手中，其他人都是愚昧无知之辈。“自是”同狂妄自大、目中无人和傲慢骄横、不可一世等有着内在而必然的联系，是自我本位和个人中心在自我问题上的表现。“自伐”指自我掠取功绩荣誉，似乎天下之功皆由我成，我的行为最有意义、最有价值、最有功于人类。“自伐”的人贪天之功为己功，好自我炫耀，自高自大，趾高气扬，俨然一副人类主宰者或社会救世者的姿态。“伐”从人持戈，表示击杀之意。当“伐”仅仅作为显示自我并为自我获取荣耀的行为时，这种行为也就变成了纯粹的自我炫耀。“自伐”的人只看重自我活动的意义与价值，而看不到他人活动的意义与价值。“自矜”即把自己看作唯一可以依靠仰仗的对象，而根本不把整个世界看作自己可以依靠仰仗的对象。因此“自矜”的人只相信自己而不相信别人，只崇尚自己而不崇尚别人，他常常人为地把自己与所生活的人群分离开来，对别人给予自己的种种帮助既无感激之心，亦无拥戴回报之情；他对世界为他提供和创造的一切既无正确的认识，更不能很好地去对待。当一个人把自己看作唯一可以依靠仰仗的对象时，实质上是在幻想一种全能的、无需任何外援的生存状态，而这种认知对于任何一个实际上并不能离开他人和这个世界的人来说完全是虚妄的。因为谁也不能离开他人和这个世界，人不仅有对他人的深沉依靠，更受到了世界的无数帮助。诚如马克思所说：“人起初是以别人来反映自己的。名叫彼得的人把自己当做人，只是由于他把名叫保罗的人看做是和自己相同的。”① 人的自我意识恰恰是在人与人的交往中形成和发展起来的。人没有理由也不应该把自己同他人和这个世界割裂开来。在历史和现实中，自是者必败，自矜者必亡，这几乎是一种常见的社会现象和伦理规律。项羽百战百胜，自以为是，以乌江自刎告终；苻坚投鞭断流，骄态十足，结果在淝水之战中自取败亡；李自成进驻北京，傲气毕露，最后被清兵击败。

自知之明的伦理觉悟不仅要求反对自高自大、自以为是和自作聪明等自我中心主义的意识和行为，更要求人们体察天地自然之道，“生而不有，为而不恃，功成而弗居”，永远保持谦虚谨慎、不骄不躁的伦理精神。老子认为，“上善若水。水善利万物而不争，处众人之所恶，故几于道。居善地，心善渊，与善仁，言善信”（《老子》八章）。善行犹如水的自然流淌，水具有滋润万物的效用却不与万物争利害，它处于众人所厌恶的卑下地方，所以最接近于“道”。人立身处世应像水一样安于谦下，甘于处后（“居善地”），心地要像水渊一样清明、幽深（“心善渊”），处世应像水滋养万物一样无私心（“与善仁”），说话应像水一样，汛期即至，不言而信（“言善信”）。老子还以江海为例论证谦下宽厚的意义，认为江河湖海之所以能够成为无数川流小溪的汇聚之所，是由于它们总是处于川流小溪的下游，所以能成为百川归往之处。同时，老子又提出“上德若谷”的命题，倡导为人处世应当宽宏大量，豁达大度，能像幽深的山谷一样包容世间的一切，或如大海一样包容江河百川。基于此种认识，老子主张厚德载物，宽人严己，“善者，吾善之；不善者，吾亦善之”，“信者，吾信之；不信者，吾亦信之”（《老子》四十九章）。无论是善人还是恶人都以善相待，无论是诚实的人还是不诚实的人都予

① 马克思：《资本论》第一卷，《马克思恩格斯文集》第五卷，人民出版社，2009，第67页。

以信任，只有这样才能达到使善者更善和化不善为善，亦即使不善者也成为善者，使诚实的人更诚实和使不诚实的人变为诚实者的目的。这种“无弃”“容人”的思想主张，深得后人认可。明代杨继盛发挥老子的思想：“与人相处之道，第一要谦下诚实。同干事则勿避劳苦，同饮食则勿贪甘美，同行走则勿择好路，同睡寝则勿占床席。宁让人，勿使人让我；宁容人，勿使人容我。宁吃人亏，勿使人吃我之亏；宁受人气，勿使人受我之气。人有恩于我，则终身不忘；人有仇于我，则即时丢过。见人之善，则对人称扬不已；闻人之过，则绝口不对人言。……人之胜似你，则敬重之，不可有傲忌之心；人之不如你，则谦待之，不可有轻贱之意。”可以说，这种思想实质上是对道家处世伦理思想的创造性发挥和生活化总结，具有高超的伦理智慧。

自谦是拥有自知之明的必要德行，也是自我认识的重要部分。唯有自谦的人才能够深入地认识自我和真正地认识自我，也只有深入地认识自我的人才能够做到自谦。《彖》曰：“谦，亨。天道下济而光明，地道卑而上行。天道亏盈而益谦，地道变盈而流谦，鬼神害盈而福谦，人道恶盈而好谦。谦，尊而光，卑而不可逾，君子之终也。”谦恭具有亨通的性质，象征有道之人谦让自处必有善终。天道亏损盈满而增益谦虚，地道变动满盈而流人谦下，鬼神亦损害满盈而福祐谦让，人道厌恶满盈而爱好谦逊。天地神人都谦逊退让以成就自身。所以谦的德性尊贵而有光辉。在老子看来，作为宇宙万物的本体或本原的“道”是空虚不盈的，“道冲而用之或不盈”（《老子》四章），道体是空虚的，但正因为空虚所以才能滋生一切而又能包揽、容纳一切，万物充盈其间也不会从其中溢出。“道”是世界的无边容器，它是多么深邃渊远，又是多么澄清透明，它似幻而实最真，似虚而实永存。天地之间实在犹如空虚但不会穷竭的风箱，没有人拉它，它便虚静无为，但是它生风的本性还是不变的。若是一旦鼓动起来，那风就汩汩涌出了。我们人类常以自己的小聪明、自以为是、妄自尊大和固执己见而争雄好强、不肯相让，实在说来，未经三思的言语愈多，离道愈远，反而易于碰壁，甚或招致败亡，倒不如效法天地、守着虚静无为的道体，谦虚退让，方能真正成就大器呢！从“道冲而用之或不盈”的认识出发，老子提出了“善用人者为之下”的观点，主张以谦下礼让的态度待人。汉高祖为人倨傲无礼，虽几次派人请商山四皓，但四皓终不肯出山。太子刘盈卑辞厚礼去请，四皓终于出山相助。刘备三顾茅庐，“猥自枉屈”，终于感动诸葛亮，开创三国鼎立之大业。

老子还强调：“知不知，上；不知知，病。夫唯病病，是以不病。圣人不病，以其病病，是以不病。”（《老子》七十一章）知道自己无知的人毕竟是可尚可嘉、难能可贵的，只有自己无知却自以为有知的人，才是愚不可及、不可救药的人。圣人并不是那种愚不可及、不可救药的人，因为他知道自己的无知并每时每刻都在为自己的无知而担忧焦虑；正因为圣人每时每刻都在为自己的无知而担忧焦虑，所以他最终能够使自己成为不被任何事物所蒙蔽的无所不知的人。

老子的“自知之明”理论内在地包含着知人，或者说只有更好地认识别人才能真正地认识自己。

道家一方面强调人贵有自知之明，另一方面又强调人需要知人之智，并认为此二者是辩证的统一。自知之明离不开知人之智，知人之智也必须以自知之明为前提。人在社会生活中立身行事、律己待人，最为根本也最为基础的莫过于既了解自己也了解别人，亦即既要有知人之智又要有自知之明。辩证地看，自知与知人是相互影响、相辅相成的。对他人的了解有助于形成对自我的认识，对自我的认识也能帮助对他人的了解。只有拥有自知之明的人才能拥有知人之智，同时，拥有知人之智的人必会有较好的自知之明。老子说：“知人者智，自知者明。”（《老子》三十三章）能认识别人、了解别人的是聪慧，能认识自己、了解自己的才是高明。知人需要识别察辨的能力，自知则需要内省返照的工夫。在老子看来，知人固然不易，但自知比知人更为艰难。因此，人贵有自知之明。做人难，不仅难在要能认清和了解别人，更难在能正视自己和认识自己。

老子虽然意识到自己与他人之间的深刻差异，“众人皆有余，而我独若遗”，“俗人昭昭，我独昏昏；俗人察察，我独闷闷”，“众人皆有以，而我独顽似鄙”（《老子》二十章），但老子还是主张去理解、认识众人，倡导“以百姓心为心”，主张“解其分，和其光，同其尘”（《老子》四章），与世推移，随俗方圆，与民同忧乐，不把自己的意志强加于人，不强人所难。“知人之智”还要求人们能从纷繁的表象中深入行为的本质，把人的言行表里联系起来做一体化考虑。在老庄道家看来，人的真正本质和人格高下必须通过名与利的检测、生与死的考验。人是什么性质和什么意义上的人，是圣人还是庸人，全看他如何看待名利生死。道家主张超越功名利禄的世俗价值，宁取心灵的自由祥和而不取世俗的功名富贵。不仅如此，道家还主张达观生死，逍遥于尘垢之外，不以生喜，不以死悲，“死生无变于己”。

老子根据自己观察世间众生各相的经验，提出了知人识人的一些命题：第一，“明道若昧，进道若退，夷道若纇。上德若谷，大白若辱，广德若不足，建德若偷，质真若渝。大方无隅，大器晚成，大音希声，大象无形”（《老子》四十一章）。光明的道看似暗昧，前进的道好似后退，平坦的道仿佛崎岖。崇高的德性如同低谷，最纯净的白好似含垢，广大的德性总显不足，刚健的德性看似懈怠，质朴的纯真好似变质。最方正的反而没有棱角，最贵重的器物总最后完成，最宏大的乐音反而稀弱，最恢弘的形象反而无形。第二，“大成若缺，其用不弊。大盈若冲，其用不穷。大直若屈，大巧若拙，大辩若讷。”

（《老子》四十五章）老子这几句话虽然不是专对知人识人而言，但对知人识人却有重大作用。它说明要识别人必须具备辩证观点，要从外表的口讷看出内心的辩才，要从外部的笨拙看出内在的灵巧，要从表层的欠缺发现实质性的成就，从初看的空虚看到真正的充实，如此等等，很耐人寻味。第三，“信言不美，美言不信；善者不辩，辩者不善；知者不博，博者不知”（《老子》八十一章）。真实的话并不悦耳华丽，信实的人也不求语言优美；悦耳动听的话语通常不真诚实在，说得好听的人内心不一定信实。行为至真至善的人，不一定能言善辩、能说会道，喜好争辩的人行为也不一定趋向美善。真正知识广博的人深求事理，所以并不刻意显得有很渊博的学问，自认为学问渊博的人反而不求深理，所以其知识未必就是真知。

庄子继承并发展了老子所提出的“知人之道”，强调认识他人并不见得比认识自己容易。他说：“凡人心险于山川，难于知天；天犹有春秋冬夏旦暮之期，人者厚貌深情。故有貌愿而益，有长若不肖，有顺懁而达，有坚而缦，有缓而釬。故其就义若渴者，其去义若热。故君子远使之而观其忠，近使之而观其敬，烦使之而观其能，卒然问焉而观其知，急与之期而观其信，委之以财而观其仁，告之以危而观其节，醉之以酒而观其侧，杂之以处而观其色。九征至，不肖人得矣。”（《庄子·列御寇》）人心比山川还要险恶，比天象还要难以捉摸；天还有春夏秋冬早晚的一定之期，人却是面容深藏、情感暗隐，难以一眼看穿。芸芸众生，人人各异，有的人外貌厚道而内心骄傲，有的人貌似长者而其实不肖，有的人外貌柔顺圆通而内心豁达，有的人外表坚强而内心散漫，有的人外表和缓而内心强悍。有的人如饥似渴一样追求仁义，却又像逃避暑热一样逃避它，人心之复杂，可见一斑。那么，究竟应该怎样去认识人、评判人和理解人呢？庄子提出了“九征”的知人之道。所谓九征即从九个方面去观察人的行为，检测人性的善良与邪恶，人格的崇高与卑俗。亦即将人放在远处来观察他的忠诚，放在近处来观察他的敬慎，给他烦难的事情来测其才能，突然向他提问以测其智慧，给他短促的期限以观其信用，将钱财委托给他以观其廉洁，告之以危险来观察他的节操，让其醉酒来观察他的仪态，使其处于男女混杂之中来观察他对女色的态度。将这九个方面综合起来，就可以分清是非好坏，正确地识别和判断人了。庄子“九征”可谓中国古代识人察人和用人伦理智慧的集中体现，也体现出道家对人我关系认识的水平和境界，有其自身的合理性和高超之处。

二、知我者希，则我者贵

老子推崇“自知，不自见；自爱，不自贵”（《老子》七十二章）的处世态度，认为真正有道德的人只求认识自己而不重表现自己，只求合理自爱而不重自我尊贵。自知即自己对自己的认识、理解与省察，它建立在正视自己和解剖自己的基础之上，充满着谦逊柔弱和宽容退让的精神。因此它同那种不敢面对真正的自我的自欺欺人和自我表现、自以为是有着天壤之别。如果说自知是对自我的接纳与认同，那么自见则是对自我的扼杀与摧残。真正善待自我的人是执着于自知而弃绝自见的人。同样的道理，真正善待自我的人只会是自爱而弃绝自贵的人。因为自知必定会自爱，自爱是自知的结果。正如真正的自知者知己及人一样，真正的自爱者也爱己及人。只爱自己不爱他人的人并不是真正的自爱者，因为只爱自己而不爱他人的人总是分裂人的真实自我，违背人的良心与良知。爱人是自爱的内在要求，一个不懂得爱别人的人势必不懂得爱自己，一个真正爱自己的人也必然会爱自己的同类。

在现实生活中，善善恶恶的价值取向，使得人们不得不把自己掩饰装扮起来以取悦他人和社会，造成笑的时候未必真高兴，哭的时候未必真痛苦等表里不一、言行相悖现象，于是欺世盗名者有之，道貌岸然者有之，假装正经者有之，前后相悖者有之，而我们对他人的认识又不得不常常依据人所表现出来的行为和外在语言，从而构成了认识人和了解人的困难，造成了“相识满天下，知心能几人”的后果。老子本人就有一种不被他人所理解的深刻痛楚，尽管他曾努力去理解他人。他说：“吾言甚易知，甚易行，天下莫能知，莫能行。言有宗，事有君，夫唯无知，是以不我知。知我者希，则我者贵。是以圣人被褐怀玉。”（《老子》七十章）老子自认为自己的理论非常容易理解，也非常容易实行，可是天下没有谁去理解，也没有谁去实行。说话应当有宗旨，做事应当有中心。人们对此不了解，所以也就不会了解他。真正认识到他的理论的内在价值的人非常稀少，遵照他的理论来行动的人更是寥寥无几。

老子深刻地意识到，认识和理解自我是困难的，认识和理解他人也并非易事。俗话说“画虎画皮难画骨，知人知面难知心”，“树心隔木皮，人心隔肚皮”。认识人既需要我们有相当的知人论世水平和敏锐的观人断事眼光，又需要有一定的社会条件和时间。正如白居易所言“试玉要烧三日满，辨材须待七年期”。

一般人总认为自己无所不知，纵然不知，也要强以为知，而绝不肯承认自己无所知。但是一个人不可能事事皆知，一定有他所不知道的事物。一个知道自己无知的人比无知而强以为知的人显然要高明许多倍。古希腊思想家苏格拉底也认为，自以为聪明的人其实并非真聪明，知道自己无知的人才是真聪明。聪明是一种求知的态度而不是对某些知识的拥有。只有承认自己的无知，才能放弃原有的经验性的、感性的东西，去发现理性的知识，认识真理。只有拥有理性的认识，人的行为才可能合乎道德，因此美德源于智慧和知识。一切道德上的邪恶和错误都是无知的结果。在苏格拉底看来，没有人知道善而偏偏不去行善，也没有人知道恶而要故意作恶。要使人们具有美德，唯一的办法就是要有真知。而要有真知，就必须首先承认自己无知。苏格拉底强调“认识你自己”，认为不经省察的人生是不值得过的人生。“认识你自己”最根本的就是要认识到自己在道德认识上的微不足道或无知，从而能以一种永不自满的谦恭精神修德进道，最后变无知为有知，变伪知为真知，实现自我完善。苏格拉底认为：“虽然我不以为我们中间有谁知道任何真正美的和善的东西，但我是比他好些，——因为他什么也不知道，却自以为知道；我既不知道，也不自以为知道。”① 这一思想与老子“知不知，上；不知知，病”可谓异曲同工，不谋而合。

拉伯雷在《巨人传》中指出，一个人能认识别人并没有什么稀奇，可是能认识自己并能正视自己却并非那么容易。《伊索寓言》里说到，人生在世，每人脖子上都扛着一个褡子，前面装的是别人的过错和恶事，所以经常摆在自己眼前，看得清清楚楚，背后装的是自己的过错和恶事，所以从来看不见，也不理会。② 认识自己不容易在于人总是愿意自我欺骗，或者被个人利益和情欲所左右，人心灵中的惰性和偏蔽总是阻隔着人认识自己的道路。

老庄道家自知知人的伦理觉悟是中国人立身处世、待人接物的重要内容，影响十分深远。其谦逊退让，自知而不自见、自爱而不自贵以及辩证的观人之道，早已成为我们民族宝贵的精神财富，激励着中国人宽人严己并在认识他人的过程中深化对自我的认识。道家一方面强调知人之智，另一方面强调自知之明。知人之智和自知之明的合一构成道家处世智慧的基本内核，这种强调认识自己和认识别人

---

① 北京大学哲学系编：《古希腊罗马哲学》，商务印书馆，1961，第146页。

② ［美］艾德勒、范多纶编：《西方思想宝库》，吉林人民出版社，1988，第111页。

的统一的理论观点不仅是辩证深刻的，同时也是综合全面的。它既可以教我们正确地认识自己，以谦虚谨慎、不骄不躁律己，又可以使我们全面地认识别人，以宽容慈让、包涵忠厚待人，既可以教我们善待好人，也可以令我们善待不善之人，化干戈为玉帛，变腐朽为神奇。毛泽东在新民主主义革命时期一再倡导人贵有自知之明，告诫全党同志务必保持谦虚谨慎、不骄不躁的作风，提出“谦虚使人进步，骄傲使人落后”的著名论断，认为“共产党员决不可自以为是，盛气凌人，以为自己是什么都好，别人是什么都不好；决不可把自己关在小房子里，自吹自擂，称王称霸”①。今天，在建设中国特色社会主义现代化的物质文明和精神文明的进程中，发扬谦虚谨慎、戒骄戒躁的精神，讲求自知而不自见，自爱而不自贵的处世之道，仍然是十分必要且合乎时代潮流的。

第二节　多予少取的立身原则

道家“知人者智，自知者明”的观念强调自知比知人更重要，落实到人我关系上，道家更强调多予少取，并以此作为人们安身立命的基本原则。

一、为而不恃，功成而弗居

一般人总认为老庄道家的伦理道德是消极保守的，更有甚者将其视为没落奴隶主贵族思想和意愿的反映，我们认为这是很不公平

① 毛泽东：《在陕甘宁边区参议会的演说》，《毛泽东选集》第三卷，人民出版社，1991，第809页。

的。实际上，一方面它关注世乱，极欲提供人类安然相处之道（如“无为”“不争”“谦退”等观念的提出，乃在于呼吁人类收敛一己的占有冲动，以消解社会争端的根源），另一方面，它要人凝练内在生命的深度（如“虚静”等观念的提出，乃在于期望人们发展主体的精神空间）。《老子》说：“生而不有，为而不恃。”又说，“功成而不有”“为而不争”。“生”“为”“功成”便是要人创造、奉献；“不有”“不恃”“不争”便是不必把创造的成果据为己有。由是可知，《老子》的思想并非消沉出世。老庄道家的伦理道德思想，从社会功效和基本取向上讲，“在推进人类的进步，消弭人类的私心，自蝇营狗苟急功近利者观之，他们将不免被咒为消极厌世；但自人类进步的正当途径看来，他们确是人类的救星。无论这种思想，是否真能实现，或若干年后才能实现，其价值却是常存天地之间，不容磨灭”①。那么，老庄道家伦理思想中最具积极意义的究竟是什么呢？我们认为，是多予少取的处世原则，是为而不有的创造人生。

老子指出：“万物作焉而不辞，生而不有，为而不恃，功成而弗居。”（《老子》二章）“生之畜之，生而不有，为而不恃，长而不宰，是谓玄德。”（《老子》十章）“大道汜兮，其可左右。万物恃之而生而不辞，功成不名有，衣养万物而不为主，常无欲，可名于小；万物归焉而不为主，可名为大。”（《老子》三十四章）在老子看来，“道”生长万物，与万物依靠“道”而生长变化，都是自自然然的，并没有任何主宰浮沉的神秘力量。所以“道”生长万物是为了让万物更好地成为它们自己，而不是将其据为己有；“道”协助万物是为了使万物按照自然的本性生长繁衍，而不是自恃有功；“道”规约引导万物也是为了成全其自然本性，依凭自己的性能消长兴衰，而不是为了控制和

① 胡哲敷：《老庄哲学》，中华书局，1935，第62页。

主宰万物。人，尊道贵德，故应以“道”为楷模，像“道”那样生长万物并不据为己有，作育万物并不自恃其能，成就万物亦不自居其功。落实到人类社会生活中，即是要多创造而不思占有，多奉献而不要索取，多给予而不求回报。此即是一种大公无私的人生态度，一种以创造、奉献为人生第一需要的人生风范。老子认为，人是自然界的一部分，理应与“道”为体，超越自己有限的现实存在而把握“道”的真谛。当整个世界的奥秘之门洞开，作为世界本原的“道”向人们显现时，难道人们还不能自觉地按照“道”所赋予的自然本性而生活吗？当理性的光照达于四面八方，人们因此感觉茅塞顿开之时，难道人们还不能从自我的片面有限、自私自利的活动中摆脱出来，而投身于以整个世界为出发点的伟大创造之中吗？不能与“道”为体，势必会陷入无知的黑暗与粗野傲慢、自私自利的罪恶和苦难之中。失去了“道”的协助，人类蒙受了巨大的损失和灾难。多少人因私欲而丧生，多少战争因私欲而起，又有多少弑篡因私欲而兴。举目四顾，人们汲汲奔竞于功名富贵，尔虞我诈、钩心斗角，甚至无所不用其极。一些人拼命地掠取功名利禄，疯狂地积攒财货产业，并为此不惜伤天害理，糟践人命。他们重掠取而不思创造，重占有而不思奉献。“所尊者，富贵寿善也；所乐者，身安、厚味、美服、好色、音声也；所下者，贫贱夭恶也；所苦者，身不得安逸，口不得厚味，形不得美服，目不得好色，耳不得音声；若不得者，则大忧以惧。”（《庄子·至乐》）他们睡着的时候精神交错，醒来时形体不宁，与外界接触纠缠不清，整天钩心斗角，有的言论就是为了给别人设圈套，有的讲话就像射出利箭一般，专门窥伺别人的是非来攻击。他们时而欣喜，时而愤怒，时而悲哀，时而快乐，时而忧患，时而嗟叹，时而反复，时而恐惧，时而浮躁，时而放纵，时而癫狂，时而作态。“日夜相代乎前，而莫知其所萌。已乎，已乎！旦暮得此，其所由以生乎！”（《庄子·齐物论》）“今富人，耳营钟鼓管籥之声，口嗛于刍豢醪醴之味，以感其意，遗忘其业，可谓乱矣；侅溺于冯气，若负重行而上也，可谓苦矣；贪财而取慰，贪权而取竭，静居则溺，体泽则冯，可谓疾矣；为欲富就利，故满若堵耳而不知避，且冯而不舍，可谓辱矣；财积而无用，服膺而不舍，满心戚醮，求益而不止，可谓忧矣；内则疑劫请之贼，外则畏寇盗之害，内周楼疏，外不敢独行，可谓畏矣。此六者，天下之至害也，皆遗忘而不知察。”（《庄子·盗跖》）《庄子·盗跖》中这段文字犀利地剖析了富贵者的生存困境。当今那些所谓的富贵之人，整日沉溺于钟鼓管弦的靡靡之音，贪恋着牛羊美酒的甘肥之味，在感官享乐中荒废正业，可谓昏聩至极。他们胸中郁结着暴戾之气，如同负重攀爬险坡般痛苦不堪；为追逐钱财耗尽心神，为攫取权柄竭尽精力，闲居时沉溺欲望，体态肥腻却仍纵情声色，这般病态令人唏嘘。更可悲的是，他们贪得无厌，欲望堆积如高墙却不知退避，贪婪攫取而不肯放手，这般卑辱之态实在可叹。堆积如山的财物不知所用，却仍紧攥不放，内心充满焦虑还要无止境索求，这等忧愁何其深重。在家时提防盗贼劫掠，出门时畏惧匪寇侵害，院内遍设防盗机关，外出不敢独行，如此恐惧如影随形。这六种状态——昏乱、痛苦、病态、卑辱、忧愁、恐惧，实为天下至害，然而世人沉溺其中却浑然不觉，这正是庄子笔下最深刻的讽刺与警示。

为了消解人类的钩心斗角和争权夺利，消弭人类的私心，老庄以“道”为武器，力倡大公无私，“生而不有，为而不恃，功成而弗居”。在老庄道家看来，“道者为之公”（《庄子·则阳》），“道不私，故无名。无名故无为，无为而无不为”（《庄子·则阳》）。“天无私覆，地无私载”（《庄子·大宗师》），日月无私照。天地日月均是大公无私的。人作为天地自然的一部分，尊道贵德，与“道”为一，就是要破私立公，追求而不占有，给予而不索取，奉献而不谋私。老子认为，能够帮助别人的人本身是最富有的人，“既以为人己愈有，既以与人己愈多”（《老子》八十一章）。有道德的人不私自积藏，以虚无为体，以无用为用，他尽量帮助别人，自己反而愈充足；他尽量给予别人，自己反而更丰富。有道德的人只追求有益于他人和社会的人生目的，他根本不为自己个人的利益和幸福而苦心积虑。既然他在自己的生活中只追求整个人类的普遍利益与幸福，那么他的人生也就会像他的道德追求一样丰富；既然他已将自己完全投身到为了整个人类的普遍利益与幸福的共同活动之中，而不仅仅是为了个人的片面利益与幸福的个人活动之中，那么他的人生就会像他所投身的活动一样广博。“物有限而道无穷”，故体道愈多自己也愈充实，“为人”即是“为道”，“为道”就能使自己丰富充实，与“道”合一，“道”是无穷无尽的，愈用愈多。同时，我为人，人也为我，人与我之间的施受关系具有对等双向性，为他人谋利益的人必将得到他人的拥戴。老子提出的“既以为人己愈有，既以与人己愈多”的观点，正如陈鼓应所说：“这是一种最伟大的爱的表现。艾·弗罗姆说：‘爱是培养给与的能力。’‘为人’‘与人’便是给与能力的一种表现。‘圣人’的伟大，就在于他不断帮助别人，且不私自占有，这也就是‘为而不争’的意义。老子深深地感到，世界的纷乱起于人类的相争——争名、争利、争功……无一处不在伸展私己的意欲，无一处不在竞逐争夺。为了消除人类社会的纠结，老子提出‘不争’的思想。老子的‘不争’，并不是一种自我放弃，并不是消沉颓唐，他是要人去‘为’，‘为’是顺着自然的情状去发挥人类的努力，而人类努力所得来的成果，却不必据为己有。这种贡献他人（‘为人’‘与人’‘利万物’）而不和人争夺功名的精神，亦是一种伟大的道德行为。[①] 所以道家伦

① 陈鼓应：《老子注译及评介》，中华书局，2009，第 337 页。

理思想在人我关系和利益关系上总是效法天道“生而不有，为而不恃，功成而弗居”的高尚品质，以奉献他人和世界为乐，而且根本不要求他人感谢和任何回报，真正达到了奉献而不求索取，给予而不求回报的公而忘私和大公无私的境界。

二、善者，吾善之；不善者，吾亦善之

从“既以为人己愈有，既以与人己愈多”的观点出发，老子主张善待一切人，“善者，吾善之；不善者，吾亦善之，德善。信者，吾信之；不信者，吾亦信之，德信”（《老子》四十九章），“善人者，不善人之师；不善人者，善人之资”（《老子》二十七章），并主张“无弃人”。有道德的人不仅能够善待善良者，而且对于不善良的人也能报之以善良。对于诚实的人，有道德的人能够报之以诚实；同时，对于不诚实的人也能报之以诚实。在有道德者看来，天下的善人不善人，善物不善物，都是有用处的。善者为师，恶者为资，即善人可以作为不善人的老师，不善人可以作为善人的借鉴。“善人者，不善人之师”，言不善人可以为善人也；“不善人者，善人之资”，言不善人之本同善人也。“善人者，继道之人，先觉者也，非强行善，乃循本然之善也。不善人，未觉者也，非本不善，未明乎善也。师者，人之模范，故先觉者是未觉者之模范也。资，质也，未觉者亦有先觉者之资质也。人皆可以为善人，特其未觉，而借先觉者觉之耳。”[1] 真正有道德的人能够以清澄本明的智慧去观照人物，认识到人各有才，物各有用。人尽其才，各因其性，“故无弃人”；物尽其用，顺物之性，“故无弃物”。他能够顺任自然以待人接物，对于善人和不善的人，都能

① 范应元：《老子道德经古本集注》，华东师范大学出版社，2010，第50页。

加以善待。特别是对于不善的人，并不因其不善而鄙弃之，相反晓之以理、动之以情，使其复归于朴。

从善待一切人的观点再进一步，老子提出了“以德报怨”的命题。人世间，由于利害冲突，人与人之间有许多恩恩怨怨。如何对待人与人之间的恩怨，大体上有三种态度。一是恩将仇报，以怨报德，现实生活中那些忘恩负义、背信弃义的人即属此类，他们是《伊索寓言·农夫与蛇》中的蛇。二是恩怨分明，以怨报怨，以德报德，亦即善有善报，恶有恶报，人待我好，我亦待人好，人待我坏，我亦待人坏，这是一般人都能够做到的。它虽比恩将仇报，以怨报德高尚，但毕竟层次不高，胸怀还不够宽宏大量。三是“以德报怨”，这是道家所推崇和主张的。老子认为真正有道德的人“常善救人，故无弃人”，因此应包容万物甚至包容仇怨，主张“以德报怨”，即以恩德回报仇怨。我不能因他人对我不好便对他人不好，相反应以自己真诚友善的举动去感化、感染和感动他人，使其改邪归正，抑恶扬善。相比以怨报怨、以德报德甚或以怨报德的人，真正有道德的人都是大公无私，不以个人恩怨为恩怨的，故能“善者，吾善之；不善者，吾亦善之”。既能以德报怨，还有何怨可言？

“以德报怨”是消解人我仇恨的一种最好方法。常言说：“冤冤相报何时了？”人类的冤冤相报，给整个人类历史蒙上了一层阴影，同时也造成了许多至今仍令人触目惊心的悲剧或灾难性后果，使人我关系充斥着硝烟弥漫的战火气息。世界上一切崇尚和平、倡导博爱的伟大理论都主张以德报怨，基督教是这样，佛教也是这样。《圣经·马太福音》说：“你们若单爱那爱你们的人，有什么赏赐呢？就是税吏不也是这样行吗？你们若单请你弟兄的安，比人有什么长处呢？就是外邦人不也是这样行吗？所以你们要完全，像你们的天父完全一样。”“天父叫日头照好人，也照歹人，降雨给义人，也给不义的人。”基督教倡导“爱你们的仇敌，为那逼迫你们的祷告”。佛祖释迦牟尼曾经说过一段偈语：“对忿怒的人，以忿怒还牙，是一件不应该的事。对忿怒的人，不以忿怒还牙的人，将可得到两个胜利。知道他人的忿怒，而以正念镇静自己，不但能胜于自己，也能胜于他人。”[①] 佛经上记载，释迦牟尼在世时曾经救治提婆达多，这个提婆达多曾经背叛和暗害过释迦牟尼，但释迦牟尼并不是以怨报怨，而是以德报怨，以慈使其乐，以悲拔其苦，以其病愈而喜，表现了一种大慈大悲大喜大舍的四无量心。佛家《法句经》认为，“在这世上，决不能以怨恨止息怨恨，唯独无怨恨才可止息，这是永恒不变的真理”[②]。冤家宜解不宜结。如果生生世世在恩怨的旋涡中翻滚，冤冤相报，你来我往，势必使整个人间鸡犬不宁，乌烟瘴气，最后两败俱伤，就像蜜蜂蜇人那样，它身上的那根刺拔出来后，自己的生命也就结束了。为什么我们不能放下过去的仇恨，去宽恕他人的过错，缓解紧张的气氛，创造一个宽容、宽厚和宽松的人际环境呢？刘少奇在《论共产党员的修养》中也主张在人民内部实行“以德报怨”，指出“对于自己的同志和兄弟能够‘以德报怨’，帮助同志改过，毫无报复之心”。在老庄道家看来，“天之道，利而不害。圣人之道，为而不争”（《老子》八十一章），天道无私，对于万物有百利而无一害，人间的处世准则也应该是给予而不是索取。体道行德的人“执左契，而不责于人”（《老子》七十九章）。左契是负债人订立的，交给债权人收执，如同今天的借据存根。古时候，刻木为契，剖分左右，各人存执一半，以求日后相合符信。责，指索取偿还，即债权人以收执的左契向负债人索取所欠的东西。有德的人就像持有借据的人那样宽裕，保存借据的存根，但是并不向人索取偿还。给而不取，合于天道，天道虽

① 转引自魏承思：《佛教与人生》，甘肃民族出版社，1991，第80页。

② 转引自魏承思：《佛教与人生》，甘肃民族出版社，1991，第80页。

毫无偏私，却常常在帮助那些有德的人。只给予人而不向人索取，人与人之间自然就会和睦融洽，此即“既以为人己愈有，既以与人己愈多”的妙用。

三、既以为人己愈有，既以与人己愈多

老庄道家多予少取的处世原则提供了调解人我己群关系的最佳范式，其精神比儒家高远，比墨家深刻，无疑是中国伦理文化的瑰宝。英国著名哲学家、伦理学家伯特兰·罗素十分欣赏和赞同道家“多予少取”“为而不争”的伦理观念，盛赞老子“生而不有，为而不恃，长而不宰”的观点。罗素明确表示：“我对老子的哲学远比对孔子的学说更感兴趣。”① 老子“生而不有，为而不恃，长而不宰”提供了一种伟大的人生目的，并造就了中国人宽容、利人和友好的民族性格。他说：“老子描述道的运行，生产而不占有，行动而不自我肯定，发展而不支配。我想，从这些话里，我们可以像善于思考的中国人那样得出人生目的的观念，而且我们必须承认，这种人生目的和大部分白种人为他们自己所树立起来的人生目的是大相径庭的。”② 在罗素看来，“最好的生活是创造性的冲动占最大的地位而占有性的冲动占最小的地位。最好的制度是能够产生最大可能的创造性和最少的适合于保全自己的占有性的那些制度”③。罗素主张发掘老子哲学的精神遗产，呼唤人人去创造爱、贡献爱并让世界充满爱，并认为这个世界是我们的世界，要把它变成天堂或地狱都在于我们，“人类的命运取决于我们自己决定去坠入苦难的深渊还是攀登上梦想不到

---

① ［英］罗素：《中国人的性格》，王正平译，中国工人出版社，1993，第 35 页。

② 何兆武、柳卸林主编：《中国印象——外国名人论中国文化》，中国人民大学出版社，2011，第 363 页。

③ ［英］罗素：《社会改造原理》，张师竹译，上海人民出版社，2021，第 236 页。

的峰巅”[①]。美国伦理学家艾·弗罗姆在《爱的艺术》一书中强调爱的本质是追求而不要占有，是给予而不是索取，并认为给永远比拿更有意义。他说：“‘给’是力量的最高表现，恰恰是通过‘给’，我才能体验我的力量，我的‘富裕’，我的‘活力’。体验到生命力的升华使我充满了欢乐。我感觉到自己生气勃勃，因而欣喜万分。‘给’比‘得’带来更多的愉快，这不是因为‘给’是一种牺牲，而是因为通过‘给’表现了我的生命力。”[②] 又说：“通过他的给，他丰富了他人，同时在他提高自己生命感的同时，他也提高了对方的生命感。他给并不是为了得，但是通过他的给，不可避免地会在对方身上唤起某种有生命力的东西。因此他的给同时也包括了使接受者也成为一个给的人，而双方都会因为唤醒了内心的某种生命力而充满快乐。在给的行为中诞生了新的东西，给和得的人都会感谢这新的力量。”[③] 弗罗姆的这一大段话是对老子“既以为人己愈有，既以与人己愈多”的注脚和生动形象的解释。的确，人类需要“生而不有，为而不恃，长而不宰”的伦理精神的，需要追求而不要占有，需要给予而不要索取的道德风范的，“只要人人都献出一点爱，世界将变成美好的人间”。道家“多予少取”的处世原则既是永恒的又是至善的。

第三节　宠辱不惊的超然境界

道家伦理思想以尊道贵德为核心，强调自知知人，多予少取，主

① ［英］罗素：《伦理学和政治学中的人类社会》，肖巍译，中国社会科学出版社，1992，第 231 页。

② ［美］弗罗姆：《爱的艺术》，李健鸣译，商务印书馆，1987，第 21 页。

③ ［美］弗罗姆：《爱的艺术》，李健鸣译，商务印书馆，1987，第 23 页。

张超越一己或小我的局限，不以个人的得失为得失，因此在荣辱观上向往一种宠辱不惊的超然境界。

一、宠辱若惊，贵大患若身

宠辱是道家哲学的重要概念，指世俗的荣宠与屈辱。世俗之人，莫不趋利而避害，是故得宠而心喜，受辱而意冷，往往产生宠辱若惊的反应或行为表现。亦如唐玄宗《老子注疏》所说："世间众生，得宠则欣喜，得辱则惊惧……辱来既惊其祸患，宠至亦惊其骄逸，其惊相若，故云是谓宠辱若惊。"宠辱是同得失密切相关的，不追求功名，不在意得失，也就不会有宠辱。古往今来，多少人在得失利害的道路上受尽宠辱的酸甜苦辣，演出一幕幕宠辱循环、恃宠而骄盈、因宠而生祸的悲剧。道家从宠辱无定的意识中得出超越宠辱、不以宠为宠不以辱为辱的结论，倡导宠辱不惊。

在老子看来，世俗之人由于得失名利之心太重，非常在意别人的感受与评价，得到别人的宠幸就扬扬自得，欣喜若狂，失去别人的宠幸就恼羞成怒，气急败坏，故在他们的心目中，"得之若惊，失之若惊"（《老子》十三章），惊与喜均以小我或一己的得失为转移，其重心在功名利禄的拥有或失去。当一个人把自己在他人面前的得宠视为无上荣耀并因此而惊喜万分的时候，那么也许可以说这份惊喜万分的感受仅仅是自己的浅薄与无知愚弄自己的结果；同理，当一个人把自己在他人面前的失宠视作奇耻大辱并因此而感到惊恐万状的时候，那么也许可以说这份惊恐万状的感受仅仅是自己的媚俗与愚昧捉弄自己的结果。宠幸本质上是主人施与奴仆、上司施与下属、长者施与晚辈的关心与爱护，接受这种关心与爱护就等于接受别人为自己安排好的被动的地位与身份，拒绝这种关心与爱护就等于拒绝做别人希望的那样的奴仆。事实上，获得这种爱只是获得一种奴仆的身份，这种获得何幸之有？失去这种爱只是失去一种奴仆的身份，这种失去又何患之有？世俗之人不知道宠辱是自找的，是以自己的人格为代价，是自己愚弄自己、自作自受后得到的结果，所以得到宠幸就惊喜万分、失去宠幸就惊恐万分。宠辱若惊表现了世俗之人失去了自我所产生的那种以别人荣辱为荣辱的蒙昧或盲从的行径。老子认为，宠幸与羞辱对于人的尊严之挫伤，人格之剥夺，并没有什么本质的区别。受辱固然损伤了个人的自尊，得宠何尝又不是损害了人格的独立完整？得宠者总把宠幸降临视为一份意外的殊荣，既已得宠，就战战兢兢地唯恐失去，于是在赐予者面前诚惶诚恐，曲意逢迎，百般奉承，因而自我人格尊严无形地萎缩下去。而一个未曾得到他人宠幸的人，在任何人面前都可傲然而立，保持自己人格独立完整。从这个角度看，得宠并不是一件光荣的事情，“宠为下”。释德清注说：“世人皆以宠为荣，却不知宠乃是辱。”又说：“宠为下，谓宠乃下贱之事也。譬如僻幸之人，君爱之以为宠，虽卮酒脔肉必赐之。非此，不见其为宠，彼无宠者，则傲然而立。以此较之，虽宠实乃辱之甚也，岂非下耶！故曰宠为下。”[①] 得宠得辱，失宠失辱，皆若惊者，本质上都是以功名利禄作为人生价值追求的产物，在意的是功名利禄的获得与失去。以功名利禄作为人生至上价值追求，往往重视外在的获得与世俗生活的富贵荣华而不重视内在精神与自我的人格完整，因此宠辱皆惊是一种极端自私自利的个人主义或利己主义。宠辱皆惊的人一旦得宠，马上就趾高气扬，反过来压迫欺凌那没有得宠的人，“被凌于人之人，旋即可以为凌人之人”[②]，孤傲骄横，俨然不可一世，甚至为虎作伥，鱼肉百姓，残害忠良；一旦失宠，马上就露出哀怜相，

① 陈鼓应：《老子注译及评介》，中华书局，2009，第 104 页。

② 梁启超：《中国积弱溯源论》，《梁启超全集》第一册，北京出版社，1999，第 416 页。

乞求主人或上司的同情、怜悯和宽恕，三拜九叩，摇尾乞怜，无所不用其极。宠辱皆惊这一道德现象滋生出如同梁启超所说的“侥幸性”（惟思用险鸷之心术，攫机会以自快一时）、“残忍性”（草薙禽狝之既久，司空见惯）、“倾轧性”（杯酒戈矛，倾刻倚伏）、“狡伪性”（非营三窟，不能自全）、“凉薄性”（一身不自保，何况恋妻子，于至亲者尚不暇爱，而遑能爱人，故仁质斫丧澌灭以至于尽也）、“苟且性”（知我如此，不如无生，暮不保朝，假日偷乐，人人自危，无复远计，驯至与野蛮人之不知将来者无以异也）等种种恶状，造成“知小我而不知有大我”“谁知事事处处依赖”“各各放弃其责任”等国民劣根性，人们“不知群之物为何物，群之义为何义也，故人人心目中，但有一身之我，不有一群之我。……于是四万万人，遂成为四万万国焉。亡此国而无损于我也，则束手以任其亡，无所芥蒂焉；甚至亡此国而有益于我也，则出力以助其亡，无所惭怍焉”。宠辱皆惊的人卑怯地苟活着，想的是怎样偷生、献媚、弄权，怎样用瞒和骗造出奇妙的逃路来。

《庄子·列御寇》说了一则舐痔得车的寓言。宋国有个叫曹商的人，替宋王出使秦国。他刚到秦国，秦王就赏给他几辆车子；后来秦王很喜欢他，加赐他一百辆车子。曹商得意地返回宋国，见到庄子趾高气扬地说：“住在穷街陋巷，贫困得靠编织草鞋过日子，脖颈干瘪，面黄肌瘦，这是我不如你的地方；可是说服大国的君主，因而得到一百辆车子跟随着，这是我比你高明之处。”庄子回答说：“我听说秦王有病召请医生，凡是能破脓化疖的，可得车一辆；凡是能够用舌头去舔痔疮的，可得车五辆。治病的手段越下作，得到的车也就越多。你大概舔过秦王的痔疮吧！要不你怎么会得到那么多车子呢？”这则寓言通过塑造舐痔者的形象，辛辣地讽刺了宋人曹商攀附权贵、热衷利达的行为。曹商使秦，得车百乘，可谓宠矣，于是乎以得胜者的姿态嘲笑庄子的“贫困”和“无能”，那种小人得志式的傲慢，那种恃宠而荣的神态，可谓惟妙惟肖。庄子受贬损嘲笑，可他没有发作，而是信手拈来，顺手一击，一则舐痔得车的寓言，就把曹商奚落得无地自容。

二、及吾无身，吾有何患

在道家看来，“道”本来就不在乎仁义礼智之类的小小德行，“德”本来就不在乎辨是非真伪之类的小智小识。小识有损于“德”，小行有伤于“道”。所以说，自己履行正道就是了，乐全天性就叫快乐自适。古时所谓快乐自适，并非指荣华富贵，而是指无以复加的内心快乐。今日所谓快乐自适，不过是荣华富贵而已。荣华富贵在身，并不是本性真命的东西，而是外物的暂时寄放。凡是暂时寄放的东西，来了不能拒绝，去了也不能阻止。所以有道的人不因为自己的官爵显赫或拥有荣华富贵就放纵自己的心志，不因为自己的地位寒微或贫穷困苦就贬低自己的身份，两种情况都同样快乐，这样才能身居显贵而无所忧虑，身处困境也无所烦愁。为外物而丧失自己，因世俗而丧失天性的人，便是不分轻重、本末倒置的人。庄子认为，真正有道德的人，“不利货财，不近贵富；不乐寿，不哀夭，不荣通，不丑穷；不拘一世之利以为己私分，不以王天下为己处显”。“虽以天下誉之，得其所谓，謷然不顾；以天下非之，失其所谓，傥然不受。天下之非誉，无益损焉。”（《庄子·天地》）真正有道德的人不孜孜贪恋货财，也不追求高官厚禄；不因生命长寿而快乐，也不因英年早逝而悲哀；不以心想事成为荣耀，也不以穷愁潦倒为羞辱；不搜刮世间的利益据为己有，不以称王于天下而显威风。他能够超出于世俗的毁誉宠辱，这种人，天下的非议或赞誉，对他都毫无影响，“且举世誉之而不加劝，举世非之而不加沮”（《庄子·逍遥游》），亦即全世界的人都赞扬他，他也不感到激动兴奋，全世界的人都批评抨击他，他也不感到沮丧难过。

在老庄看来，真正有道德的人是那些宠辱不惊的人，亦即超越于世俗的是非毁誉宠辱的人，是那些做自己心灵和情感的主人的人。老子说：“宠辱若惊，贵大患若身。何谓宠辱若惊？宠为下，得之若惊，失之若惊，是谓宠辱若惊。何谓贵大患若身？吾所以有大患者，为吾有身，及吾无身，吾有何患！故贵以身为天下，若可寄天下；爱以身为天下，若可托天下。”（《老子》十三章）道家教人注重内心的修养，坚定自己的品格，做到世情的毁誉不足以动其心，身外的荣辱不足以摇其志，甚且连生死都要置之度外，就更无所谓荣宠祸患了，必须是这样的人，才可以将天下的重任交给他。意即只有无私无畏的人才能真正担当起治理天下和导引天下的大任。这里体现出道家大公无私、利济天下的道德主张。

三、以身为天下，若可寄天下

道家宠辱不惊的道德学说是一种置重大我和超我，主张为天下人谋福利的崇高的道德学说，同时也是一种特立独行的，主张保守本真自我的精湛的道德学说，它既可以福惠天下，利济万民，推动整个社会的道德进步，也可以充实自我，调节身心，促进自我的全面发展和完善。东汉著名思想家王符指出，“富贵未必可重，贫贱未必可轻”（《潜夫论·交际》），“处隶圉不足以为耻，抚四海不足以为荣”，“宠位不足以为尊我，而卑贱不足以为卑己”（《潜夫论·论荣》），“有勋德于民而谦损者，未尝不光荣也”（《潜夫论·遏利》）。王充在《论衡·自纪篇》说，他“不好徼名于世，不为利害见将。……见汙伤不肯自明，位不进亦不怀恨。贫无一亩庇身，志佚于王公；贱无斗石之秩，意若食万钟。得官不欣，失位不恨。处逸乐而欲不放，居贫苦而志不倦”。《新唐书·卢承庆传》云：“初，承庆典选，校百官考。有坐漕舟溺者，承庆以‘失所载，考中下’，以示其人，无愠也。更曰‘非力所及，考中中’，亦不喜。承庆嘉之曰‘宠辱不惊，考中上’。其能著人善类此。”宋代范仲淹在《岳阳楼记》中写道：“至若春和景明，波澜不惊……登斯楼也，则有心旷神怡，宠辱偕忘，把酒临风，其喜洋洋者矣。”范仲淹推崇“不以物喜，不以己悲”的精神，倡导乐以天下，忧以天下。明代冯梦龙《警世通言·俞伯牙摔琴谢知音》讲述了这样一个故事：楚人钟子期本是老庄道家信徒，隐居于荒山野郊，以打柴为生。初见晋国大臣俞伯牙，伯牙全无客礼，大笑道：“山中打柴之人，也敢称‘听琴’二字。”可是钟子期受辱不惊，平静地说：“大人出言谬矣！岂不闻‘十室之邑，必有忠信’‘门内有君子，门外君子至’。大人若欺负山野中没有听琴之人，这夜静更深，荒崖下也不该有抚琴之客了。”后来经过沟通了解，俞伯牙对钟子期刮目相看，与子期施宾主之礼，连呼：“失敬！失敬！”子期亦不欢悦。“子期宠辱无惊，伯牙愈加爱重。”后以兄弟相称，结为知音挚友。明代洪应明著《菜根谭》一书，书中也十分欣赏老庄道家的“宠辱不惊”，他认为“隐逸林中无荣辱，道义路上无炎凉”，一个人“此身常放在闲处，荣辱得失谁能差遣我；此心常安在静中，是非利害谁能瞒昧我”，“宠辱不惊，闲看庭前花开花落；去留无意，漫随天外云卷云舒”。吕坤《呻吟语》更有“我身原无贫富贵贱得失荣辱字，我只是个我，故富贵贫贱得失荣辱如春风秋月，自去自来，与心全不牵挂，我到底只是个我，夫如是，故可贫可富可贵可贱可得可失可荣可辱。今人惟富贵是贪，其得之也必喜，其失之也如何不悲？其得之也为荣，其失之也如何不辱？”之语，可见老庄道家“宠辱不惊”思想的影响。

在西方，也有许多伦理学家推崇“宠辱不惊”。亚里士多德认为，一个真正有道德的人“既不会由于好运而过分喜悦，也不会因为厄运而过分痛苦”[①]。斯多葛派从主要的善就是以一种顺从自然的方式生活的观点出发，认为荣耀与不荣耀都不是可取的，他们“把荣耀与不荣耀同等看待”[②]。奥古斯丁指出，对荣誉的欲望会使人既用正确的方法，也用欺骗和诡计来获得它，以希望在自己死后有一个虔诚的形象。“对于有德性的人来说，鄙视荣誉是一个伟大的美德。”[③] 阿奎那认为，荣誉不是德性的报酬，高尚的工作不是为了荣誉。如果人们为荣誉而工作，它便不是德性，而是野心。莎士比亚借剧中人物之口说出，“名誉是一件无聊的骗人的东西；得到它的人未必有什么功德，失去它的人也未必有什么过失”[④]。帕斯卡尔辛辣地嘲讽宠辱皆惊的荒谬性，他说，荣誉，从人的幼年起就在腐蚀一切人，“我们是如此之狂妄，以至于我们想要为全世界所知，甚至于为我们不复存在以后的来者所知；我们又是如此之虚荣，以至于我们周围的五六个人的尊敬就会使得我们欢喜和满意了”。“我们不肯使自己满足于我们自身之中和我们自己的生存之中所具有的那个生命。我们愿望能有一种想象的生命活在别人的观念里；并且我们为了它而力图表现自己。我们不断地努力在装扮并保持我们这种想象之中的生存，而忽略了真正的生存。”[⑤] 卢梭、康德、爱默生等人亦极力推崇宠辱不惊，向往一种超然达观的人生境界，由此可见，人类为了更好地拥有自我和发展自我，需要一种不以个人的荣辱为荣辱的博

① ［美］艾德勒、范多伦编：《西方思想宝库》，吉林人民出版社，1988，第 121 页。
② 北京大学哲学系编：《古希腊罗马哲学》，商务印书馆，1961，第 376 页。
③ ［美］艾德勒、范多伦编：《西方思想宝库》，吉林人民出版社，1988，第 126 页。
④ ［美］艾德勒、范多伦编：《西方思想宝库》，吉林人民出版社，1988，第 129 页。
⑤ ［法］帕斯卡尔：《思想录》，何兆武译，商务印书馆，1986，第 74-75 页。

大精神，需要一种不因个人的荣宠羞辱而惊动不已的宁静心态。明末清初伟大思想家王夫之认为，“君子贞其常以听变，非望之福不以宠，非望之祸不以惊，优游于变化之至”[①]。“宠不惊而辱不屈者”，君子之德也。一个人只有执常迎变，斟酌损益，“以立一成纯之局而酌所以自处”[②]，才能不为世所颠倒，才能泊然于生死存亡而不失其度，历乎无穷之险阻而不丧其所依，才能“功配天地而不矜，名满万世而不争”[③]。王夫之主张，“毋以箪豆竿牍为恩怨，毋以妇人稚子之啼笑、田夫市贩之毁誉为得失”，“当世之是非、毁誉、去就、恩怨，漠然于己无与，而后俯临乎流俗污世而物莫能撄”[④]。对那些“吉来则惊，往则忧；凶往则幸，来则患”[⑤] 的宠辱皆惊之辈，王夫之表示了极大的鄙弃，认为这种人是道德的败类。他向往和称颂那种“何所羁络，何所拘执?”“潇洒安康，天君无系。亭亭鼎鼎，风光月霁”的新人，认为他们“惟其超越，是以和易。光芒烛天，芳菲匝地”[⑥]。宠不惊而辱不屈，是新人的重要特征。正因为宠不惊而辱不屈，他们“居不以苟安为土，纤芥毫毛之得失，皆信其必至；动不以非常为怪，仓卒倒逆之祸福，一听其自然。信其必至，故度务之智深；听其自然，故敦止之仁壹。智深而必无少见多怪之惊，仁壹而必无周旋却顾之私。则可安可危，而志不可惑也；可生可死，而气不可夺也”[⑦]。在王夫之看来，一个人能达到宠不惊而辱不屈的境界，就会处顺境不侥幸，处逆境不悲观，同时也能“保天心以立人极”，对人类作出较大的贡献。

---

① 王夫之：《周易外传》卷五，《船山全书》第一册，岳麓书社，2011，第 1021 页。
② 王夫之：《俟解》，《船山全书》第十二册，岳麓书社，2011，第 486 页。
③ 王夫之：《周易外传》卷四，《船山全书》第一册，岳麓书社，2011，第 954 页。
④ 王夫之：《俟解》，《船山全书》第十二册，岳麓书社，2011，第 483 页。
⑤ 王夫之：《周易内传》卷五，《船山全书》第一册，岳麓书社，2011，第 589 页。
⑥ 王夫之：《示子侄》，《船山全书》第十各个册，岳麓书社，2011，第 145 页。
⑦ 王夫之：《周易外传》卷五，《船山全书》第一册，岳麓书社，2011，第 994 页。

第四节　恬淡如水的交友之道

从“生而不有，为而不恃，长而不宰”的处世原则和对“宠辱不惊”的超然境界的推崇出发，在交友之道上，老庄等道家人物提出了“君子之交淡如水”的命题，丰富和发展了中华友道文化。

一、君子之交淡如水

人是需要朋友的。弗朗西斯·培根说：“缺乏真正的朋友乃是最纯粹最可怜的孤独；没有友谊则斯世不过是一片荒野”①。法国著名作家莫罗阿认为：“我们已看到，家庭啊，爱情啊，都不容我们的思想与情操全部表现出来，凡是我们心中最关切的事情，在家庭和爱情中都不能说。在家庭里，因为我们和它的关系是肉体的，非精神的，人们爱我们也太轻易了；在爱情中，则除了那些懂得从爱情过渡到友谊的人之外，两个相爱的人只是互相扮演着喜剧，各人所扮的角色也太美满了，不容真理的倾吐。……而凡是不说出来的东西，都能毒害太深藏的心灵，有如包藏在伤口下面的外物能毒害肉体的组织一般。我们需要谈话，需要倾诉，需要保存本来面目，并不像在家庭或爱情中徒在肉体方面的随心所欲，而尤其需要在智慧与精神方面能适心尽意。在向着一个心腹者倾诉的当儿，我们需要澄清秘密的情操与胸中的积愤；这知己将成为我们的顾问，即使他不愿表示意见，也能使这些秘密的怨恨变得较有社会性。因此我们在爱情之外应另有一种

① ［英］培根：《培根论说文集》，水天同译，商务印书馆，1983，第95页。

关系，在家庭之外应另有一个团体。这另一个团体便是和我们能自由选择的一个人的友谊或是和一个现在的或往昔的大师的默契。”[①] 如果说培根是以友谊的作用及其在人生中的地位来强调人对朋友的需要，那么莫罗阿则是以人的沟通需要和情感宣泄需要以及保存本来面目的需要来突出朋友对于人生的作用与价值。友谊是亲情、爱情所无法取代的人的最本质的社会性需要。人不能没有朋友，如古希腊伊壁鸠鲁所说：“最善于应付对外面敌人的恐惧的是尽量交友。”“在智慧提供给整个人生的一切幸福之中，以获得友谊为最重要。”[②]

那么，究竟该如何择友和交友呢？儒家孔子主张以德交友，以友辅仁，并把友区分为益友和损友两大类，他说：“益者三友，损者三友。友直，友谅，友多闻，益矣。友便辟，友善柔，友便佞，损矣。”（《论语·季氏》）告诫人们应当交益友，不要交损友。孟子把朋友关系列为五伦之一，倡导朋友有信，认为“友也者，友其德也”（《孟子·万章下》）。

道家庄子把朋友之交区分为君子之交与小人之交，认为“君子之交淡若水，小人之交甘若醴；君子淡以亲，小人甘以绝”（《庄子·山木》）。君子之间的交情清淡得像水一样，小人之间的交情甘饴如甜酒一样。可是，君子间的交情虽然清淡但是亲切，小人间的交情虽然甘甜但容易断绝。这是为什么呢？这是因为君子之间的交往是一种自然的交往，因此可谓是一种德交；小人之间的交往则是一种人为的交往，因此可谓是一种利交或势交。“夫以利合者，迫穷祸患害相弃也；以天属者，迫穷祸患害相收也。夫相收之与相弃亦远矣。”（《庄子·山木》）以利相交结的，遇到危窘祸患时就相互遗弃；以天性自然

① ［法］莫罗阿：《高格调的幸福　莫罗阿论人生五大问题》，傅雷译，北京理工大学出版社，2023，第 57 页。

② 周辅成编：《西方伦理学名著选辑》上卷，商务印书馆，1964，第 96-97 页。

相往来的，遇着窘迫祸患时就互相接纳认同。可见，相弃与相留之间确有天壤之别。君子之交是“德”或“道”的结合，这种关系之所以不必以酒肉甘醴去维系，完全是由于这是一种由自然或天然维系的交情关系，它虽清淡却自然亲切。小人之交是势与利的交换，所以必须以利益去维系。即便有时看起来亲密至极，形影不离，但是一旦穷祸患害迫近，就必然互相抛弃。因为前者是信念、品德的结合，而品德、信念往往能够久而弥坚；后者是势利或利害的结合，而人在利害关头就会趋利避害。

在老庄道家看来，道本自然，德依天成，合乎自然质朴、恬淡清纯就是合乎道德。自然质朴、恬淡清纯既是道德的内在本质，也是宇宙人生的常态。淡中有真味，清中见真色。人与人相处，贵在自然质朴，恬淡清纯，一切人为的虚情假意、矫揉造作均是违反自然的，也是违反道德的。庄子说：“泉涸，鱼相与处于陆，相呴以湿，相濡以沫，不如相忘于江湖。”（《庄子·大宗师》）泉水干了，鱼儿一起被困在陆地上，用湿气互相嘘吸，用口沫互相湿润，倒不如在江湖中彼此相忘。“相濡以沫”虽然看起来很感人，但却伴随着死亡的迫在眉睫的威胁，伴随着对天性的戕害和不自由。“相忘于江湖”看起来似乎冷漠不道德，然而却更符合鱼的天性，使它能尽享天年，逍遥自在，这是一种真正的道德境界。“鱼相造乎水，人相造乎道。相造乎水者，穿池而养给；相造乎道者，无事而生定。故曰：鱼相忘乎江湖，人相忘乎道术。”（《庄子·大宗师》）鱼儿们应该生活在水里，人应该去追求“道”。鱼在水中生活，给它挖个池子也就够了；人追求“道”，泰然无事而性命自适。所以说，鱼游于江湖就忘记了彼此，人游于道术之中就忘记了相互之间的种种牵扯。有道德的人顺其自然，不用心智去损害“道”，不用人为去改造或扭曲自然，事情来了就欣然接受，事情去了也无所牵挂，故心胸开阔而不虚华，精神高远而不茫然，成功时并不怎么高兴，困厄穷窘时亦不怎么悲观。依此精神风范待人交友，就不会因朋友的通达富贵而趋之若鹜，喜形于色，也不会因朋友的贫贱寒微而弃之如敝屣，反目相向，不会与朋友争利竞功，也不会与朋友谋富求贵。因此，其交情纯任天性，依乎自然。既无浓情蜜意、甜言蜜语之热烈造作，亦无人情冷暖、世态炎凉之冷漠仇恨。在有道德的人看来，智巧是灾孽，誓约是束缚，恩惠不过是低级的交际手段，机巧是商贾的行径。他们不用思虑图谋什么，哪里还用得着什么智巧？顺应自然，哪里还用约束？浑然无缺，哪里还用得着外显德行或施予恩惠？不求利益，哪里还用得着讨价还价？不忻忻于友情，因此不必信誓旦旦，仗义而为；无所谓失去朋友，因此不必用德行去引诱。

有道德的人为人处世，“其于人也，乐物之通而保已焉；故或不言而饮人以和，与人并立而使人化”（《庄子·则阳》）。有道德的人“之爱人也，人之与名，不告则不知其爱人也。若知之，若不知之，若闻之，若不闻之。其爱人也终无已，人之安之亦无已，性也”（《庄子·则阳》）。有道德的人爱别人就像润物无声的春雨一样，别人知道也罢，不知道也罢，感谢也罢，不感谢也罢，他对别人的爱是没有完的，人们安于被爱也是没有完的，这是有道德的人的本性。有道德的人以德为友，四海之内皆朋友，所以“无所甚亲，无所甚疏，抱德炀和，以顺天下”（《庄子·徐无鬼》）。既然以德交友，就不可能有特别的亲疏，也不需要厚此薄彼，所以他并不特别亲近谁，也不特别疏远谁，而是修养德性、培养和气以顺应天下。

二、小人之交甘若醴

小人之交建立在势利的基础之上，虽甘美像甜酒一样，但一旦发生利害冲突，交情马上断裂。这也就是人们常说的“以势交者，势尽则疏，以利交者，利尽则散”。小人之交包括多种类型，梁代刘峻在《广绝交论》一文中将其分为势交、贿交、谈交、穷交、量交五种。所谓势交即是见人有势而卖身投靠的交往，即是一种以朋友作为政治上靠山，并甘愿追随左右，不惜为虎作伥的交往，而另一方也是为了扩充权势，寻找伙伴或代言人而与之交往。这种交往，一方是想借重他人势力为自己助威，另一方则是想借助他人为自己扩大势力范围，各取所需，互相利用，甚至狼狈为奸，沆瀣一气。“若其宠钧董、石，权压梁、窦，雕刻百工，炉捶万物，吐漱兴云雨，呼噏下霜露。九域耸其风尘，四海叠其熏灼，靡不望影星奔，藉响川骛。鸡人始唱，鹤盖成阴，高门旦开，流水接轸。皆愿摩顶至踵，隳胆抽肠，约同要离焚妻子，誓殉荆卿湛七族。是曰‘势交’，其流一也。”[①] 如受宠超过董、石，权势压倒梁、窦，一切由他专断。吐漱能生云雨，呼吸可降霜露。九州惧其扬起灰尘，四海怕其炙手可热。无不望影而逃，快如流星，闻声奔命，急如流水。鸡人刚一报晓，来访车盖成荫，大门早晨刚开，客人车水马龙。皆愿磨破头擦破脚，毁胆断肠，誓像要离焚烧妻子，像荆轲沉没七族那样表忠心。这叫势交，是利交的第一种。势交的利害性极强，常常有一方为了这种交往要付出惨重的代价。所谓贿交是指以贿求富或收贿而赐富的交往，一方行贿一方

① 刘峻：《广绝交论》，《古文鉴赏辞典 魏晋 南北朝》，上海辞书出版社，2021，第669页。

受贿而达成攻守同盟，互相包庇，共同分享某一种通过鱼肉百姓而获致的利益。“富埒陶、白，赀巨程、罗，山擅铜陵，家藏金穴，出平原而联骑，居里闬而鸣钟。则有穷巷之宾，绳枢之士，冀宵烛之末光，邀润屋之微泽。鱼贯凫跃，飒沓鳞萃。分雁鹜之稻粱，沾玉斝之余沥。衔恩遇，进款诚，援青松以示心，指白水而旌信。是曰‘贿交’，其流二也。”① 如财富等同陶、白，巨资可比程、罗，个人独占铜矿，家财俗称金穴。出外并辔联骑，居家鸣钟奏乐。而穷巷之宾，蓬门之士，希望得到富人夜灯之余光，暖屋之微热，鱼贯雀跃，多如鳞集，欲分享饲禽之稻谷，沾舔玉杯之残酒。接受恩惠，进献忠心，用青松表示坚贞，指白水发下誓言。这叫贿交，是利交的第二种。贿交本质上是一种因物质利益和贿赂而建立起来的交情，利害相关，常为不可告人之目的实现的一种方式。所谓谈交是指一方因倾慕能言善辩者、另一方借倾慕者炫耀自身而建立起来的以语言为媒的人际交往。一些人对动听的言词、侃侃而谈的辩才具有一种由衷的倾慕与向往，而另一些人对倾慕自己口才之士也有一种特殊的偏好，双方一拍即合，遂成谈交。“陆大夫宴喜西都，郭有道人伦东国，公卿贵其籍甚，搢绅羡其登仙，加以敛颐蹙频，涕唾流沫，骋黄马之剧谈，纵碧鸡之雄辩。叙温郁则寒谷成暄，论严苦则春丛零叶。飞沈出其顾指，荣辱定其一言。于是有弱冠王孙、绮纨公子，道不挂于通人，声未遒于云阁，攀其鳞翼，丐其余论，附驵骥之旄端，轶归鸿于碣石。是曰‘谈交’，其流三也。”② 平时人们描述的那种夸夸其谈、好高骛远、口若悬河或纸上谈兵之士的交往，即属谈交。所谓穷交即是那些

① 刘峻：《广绝交论》，《古文鉴赏辞典 魏晋 南北朝》，上海辞书出版社，2021，第669页。

② 刘峻：《广绝交论》，《古文鉴赏辞典 魏晋 南北朝》，上海辞书出版社，2021，第669-670页。

身处困穷之境的人们因同病相怜而建立起来的交往，白居易说的“同是天下沦落人，相逢何必曾相识”即属于穷交。“阳舒阴惨，生民大情；忧合欢离，品物恒性。故鱼以泉涸而煦沫，鸟因将死而鸣哀。同病相怜，缀河上之悲曲，恐惧寘怀，昭《谷风》之盛典。斯则断金由于湫隘，刎颈起于苫盖。是以伍员濯溉于宰嚭，张王抚翼于陈相。是曰‘穷交’，其流四也。”[①] 穷交如同人们所讲的“人在屋檐下，不得不低头”，是一种在没有办法的情境下的交往，一旦条件发生变化，这种交情即会不复存在。所谓量交是一种建立在经过计算度量后彼此都觉得交往对双方都有好处基础之上的交情。“驰骛之俗，浇薄之伦，无不操权衡，秉纤纩。衡所以揣其轻重，纩所以属其鼻息。若衡不能举，纩不能飞，虽颜冉龙翰凤雏，曾、史兰薰雪白，舒、向金玉渊海，卿、云黼黻河汉，视若游尘，遇同土梗。莫肯费其半菽，罕有落其一毛。若衡重锱铢，纩微影撇，虽共工之蒐慝，驩兜之掩义，南荆之跋扈，东陵之巨滑，皆为匍匐逶迤，折枝舐痔，金膏翠羽将其意，脂韦便辟导其诚。故轮盖所游，必非夷、惠之室，苞苴所入，实行张、霍之家，谋而后动，毫芒寡忒。是曰‘量交’，其流五也。”[②] 量交即是一种十分功利主义的交情，“利在则亲，利尽则疏，有利则来，无利则去”。最能反映出这种“事态有冷暖，人面逐高低”的量交状貌，是战国时代翟公的故事。据《史记·汲郑列传》说：“夫以汲、郑之贤，有势则宾客十倍，无势则否，况众人乎？下邽始翟公为廷尉，宾客阗门，及废，门外可设雀罗。翟公复为廷尉，宾客欲往，翟公乃大署其门曰：‘一死一生，乃知交情。一贫一富，乃知交态。一贵一贱，交情乃见。’”在刘峻看来，无论是势交、贿

① 刘峻：《广绝交论》，《古文鉴赏辞典 魏晋 南北朝》，上海辞书出版社，2021，第670页。

② 刘峻：《广绝交论》，《古文鉴赏辞典 魏晋 南北朝》，上海辞书出版社，2021，第670页。

交，还是谈交、穷交，亦或是量交，其本质都是一种“利交”，同老庄所推崇的那种君子之交有着根本的区别。“凡斯五交，义同贾鬻，故桓谭譬之于阛阓，林回喻之于甘醴。夫寒暑递进，盛衰相袭。或前荣而后悴，或始富而终贫，或初存而末亡，或古约而今泰。循环翻复，迅若波澜。此则徇利之情未尝异，变化之道不得一。……因此五交，是生三衅：败德殄义，禽兽相若，一衅也；难固易携，仇讼所聚，二衅也；名陷饕餮，贞介所羞，三衅也。古人知三衅之为梗，惧五交之速尤，故王丹威子以槚楚，朱穆昌言而示绝，有旨哉！有旨哉！”[①] 小人之交以利为目的，故逐名趋势，有利则独专而不相分，有害则苟免而不相恤，或憎爱异心，或盛合衰离，或见利忘信，或热来冷去，故常呈炎凉之世态，冷暖之人情。小人之交于人于己都没有什么好处，它不仅使人失其本真之性、丧其本然之情，而且伤情害身，伤风败俗，造成道德的堕落。

三、君子淡以亲，小人甘以绝

道家恬淡如水的交友之道在中国历史上影响极为深远，千百年来一直是中国人所向往的朋友之道。唐代诗人王勃说：“古之君子，重神交而贵道合者。以其得披心胸而尽志义也。是以叔牙苟在，管仲分多而不贪，无知尚存，陈平受谤而非罪。何则？达其趣者，能申其迹，收其大者，能让其细也。”（《上郎都督启》）宋代著名诗人辛弃疾也指出：“味甘终易坏，岁晚还知，君子之交淡如水。”（《洞仙歌·丁卯八月病中作》）明代方孝孺说：“君子淡如水，岁久情愈真；小人口如蜜，转眼如仇人。”（《逊志斋集》）朱舜水在《答野节》一文中指出：“朋友

① 刘峻：《广绝交论》，《古文鉴赏辞典 魏晋 南北朝》，上海辞书出版社，2021，第670页。

之道，德业相长为本，饮食燕行其末也；质诚款洽为良，虚恢文饰其敝也。即如饮食有则八珍可罗，无则瓜瓠之羹，疏粝之饭可以共饱。主不必以烹葱煎韭为惭，宾不必为馔玉浆琼而作，是所谓素交也，是所谓质任自然也。素质自然，可久之道也。仆平生交友不多，然而数十年之久，死生贵贱贫富不少渝者，用此道耳。至若望霓时雨，瑜则岂敢，瑜则岂敢！”洪应明在《菜根谭》中也十分推崇君子之交，他说：“桃李虽艳，何如松苍柏翠之坚贞；梨杏虽甘，何如橙黄桔绿之馨冽？信乎！浓夭不及淡久，早秀不如晚成也。”又说：“风恬浪静中，见人生之真境；味淡声希处，识心体之本然。”“幽人清事总在自适，故酒以不劝为欢，棋以不争为胜，笛以无腔为适，琴以无弦为高，会以不期约为真率，客以不迎送为坦夷，若一牵文泥迹，便落尘世苦海矣！”朋友之交为什么要以淡为贵，这完全是因为“浓处味常短，淡中趣独真”。此外，浓烈常因私意起，恬淡每从无私生，以无私之心交友，才能够不把朋友视为达到某种私利之目的的工具，才能够促成一种深层次的沟通，成为知心、知己或知音。所以人类社会生活中真正的知心朋友是那些超越了世俗的功利层次的君子之交。老庄道家恬淡如水的交友之道无疑是中华友道伦理文化的精华，值得我们在新的历史时期继承并发扬光大。

第五节　返璞归真的人格理想

《老子》一书多处谈到圣人，如“圣人后其身而身先，外其身而身存”，“圣人为腹不为目”，也提到了“大丈夫”，如“大丈夫处其厚不居其薄，处其实不居其华”，《庄子》一书谈到了“天人”“神人”“真人”“圣人”等。《庄子·天下》指出：“不离于宗，谓之天人。不离于精，谓之神人。不离于真，谓之至人。以天为宗，以德为本，以道为门，兆于变化，谓之圣人。以仁为恩，以义为理，以礼为行，以乐为和，薰然慈仁，谓之君子。”《庄子・大宗师》专门谈到了“真人”的人格特质，认为真人神情巍峨而不矜持，态度安闲自然、特立超群，襟怀宽阔虚空；容颜和悦，令人想要接近；与人交往德性宽和，让人乐于归依；气度恢宏如天地般宽广。高放自得从不受什么限制，绵邈深远好像要封闭自己，心不在焉的样子又好像忘记了要说的话。真人所偏好的始终如一，所嫌憎的也始终如一。而且能够将所好和弗好等同起来看待。“真人”能做到“天”“人”不分，因而“真人”能做到“无人”“无我”。“真人”的精神境界就是“道”的形象化。应该说，道家的理想人格即是返璞归真、保守天真的“真人”或“圣人”。

一、含德之厚，比于赤子

老子视赤子境界为道德的理想境界，主张复归于婴儿，认为“含德之厚，比于赤子”，德量丰富深厚的人，莫过于赤子。赤子无知无欲，纯然天真，纯洁无瑕，质朴清纯，未受人世情欲污染。他天真自然，“常德不离”，等到赤子长大成人，耳目为外物所诱，心旌为私欲所摇，识见为名利所夺时，则原来的纯性至德、天真率直、素朴清纯就日渐丧失了。

“载营魄抱一，能无离乎？专气致柔，能婴儿乎？”（《老子》十章）专一而饱满的生命状态，是婴儿的第一个特点。营魄即魂魄，古人以为，魂主宰精神，魄控制形体。修身，就是要让它们好像抱在一块儿，和谐又平衡。形体与精神不分离，精气神都很专一，恰似诞生之初的婴儿，饱含着生命力。“众人熙熙，如享太牢，如春登台。我独泊兮其未兆，如婴儿之未孩，儽儽兮若无所归。”（《老子》二十章）沉静而整全的精神状态，是婴儿的第二个特点。外在生命的饱满，其根源在于内在精神的整全，兆是微小的裂隙，是整全的反面。常人熙熙攘攘，为利往来，像是吃大宴、赏春光般兴高采烈，过后往往会陷入空虚和无聊的状态中，倒不如独守淡泊，别让外在的刺激带跑了心神，要学那还不会笑的婴儿，自个儿哭号，仿佛无所归趣，实则正是回向内心宁静的角落。“知其雄，守其雌，为天下谿。为天下谿，常德不离，复归于婴儿。”（《老子》二十八章）不与外界紧张对立，是婴儿的第三个特点。在自身状态与世间种种刺激的对比中，我们将深知何为雄强、何为雌伏，自守柔顺，就能像溪谷汇聚水流一般，使常德不会离失。“含德之厚，比于赤子。蜂虿虺蛇不螫，猛兽不据，攫鸟不搏。骨弱筋柔而握固，未知牝牡之合而全作，精之至也。终日号而不嗄，和之至也。知和曰常，知常曰明，益生曰祥。心使气曰强。物壮则老，谓之不道，不道早已。”（《老子》五十五章）德行深厚之人，犹如初生婴孩：毒虫不蛰咬他，猛兽不扑抓他，凶禽不袭击他。他筋骨柔弱却拳头紧握，不懂男女之事却自然勃动，这是精气充沛到极致的表现；终日啼哭却不嘶哑，这是元气淳和的至高境界。懂得“和”的奥妙就接近恒常之道，领悟恒常之道才算真正的明达。刻意养生反而招致灾殃，用心智驱使血气就是逞强。万物盛极而衰，强求壮盛便违背大道，违道者必早亡。从修身推广到治天下，“圣人在天下歙歙，为天下浑其心，圣人皆孩之”。圣人治理天下时收敛私欲，使天下人的心灵归于浑朴。圣人始终像对待婴孩般呵护百姓，破除机心巧智，引导众生回归本真。他消解善恶分别，使民心复归纯真如赤子；消除利害计较，让社会重归自然和谐。这种“浑心”之境，正是道家

“无为而治”的最高体现——不是强制规范，而是通过自身德性感召，使万物自化于无形。

老子认为，现存的仁义道德是背离大道的产物，世俗道德的产生是道德退化和道德堕落的象征，因此为了拯救人类社会的道德，必须从根本上遏制道德退化和道德堕落，必须致力于道德上的复归，即从道德之名复归到未经人为制作的“恒德”状态。老子主张绝仁弃义、绝圣弃智、绝巧弃利，认为抛弃世俗的聪明和智巧，人民就可以得到百倍的好处，抛弃世俗的仁爱和道义，人民就可以恢复孝慈的天性，抛弃巧诈和货利，盗贼就会自然消失。老子认为世间的圣智、仁义、巧利这三者全是人为和巧饰的东西，用它们来治理天下只会使天下越治越乱，造成人心的困惑，使社会陷入功利主义和虚伪主义的泥坑。有鉴于此，老子主张弃绝世俗的功名利禄和人为的伦理道德，使人类的心智和道德复归到朴素自然、纯洁无瑕的状态。

道家视朴素清纯为道德的原初状态或理想状态，认为道德的本质或内在规定性是朴实无华的。在老子看来，“朴”是未遭污染和破坏的纯洁状态，也是贯穿道德运行和道德活动过程中一种向回复生命原初纯真状态的努力，一种保持醇厚和真实的自然倾向。老子说：“常德乃足，复归于朴。”（《老子》二十八章）“常德”指普遍永恒的德。常德充足是与质朴真率密切联系在一起的。朴，指未加工修造的木质，引申为自然事物的本色或未遭到破坏的纯真本性，与未琢成玉的“璞”同义，玉未琢曰璞，木未雕曰朴。从道德上说，“朴”指未受到人欲或私欲障蔽的本然天性，是不含私心杂念的醇厚、圣洁天性。道家说“朴”，是与“欲”相对而言的，“朴”是欲念未起的天真，“欲”则是冲破天真而生的私念。人能永远持守素朴的本性或复归素朴的境界，自然就会少私寡欲。即使天真已经动摇，人如果能像涤除镜子上的尘埃一样涤除情欲，仍然可以复归于朴。朴与欲互为消长，此多一分，彼则少一分，欲念大作的时候，当“镇之以无名之朴”；而为民望者，苟能以清静自持，人民将相率从风，归到纯朴的地位。“朴”好像是一盆清水，常保持澄然不动，自然没有外物掺杂进来。“朴”作为事物的本色和人的本然天性，与“道”同质，它本身就是“道”的表征。人类离不开“道”并需要“朴”，只有掌握自己生活于其中的世界的根本，理解自己生活于其中的世界的万事万物都是从“道”中衍生出来的，并以“德”作为养料，进而觉悟道德是与素朴、率真、纯洁联系在一起的，才能从道德中汲取自己安身立命的养料，获得自己的归宿和精神寄托。老子还认为，“我无欲而民自朴”（《老子》五十七章），执政者没有贪欲，人民自然质朴纯洁。老子意识到人在生长繁衍的过程中，难免有欲心邪念。怎样才能克服它呢？除了“镇之以无名之朴”外别无他途。只有“无名之朴”，才能达到“无欲”。“不欲以静，天下将自定。”（《老子》三十七章）没有欲心邪念，天下自然安定。

老子用“赤子”来比喻具有深厚道德修养的人，认为修德行道的人理应以赤子之心武装自己，遇事不矫揉造作，待人不虚伪，一切以自然质朴为务，不虚美、不隐恶，不欺世盗名，不争名夺利。同时老子也把这种赤子境界看作世人摆脱苦难、求得内心平和宁静的最佳出路与途径。圣人治理天下，意在帮助天下人收敛其私欲，使其心思都处于浑厚纯朴的状态。

庄子继承并发展了老子“复归于婴儿”的思想，他说：“能儿子乎？儿子终日嗥而嗌不嗄，和之至也；终日握而手不挽，共其德也；终日视而目不瞚，偏不在外也……动不知所为，行不知所之，身若槁木之枝而心若死灰。若是者，祸亦不至，福亦不来。祸福无有，恶有人灾也?”（《庄子·庚桑楚》）“复归于婴儿”的真谛，在于如婴儿般消融对立，回归浑然。做事一定要达成什么目标，走路一定要有目的地，趋利避害，这些世俗之人习以为常的想法中，本就包含着成败、始终、祸福的对立，这些对立无时无刻不在撕扯、消磨我们的内心，因而造成了人与人之间的对立与戕害。只有婴儿，动一动、爬一爬，不做什么也不去哪；没有祸福的观念，更遑论招致人为的灾祸。婴儿身心没有什么区隔和对立，与自然、整全的天道完全相符。与孔孟儒家所说等待教化、需要引导的稚子不同，《老子》《庄子》中的“婴儿”代表了世俗之人应去努力追求的人生境界。老子和庄子从赤诚、纯粹、真朴等角度揭示了婴儿原初的生命力、纯粹的精神、不与外界对立的自然状态。“复归于婴儿”，意在告诫成人应在精神上进行一次返老还童之旅，这是道家理想人格理论的一大特质，也是其不断使人警醒和成长的独特魅力。

二、至人无己，神人无功，圣人无名

徐复观在《中国人性论史》中指出：“‘至人无己’三句话，乃庄子的全目的、全功夫之所在。《庄子》全书，可以说都是这几句话多方面的发挥。”① 而“无己”“无功”“无名”这三种品质对应的，正是《道德经》中所说大道“生而不有，为而不恃，长而不宰”的品质。也就是说大道生养万物完全是自然而然的，它没有刻意去占有、主宰万物，也没有自视甚高，并未想要从万物之中获得什么。

“至人”是庄子心目中境界最高的“逍遥游”者，他之所以能达到最高的精神境界在于他忘却了自我。至人对生死此等性命攸关的

① 徐复观：《中国人性论史》，华东师范大学出版社，2005，第240页。

大事都无动于衷，完全超脱了生活中大大小小的利害是非与得失荣辱。郭象《庄子注》有言，至人“无己，故顺物，顺物而至矣”。稷下道家慎到也讲“弃知去己”，与庄子讲的“至人无己”有相近之处。但是比较而言，“慎到的去己，是一去百去；而庄子的无己，只是去掉形骸而已，让自己的精神，从形骸中突破出来，而上升到自己与万物相通的根源之地，即是立脚于道的内在化的德、内在化的性；立脚于德与性在人身上发窍处的心”。庄子以“灵府”“灵台”形容“心”，“这便与慎到的‘块不失道’的‘块’，完全是天壤悬隔”。因为庄子所言的心是灵，“所以它的涵摄量是‘注焉而不满，酌焉而不竭’的‘天府’。因为它是灵，所以它是照物而不殉于物，故能成为不穷于物的‘葆光’。因为是天府，则极天地之所变，极万物之所异，皆系天府之所涵”[①]。庄子所说的“至人无己”是去掉为形器所局限所制约的己，而上升到与天道大化相通的德、相一致的性，使心不随物迁引而始终保持其灵府灵台的本质，以观照宇宙人生的大本大原。“无己”的境界即是同于天道大化的道德境界。“无己”以“‘忘’与‘化’为其内容，绝不同于原始性的混沌，所以无己的境界，是通过一连串自觉的工夫过程而始达到的。”[②] 庄子提出了最彻底的“无己”的方法，即从精神上超脱一切自然和社会的限制，泯灭物我的对立，忘记一切，直到忘记自己。无己而后无所待。

“神人”是出神入化的超人和高人，不仅在生活方式而且在精神生活上都达到了神化、神游、神在、神往的状态，实现了“独与天地万物相往来”的境界。庄子谈到了“藐姑射之山，有神人居焉”的状况，他们“肌肤若冰雪，绰约若处子”，意即体肤洁白如冰雪，

① 徐复观：《中国人性论史》，华东师范大学出版社，2005，第 241 页。
② 徐复观：《中国人性论史》，华东师范大学出版社，2005，第 243 页。

内心纯洁如同处子。“不食五谷，吸风饮露，乘云气，御飞龙，而游乎四海之外。”（《庄子·逍遥游》）他们不以五谷杂粮为食，呼吸的是大自然的清风，饮用的是天所降下的露水，乘着云气，驾着飞龙遨游于四海之外。他们的精神专一而纯粹，使万物都能依照自然本性生长，五谷年年丰收。“神人无功”的内涵有两层意思：一是要求人们主观上不要去追求建功立业的目标，学会以无功来立身处世；二是当有功之后不要居功。这也是对老子“功成而弗居”思想的发挥。在庄子看来，神人无功“并非说不建功的人才能称作神人，而是建功之后如何对待功、如何成为逍遥游的神人，这才是‘神人无功’的精髓”①。

“圣人”是人格和思想都达到了最高境界并令世人无比景仰和崇敬的完人。在先秦诸子百家中，儒家、墨家、法家、道家都有对圣人的称颂并以此作为最高理想人格。儒家认为，圣人是人伦之至和百世之师。老子也十分推崇圣人，指出：“圣人不积，既以为人，己愈有；既以与人，己愈多。天之道，利而不害。圣人之道，为而不争。”（《老子》八十一章）庄子推崇的圣人是无名的，或者说是有大名而不以名为名的人。庄子所说的圣人无名，不是说圣人没有名声，而是说名重于圣人者，虽然举世誉之为圣人，但是他们自己却不把名声当回事，始终能够做到有名而不居名，心中无名。名重于圣人者以自己有名而不居名实现“逍遥游”，体现了不以名累其身的精神追求。庄子以“尧让天下于许由”的寓言故事来论证“圣人无名”。尧是古代社会具有普世道德的人格典范，也是理想君主圣王的典范。他作为贤君，将天下让给许由，这个历来被称赞的美德行为，在庄子的笔下却具有另外一番味道。在尧一番冠冕堂皇的称颂与谦逊言辞之后，许由

① 王景琳、徐匋：《庄子的世界》，中华书局，2019，第43页。

一点不留情面地回答："您治理天下，已经治理得很好了。我代您治理天下，那不都是虚名吗？要来有什么用？""鹪鹩巢深林，不过一枝；偃鼠饮河，不过满腹。"小鸟在森林里筑巢，所占不过一根树枝；田鼠到河边喝水，最多也就喝个肚儿圆。"咱们还是各安其分好了，您还是回去吧，天下对于我来说根本没用。厨师虽不下厨，主管祭祀的人也不会越位去代替他下厨烹饪。"庄子又继续写道："尧治天下之民，平海内之政，往见四子藐姑射之山，汾水之阳，窅然丧其天下焉。"尧虽有天下之大业，但当他拜访了几位有名的贤者隐士之后，茫然地似乎丧失了天下之位。这种失落感的原因在于，他发现自己统治天下的这种世俗标准中的至高权力，在他们面前丧失了力量，一切都虚无缥缈。因为这些通达大道的人从心里觉得这些价值与权力是"无用"的。

三、真人"不以心捐道，不以人助天"

庄子把听任本性自由发展的人称为"真人"。"何谓真人？古之真人，不逆寡，不雄成，不谟士。若然者，过而弗悔，当而不自得也。若然者，登高不慄，入水不濡，入火不热，是知之能登假于道者也若此。""古之真人，不知说生，不知恶死。其出不䜣，其入不距。翛然而往、翛然而来而已矣。不忘其所始，不求其所终。受而喜之，忘而复之。是之谓不以心捐道，不以人助天，是之谓真人。"（《庄子·大宗师》）"真人"作为庄子所描述的最为形象和完整的理想人格，具有以下几个方面的内在规定性：第一，"真人"不恃强凌弱，无争斗之心，不居功自傲，无慕荣之心。第二，"真人"吃东西不追求甘美，睡不做梦，醒不忧愁。登高不发抖，下水不感到湿淹，处于火中也不觉得灼热。第三，“真人”不留恋生命，也不害怕死亡。生，不感到高兴；死，也不感到难过。飘然而来，飘然而去，无牵无挂。不忘记自己的来处，也不追求什么样的归宿。无论何事，来了就欣然接受，过去了也不觉得有什么遗憾。第四，“真人”好像有所不足却无需外求，棱角分明但又不固执，心胸开阔而不虚华，悠然自乐，一举一动好像不得已而为，内心充实而面色可亲，德行宽厚而使人归附，精神辽阔犹如天地一般广大，高远超脱而不拘礼法，不动声色好像没有感觉，淡漠无心好像忘了说话。第五，“真人”并没有特别的喜欢与不喜欢，“其好之也一，其弗好之也一。其一也一，其不一也一”（《庄子·大宗师》）。他喜欢的一样看待；不喜欢的，也一样看待。一样的他一样看待，不一样的也一样看待。一样看待是向天然看齐，不一样看待是向人为看齐，天然与人为并行不悖，这就叫“真人”。总之，庄子的“真人”是“独与天地精神往来，而不敖倪于万物，不谴是非，以与世俗处”（《庄子·天下》）的得道者，同时也是“乘云气，骑日月，而游乎四海之外”（《庄子·齐物论》）的“圣人”。为了更全面地揭示自己的理想人格，庄子还提出了“圣人”“神人”“全人”“德人”的概念，以丰富其返璞归真、自然无为、超脱达观的理想人格形象。

老子是本着法地、法天、法道、法自然的宗旨来阐述大道的，所以人们的生活方式也必须与自然相协调，这样才能以万物养育群生。道教《清静经》有言：“大道无形，生育天地；大道无情，运行日月；大道无名，长养万物。”这里所说的“无形”“无情”“无名”都是说明“道”的“清静”，不但要“清静”，而且要“常清静”，要“真常应物，真常得性，常应常静”。“常应常静”就是“清静”。在经中又叫“真静”，就是要“心无其心”“形无其形”“物无其物”，能够“唯见于空”，并且“观空亦空”，最后达到“湛然常寂”。

庄子理想人格的理论与老子虽有某些不同，但在总体的基本精神上与老子的理想人格理论是一致的，并且有所发展。老庄理想人格的内在涵蕴和本质特征是质朴纯真、自然无为，包容宽厚、豁达超脱。它以纯真质朴为核心和原点，以赤子婴儿为化身，以圣人或真人为载体，以小国寡民和圣德之世为社会的表现形式，从其内在德性、外在品行到综合形象再到社会状貌展现了“朴”“真”的伦理意义、价值品位和人伦风范。依伦理哲学而论，理想人格既是一定道德原则规范的结晶和道德的完善典型，是一定道德所认定的各种优秀道德品质的集合，也是一定道德为人们树立的最高行为标准和价值目标，同时也可外化为一定道德所追求和向往的完善的社会道德制度、关系和完美的社会道德风尚。“庄子之真人、至人、神人、圣人，都是道的化身，与道同体，因而都具有超越、逍遥、放达、解脱的秉性，实际上是一种精神的自由、无穷、无限的境界。这深刻地表达了人类崇高的理想追求与向往。”[①] 故理想人格既包含了道德人格和道德理想，也包含了完美的道德品质和价值目标，是行为规范、德行品质、个体人格、社会风尚诸方面的有机统一。就此而言，道家理想人格理论是全面的、系统的。不特如此，它强调质朴纯真，强调赤子之心，强调不失天性，无疑是人类伦理文化史上迫切需要的伦理大智慧。是的，道德不能够离开真诚与纯朴，真正的崇高的道德向来就是鄙弃虚伪与不诚的。“道家的理想境界，就是至真、至善、至美的合一之境。”[②] 矫揉造作、心口不一、阳奉阴违、两面三刀以及欺世盗名、

① 郭齐勇：《中国哲学通史·先秦卷》，江苏人民出版社，2021，第384页。

② 郭齐勇：《中国哲学通史·先秦卷》，江苏人民出版社，2021，第384页。

巧诈伪善向来被崇尚质朴、追求真诚的人士所不齿。人无论是自处自立还是与人交往、待人接物，都需要质朴真诚，同时也应当质朴真诚。有了质朴真诚，就同时拥有了实事求是、信用诚实、正直公道、勤勉廉俭、宽容浑厚、自然大方、谦恭礼让等美德，也就能远离虚伪说谎、欺骗狡诈、矫揉造作、心怀不轨等恶德。人类最大的恶德是不诚或伪善，一切恶德都因此而生或与此相关，人类最好的德性也莫过于质朴纯真，一切美德都源于此或与此相关。当人类被文明拖入虚伪狡诈的黑洞，整个社会弥漫着一团不诚不信的浓雾之时，老庄道家返璞归真的道德理想学说尤能显示出其幽深警策、高远明达的价值意义，具有一定的醒世作用。

毋庸讳言，老庄道家返璞归真的人格理论亦有自身不可避免的局限性与落后性，其突出表现是在强调朴、真的价值的同时否认人类文明、智力开发的意义，带有一定的蒙昧主义色彩。它片面地夸大了道德与知识、道德与文明的对立性，它提出的小国寡民的社会理想把原始社会理想化了，庄子甚至主张人兽不分，在鞭笞私有制社会文明的罪恶的同时却又把眼光投向遥远蛮荒的古代，走上了保守和倒退的道路，凡此种种，都说明了道家理想人格论的缺失和错谬。

道家个体伦理不仅是对“春秋人文思潮的理论总结”，而且也是“对殷周以来‘天命’‘天道’等范畴的扬弃和改造”，从而“排除了传统天命论和天道观的羁绊”，为中国早期的人学理论、人生哲学提供了坚实的基础。道家还提出了“一系列具有重大人学意义的命题”，“建立了别开生面的人学理论”。[①] 道家在道德论、道德境界及超越境界等方面的智慧是值得发掘的。尽管道家以虚无为本，以柔弱为用，削弱了人生层面的能动建构和进取精神，但在人生境界的追求

① 李中华主编：《中国人学思想史》，北京出版社，2005，第 99 页。

上，道家破除有相的执着，荡涤杂染，消解声色犬马、功名利禄的束缚，提出顺人之本性，养心之清静等主张，确实有穿越时空的内在价值。虚、无、静、寂，凝练内在生命的深度，祛除逐物之累，正是道家修养论的一个重要方面。这种“无为”“无欲”“无私”“无争”，平衡了由于人的自然本性和外物追逐引起的精神散乱，是道家个体伦理哲学的基本内容和重要构成，值得我们好好挖掘并发扬光大。

第五章　道家生命伦理的活性基元

生命伦理学作为一门关于人的生命本质和价值及其相关的道德问题的应用伦理学分支学科，本质上是现代社会的产物。它依据一定的道德价值和伦理道德原则，系统研究现代生物医学和生命科学中的人类行为，研究干预和控制人的生命物质、生命存在方式时所发生的种种伦理道德问题。狭义地说，生命伦理学是因当代科学和科技革命而兴起的一门应用伦理学分支学科，它特别强调研讨医学科学和生命科学所带来的种种伦理道德问题。但从广义上看，生命伦理学又是一门具有广阔的文化视野的综合性边缘学科，它使人们强烈地注意到人类生活与伦理道德之间的复杂关系，正视生命科学所带来的种种伦理道德挑战，涉及的对象和领域包括社会的经济状况、政治制度、公共政策、法律体系、宗教传统、哲学理念以及环境保护、医疗健康等各方面。

生命伦理学作为一门新兴的应用伦理学，是在对第二次世界大战期间纳粹人体试验的批判和对新兴生物医学的伦理反思过程中逐步形成的。1971 年美国华盛顿乔治城大学建立了肯尼迪伦理学研究所，1978 年组织编写了四卷本《生命伦理学百科全书》。自此以后，北美、西欧、日本等地区和国家的大学出现了越来越多的生命伦理学研究中心，并出版了一大批生命伦理学的学术专著。波特在其《生命伦理学：通向未来的桥梁》一书中首次使用生命伦理学的概念，并将其界定为用生命科学来改善生命质量的科学。生命伦理学是在现代生物医学和生命科学取得革命性进展、人类对自身的价值观念已经或将要发生根本性变革的条件下产生的。生命伦理学产生的背景包括基因疗法、DNA 重组和无性生殖等遗传工程的发展，人工授精、体外受精、胚胎移植、试管婴儿等生殖技术的进步，以及人工流产、优生优育等生育控制方面的要求等。

生命伦理学产生于 20 世纪，但生命伦理的思想却源远流长。就中国而言，道家及道教对生命伦理作了极为深入而又颇富成效的探讨。如果说生命伦理学主要关心的是遗传工程、生育控制、器官移植、安乐死、试管婴儿等形而下的问题，那么道家及道教的生命伦理思想则对人的生命表现出终极关怀，关注生命怎样才能得到拯救而永存不朽等形而上的问题。当代生命伦理学重在对物质性的生命实体的维系与改进，古代道家及道教的生命伦理思想则重在对内在性的生命基元的平衡与调适。前者是用现代科学技术来促进人的生命发展，后者则是用内在的德性和养生之方来充实人的生命存在，使人身心健康。

道家及道教养生之道涉及中医、气功、按摩、起居饮食、炼丹术、房中术等多方面的内容，但构成其生命伦理思想之主体的则是保身尽年的生命意识、少私寡欲的养生之道、行善积德的充实之方、参透死亡的达观态度。它们是中国古代生命伦理思想的重要组成部分，至今仍不失其活性基元，对当代人们更好地充实和丰富自己的生命，提高自己的生命质量，丰富自己生命的物质因素和拓展自己的精神空间，具有十分重大的理论意义和现实意义。

第一节　保身尽年的生命意识

道家认为，生命是大自然的给予和馈赠，是“道”的创造之结晶和“德”的化育之产物。因此，生命本身是宝贵的，也是可爱的。相对于自然宇宙、许多动植物的生命流程而言，人类生存的时间是短暂的，同时生存本身也充满着许多外在的压迫与内在的忧患。如何在有限的生命过程和并不轻松的生命氛围中保护自己的身体免受外界的伤害，并尽量延续个体的自然生命和维持心理上的健康，是每一个人都应该关心的大问题。“人之生命，成于天地，天赋人以灵，地赋人以质。灵乃生命之元，质为生命之器。”① 道家生命观洞穿生命之真谛，以重神而不重形、贵灵而不贵体显示出自己的特色。方东美在《中国人生哲学》中指出：“老子和庄子见得大道所涵养的生命是大方无隅，大公无私，相待而有，一往平等。故执道之大象，守道之大中，以齐物论之是非，居善地，如水之澄明，心善渊，如水之湛深，与善仁，如水之不竭，故常善体道，使道不失道，常善守德，使德不失德，常善救人，使人无弃人，常善救物，使物无弃物。这是何等伟大的精神！”② 从这种精神所体现出来的生命伦理自然有其既教育人又警醒人的过人之处，展现了以心理健康和精神超越为主要内容的生命价值伦理、身心和谐伦理的无尽光芒。

① 唐华：《中国人生哲学思想》，大中国图书公司，1997，第37页。

② 方东美：《中国人生哲学》，中华书局，2012，第48-49页。

一、全性保真，长生久视

道家依据道法自然的准则提出了保身、全生、养心、尽年的命题，凸显了道法自然对人之生命生活的伦理意义和价值。王先谦说："彼庄子者，求其术不得，将遂独立于寥阔之野，以幸全其身而乐其生，乌足及天下！"[①]《庄子·庚桑楚》有言："全汝形，抱汝生，无使汝思虑营营。"这种思想，在《逍遥游》的最后一段所载的庄子和惠施的对话中表现得最为充分。庄子说："今子有大树，患其无用，何不树之于无何有之乡，广莫之野，彷徨乎无为其侧，逍遥乎寝卧其下。不夭斤斧，物无害者，无所可用，安所困苦哉。"意思是说，你有一棵大树，却担忧它没有什么用处，可以把它种在虚无的乡土里，广大无边的旷野里，保证它不遭受斧头砍伐，也没有东西来侵害它，然后，悠然自得地徘徊在它旁边，逍遥自在地躺卧在它的下边。这样，虽然没有什么大用处，但也没有什么困苦。庄子《养生主》篇开头就说："为善无近名，为恶无近刑，缘督以为经，可以保身，可以全生，可以养亲，可以尽年。"如何才能达到"保身""尽年"的目标呢？庄子提出的基本方法，可以用一句话概括，就是"缘督以为经"，即一切顺应自然和命运，主要原则是既不求名，也不做受处罚之事，而是顺应自然以为常法。

道家保身尽年的生命意识主张应珍惜生命，重视生命的意义和价值。音乐巨匠贝多芬曾说："生命是如此美好，活它一千辈子吧！"文学大师萧伯纳指出："我喜悦人生，就为了人生的本身。生命在我决不是一截'短的蜡烛'，它是一个辉煌的火把，是我这一瞬抓住

① 王先谦：《庄子集释序》，载郭庆藩《庄子集释》，中华书局，2004，第1页。

的；在我将它交给下一代之前，我要使它燃烧得愈明亮愈好。”这些名言，揭示的都是一个道理，生命是宝贵的，应当珍惜它，绝不可对生命抱有消极悲观甚至轻视的态度。革命先烈王若飞身陷囹圄之后，在敌人的牢狱中仍然坚持每天锻炼身体，有人不解地问他：“你天不怕，地不怕，豁出一条命，真够条好汉；可是，坐在牢里，还天天练操，那样日习夜练，又好像很爱护自己的身体，这究竟是怎么回事?”王若飞笑着回答说：“这很简单，我不怕死，是因为敌人要损害我们的真理，我们必须拼命保护我们的真理；我爱护身体，是因为有了健壮的身体，才能更有力地维护我们的真理。”在马克思主义看来，生命对于任何人都只有一次。人的唯一的一次生命不单纯属于个人，它也属于群体和社会。有限的个人生命是人类种族无限延续的一种存在形式，每个人的人生都是人类发展过程中的一个网点或环节，人类发展史是世世代代许许多多的个人发展史。所以生命无论对个人还是对社会，都是十分宝贵的。爱惜和珍重人的生命，既是人道主义和人本主义的伟大旗帜，也是健全的自我的应有表现，马克思主义既提倡人应当有身体意识、健康意识和生命意识，又强调社会应当关心个人，为每个人的健康、幸福、长寿创造条件，提供保证。人的生命之所以宝贵，是因为它作为社会生活的能动主体，既能够为人类进步和社会发展作出创造性的贡献，又能够享有宇宙间其他物种所没有只有人才会有的健全的物质生活和精神生活。马克思主义反对轻视生命的种种消极性行为，肯定那些扼住命运的咽喉、同病魔作斗争、用笑脸来迎接悲惨厄运等种种热爱生命的行为。可以说，在肯定生命的价值和意义上，道家生命伦理学说同马克思主义有某种理论上的契合，只不过后者的境界更高远、理论更全面罢了。

二、淡泊名利，贵生重己

道家生命伦理告诫人们必须重视自然赋予的不可替代的宝贵生命，而不应沉迷于身外之物。人应当认识到生命的不可重复性，树立起贵生贵己的观念，不以物累其生，更不因对功名利禄的追求而伤生害性，应该顺应自然之道，切实保证肉体之身的健康和生命行程的顺畅，并完整地享受大自然赋予人的宝贵的生命时光。

老子在当时价值错位和价值迷误的特定背景下，从以人为本的思想出发，破天荒地发现了人的生命价值。在老子看来，追求名利是为了人的生命，如果名利损害了人的生命，宁可抛弃名利，也要保存自己的生命。名利毕竟是身外之物，如果为了获得名利而丧生，那就是舍本逐末，太不值得了。老子说："名与身孰亲？身与货孰多？得与亡孰病？是故甚爱必大费，多藏必厚亡。知足不辱，知止不殆，可以长久。"（《老子》四十四章）身外的声名和自己的生命比起来，哪一样亲切？身外的财货和自己的生命比起来，哪一样贵重？得到名利，与失掉生命，哪一样对自己有害呢？由此可知：过分地爱名，就必然要付出重大的损耗；要收藏的货物越多，将来丢失的也越多。只有在名利面前知足知止，才会不招致人生的污辱，不遭到外来的危害，而生命本身也才能得以久存。在老子看来，能够知足淡泊于财货的，就是富裕，不失去生命的根基就能长久，身死而不被遗忘就算真正的长寿。人既能以道为处所，自然也能和它同长久；既能以道为依归，则虽死，却能与道同存，这才是真正的长寿。

"名为公器无多取，利是身灾合少求。"要彻底根除人追求名利的欲望是不可能的，因为名利作为世俗的功利价值毕竟是世俗的人所需要的，它可以满足人的物质需要和精神需要。故有人说“争名于朝，争利于市”是人的两大需要。据载，宋朝徽宗皇帝一日出游来到长江岸边的金山寺，登上金山寺高处的一座阁楼，极目远眺江中往来如织的船只，便问住持黄伯禅师：“来往的船只那么多，究竟有多少只呢?”黄伯禅师答道：“只有两只。”宋徽宗不解其意，进一步问是哪两只，黄伯禅师解释说：“一只是寻名的船，一只是求利的船。”徽宗顿时恍然大悟，来来往往的船只虽多，数不清楚，但追根究底，离不开追求功名和利禄两种目的，所以实际只有名和利两只船。所谓“天下熙熙，皆为利来；天下攘攘，皆为利往”，“人为财死，鸟为食亡”，这种不加以掩饰的坦率，揭示了人性逐利、人生重利的真实状况。人的名利欲望既大大推动了人类物质文明和精神文明的发展，同时也给社会和人类自身带来许许多多的灾难和不幸。正如庄子所说：“自三代以下者，天下莫不以物易其性矣。小人则以身殉利，士则以身殉名，大夫则以身殉家，圣人则以身殉天下。故此数子者，事业不同，名声异号，其于伤性以身为殉，一也。”（《庄子·骈拇》）基于对名利欲望两重性的认识，老庄道家倡导淡泊名利，少私寡欲，认为名利像匏瓜一样，实在好吃，叫人绝对不要吃是做不到的，唯一的办法是节欲，既要吃，又不要吃得过多过饱，在名利面前也有一个随遇自然、安于自然的问题。“虽异匏瓜难不食，大都食足早宜休。”（《感兴二首》）老庄之道教人在功名利禄面前保持适可而止的态度，知足常乐，“虽贵富不以养伤身，虽贫贱不以利累形”（《庄子·让王》）。在老庄看来，人需要名利，但如果把名利作为人生的至上目的和唯一动力，那是十分愚蠢而又荒谬的。

三、后其身而身先，外其身而身存

为了更好地保存生命，人类必须尊道贵德，像天地那样不自益其生。老子认为：“天长地久。天地所以能长且久者，以其不自生，故能长生。是以圣人后其身而身先，外其身而身存。非以其无私邪？故能成其私。”（《老子》七章）日月经天，江河行地，天地万物是永恒长存的。天地万物之所以能够永恒长存，是因为它们不是为了自己而存在。正是因为它们不自益其生，所以才能够长生。圣人明白这个道理，所以常把自身的事放在脑后，超越自己有限的自我价值并因此在这种超越之中获得世界的普遍永恒的存在，这样“后其身”却能使自己得到大家的首肯与认同，把自己置于他人之后反而能赢得他人的爱戴，把自己的生命置之度外反而能够保全生命。如此看来，正是由于他不自私反而能够成就自己的理想生活。“不自生”即不自益其生。所谓自益其生指的是人为地用丰厚的物质营养去延续自己的生命，维系生命机体的生存。老子认为，自益其生违背天地自然之道，势必会酿成灾祸和不幸。因为事物壮大了就会过早地衰老，谓之“不合于道”。“不合于道”就必然会使生命早日结束。这就如同“拔苗助长”一样只会造成禾苗的枯死而不会有助于禾苗的生长。

从这一思想认识出发，老子反对“生生之厚”。他说：“出生入死。生之徒十有三，死之徒十有三。人之生动之死地，亦十有三。夫何故？以其生生之厚。盖闻善摄生者，陆行不遇兕虎，入军不被甲兵，兕无所投其角，虎无所措其爪，兵无所容其刃。夫何故？以其无死地。”（《老子》五十章）人出世为生，入地为死。属于长寿的，占十分之三；属于短命的，占十分之三；人本来可以活得长久，却自寻死路的，也占了十分之三。为什么呢？因为奉养太过度了。酒肉餍饱，骄奢淫逸，奉养过厚，伤残身体，糟蹋了生命。一些荣华富贵之人，厚自奉养，服食药饵，以求长生，结果戕害了自己性命。在老子看来，生命的本质是顺乎自然，是尊道贵德。只有那些认识了生命的本性并能以此统摄、主宰自己的生命的人，才有可能拥有一种合乎自然的生命，才能谈得上过上一种真正的生活。方东美认为，道家这种生命伦理观“真是我们民族的生命精神。动无死地，就是我们的安身立命处”①。

《庄子·让王》批评了世俗之人“多危身弃生以殉物”，认为“今世之人居高官尊爵者，皆重失之，见利轻亡其身，岂不惑哉!”，主张“两臂重于天下也，身亦重于两臂”，因此“能尊生者，虽贵富不以养伤身，虽贫贱不以利累形”。庄子认为，为名而殉身与为利而殉身同样是不值得的。

老庄道家特别强调谦下不争。老子推崇谦下不争，认为“天之道，利而不害。圣人之道，为而不争”（《老子》八十一章）。自然界的规律，是施利而不为害，人也应效法自然之道，有所作为而不争名逐利。只有不与人争功名争地位，才能避免人与人之间的冲突与纠纷，才能拥有心灵的平和与宁静，形成和睦融洽的人际关系。在老庄道家看来，与人争强好胜、争名夺利的道路既狭窄又险恶，与其弄得两败俱伤，人我不欢，倒不如谦下不争，以和为贵。有道是“让一分风平浪静，退一步海阔天空”。故老子说：“夫唯不争，故无尤。”（《老子》八章）“夫唯不争，故天下莫能与之争。”（《老子》二十二章）正因为不与人争，所以全天下没有人能和他争。老子倡导“为而不争”，主张效法善利万物而不争的水。“处众人之所恶”“为而不争”，告诫人们抑制贪欲、不与人争名夺利。同时老子还认为，只有不敢为天下先，

① 方东美：《中国人生哲学》，中华书局，2012，第41页。

凡事甘居人后，才有可能得到他人的拥戴，成为领袖。老子以江海为例论证说："江海所以能为百谷王者，以其善下之，故能为百谷王。"（《老子》六十六章）人也应该向江海学习，善处于众人所不愿处的低下之处，只有这样才能接近于大道，从而"后其身而身先，外其身而身存"（《老子》七章）。

第二节　少私寡欲的养生之道

人的生命是形（形体或肉体）与神（精神或灵魂）或者说魂（精神）与魄（形体）的统一。健康的养生既要养形体或肉体，也要养精神或心灵。道家在养生观上不仅主张养形，注重饮食起居与形体保护，更主张养神，保持情绪稳定与精神健康。就二者的关系而言，道家觉得养神或养心更为重要。道家早在两千年以前就认识到心理调适和精神健康对人的生理健康和身体健康的重大意义，认为欲使生命长生久视，光从物质性和形体方面养生是远远不够的，还必须从精神和情欲方面予以疗养。总的来说，道家养生说是建立在少私寡欲的基础之上并以淡泊名利为其基本特征的。

一、见素抱朴，尚俭崇啬

道家的养生之道以"少私寡欲"为基本的价值理念和价值追求。老子主张寡欲，认为"少私寡欲"是"返璞归真"的基本要求。为了做到见素抱朴、少私寡欲，首先需要"不尚贤""不贵难得之货"。只有"不尚贤"才能使人民不致汲汲奔竞于功名，只有"不贵难得之货"，才能使人民不致沦为盗贼。"少私寡欲"为乐观豁达打下了基础，“安时而处世，哀乐不能入”是庄子最欣赏的处世状态。庄子认为，无所追求天下就会富足，无所作为万物就会自行变化发展，深沉宁静人心就会安定。处于保持本性、无所修饰的心境，交合形气于清静无为的方域，顺应自然而没有半点个人的偏私，天下也就能治理得好。

少私寡欲内在地要求见素抱朴。在老子看来，只有使社会中的每一个人都注重自然的平凡的真理，保持自然的质朴的品质，减少一己的私念，削弱个人的欲望，才能造就人际间的和谐与社会的安宁。“朴”即“朴素”，《说文解字》云：“朴，木素也。”在《道德经》中“朴”字有时也作“敦厚”来解释，如说“敦兮其若朴”。有时也可以当作“道”来理解，如“朴虽小，天莫能臣也。侯王若能守之，万物将自宾”。有时也说成“归朴”，如“常德乃足，复归于朴”。可见“朴”是道之本、人之性、物之情。上古之世自然古朴，上古之人自然古朴，人生之初自然古朴。然而由于情欲之弊，世人离道愈来愈远，身不得保，国不得治。关于见素抱朴，《庄子》和《列子》中谓之“复朴”。庄子说：“明白入素，无为复朴。”列子则说：“雕琢复朴，块然独以其形立。”它们的含义差不多，“朴”字都是指朴素之道。针对当时人欲横流的社会，庄子提出了返归纯朴的措施。从原则上讲，也就是“无以人灭天，无以故灭命，无以得殉名”（《庄子·秋水》）。即不要用人事去毁灭天然，不要用造作去毁灭性命，不要因贪得去求声名。道家讲“抱朴”，就是去除后天之伪，复归于婴儿，复归于朴素之道。“朴”是大道之法，法道治世，社会自然古朴。因此，返朴的第一步就是要使人们“见素抱朴，少私寡欲”，使人们的思想观念回归至纯净无杂、洁白无瑕的状态，抱守未经污染、不落偏见的本然之性，以净化、纯化自己的灵魂与人格，尽量地减少只为自己一人着想和谋利的私念，想方设法降低或抑制总想占有什么或抓住什么的欲望。关于少私寡欲，庄子说：“无视无听，抱神以静，形将自正。必静必清，无劳女形，无摇女精，乃可以长生。”（《庄子·在宥》）要求人心要清要静，思想才会纯洁，人才能去追求素朴的生活。

少私寡欲要求尚俭崇啬。“俭”同“朴”密切相关，人们也经常俭朴并提。“俭”也是老子用来实现社会理想的三个法宝之一。老子说：“我有三宝，持而保之。一曰慈，二曰俭，三曰不敢为天下先。慈，故能勇；俭，故能广；不敢为天下先，故能成器长。”（《老子》六十七章）“俭”，指节俭、俭朴，既包含行为上的珍惜劳动成果，不浪费，又包含观念上的崇尚生活俭朴简约，不肆为，不奢靡。如果人们舍去“俭”，就会远离“朴”，进而生活腐化、沉于享乐，最后走上丧身亡家灭国之路。老子还说：“治人事天莫若啬。夫唯啬，是谓早服。早服谓之重积德，重积德则无不克。”（《老子》五十九章）“啬”，指爱惜、保养，不仅是对自然财富和人类所创造的劳动成果的爱惜珍护，而且也是对人类心智和精力的爱惜珍护，是培蓄能量、厚藏根基、充实自身生命力的一种内在精神品质。在老子看来，治理国家、养护身心，没有比爱惜精力、培蓄能量、厚藏根基更重要的了。道家所推崇的“少私寡欲”内在地包含有抑奢少费、崇俭守约等内容。老子把“俭”视为“三宝”之一，认为“俭，故能广”，俭啬能蓄精积德，应用无穷，所以能致宽广。王弼注说：“节俭爱费，天下不匮，故能广也。”老子依据治生治人相统一的原理，认为俭约既可以“重积德”，是治人的根本大道，又利于“事天”，也是“养生”的重要方法。正可谓“啬以治人则民不劳，啬以治身则精不亏”。养生而能啬，则可以长生。道家崇俭贵啬含有反对劳民伤财、妄自作为的意思，深得后人的认同。诸葛亮在《诫子书》中，谆谆告诫儿子“君子之行，静以修身，俭以养德，非淡泊无以明志，非宁静无以致远”。唐代李商隐在《咏史》中指出：“历览前贤国与家，成由勤俭败由奢。”宋代史学家司马光针对当时奢侈的流俗，告诫儿子司马康说：“吾本寒家，世以清白相承。吾性不喜华靡，……平生衣取蔽寒，食取充腹，亦不敢服垢弊以矫俗干名，但顺吾性而已。众人皆以奢靡为荣，吾心独以俭素为美。”又说：“顾人之常情，由俭入奢易，由奢入俭难。吾今日之俸岂能常有？身岂能常存？一旦异于今日，家人习奢已久，不能顿俭，必致失所。”在司马光看来，“‘俭，德之共也；侈，恶之大也。’共，同也，言有德者皆由俭来也。夫俭则寡欲，君子寡欲，则不役于物，可以直道而行；小人寡欲，则能谨身、节用、远罪、丰家。故曰：‘俭，德之共也。’侈则多欲，君子多欲，则贪慕富贵，枉道速祸；小人多欲，则多求妄用，败家丧身。是以居官必贿，居乡必盗。故曰：‘侈，恶之大也。’”。清代朱柏庐在《朱子治家格言》中指出：“一粥一饭，当思来处不易；半丝半缕，恒念物力维艰。宜未雨而绸缪，毋临渴而掘井。自奉必须俭约，宴客切勿留连。器具质而洁，瓦缶胜金玉；饮食约而精，园蔬愈珍羞。……勿贪意外之财，勿饮过量之酒。与肩挑贸易，勿占便宜；见贫苦亲邻，须加体恤。”又说“勤与俭，治生之道也，不勤则寡人，不俭则妄费。……勤之为道，第一要深思远计……第二要晏眠早起……第三要耐烦吃苦……俭之为道，第一要平心忍气……第二要量力举事……第三要节衣缩食”。朱柏庐批评了“人皆以习身劳苦为自戕其生”，指出习身劳苦其实是“所以求生”之道的集中体现；同时他还批评了“人皆以薄于自奉为不爱其生”，指出薄于自奉恰恰是“所以养生”之道的深刻证明。近代曾国藩指出：“勤俭自持，习劳习苦，可以处乐，可以处约，此君子也。余服官二十年，不敢稍染官宦气习，饮食起居，尚守寒素家风，极俭也可，略丰也可，太丰则吾不敢也。凡仕宦之，由俭入奢易，由奢返俭难。尔年尚幼，切不可贪爱奢华，不可惯习懒惰。无论大家小家、士农工商，勤苦俭约，未有不兴，骄奢倦怠，未有不败。”① 今天我们仍应弘扬崇俭尚啬的精神，以更好地健全心智、砥砺品行，建设好自己的家庭和国家。

二、知足不辱，知止不殆

道家生命伦理涉及对欲望和欲望满足的认识，其基本的观点是既要尊重欲望又要节制欲望，提出了“知足不辱，知止不殆”的命题并对其作出了深刻的论证和阐释。为了更好地保存生命，老子极力主张“人法地，地法天，天法道，道法自然”。按照“道法自然”的原则，人们应在生活起居和自然饮食诸方面顺应自然，遵循自然规律，按自然本性办事。《庄子·大宗师》指出：“知天之所为，知人之所为者，至矣。知天之所为者，天而生也；知人之所为者，以其知之所知，以养其知之所不知，终其天年而不中道夭者，是知之盛也。虽然，有患。夫知有所待而后当；其所待者特未定也。庸讵知吾所谓天之非人乎？所谓人之非天乎？”知天与知人是人生的极致。天之所为出于自然，人之所为出于智力。但智力也是人生来就有的，也是“天之所为者”。人不应当谋求智力的增长，而应以智力所及的养生之道，保养智力所不及的寿命之数，庶几能尽其天年，不至中道夭亡。千万不能以智力来损耗生命形体，意即智力只能为保存生命并使身体健康服务。

---

① 曾国藩：《谕纪鸿》，《曾文正公家书》，中国华侨出版社，2012，第 192-193 页。

为了维持人的生命机体的存在，欲望总是需要的。人不能没有欲望。老子反对纵欲，也反对禁欲，主张“欲不欲，不贵难得之货”（《老子》六十四章），亦即主张“少私寡欲”。所谓“少私寡欲”就是减少私心，降低欲望，在名利财货的追求面前保持清醒的头脑，不使身物于物。

老子说：“五色令人目盲，五音令人耳聋，五味令人口爽，驰骋畋猎令人心发狂，难得之货令人行妨。”（《老子》十二章）声色犬马，饮食男女，本是人的生理需要，但是人如果过分地追求，非但无益于生命，反而会残生害性。色欲伤目，亦即过分地观赏由红白黄灰黑五种颜色所组成的缤纷斑斓的色彩势必使人眼花缭乱，影响和损害视力；声欲伤耳，亦即长久地醉心于由宫、商、角、徵、羽五个音阶所组合成的音乐也势必使人嗡嗡耳鸣甚至听力受损；味欲伤口，亦即一味地贪恋由酸、甜、苦、辣、咸五种味道所构成的美味佳肴也势必使人呕吐恶心，败坏胃口；情欲伤心，即每天不断地驰骋追逐于广大辽阔的声色场，只能使人心灵放荡，淫乱焚心；物欲伤身，即每天不断地迷恋贪图稀有珍贵的财货，只能使人冒死轻生，终致身败名裂。可见，色欲、声欲、味欲、情欲、物欲，一旦过度则有百害而无一益。

老子认为，一切社会冲突与人际纠纷都是因为人的欲望太多。人的欲望太多因而产生智巧诡诈、虚伪鄙夷、钩心斗角、欺世盗名等行径，从而使国与国之间产生战争、人与人之间产生争夺。“天下多忌讳，而民弥贫；民多利器，国家滋昏；人多伎巧，奇物滋起；法令滋彰，盗贼多有。”（《老子》五十七章）天下禁忌太多，人民动辄得咎，无所适从，不能安心工作，生活愈陷于贫苦。政府权谋愈多，为政者互相钩心斗角，国家愈陷于混乱。世间技巧太多，人民起而效尤，智伪丛生，邪恶的事就层出不穷。法令过于繁多严苛，并未解决人民的谋生困难，盗贼反而愈来愈多。解决的办法只有实行无为而治，清静不争、无知无欲。

基于此种认识，老子十分推崇知足，认为知足则不受侮辱，知止则没有危险。一个知道自我满足的人自会“甘其食，美其服，安其居，乐其俗”（《老子》八十章），因此“知足者富”。要做到“知足者富”，要求“不见可欲”。“不见可欲”才能使人民的思想不致受到扰乱。因此圣人治国要注重使人民吃饱穿暖，筋骨强健而思想质朴单纯，“不欲以静，天下将自定”。老子认为，人生有欲，便设法满足这些欲望，然而用来满足欲望的方法越多，欲望越不能满足，而且人们在争相满足欲望的过程中也会自受其苦，社会也因此而深受其害。因此只有从根本上“少私寡欲”，才能解决这些问题。欲望越少越简单，越容易满足。所以老子说“物或益之而损”“或损之而益”。老子讲“寡欲”，并非禁绝人的生理欲望，而是要人从观念或思想上不产生追求功名利禄的欲望，要人除保持基本生存条件（衣食住行等）之外不追求过分的满足或非分的享受。在老子看来，凡是属于基本生存条件之外的“甚”“奢”“泰”等，都是需要摒弃的对象。事物的发展变化总是物极必反，爱惜过分，浪费也越大，收藏越多，损失也越重。“持而盈之，不如其已；揣而棁之，不可长保。金玉满堂，莫之能守；富贵而骄，自遗其咎。功遂身退，天之道。”（《老子》九章）若是自满自夸，不如适时而止，因为水满自溢，过于自满的人，必会跌倒。若常显露锋芒，这种锐势总不能长久保住，因为过于刚强则易折，惯于逼人，必易遭打击。金玉满堂的人虽然富有，但却不能永久保住他的财富；而那恃富而骄的人，最后必自取其祸。只有功成身退、不自满、不自骄的人，才合乎自然之道。由于知足可以长生，老子进而提出委曲求全说：“曲则全，枉则直，洼则盈，敝则新，少则得，多则惑。是以圣人抱一为天下式。”（《老子》二十二章）认为委曲反而可以保全，弯曲反而能够伸直，低下反而可以充盈得益，破旧反而可以生新，少取反而可以多得，若是贪多反而弄得迷惑。所以圣人紧守着“道”，并以此作为天下事理的范式。一个人无论多么富有，他所能享受到的东西总是有限的。俗话说：“家有千顷良田，只睡五尺高床。”即使富贵到像帝王将相的地步，晚上也还是非躺下不可，睡时也不需要同时占有两张床。庄子说：“鹪鹩巢深林，不过一枝；偃鼠饮河，不过满腹。”（《庄子·逍遥游》）意即山雀在深林筑巢，所栖不过一枝；田鼠在河边饮水，所饮不过满腹。人也是一样。功名利禄，生不带来，死不带去。人死去的时候，再多的金银财宝也要让给别人。没有人会永远地占有黄金、房屋或者田地。死后陪葬的财物也常常会被盗墓者所窃走。因此，与其汲汲奔命于功名利禄的追求，不如对功名利禄保持一种恬然淡漠的态度。知足者常乐，忍辱者安然。只有知道满足、安于已经拥有的东西，才能够免除人生的许多痛苦与祸患。知道满足就能够得到经常的满足，知道满足就不会受到侮辱、遇到危险，因此知道满足才能维持身心平衡，长久地拥有人生的快乐与幸福。

道家教人用知足知止和随顺自然的心态来看待富贵与贫贱，富贵来了不必惊喜忘形，富贵去了也不必悲哀落魄，不必为了富贵而患得患失，使自己活得又苦又累，更不能为了贪恋富贵而违背道德，使自己成为千古罪人。

在老子看来，“祸莫大于不知足，咎莫大于欲得”。天下最大的祸患莫过于不知足，最大的罪过莫过于贪得无厌。不知道珍惜现有的，过分地追逐名利，势必招来灾祸和不幸。好名之人必为虚名所苦，重利之人必为贪利所困。人的欲望犹如无穷的沟壑，因而得寸进尺，得陇望蜀。一个贪得无厌的人，给他金银他还怨恨得不到珠宝，封他侯爵他还怨恨没封他公爵，即便是做了宰相，他还想当皇帝。为了满足贪欲，他势必利令智昏，敲诈勒索，虚伪欺骗，进而不择手段，残害无辜，最后自掘坟墓，自酿苦酒。

《庄子·至乐》辛辣地嘲讽了世俗之人为功名富贵而奔波操劳的现象。在庄子看来，世俗之人所尊崇的就是富有、高贵、长寿和善名，所看重的就是健康的身体、丰盛的饮食、华丽的衣服、美好的颜色、悦耳的声音；所厌恶的就是贫穷、卑贱、夭折、恶名，所苦恼的就是身体得不到安逸，口腹得不到美味，身体穿不上好衣服，眼睛看不到好颜色，耳朵听不到好音乐，假若得不到这些，就大感忧虑甚至恐惧。这样为欲望所累，不是太愚昧了吗？“夫富者，苦身疾作，多积财而不得尽用，其为形也亦外矣！夫贵者，夜以继日，思虑善否，其为形也亦疏矣！”（《庄子·至乐》）庄子认为，世俗以功名富贵为人生的快乐，其实这并不是真正的快乐。真正的快乐在于清静无为、纯任自然地生活，在于丝毫不悖逆自然的“规定”。富贵寿善、美味佳肴、声色犬马固然常使人快乐，然而为了得到这些，得到后唯恐失去这些，人们必然劳神累心，思虑不已，以致寝食难安，如此又有什么快乐可言？追求金钱财富，在财富到手以后仍然能从财富中找到乐趣的人，实在是微乎其微，相反它有时还会给人带来麻烦与灾祸。

庄子认为私欲是万恶之源、百病之根。庄子特别强调不能违心地去追求高官厚禄，让人“养食数年，衣以文绣”，最后入于太庙，变为郊祭之“牺牛”，这样的“牺牛”，其实是非常可悲的。一个人如果私心满腹而不知自我克制，就会在利益问题上斤斤计较，患得患失，终日不得安宁，必然导致形憔精亏、积虑成疾，有损健康。只有心底无私的人，才会有博大的胸怀，不计较功名利禄，才能乐观豁达，知足常乐。庄子提出“人欲不可饱，亦不可纵”。纵欲则会招祸染病。节制食欲就不会损伤脾胃，减少性欲就不会损精伤神。

三、清静自然的生活方式

道家从少私寡欲中推出知足不争的养生理念，再从知足不争的养生理念演化到自然清静的生活方式，阐发了一系列关于如何健康养生的生命伦理命题。庄子在《刻意》篇中指出：“夫恬淡寂漠，虚无无为，此天地之平而道德之质也。”只有息心才能平易，平易才能恬淡，平易恬淡，则忧患不能侵入，邪气不能袭扰，故而其道德完美而精神不亏缺，虚静专一而变动，则身体内部气血的运行与天道同步，顺乎自然之理，自可全真保性，祛病强身，延缓衰老。关于顺应自然而生活的道理，庄子用了一个非常著名的案例“庖丁解牛”来说明：庖丁是文惠君手下一个经验丰富的宰牛者，因为他能够依从牛身的自然纹理，“依乎天理”，顺着牛身的自然结构，“因其固然”。所以宰牛时可以“动刀甚微，謋然已解”（《庄子·养生主》）庖丁这一番解牛的话让文惠君甚为称赞。

《素问·上古天真论》指出，顺应自然要求生活起居符合自然的规律，“起居有常，不妄劳作，故能形与神俱，而尽终其天年，度百岁乃去”。起居有常不仅要求养成适于自然环境与生理特征的良好的作息习惯，而且要求生活有节制。道家养生之道认为，人的一切活动均应有所节制，否则就会影响健康。如久视伤精，因为目得血方能视，精由血化，久视耗血，继而伤精；久听伤神，因为神源于精，精来自肾，肾开窍于耳，久听耗精，继而影响到神；久卧伤气，因为卧时张目散气，闭口壅气，故伤气；久立伤骨，因为站立以骨为用，久立则伤骨。饮食是生活起居的重要内容之一。饮食适当，可以养生；反之则必伤生。食物性质有寒、热、温、凉四种。体质偏寒或疾病性质属寒时，应进食温热的食物；体质偏热或疾病性质属热时，应进食寒凉的食物。此外，在进食时，如阳不足，可多吃阳性的食物；阴不足，则应多吃阴性的食物；脾虚可进食甘味食物，肝虚可进食酸味食物。在根据性味归经来选择食物时，应注意维持人体之内的阴阳平衡。如需多吃阴性食物，则应于养阴食物中加些如花椒、茴香、生姜之类的阳性调味品来纠正滋腻太过的偏弊，如需多吃阳性食物，则应在温热食物中加些蔬菜及多吃水果来克服上火的缺点。在饮食时间方面，主张三餐之外，不吃零食，并能根据生理特点适时进餐，数量宁少毋多，宁饥毋饱，少食煎焯油腻、辛辣而气味浓烈的食物。

东晋时期笃信道家养生之道的思想家和医学家葛洪认为，道家之所至秘而重者，莫过乎长生之方也。所谓长生之方是指如何长久地保持生命机体的生存延续，它包括内修和外养两个方面，内修是指保精行气，即指练气功与房事节制，外养是指服用药物。根据老子“不欲盈”和“知足知止”的思想，葛洪提出养生之方即在于适可而止，随顺自然，目不久视，耳不极听，行不疾步，坐不至久，卧不及疲。“不欲极饥而食，食不过饱，不欲极渴而饮，饮不过多。凡食过则结积聚，饮过则成痰癖。不欲甚劳甚逸，不欲起晚，不欲汗流，不欲多睡，不欲奔车走马。”“五味入口，不欲偏多，故酸多伤脾，苦多伤肺，辛多伤肝，咸多伤心，甘多伤肾，此五行自然之理也。”总的来说，养生延命的总原则即是：“卧起有四时之早晚，兴居有至和之常制；调利筋骨，有偃仰之方；杜疾闲邪，有吞吐之术；流行荣卫，有补泻之法；节宣劳逸，有与夺之要。忍怒以全阴气，抑喜以养阳气，然后先将服草木以救亏缺，后服金丹以定无穷。长生之理，尽于此矣。”（《抱朴子内篇·极言》）葛洪强调养生要以不伤为本，所谓不伤就是在日常生活的各个方面都要节制，不能随心所欲，认为“才所不逮，而困思之，伤也；力所不胜，而强举之，伤也；悲哀憔悴，伤也……喜乐过差，伤也；跳走喘乏，伤也；欢呼哭泣，伤也；阴阳不交，伤也。积伤至尽则早亡，早亡非道也”（《抱朴子内篇·极言》）。

南北朝时陶弘景著有《养性延命录》，将“体欲常劳，食欲常少，劳无过极，少无过虚，去肥浓，节咸酸，减思虑，损喜怒，除驰逐，慎房室”① 视为养生的基本原则，认为“形生愚智，天也；强弱寿夭，人也。天道自然，人道自已。始而胎气充实，生而乳食有余，长而滋味不足，壮而声色有节者强而寿；始而胎气虚耗，生而乳食不足，长而滋味有余，壮而声色自放者弱而夭。生长全足，加之导养，年未可量。道机曰：人生而命有长短者，非自然也，皆由将身不谨，饮食过差，淫泆无度，忤逆阴阳，魂神不守，精竭命衰，百病萌生，故不终其寿。”② 养生应以节欲为要，不仅饮食应适度，更应注意日常生活中的卫生、锻炼和身心疗养。

唐代名医孙思邈“弱冠善谈《庄》《老》及百家之说”，曾谓“不读《庄》《老》不能任真体运，则吉凶拘忌，触涂而生”。孙思邈认为，对一般人而言，通晓神仙之道是非常困难的，但在养性上下功夫，延年益寿，这却是一般人可以努力做到的。善于养性，就可以长命百岁；不善于养性，则难免致病夭折。为此他提出了以养性为主的养生论。他说：“虽常服饵，而不知养性之术，亦难以长生也。养性之道，常欲小劳，但莫大疲，及强所不能堪耳。且流水不腐，户枢

① 陶弘景：《养性延命录》，张君房编《云笈七签》（上），中央编译出版社，2017，第354页。

② 陶弘景：《养性延命录》，张君房编《云笈七签》（上），中央编译出版社，2017，第351页。

不蠹，以其运动故也。养性之道莫久行、久立、久坐、久卧、久视、久听，盖以久视伤血，久卧伤气，久立伤骨，久坐伤肉，久行伤筋也。仍莫强食，莫强酒，莫强举重，莫忧思，莫大怒，莫悲愁，莫大惧，莫跳踉，莫多言，莫大笑；勿汲汲于所欲，勿悁悁怀忿恨，皆损寿命；若能不犯者，则得长生也。故善摄生者常少思、少念、少欲、少事、少语、少笑、少愁、少乐、少喜、少怒、少好、少恶，行此十二少者，养性之都契也。”（《备急千金要方》卷八十一，《道林养性》）孙思邈提出的养性之道，实质上就是要求以性御情，把情欲限制在为性所许可的范围内，认为“性既自善，内外百病自然不生，祸乱灾害亦无由作，此养性之大经也”（《备急千金要方》卷八十一，《养性》）。道家学派力倡养生以遵循自然为主，起居饮食、生活卫生都要合乎自然，切忌极端、过度和片面。只有这样，才可以保身，可以尽年，实现长命百岁的目的。生命是宝贵的，因此我们应该珍惜尊重自己的生命。

道家“少私寡欲”的养生之道除以上所述之外，还体现在“功遂身退”“知雄守雌”以及挫锐解纷、和光同尘等方面。道家认为，一个人倘能做到少私寡欲，自会安于自然，见素抱朴，如此则心神不乱，身体康泰。良好的精神状态是身体健康的必要条件和心理保证。“载营魄抱一，能无离乎？”健全的生活必须是形体和精神合一而不偏离。抱一即是抱道，能抱道，即是肉体生活与精神生活臻于和谐的状况。河上公注说：“营魄，魂魄也。人载魂魄之上得以生，当爱养之。喜怒亡魂，卒惊伤魄。魂在肝，魄在肺，美酒甘肴，腐人肝肺，故魂静志道不乱，魄安得寿延年也。”（《老子河上公章句·能为第十》）如果能使精神与形体合一不离，则形神相依，可以长寿。在老子看来，“少私寡欲”是养生的秘诀。一个人如果能在功名利禄、声色享乐、服饰饮食等方面有所节制，真正做到知足知止、谦下不争、崇俭尚啬，即可保证身免灾祸，精神情绪处于良性状态，从而达到健康长寿之目的。应该说，道家的这一主张和观点，是颇有科学性且深刻高远的，值得我们全面地总结并加以光大。

第三节　行善积德的充实之方

道家养生之道特别注重人生的充实和提高，讲究行善积德，造福桑梓与人类，凸显了“养德”或“修德”对养生、健体的重要意义。老庄道家从道本无私的观点推出“既以为人己愈有，既以与人己愈多”以及“生而不有，为而不恃，长而不宰”的结论，强调多做好事，多积功德，并认为这是有益身心健康的重要方式。以德养生强调内功外行，德性修养乃修道致仙、养生寿老的基石和要旨。历代道教名士和道教经典对此多有阐述，形成富有特色的道教以德养生同以术养生互补的思想。

一、长生之本，惟善为基

在老子看来，“道者万物之奥，善人之宝，不善人之所保。美言可以市，尊行可以加人。人之不善，何弃之有！故立天子，置三公，虽有拱璧以先驷马，不如坐进此道。古之所以贵此道者何？不曰以求得，有罪以免邪？故为天下贵”（《老子》六十二章）。道无所不包，是万物的隐藏之所。善人固然以它为宝，不肯离开它，就连恶人也需要它的保护。善恶原没有一定的标准，普通之人把道之理说出，便可换得尊位，把道之理实践，就可高过他人。恶人只要明白大道，悔过自新，道又怎么可能弃他们于不顾？可见得道的人，是最高贵不过的，即使得到世间的一切名位，或立为天子，或封为三公，或厚币在前，驷马随后，都不如获得此道来得可贵。古人尊道贵德的原因是什么呢？还不是因道以立身，有求就能得到，有罪就能免除吗？所以说，道才是天下最贵重的。老子认为，“从事于道者，道者同于道，德者同于德。……同于道者，道亦乐得之；同于德者，德亦乐得之”（《老子》二十三章）。凡人立身处世，应以自然的道体为法，是的应该还他一个是，非的应该还他一个非。所以从事于道的就同于道，从事于德的就同于德。或者说从自己的道德本性出发，自觉地参与道的活动并积极地投身于道的事业的人，他将与道同在；从自己的善的本性出发，自觉地参与善的活动并积极地投身于善的事业的人，他将与善同在。因此，与道同在并得到道的人，道也乐于得到他，帮助他，与他同在；与德同在并得到德的人，德也乐于得到他，帮助他，与他同在。与道德同在的人，必然会拥有如同道德那样宽阔高远的心胸与襟怀，拥有如同道德那样大公无私的境界与品格，同时也必然如同道德那样春心永驻、精神充实而丰富，生命熠熠发光。

老庄道家讲的行善，概括说来主要包括以下几点：第一，强调“长生之本，惟善为基”。《墉城集仙录》卷一《圣母元君》指出：“人有一善则心定神安，有十善则气力强壮，有百善则宝瑞降之，有千善则后代神真，有二千善则为圣真仙将吏，有三千善则为圣真仙曹掾，有四千善则为天下师圣真仙主统，有五千善则为圣真仙魁师，有六千善则为圣真仙卿大夫，有七千善则为圣真仙公王，有八千善则为圣真仙皇帝，有九千善则为元始五帝君，有一万善则为太上玉皇帝。元君曰：万善之基，亦在三业，十善相生，至于万善。行善益算，行恶夺算。赏善罚恶，各有职司，报应之理，毫分无失。长生之本，惟善为基也，戒之勉之。”《太上老君戒经》有言：“人善为生，为恶而死。死生之谓，非止此身也。谓修善不已，以至成道，成道之日，岂得非生？故经云出也。为恶不息，遂沦地狱，岂非死乎？故经云入也。”道家认为，我命在我不在天，人生的命运际遇实际上掌握在人自己手上，人是自己命运的主人。人要健康长寿就必须以善为本，唯善是从；人要短命夭折或自我戕残，他就去作恶好了。道教更认为，修善得福，为恶得罪，修善者福至，为恶者祸来，“若能行善无恶，功德备足者，可得白日升天”（《太上妙始经》）。善则长生成仙，恶则与仙无缘，生命的长久与短暂，健康状况的好与坏均与善恶密切相关。健康长寿是人修善行善所得的回报，而病痛短命则是为非作歹的下场。道教坚信，人若不能将生命价值行善高扬，那么为恶就会主动找上门来，生命之流就不会冲破种种障碍，流向无限的时空。内丹家更强调，人只有德行修逾八百，阴功积满三千，才能功满行圆，瓜熟蒂落。

第二，强调先人后己，舍己为人，认为人只有以他人的生命和利益为重，想方设法去拯救他人，解除他人的痛苦与疾患，才能有利于自己。老子说：“后其身而身先，外其身而身存。”《晋真人语录》教诲修道者：“若要真行，须要修行蕴德。济贫拔苦，见人患难，常怀拯救之心，或化诱善人入道修行；所为之事，先人后己，与万物无私，乃真行也。”《太上洞玄灵宝三元品戒功德轻重经》更说：“大慈之道，度人为先，……夫欲度身，当先度人；众人不得度，终不度我身。”只有首先济度他人生命，我身方可得度，众人的生命得不到维持与提升，我的生命也就很难得以维系与延续。《太微仙君功过格》认为，为国为民为他人兴利除害，一分为二功；为己一分为一功。“旦夕朝礼为国为众焚修，一朝为二功；为己焚修，一朝为一功。”只有把自己置于他人之后，首先想到别人，才能为自己积累功德；只有普度众生，才能最后达到拯救自己的生命的目的。因此，先人后己，普度众生是充实和拓展自己生命的有效途径。

第三，强调长而不宰，功成而弗居，认为一个真正有道德的人对别人或社会做好事，并不是要从他人或社会那里得到回报，他不会以功臣自居，骄傲自满，相反只会谦恭宽让。老子说，“生而不有，为而不恃，功成而弗居”（《老子》二章），“万物恃之而生而不辞，功成不名有，衣养万物而不为主”（《老子》三十四章）。只有功成而弗居的人才是真正的行道者。这种人施恩不计，受恩不忘。他行善不是为了邀功，更不是为了得到别人的好评价。道家推崇功成身遂之士，他们帮助人家打好天下，或在私人事业上帮助别人实现其理想，然后自己急流勇退，飘然而去。如商汤时的伊尹、傅说，周朝开国时的姜太公，春秋战国时期的范蠡，汉朝开国时的张良、陈平等都是功遂身退的代表人物。助越王勾践灭吴的范蠡功劳不可谓不大，可是范蠡功成弗居，毅然辞官解职，带着家眷和随从，乘船而走。后来，范蠡浮海出齐，改名换姓，在齐地致产数千万。“齐人闻其贤，以为相。”可范蠡自己却不以为然，深感不安，叹曰：“居家则致千金，居官则至卿相，此布衣之极也。久受尊名，不祥。”（《史记·越王勾践世家》）于是乃送还相印，尽散其财，以分与知友乡党，自己则间行以去。可以说，范蠡真正践履了道家功成弗居的理论，是行善不望回报的典型。

第四，强调矜老恤孤，怜贫悯病，主张助人为乐，尊老爱幼。老子从“既以为人己愈有，既以与人己愈多”的观念出发，认为能够帮助人是一件十分快乐而又有意义的事，倡导为了使人活得更幸福，自己甘愿处众人之所恶的下流，把造福他人视为自己最大的幸福。五斗米道第三代天师张鲁“立义舍，置义米、义肉其中，行者取之，量腹而已”，专以救济穷人为务。《神仙传·壶公传》载，壶公，不知其姓名，入市卖药，人皆不识。他卖药治病所收入的钱日有数万，“便施与市中贫乏饥冻者，唯留三五十”。《续仙传》卷上《卖药翁传》载：卖药翁，不知其姓名，“常提一大葫芦卖药。人告疾苦求药，得钱不得钱悉与之无阻”，卖药所得钱“亦与贫人”。在道家的人物传记中，像上述卖药治病、所得之钱财布施孤贫的例子不胜枚举。《云笈七签》卷一百六《紫阳真人周君内传》载：周义山，世为贵宦，其父官至陈留刺史。他每“至月朔旦之日，辄游市及闾阎陋巷之中，见穷乏饥饿之人，解衣与之”。有一年大旱，“斗米千钱，路多饥莩”，周义山“倾财竭家，以济其困，阴行之人，亦不知是君之慈施也”①。《明净宗教录》有言：“凡得净明法者，务在济物，见他人之父，见他人之母，如我父母。矜老恤孤，怜贫悯病，如病危急，若在己身。”《吕祖全书》卷九教人博施普济，方便他人，援溺救焚，扶危济困，并说，从前汉天师张道陵在米价高涨时，或以原价出售，或救济贫民，分毫不取；许真君合药治病，救死扶伤，建立大功；葛仙翁行祭炼法，拔度幽冥，一切有情，皆度超升。该书卷二十八教人“或行一善事，以济人之困穷；或出一善言，以解人之冤结；或施一臂力，以扶人之阽危”。宋代李昌龄《太上感应篇》，从“祸福无门，惟人自召。善恶之报，如影随形”的思想认识出发，主张“是道则进，非道则退；不履邪径，不欺暗室”，倡导“积德累功，慈心于物；忠孝友悌，正己化人；矜孤恤寡，敬老怀幼；昆虫草木，犹不可伤；宜悯人之凶，乐人之善；济人之急，救人之危；见人之得，如己之得；见人之失，如己之失；不彰人短，不炫己长；遏恶扬善，推多取少；受辱不怨，受宠若惊；施恩不求报，与人不追悔”，

① 张君房编：《紫阳真人周君内传》，《云笈七签》（下），中央编译出版社，2017，第1201页。

并认为“所谓善人，人皆敬之，天道祐之，福禄随之，众邪远之，神灵卫之，所作必成，神仙可冀”。他还认为，“欲求天仙者，当立一千三百善。欲求地仙者，当立三百善”，“吉人语善、视善、行善，一日有三善，三年天必降之福；凶人语恶、视恶、行恶，一日有三恶，天必降之祸，胡不勉而行之”①。称人身中有“三尸神”，时刻记录人之罪过，至庚申日上报天庭，天神据此决定人命寿夭。非义、悖理而行者，天将夺其算纪，短命而死，罪大者殃及子孙。若有过而能改者，则能化祸为福，转危为安。清代涵谷子《悟性穷源》，认为矜孤恤寡、扶危济困的方式很多，“或搭桥梁以利人行，或施茶汤以解人渴，或施药方救人之难，或施棉衣御人之寒，或施粥充人之饥”等都是乐善好施、怜贫悯病的重要表现。

二、重积德则无不克

道家及道教学者既大力推崇行善，多做好事，又十分强调积德，倡导行善不已，做一个永远乐善广施、进德崇道的人。老子主张积德，认为重积德则无不克。在老子看来，合抱的大木是从细小的嫩芽生长起来的，九层的高台是由一筐一筐的泥土建筑起来的，千里的远行是从脚下的第一步开始走出来的。在道德上的修养也是如此，人们只有从点滴做起，从小事做起，才能够达到完美的境界，与道为一。因此千万不能因为善小而不为，也千万不能因为恶小就为之。普通之人往往患得患失，以善开始，不能以善终结，关键就在于能不能持之以恒。一个人做一两件好事并不难，难的是数十年如一日只做好事。

① 雒启坤、张彦修主编：《太上感应篇》，《中华百科经典全书》第七卷，青海人民出版社，1999，第 1947 页。

老子指出："善建者不拔，善抱者不脱，子孙以祭祀不辍。修之于身，其德乃真；修之于家，其德乃余；修之于乡，其德乃长；修之于国，其德乃丰；修之于天下，其德乃普。故以身观身，以家观家，以乡观乡，以邦观邦，以天下观天下。"（《老子》五十四章）天下有形的东西容易被拔去，唯有建德持道的人，建于心，持于内，因其无形，并奉藏在内心深处，才不可能有被拔去取走的形迹。这种善于建德持道的人一方面是善于抱持的人，内心追求日增不已，另一方面也是善于建树的人，外在德功与日俱显。既能内圣或自我完善，又能外王或造福社会，如此则社稷宗庙的祭祀必将代代相传。以善于建德持道之方贯彻到修身，必定内德充实而不需外求。修身既具备了道德的内涵，又贯彻到齐家，则必能德化家人而有余；以此齐家德性贯彻到保乡，必能长久德化乡人而受尊崇；以之贯彻到邦国，必能德化邦国而丰盛；以之贯彻到天下，也势必能普遍地德化天下人。德性既修，便以我一身观照各人，以我一家观照其他各家，以我一国观照其他各国，以我现在的天下观照现在和未来的天下，从而实现德化流行，天下太平。

在老庄道家看来，行善积德不仅有益于他人与社会，同时也会有益于自己的身心健康。行善积德可以使自己心情舒坦、心旷神怡，使自己产生一种深刻高远的幸福感和快乐感。同时行善积德，从另一个方面来说恰恰彰显了自我生命对他人、对社会的意义和价值，表明自我生命除保存自身以外还具备助益别人的能力，使人体验到自己的能力不仅足以保证自我的存在而且能帮助别人，这对一个有限的生命来说是一种最高层次的满足。人通过行善积德充分地发展了自我并有效地肯定了自我。自我实现的需要只有通过行善积德的生命追求才能够得到充分的满足，离开了行善积德的生命追求，人永远也不可能享受和品味到自我实现的快乐。善的人生是福与乐的人生。道教学者更认为，善德积累得越多，升仙的品阶也就越高。陆修静《道门科略》指出，积德最多的可以成为神仙，积德较多的可以使寿命加倍，下等德行也可以让人延寿。葛洪认为，善德的多少与仙的品阶高低相关。具体地说，人希望成为地仙，就必须立三百善；要想作天仙，就得立一千二百善。这一千二百善当中，如果已经做了一千一百九十九善，最后做了一件恶事，那就前功尽弃，一切又得从头来过。《正一法文天师教戒科经》也认为，道人百行当备，千善当著，虽有九百九十九善，一善未满，中途为利所动，皆弃前功。故行善积德重在不含私意，持之以恒。杜光庭在《墉城集仙录叙》中为了鼓励人们“为善而不倦”，大肆宣扬“我命在我，长生自致”，并把神仙分为几等，最上者“云车羽盖，形神俱飞”；次一等的“牝谷幽林，隐景潜化”；再次一等的“解形托象，蛇蜕蝉飞”，尸解成仙。“冲天者为优，尸解者为劣。”① 不仅如此，杜光庭还对善恶数量的多少与奖惩大小作了更详细的规定，即人有一千恶，后代妖逆；二千恶，身为奴仆；三千恶，六疾孤穷；四千恶，疫病流徒；五千恶，为五狱鬼；六千恶，为二十八狱囚；七千恶，为诸方地狱徒；八千恶，堕寒冰狱；九千恶，入边底狱；一万恶，堕薜荔狱，永无原期，渺渺终天，无由济拔。人有一善，则心定神安；有十善，则气力强壮；有百善，则宝瑞降临；有千善，则后代神真……有万善，则为太上玉皇帝。在杜光庭看来，“行善益算，行恶夺算；赏善罚恶，各有职司；报应之理，毫分无失；长生之本，惟善为基也”（《墉城集仙录》卷一《圣母元君》）。长生的根本在于以善为基，唯有以善为基才能养性养神。“夫

① 杜光庭：《墉城集仙录叙》，张君房编《云笈七签》（下），中央编译出版社，2017，第1320页。

性者，命之原，命者，生之根，勉而修之，勤而炼之，所以营生以养其性，守神以养其命，则离苦升乐福祚无穷矣。且人之生也，皆由于神，神镇则生，神断则死，所以积气为精，积精为神，积神则长生矣。”（《墉城集仙录》卷一《圣母元君》）人要益寿延年，主要取决于行善积德的质量和数量，积小善会有小报，积大善肯定会有大报。所以积善是长生久视之道的价值体现。

三、心不忧乐，德之至也

以老庄为代表的道家学者崇尚以德养生，并把养德同崇尚自然之天道有机地联系起来，强调同于道和同于德，认为超越人世间的种种忧乐，就是德之至的表现。庄子指出：“悲乐者，德之邪；喜怒者，道之过；好恶者，德之失。故心不忧乐，德之至也。”（《庄子·刻意》）对人世间种种是非得失生死荣辱过度地悲伤和欢乐往往是违背自然天性的“道之邪”，而那种以得到功名利禄为快乐，以失去功名利禄为痛苦的感觉也总是扰乱自然天性的“德之过”，而以世俗生活的所得与所失为好恶实质上已经是自然天性的“德之失”。只有在心理动机和价值追求上超越个人功名利禄和生死荣辱的藩篱，达到“不以物喜，不以己悲”的境界，才真正是“德之至”。所以“德之至”是“心不忧乐”的结晶和产物。

道家这种以自然天性为核心的养生主张是符合天道自然法则的。它虽然夹杂一些宗教神秘主义的因素，但就其道德动机和养生的伦理功用而言，无疑是有价值的。尽管历史和现实生活中充满德福分离、善寿背反的现象，亦如汉代王充所揭示的那样，“夫性与命异，或性善而命凶，或性恶而命吉。……或行善而得祸，是性善而命凶，或行恶而得福，是性恶而命吉也”（《论衡·命义》），但自古以来深存于人们心灵之中的道德愿望和伦理情感却“机不容吝、情不容止”地倾向于德福的统一、善寿的结合。善良的人们从自己的纯真本性出发，真诚地渴望好心得好报，好人一生平安。康德公然地把至善界定为德福的合一。如果尘世不能使道德与幸福完满地结合起来，那么彼岸世界的理想或假设对现实活着的人来说仍显得必要。渴盼并祈求德福的合一是人内在的道德呼声和观念表达。人不同于草木禽兽，活着并不只是一件生物学和物理学的事实。人之所以为人，就在于他能用道德的方式来规范和引导人生，能为自己的生命构建起一个属于自己的意义世界和价值世界，能将道德的观念和理想融入生命之中，从而使生命呈现出道德的光辉，展现出一种超越生命、升华生命和充实生命的独特内涵。奔流动荡的历史变幻，此消彼长的政治纷争，不断地改变着人的存在方式，但却无法磨灭万物之灵对完善品格的渴求，无法停止人心中行善积德的精神动力，无法驱除深藏其中的善的韵味和美的意境。善、德是人类精神栖身的家园。有了它们，人们便不再感到孤寂与凄惨。人类也正是通过行善积德来充实和拓展自己的生命，从而实现对宇宙万物的超越。就此而论，老庄道家行善积德的充实之方就不仅仅具有养生论的意义，更具有处世论和济世论的意义。它的思想格调是高远的、清新的，意境也是博大恢宏的。

第四节　参透死亡的达观态度

老庄道家的生命伦理既有主张珍惜生命、提升和充实生命的积极造化一面，也有参透生死之奥秘、主张齐生死的达观自然一面，在死亡伦理方面作出了重要的理论贡献。从整体上看，一般之人常常患生患死，富贵之人每每贪生怕死，也有一些思想家从人之必死的结局中得出了悲观主义或虚无主义的人生结论，在生死观上陷入绝望主义的深渊不能自拔。老庄道家在“道法自然”思想的指导下，不仅主张自然无为地对待生命生活，而且主张自然达观地对待死亡，进而极大地消解了人们对死亡的悲伤与恐惧，从某种意义上提升了人们迎战死亡的勇气，阐发了当代生命伦理学关于“安乐死”和“终极关护”等方面的思想意识内容，成为人类死亡伦理学的理性认识成果。

一、善吾生者，乃所以善吾死也

道家的生命伦理建立在对生命与死亡的大彻大悟之上，珍爱生命是道法自然的产物，欣然地面对死亡也是道法自然的应有之义。生，顺应自然；死，亦顺应自然。道家珍生却并不因此走向怕死，它既主张尽可能益寿延年，又主张对死亡抱达观自然的态度；既嘲笑那种贪生怕死的现象，又反对作无谓的牺牲。生如夏花之绚烂，死如秋叶之静美。道家教人从对死亡的畏惧与恐怖中解放出来，以自然主义的博大胸襟看待死亡，不为生所累，不为死所羁。在人类解决生死问题的种种智慧中，道家所提供的智慧无疑是最深刻、最奇特、最能给人以精神武装的。道家的生死智慧比海德格尔的“生存到死亡中去”要更为乐观超迈，比儒家“未知生，焉知死”的观点要更为有益于现实人生。死亡伦理学家E. 贝克尔在《反抗死亡》一书中写道，在所有动人心弦的事情中，人们首先想到的是对死的恐惧。马克思在《1844年经济学哲学手稿》中指出：“死似乎是类对特定的个体的冷酷的胜利，并且似乎是同类的统一相矛盾的；但是，特定的个体不过是一个特定的类存在物，而作为这样的存在物是迟早要死的。”[1] 正因为如此，自古以来，许多人本能地把死亡看成人生的最大悲剧，陷入对死亡的无尽恐惧中不能自拔，不知消耗了多少人生的精力与热情。孔子虽也有主张守死善道、强调杀身成仁的一面，但孔子本人却是害怕死亡并对死亡的威胁不胜惶恐和畏惧的。孔子的学生伯牛染上重病，孔子既为之伤心又颇感战栗，不去问候有失仁爱之师德，去问候又怕自己被传染，于是只好“自牖执其手，曰：亡之，命矣夫！斯人也而有斯疾也！斯人也而有斯疾也！”（《论语·雍也》）颜渊死了，孔子悲痛欲绝，大声号啕：“天丧予！天丧予！”

与孔子恐惧死亡和悲哀死亡的态度相反，以老庄为代表的道家则把解决人的生死问题视为人生的第一大课题。他们决意拉开罩在死亡上的种种神秘面纱，破译死亡的真实谜底，参透死亡的真正本质，觉悟死亡的真切含义，并以此来规范和调解自己的现实人生。既然死亡是人生最大的悲苦，对死亡的恐惧是压迫人生幸福的最大障碍，那么为什么不能超越这一悲苦，驱除这一大障碍？为什么不能换个角度来沉思生与死的关系，对死亡抱达观自然的态度呢？为什么人就不能从对死亡的畏惧中解放出来呢？

在老庄道家看来，人们之所以会贪生怕死，视死亡为人生的最大悲苦，关键就在于不懂得天地大化的道理，就在于世俗的功名利禄之心太重和享乐意识太强。如果人们懂得天地万物消长盛衰的道理，能够清静无为，质朴恬淡，少私寡欲，那么人们就会死生悉听其自然。老子认为，出生入死，这一切不过是自然而然的变化。不只是人才有生死变化，天地万物也都有生死的变化。“飘风不终朝，骤雨不终

① 马克思：《1844年经济学哲学手稿》，《马克思恩格斯文集》第一卷，人民出版社，2009，第189页。

日。孰为此者？天地。天地尚不能久，而况于人乎？”（《老子》二十三章）狂风刮不了一清晨，暴雨下不了一整天，兴风起雨的天地，尚且不能持久，何况渺小的人类呢？正因为生死变化是天地万物的普遍规律，那么有什么理由对人的生死变化大惊小怪呢？人是自然界的一部分，生生死死都服从自然界本身的法则。人法地，地法天，天法道，道法自然。老子以天地万物自然变化的普遍规律来化解人类因死亡恐惧产生的存在焦虑，让人们像万物一样顺从地接受自身必然的变化。在老子看来，虽然生命的具体形式是有生必有死，生灭不已的，但生命的原初本质和始因“道”却是永恒的，天地万物的生死变化正是“道”的创生精神的展现。如果人能够顺应这个宇宙大化，也就与“道”相通，从而获得超越生死的永恒性。因此，顺应大化，生死自然，体道无为，虚壹而静正是使自身“根深固柢，长生久视”的必要手段。愈是放弃自身的生存忧虑，就愈能使自身接近“道”，接近生命的本原，从而就愈能超越生死的烦恼和局限。老子正是在对“道”的皈依中勘破生死、参透死亡、超越生死、立定人生的。

庄子继承和发展了老子的思想，把生死问题作为自己思维关注的焦点。在庄子看来，人生的最大困扰来自人“悦生而恶死”的心理意向。人之所以追名逐利，卷入利害之争而不能自拔，就在于人不能超脱生死之变。因此可以说，“悦生而恶死”，这是自我为之设置的桎梏或锁链，是人生观的最大谬误。事实上，生，并不因为人的高兴而提前到访；死，也不因人的讨厌就不来到访。生与死是自然规律，谁也不能抗拒，谁也不能例外。那么，怎样才能破除“悦生而恶死”的桎梏呢？庄子提出了超脱生死之变的达观理论，主张“恶生悦死”。庄子认为，生与死不过是相互联系着的自然变化而已，不过是“通天下一气”的流衍变化而已。有道是，“人之生，气之聚也。聚则为生，散则为死。……故万物一也。是其所美者为神奇，其所恶者为臭腐。臭腐复化为神奇，神奇复化为臭腐。故曰‘通天下一气耳’。圣人故贵一”（《庄子·知北游》）。就托于同体而言，“万物一府，死生同状”，生与死并没有本质的区别，生不过是气的凝聚，死不过是气的消散，有什么必要悦生而恶死呢？同时，“生也，死之徒；死也，生之始”（《庄子·知北游》），生是死的继续，死是生的开始，没有生就没有死，没有死就没有生，生生死死都是自然变化所致。庄子主张，既然生生死死是自然而然不可阻挡、不可改变的过程，那么人就不应该悦生而恶死，不应该对生欣然自喜，对死悲哀万分，哭哭啼啼地去送终。人生于天地间，好比一匹白马在门缝外一闪而过，一瞬间而已。万物蓬蓬勃勃，没有不生长的；变化衰萎，没有不死去的。已经化为生命的，又终将走向死亡，生物为之哀伤，人类感到悲痛，解开自然的束缚，毁坏自然的网囊，变化迁移，魂魄将消散，身体也将消逝，这才是返归大本啊！

二、以天地为大炉，以造化为大冶

道家认为，人的生命不过是天地所委托的形体，并不归自己所有。性命也非自己所有，乃是天地委托的自然。换言之，一切只是天地间气的运动，又怎么能归自己所有呢？所以生命不属于自己，死亡也不属于自己。整个天地就是一个变化的大冶炉，“今之大冶铸金，金踊跃曰：‘我且必为镆铘’，大冶必以为不祥之金。今一犯人之形，而曰‘人耳人耳’。夫造化者必以为不祥之人。今一以天地为大炉，以造化为大冶，恶乎往而不可哉！”（《庄子·大宗师》）大自然对于人，无异于父母，它要我死，我如不听从，就是忤逆父母。大自然给我形体，用生活使我劳苦，用衰老使我清闲，以死亡使我安息。所以以生命为快乐之事者，也应当以死亡为快乐之事。天地是一个大冶炉，造物主是一个大铁匠，我们人类不管被锻造成什么样，送往哪里，都理应感到自自然然。基于此种认识，庄子主张从对死亡的恐惧、悲痛和哀伤中解放出来，以达观的态度看待死亡。《庄子·至乐》载，庄子的妻子死了，庄子非但不哭泣难过，相反却鼓盆而歌。前去吊唁的惠子对庄子的行为不以为然，责备他说："与人居，长子老身，死不哭亦足矣，又鼓盆而歌，不亦甚乎！"意即你妻子跟你共同生活多年，她为你生儿育女，现在老了去世了，你不哭也就罢了，怎么竟敲着盆子唱歌，这岂不太过分了吗？庄子听后却说："不然。是其始死也，我独何能无概然？察其始而本无生，非徒无生也，而本无形；非徒无形也，而本无气。杂乎芒芴之间，变而有气，气变而有形，形变而有生，今又变而之死，是相与为春秋冬夏四时行也。人且偃然寝于巨室，而我噭噭然随而哭之，自以为不通乎命，故止也。"（《庄子·至乐》）在庄子看来，人本来是没有生命的，不但无生命而且还没有形体，不仅没有形体而且连气息也没有。在若有若无之间变而成气，气又变而成形，形变化成生命，今日形又变而为死亡，这样的生死变化犹如春夏秋冬四时的运行一样。死者已经静静地安息在天地之间，我们若还去哭哭啼啼，这是不懂得生命的道理。

不仅如此，庄子还"以生为附赘悬疣，以死为决疣溃痈"（《庄子·大宗师》），认为生不过是累赘恶瘤，而死正是这累赘的解脱、恶瘤的痊愈。照此看来，又怎么知道"死生先后之所在"，凭什么判定生可悦而死可恶呢？"予恶乎知说生之非惑邪？予恶乎知恶死之非弱丧而不知归者邪？……予恶乎知夫死者不悔其始之蕲生乎？"（《庄子·齐物论》）我怎么知道贪生不是一种迷惑呢？我怎么知道怕死不是像自幼流浪在外而不知返回家乡那样呢？我又怎么知道死去的人不后悔他们当初的贪生呢？那死去的人正好与我们活着的人相反：恶生而悦死。庄子进而引出他与骷髅的对话来阐明死人悦死而恶生的见解。庄子到楚国去，在途中见到一具骷髅，虽然空枯，却具有活人头颅的形状。他用马鞭敲着并且问道："先生，您是不是由于贪欲放纵才落到如此下场？是不是由于国家败亡、遭到杀戮而到了这个地步？是不是由于行为不端、愧对父母、羞见妻儿，才留下这副尊容？是不是由于受冻挨饿而致死？还是因为享尽天年而命终？"庄子说完，拉过骷髅当枕头，倒地便睡。半夜里，庄子梦见骷髅对他说："从你这番问话来看，你似乎是个能言善辩之士，不过你所问的那些问题都是活人的牵累，死了便没有那些忧虑了。你想知道死去之后的快乐吗？"庄子说："好吧。"骷髅说："死了之后，上面没有君主，下面没有臣民，也没有四季的酷暑严寒，悠然自得地随着天地自然的变化过日子，就是国主的快乐，也难以和我相比。"庄子不相信，说道："我让主管生命的神灵恢复你的形体，再造你的骨肉肌肤，送你回到父母妻子身边以及邻里朋友那里，你愿意吗？"骷髅听了，紧皱眉头忧愁地说："我怎么能抛弃国王般的快乐而重受人间的劳苦呢！"骷髅的快乐竟能胜过帝王之乐？这骇人听闻的结论正是庄子学说的自然推论。在庄子看来，死是一种彻底的解脱，在这种解脱里，没有贪生之患，没有亡国之患，没有斧钺之诛，没有妻子家室之累，没有冻馁之患，没有衰老死亡之患，一切人间的忧苦疾患、贫病交加都不复存在。"死，无君于上，无臣于下……虽南面王乐，不能过也。"（《庄子·至乐》）因此，人们应当愉快地接纳和认可死亡。死亡对人来说，没有什么可厌恶可害怕的，它不过是对劳苦而不自由、多灾而不平等的现实人生的大解脱。人们应当为死亡的来临而高兴。“生者，尘垢也”，生命不过是外物渣滓的一时凑合，不值得留恋，也不值得过分喜欢。

三、死而不亡者寿

庄子倡导以自然达观的态度来看待生与死，认为古时候的真人不知道留恋生命，也不知道害怕死亡；不会为出生而庆幸，也不会为死亡而悲哀。赤条条而来，赤条条而去。天命我为人能欣然接受，天命我死亡也能欣然送别。他既能够忘死生，也能够超死生。能够忘死生和超死生，心境就能清明透彻，就能体悟绝对永恒的“道”，从而与“道”为一。能够体悟绝对永恒的“道”，而后才能超越时空的限制，进入不生不死的境界。大道能使万物生息死灭，而它本身则不死不生。“道”之为物无所不送，无所不迎；无所不毁灭，无所不成全，这就叫作撄宁。所谓撄宁，就是在万物生生灭灭的纷乱中保持宁静的心境。

《大宗师》讲述了子祀、子舆、子犁、子来四人以无为头颅，以生为脊梁，以死为尾脊骨，视死生为一而相与为友的故事。子舆有病，子祀去探望他。子舆对子祀说：“伟大啊！造物主把我变成了这样一个拘挛变形的人！”子祀问：“你讨厌这样吗？”子舆说：“不！我为何讨厌？假如造物主把我的左臂变成鸡，我就要用它来报晓；假使把我的右臂变作弹弓，我就用它去打斑鸠烤了吃；假使把我的尾脊骨变成轮子，把我的心神变成马，我就乘着它走，哪里还要另驾车马呢？况且人之得生是适时宜的结果，人之死，也是顺应时运。能安心适时而顺应时运变化的人，哀乐之情不会生于心中，这就是古来所说的解除束缚。那些不能自求解脱的人，是被外物束缚住的。人力不能胜过天然已经很久了，我又凭什么去讨厌呢?”不久，子来又病了，苟延残喘像要死的样子，老婆孩子都围在旁边哭泣。子犁去探望他，对他们说：“去！走开！别哭了！别惊动了这将要作伟大变化的人!”

庄子还讲述了秦失为老聃吊丧的故事，以此来阐发死生齐一的道理。老聃死，秦失吊之，三号而出。弟子问：“你不是老聃先生的朋友吗?”秦失答：“是呀!”弟子问：“是朋友就这样敷衍了事地吊唁，怎么可以呢?”秦失说：“当然可以。我原先以为他是圣人，今天才知不是。刚才我进去吊唁的时候，发现有老人哭他，像哭儿子一样。有少年哭他，像哭老娘一样。这些老少哭在一起，必定有不想表达而又不得不表达，不想哭而又不得不哭的情形，这是逃避自然，有背实情的，也是忘了我们所禀受的生命长短，古人称此种哀逝之情是想逃避‘天刑’。该来时，老聃应时而生；该去时，老聃顺理而逝。安心适时而顺应变化，哀乐之情便无从而生，古人把这种精神境界称为上天为我们解除了倒悬。”（《庄子·养生主》）

以这种达观态度看待生命，生是适时而来，故不得不顺应自然，珍重生命，好好活着；以这种达观态度看待死亡，死是顺理而逝，故不得不顺应自然，无憾赴死，好好去死。死是回归自然，重入天地大化之中。庄子本人不仅在其妻死时能以这种达观态度待之，鼓盆而歌，而且在自己死时也能以这种达观态度待之，慨然面对。庄子将死，弟子想厚葬他。庄子说：“我把天地当成棺椁，把日月作为双璧，星辰当作珠宝，万物都来陪葬。我这样多的葬物还算不够齐备吗?还有什么比这更好的!”弟子说：“我怕乌鸦老鹰吃了先生。”庄子说：“在地上让乌鸦老鹰吃，在地下让蝼蛄蚂蚁吃，夺走乌鸦嘴里的东西去喂蚂蚁，不是太偏心了吗?”（《庄子·列御寇》）

在庄子看来，只有破除悦生而恶死观念的束缚，才能使人生走上敞亮的大道。“明乎坦涂，故生而不说，死而不祸”（《庄子·秋水》），明白了死生是人所行走的坦途，所以不为活着感到喜悦，也不以死亡为祸害。倘若要赞美生命，那么也应该赞美死亡。因为生命与死亡都是自然造化赋予人的馈赠。“故善吾生者，乃所以善吾死也。”（《庄子·大宗师》）这样，庄子就将惶惶不可终日的个体生命，调和到齐生死、一天人的交响乐中，消融了生存的根本矛盾，最后形成一个与道同一的乐感大和谐，高度升华了人的个体生命，谱写了一曲达观生死的超越之歌。

四、无须悦生，不必恶死

道家之道是一无始无终的大生命（宇宙生命）。万物的生命，即此宇宙大生命的自然显现与周流化育。既然道的生命是无限的，那么在一定的意义上我们也可以说万物的生命是无限的。所谓生死，不过如昼夜的更替，我们不必好昼而恶夜，因而无须乐生而悲死。这才算领悟了生命的大道，也可以说是解放了为形躯所限的“小我”，而成为与变化同体的“大我”了。老庄道家参透死亡的达观态度，在中国历史上影响十分深远。汉初推崇黄老之治的一代明君汉文帝写下了这样一篇遗诏：“朕闻之：盖天下万物之萌生，靡不有死。死者天地之理，物之自然，奚可甚哀！当今之世，咸嘉生而恶死，厚葬以破业，重服以伤生，吾甚不取。且朕既不德，无以佐百姓。今崩，又使重服久临，以罹寒暑之数，哀人父子；伤长老之志，损其饮食，绝鬼神之祭祀，以重吾不德，谓天下何！朕获保宗庙，以眇眇之身托于天下君王之上，二十有余年矣。赖天之灵，社稷之福，方内安宁，靡有兵革。朕既不敏，常畏过行，以羞先帝之遗德；惟年之久长，惧于不终。今乃幸以天年得复供养于高庙，朕之不明与嘉之，其奚哀念之有！其令天下吏民，令到出临三日，皆释服。无禁取妇、嫁女、祠祀、饮酒、食肉……”（《汉书·文帝纪第四》）文帝对死亡的看法极得老庄之要旨，其态度达观自然，一介君主，死后不许人民重服守灵，不准同宗之人赤脚踏地恸哭，三天戴孝期间仍可举行婚礼，仍可饮酒、吃肉和进行其他娱乐活动。东晋喜好老庄的大诗人陶渊明撰《自祭文》有言：“茫茫大块，悠悠高旻，是生万物，余得为人。自余为人，逢运之贫，箪瓢屡罄，絺绤冬陈。含欢谷汲，行歌负薪，翳翳柴门，事我宵晨。……勤靡余劳，心有常闲；乐天委分，以至百年。惟此百年，夫人爱之，惧彼无成，愒日惜时。存为世珍，殁亦见思，嗟我独迈，曾是异兹！宠非己荣，涅岂吾缁？捽兀穷庐，酣饮赋诗。识运知命，畴能罔眷？余今斯化，可以无憾。寿涉百龄，身慕肥遁，从老得终，奚所复恋？”在陶渊明看来，对于死亡过度恐惧反而有损身体，明智的态度应该是任其自然，在大自然中自由自在地生活，于生死既不害怕也不欣喜，当生命该完结时就让它完结，用不着想得太多。只有死得豁达坦然，才能活得洒脱大度。

道家的生命伦理是中国古代民族生命意识的体现。它不仅对人类生命的来源、性质、发展等作了深入的探讨与思考，而且由此引申出了一系列对生命和生活所应该具备的正确态度、所要遵循的诸准则，以及如何看待死亡等问题。所以道家生命伦理实际上给予了世人一种可资借鉴的生活方式，为人们好好地生活和好好地死亡提供了一条内在超越的途径，亦即为人们解除生之痛苦、死之恐惧提供了心理宣泄和自我解放的途径。人们从中也许可以获得应该怎样生活的智慧的启迪，也许能够得到怎样对待世间险恶、人际纠纷的忠告，或者还能获得肉体和精神上快乐的方法。道家的生命伦理是一种超越生与死而朝向永恒与不朽的伟大精神伦理，是一种重在善生善死而给人以精神解放的安身立命伦理。它不仅教我们讴歌生命、赞美希望，教我们投身于与人为善、助人为乐以及把自我的生命与社会生活融合起来的伟大事业中去，而且教我们欣赏死亡，善待死亡，以归入永恒的宇宙大化而坦然无憾地面对死亡。伯特兰·罗素认为，人生就像一条河，源头处河身狭小，夹在两岸之间奔腾咆哮，冲撞岩石激起水花，飞下悬崖形成瀑布，越到下游河面越宽，河水也慢慢流得平缓，最后不声不响地流进大海，与海水浑然一体，河流的界限消失不见了，从而结束了它那单独存在的一段历程，把自己的生命融汇在大海之中而毫无惋惜。因此，人没有必要害怕死亡。想到我们未竟的事业将会有更年轻的一代来继续，而且会比我们做得更好，我们有什么理由不放心呢？西蒙娜·德·波伏娃在《人都是要死的》这部小说中讲述了青年演员雷吉娜的故事，她渴望能够长生不老，后来幸运遇到了一个真正永生的人福斯卡，为了获得长寿秘籍，雷吉娜主动和福斯卡在一起。没想到不死之身带给福斯卡的，只有别人难以理解的痛苦和内心孤独的煎熬。最后雷吉娜放弃了永生的想法，坦然面对死亡。这部小说阐释了生与死、相对与绝对的矛盾和冲突，揭示了生命的意义正是来源于永恒的死亡，没有死亡，永恒的生命也将毫无意义！死亡不是对存在的根本否定，而是存在的终极目的。我们正是面对死亡无怨无悔地选择了自己的生存方式。在波伏娃看来，人都是要死的，这与其说造成了人的痛苦，不如说造成了人的伟大。死，对于人来说是一件难得的好事，假如没有死，那人就真正不幸和可怜了。死，使人类懂得追求未有的，珍惜已有的，欣赏曾经有过的。死，也是生之价值、活之意义，使人类的生命产生了喜怒哀乐、悲欢离合，使社会的生活出现了五颜六色、姹紫嫣红，使人类的文明不断地发展和完善。海德格尔在《存在与时间》一书中提出了一种“向死而生”的人生哲学和死亡伦理学，指出：“死亡在最广的意义上是一种生命现象。生命必须被领会为包含在世方式在内的存在方式。”[①] 又说：“死所意指的结束意味着的不是此在的存在到头，而是这一存在者的一种向终结存在。死是一种此在刚一存在就承担起来的去存在的方式。”[②] 真正的个体生命的死亡只有一次，但是死亡的威胁和死亡的观念却伴随着人的一生，所以人作为一个必死动物，本质上是一个“向死而生”的存在物，死渗透并灌注到生命的很长一段时期。从某种意义上说，道家的死亡伦理比海德格尔的死亡伦理还要超越与洒脱。

马克斯·韦伯在《儒教与道教》中对道家生命伦理作出了自己的评价，指出道家重生贵己，不仅体现在看重个体的生命，也体现在看重社会整体的生计发展。道家老子“把儒教的适应世界视为‘小’德，与此相比，他自然要求‘大’德，也就是说，不同于社会相对伦理的绝对完美的伦理”[③]。道家所追求的，“并不是纵欲的心醉神迷状态”，“而是其反面：一种无动于衷的忘我”。[④] 老子的“道是唯一永恒的，因而是绝对宝贵的；它既是秩序，也是生万物的实在根基，也是一切存在的永恒原型的总体”，“道是神圣的唯一，人可以通过使自我绝对脱离世俗的利益与热情，直至完全无为，来分享这种神的

① ［德］海德格尔：《存在与时间》，陈嘉映、王庆节译，生活·读书·新知三联书店，2006，第 283 页。

② ［德］海德格尔：《存在与时间》，陈嘉映、王庆节译，生活·读书·新知三联书店，2006，第 282 页。

③ ［德］韦伯：《儒教与道教》，王容芬译，商务印书馆，1995，第 234 页。

④ ［德］韦伯：《儒教与道教》，王容芬译，商务印书馆，1995，第 232 页。

唯一”[1]。老子《道德经》认为，“生等于有‘神’，长寿术等于养神”[2]，这是老子的教诲。道教极大地发展了老庄道家的生命伦理思想，他们主张“重视肉体生命本身，亦即重视长寿”[3]，并阐释了一系列如何修道成仙的理论和实践智慧。

道家生命伦理思想的诸多命题和观点，尽管具有某种意义上的神秘主义和个人主义色彩，对世俗生活的合理性亦有较多的斥责或鄙视，但是整体而言还是特别有智慧的。它不仅凸显了个体生命的神圣和价值，也有着对在争名夺利的人际纷争中如何保持自己健康的心理和精神状态的精湛论述，对人世间诸多苦恼、烦心事以及死之恐惧的深刻洞见，不失为中华伦理文明的大智慧。清代《吕祖师三尼医世说述》提出“医世”思想，主张“即身以治世宁”，即通过内炼外养的治身、治心，进而即身入世、治世，最终达到“天都泰安”之人与自然的和谐、“四夷安靖”之社会有序稳定、“闾阎富庶”之民富国强的“世治”目的。也就是通过调摄人与人、人与自然、人之身心内外关系而医治社会、文化的弊病，恢复社会、文化的健康，为个体的人的自由与逍遥乃至生命质量的提升营造必需的环境。拥有道家生命伦理大智慧的人，其心清朗澄明，湛然周遍，他能够笑看云卷云舒，在滚滚红尘中泊然于生死存亡而不失其安身立命之本，获得“哀乐不能入”的至乐或幸福。

① ［德］韦伯：《儒教与道教》，王容芬译，商务印书馆，1995，第232页。
② ［德］韦伯：《儒教与道教》，王容芬译，商务印书馆，1995，第231页。
③ ［德］韦伯：《儒教与道教》，王容芬译，商务印书馆，1995，第241页。

第六章　道家经济伦理的价值取向

道家关注个人伦理和生命伦理，又因为关心个人伦理和生命伦理的前提是自己的生命形体能得以延续，因此又探求了与其相关的生活伦理，并对如何对待身心义利等问题作出了自己的深度思考，这构成其经济伦理思想方面的内容。从整体上考察，道家经济伦理的精神实质是顺其自然、清静无为，特别强调对人类经济行为不要干涉，让人们按照自然的要求饮食起居，这也是道家经济伦理思想与儒、法、墨诸家的经济伦理思想的重大区别所在。道家经济伦理思想在历史上所起的作用和儒、法、墨诸家也有重要区别。从我国历史发展来看，当社会经济平稳发展时，儒家经济伦理思想在维护经济秩序稳定方面起的作用比较明显，而在社会经济动荡、萧条时，统治者往往被迫对被统治者实行休养生息的无为政策，道家经济伦理思想对社会经济恢复发展的作用重要且明显。道家经济伦理思想广泛涉及了饮食起居、劳动作息、分配消费等方面的内容，对我们正确处理人与人、人与自然、人与社会的关系，促进经济和谐发展具有重要的启迪和参考价值。

第一节　自然恬淡的生活理想

以老庄为代表的道家崇尚道法自然，在经济伦理思想上始终强调道法自然，并将经济伦理思想建构在道法自然的基础之上，形成了道法自然的经济伦理价值取向。反对机巧，反对贪欲，反对孜孜求利，成为道家经济伦理思想的基本价值特质。

一、甘其食，美其服，安其居，乐其俗

老子提出了“小国寡民”的社会理想，描绘了一幅中国古代社会自给自足、自然无为的生活图景。生活于这一理想社会中的人们虽然有各种各样的器具却并不使用，安于生活而不向远方迁徙，虽然有船只车辆却不去乘坐，虽然有武器装备却不用来打仗，人们愿意回到远古结绳记事的自然状态之中安享自然淳朴的生活。人们甘于自然的饮食，对已有的服饰自感美好，安于居住条件，满意生活习俗。生活于这一社会中的人们看得见邻国的土地，听得见邻国鸡鸣狗吠的声音，但是直到老死都与邻国没有什么交际往来。老子的理想社会乃是基于对广土众民、纷争不已的现实社会的不满而提出的。在这个小天地里，社会秩序无须靠强制的力量来维持，单凭各人纯良的本性就可和谐共处。在这个小天地里，没有阶级剥削，没有等级压迫，没有重赋逼迫，没有兵战祸难，没有暴戾的空气，没有凶悍的作风，人们甘食美服、安居乐业，民风淳朴真质，一切依顺自然，污染文明的事物被隔绝。

人们满足于自然恬淡的生活，“甘其食”亦即对所吃的没有什么讲究，随便吃什么感觉都是甘甜可口的，“虽蔬食藜羹而饱满淡味为甘”①。人们凿井而饮，耕田而食，所吃所喝完全来自自然，味道亦是天然。人们不仅对吃的没什么讲究，而且对穿的也丝毫不挑剔，衣

① 陈景元：《道德真经藏室纂微篇》卷之十，河上公、杜光庭等注《道德经集释》下册，中国书店，2015，第529页。

物只要能防寒避暑就好，“葛衣鹿裘而温凉无文为美”[①]。人们看重的是所穿服饰的自然品质。“安其居”是说只要有地方容身，能够休息睡觉就好，“茅茨蓬革而风雨不侵为安”[②]。人们日出而作，日落而息，作息绝对符合自然的规律和要求。“乐其俗”是说人们对自己自然生活中的风俗习惯感觉很好，没有移风易俗的需要，“南炎北沍而水土任适为乐”[③]。人人和睦相处，大家因爱养其生都不迁徙他处。这个小天地里的人们彼此之间没有钩心斗角、争名夺利，也没有相互之间的猜忌、算计，因而没有烦躁、焦虑乃至痛苦或绝望的情绪，也没有困惑、彷徨、恐惧和失落的感受。这个小天地里的风俗是淳朴自然、真质恬淡的，因而人们的道德修养亦如赤子般纯朴。

从某种意义上说，老子小国寡民的理想社会模式生动地展示了返璞归真状态中的道德风貌。尽管小国寡民的社会模式带有农业社会的封闭性以及对文明社会的某些偏见，具有一定的消极性，但它毕竟是老子为拯救文明社会弊端、解决人世间道德堕落和道德危机所开出的一剂药方，是一种美好的道德理想和社会理想。它是针砭现实社会的道德弊端而面向未来的。

冯友兰在《中国哲学史新编》中指出：“《老子》第八十章描绘了它的理想社会的情况。从表面上看起来，这好像是一个很原始的社会，其实也不尽然。它说，在那种社会中，‘虽有舟舆，无所乘之；虽有甲兵，无所陈之。使人复结绳而用之’。可见，在这种社会中，并不是没有舟舆，不过是没有地方用它。并不是没有甲兵，不过是用

① 陈景元：《道德真经藏室纂微篇》卷之十，河上公、杜光庭等注《道德经集释》下册，中国书店，2015，第529页。

② 陈景元：《道德真经藏室纂微篇》卷之十，河上公、杜光庭等注《道德经集释》下册，中国书店，2015，第529页。

③ 陈景元：《道德真经藏室纂微篇》卷之十，河上公、杜光庭等注《道德经集释》下册，中国书店，2015，第529页。

不着把它摆在战场上去打仗。并不是没有文字，不过是用不着文字，所以又回复到结绳了。《老子》认为，这是‘至治至极’。这并不是一个原始的社会，用《老子》的表达方式，应该说是知其文明，守其素朴。《老子》认为，对于一般所谓文明，它的理想社会并不是为之而不能，而是能之而不为。”① 老子提出的理想社会，本质上是要人们知其文明，守其素朴，并且安于、甘于、美于、乐于自然素朴的生活。

庄子继承并发展了老子返璞归真的道德理想学说。在理想社会的总体构架上，他祖述老子的思想，认为理想社会是一个人们甘食美服、乐俗安居的社会。同时庄子还发展了老子小国寡民的思想，提出了“至德之世”和“真人”的观念，强调了理想人格的自由无为和超越达观特征。“至德之世，不尚贤，不使能，上如标枝，民如野鹿，端正而不知以为义，相爱而不知以为仁，实而不知以为忠，当而不知以为信，蠢动而相使，不以为赐。是故行而无迹，事而无传。”(《庄子·天地》) 在庄子看来，“至德之世”是一个不崇尚贤才、不重用能人的社会，君主清静无为如同树枝一般，庶民自由自在如同野鹿一样。人们行为端正而不知道这就是义，彼此相互关爱而不知道这就是仁，敦厚老实而不知道这就是忠诚，言行一致而不知道这就是信任，不带任何目的相互帮助而不知道这就是恩赐，所以处于至德之世的人们的善行没有留下什么印迹，所做的好事也没有得以流传。“至德之世”是一个“民居不知所为，行不知所之，含哺而熙，鼓腹而游”(《庄子·马蹄》)，纯任自然，目的意识不明确的社会。在这个社会里，人们的共性是“织而衣，耕而食”，同样的无知无欲，同样的朴实无华，人们的个性则是自由自在，“一而不党”。“故至德之世，其行填

---

① 冯友兰：《中国哲学史新编》上册，人民出版社，1998，第346-347页。

填，其视颠颠。当是时也，山无蹊隧，泽无舟梁；万物群生，连属其乡；禽兽成群，草木遂长。是故禽兽可系羁而游，鸟鹊之巢可攀援而窥。夫至德之世，同与禽兽居，族与万物并，恶乎知君子小人哉！同乎无知，其德不离；同乎无欲，是谓素朴。素朴而民性得矣。”（《庄子·马蹄》）在“至德之世”里，人与自然和谐相处，人与人之间的关系也是十分的和睦融洽，根本就没有君子小人之分。大家都没有什么智巧，因此不存在丧失天性的问题，大家都没有什么私欲，因此总是能够保持素朴自然的本性。《庄子·山木》描写了一个叫作“建德之国”的理想社会的情形，在这个理想的社会里，“其民愚而朴，少私而寡欲；知作而不知藏，与而不求其报；不知义之所适，不知礼之所将；猖狂妄行，乃蹈乎大方；其生可乐，其死可葬”。“建德之国”的人们无知无欲、质朴纯洁，只知辛勤耕作而不知占有私藏，只知奉献给予而不知索取回报，不知什么是义，不知什么是礼，一切随心所欲，顺任自然，行动无心，无拘无束，便是合乎大道。

庄子的理想社会比老子的理想社会更突出了天性自由的意义，因此对文明社会弊端的抨击比老子要更为尖锐和激烈，对返璞归真的强调也颇显坚执和一贯。庄子说：“牛马四足，是谓天；落马首，穿牛鼻，是谓人。故曰：无以人灭天，无以故灭命，无以得殉名。谨守而勿失，是谓反其真。”（《庄子·秋水》）牛马有四只脚，这是天生的。给马戴上笼头，给牛穿上鼻环却是人为的。庄子强调不要用人为破坏天然，不要用造作来毁灭本性，不要因贪而去追求名声。谨守这些道理而不违失，就是回归了本性的真朴。庄子还认为，有机巧之事必定有机巧之心，机巧之心存在于胸中，便不能保持纯洁空明的心境，心灵不纯洁，精神就会摇摆不定，没有操守。精神没有操守便不能得道载道。庄子说：“吾子使天下无失其朴，吾子亦放风而动，总德而立矣，又奚杰然若负建鼓而求亡子者邪？夫鹄不日浴而白，乌不日黔而黑。黑白之朴，不足以为辩；名誉之观，不足以为广。泉涸，鱼相与处于陆，相呴以湿，相濡以沫，不若相忘于江湖。”（《庄子·天运》）为了不使天下人失去质朴的本性，最好的方式是像风儿那样的随顺，修养德性而自立。白鹤不天天洗澡也白，乌鸦不天天染色也黑。黑白是它们的本性，是用不着辩解的。泉水干涸了，鱼儿们被困于陆地，用湿气互相嘘吸，用涎沫互相滋润，虽然这使人颇为感动，但是远不如让它们在江湖里自由地游荡而相互忘却更加有意义。天然的即是最美好的，质朴是天然的而不是人为的。在庄子看来，以规矩准绳作为标准去修正事物，就是损害了事物的本性；用绳索胶漆去固定事物，就是侵害了事物的本性；用礼乐仁义来周旋劝勉，以安天下人心，就是违背人之本性和人之常情。天下事物都有它的本来天性。弯不用拗，直不用削，圆不用规，方不用矩，粘连的不用胶，捆绑的不用绳索。故天下万事万物都是自然生长但又不知是如何生长的，各得其所又不知是如何得以如此。所以古今的道理一致，不可人为改变。“吾所谓臧者，非仁义之谓也，臧于其德而已矣；吾所谓臧者，非所谓仁义之谓也，任其性命之情而已矣。”（《庄子·骈拇》）“臧”即完善、美好，庄子所说的完善，并不是指仁义之类，而是指天性、天德的完善，听任本性的自由发展。

二、常无欲，以观其妙；常有欲，以观其徼

人是形体与精神或者说形与神的有机体。人有形体或肉体且人要满足自己的形体或肉体的需要，因而必然要过包括吃饭、穿衣、睡觉在内的物质生活。而要过物质生活，就要面临一个如何满足自己物质欲望的问题，亦即如何正确对待欲望和物质财富的问题。在老子思想中，“无”是最高境界，是天地之始。“无”的根本特征便是无意

志、目的、欲望，天地能长存正因为此，“天地所以能长且久者，以其不自生，故能长生”（《老子》七章）。与“无”相对的是“有”，“有”是万物之母，是有意志、有目的、有欲望的，这是它能生成千姿百态万物的根据，所以“无名天地之始，有名万物之母”（《老子》一章）。在老子的欲望论中，“无欲”和“有欲”是两大基本内容，“无欲”是人生境界的最高追求，“常无欲，以观其妙”（《老子》一章），“常无欲，可名于小”（《老子》三十四章），说的就是这个意思。需要说明的是，老子所谓“无”并非空虚，“无欲”也不是要消除一切欲望。事实上，作为一种高级动物，人的自然本性是动物性，再苛刻的禁欲思想也不可能、也无法反对人要活着的欲望，也无法否定“欲”是人类改造世界、改造自己的内在驱动力，因而也是促进人类进化、社会发展与历史进步的源泉。事实上，老子虽然提倡人应该无欲，却也认识到人不可能无欲，“道可道，非常道；名可名，非常名。无名天地之始，有名万物之母。故常无欲，以观其妙；常有欲，以观其徼”（《老子》一章）。

《老子》“无欲”的出发点是“贵生”，其意在于强调人作为主体存在物，不应异化为物欲的工具。老子担忧的是一旦人将获取利益作为人生的根本目标时，就会导致各种阴谋诡诈行为、争执乃至灾祸的产生。老子为此而诘问，“名与身孰亲？身与货孰多？得与亡孰病？是故甚爱必大费，多藏必厚亡。知足不辱，知止不殆，可以长久”（《老子》四十四章）。那么，如何解决此问题呢？《老子》提出的基本主张是：“虚其心，实其腹；弱其智，强其骨。”（《老子》三章）这里所谓的“实其腹”“强其骨”说的是应该努力满足人的基本需求，“虚”指的是人的贪欲之心，“弱”指的是人的巧诈之智，“虚其心”“弱其智”就是要淡化人的占有欲念，“使民无知无欲”（《老子》三章），使人们按照需要进行索求，过着无占有的生活。

问题是，除了死人，谁能无知无欲，完全“无为”呢？其实，老子并非没有自己现实的人生追求。保全自身，即所谓的“身存”“成私”就是他的最大欲望或人生目的，达此目的的根本方法就是“无为”。这就意味着老子的“无为”主张一进入人生实践领域便会成为一种现实的个人的处世方法，基本内涵便是“见素抱朴，少私寡欲”（《老子》十九章），“无名之朴，夫亦将无欲。不欲以静，天下将自正”（《老子》三十七章）。因为唯有如此方能如天地一般长久而活，“天地所以能长且久者，以其不自生，故能长生。是以圣人后其身而身先，外其身而身存。非以其无私邪？故能成其私”（《老子》七章）。而《老子》所谓“吾所以有大患者，为吾有身，及吾无身，吾有何患”（《老子》十三章），其义亦如此。至于老子讲“无欲”，其实是在强调“圣人欲不欲，不贵难得之货”（《老子》六十四章），这就是说，“无欲”是以“不贵难得之货”为基本内容的。

老子“无欲”思想的根本目的是实现社会和平。老子指出要实现和平就不要争，但当时的人们却“争”得很厉害。老子认为“争”起于人的欲望，统治者顺着自己的欲望巧取豪夺只会造成民不聊生。“民之饥，以其上食税之多，是以饥。民之难治，以其上之有为，是以难治。民之轻死，以其上求生之厚，是以轻死。”（《老子》七十五章）国家之间发生战争也缘于欲望引发的利益之争，所以“祸莫大于不知足，咎莫大于欲得”（《老子》四十六章）。也因此，那些能够承担管理百姓责任的人，应该是将百姓与自身的生命价值等同视之的人，“故贵以身为天下，若可寄天下；爱以身为天下，若可托天下”（《老子》十三章）。老子认为，这也是统治者保持自己的统治地位的根本方法。老子说：“江海所以能为百谷王者，以其善下之，故能为百谷王。是以欲上民，必以言下之；欲先民，必以身后之。是以圣人处上而民不重，处前而民不害，是以天下乐推而不厌。以其不争，故天下莫能与

之争。”（《老子》六十六章）

老子还主张统治者应“自谓孤、寡、不穀”，“受国之垢”，“受国之不祥”，即主动地承担国家的屈辱和灾殃，以示谦下，这是统治者“不争”的重要表现。老子认为这样就能为“社稷主”“天下王”了。这就是统治者的“无为处世之方”，其实就是后人常言的“君人南面术”。争，即争强好胜，与此对应的是贵柔尚弱。老子观察自然世界，发现至柔的水无坚不摧，人也是如此，老子看到婴儿虽然柔弱却潜藏着至深强大的力量，“专气致柔，能婴儿乎？”（《老子》十章）“含德之厚，比于赤子。蜂虿虺蛇不螫，猛兽不据，攫鸟不搏。骨弱筋柔而握固。未知牝牡之合而全作，精之至也。终日号而不嗄，和之至也”（《老子》五十五章）。王弼注曰：“赤子，无求无欲，不犯众物，故毒虫之物无犯之人也。含德之厚者，不犯于物，故无物以损其全也。”[①] 陈鼓应则认为：“老子最反对人运用心机、智巧和诈谋。他在自己的书中一再提及‘婴儿’，希望人们能够返璞归真。”[②] 由是得出结论：柔弱胜刚强，柔之胜刚是天下之至理，“天下莫柔弱于水，而攻坚强者莫之能胜，其无以易之”（《老子》七十八章），“强大处下，柔弱处上”（《老子》七十六章）。老子从自然界中天、江海和水的“不争”的“大道”谈到人类社会“不争”的“大德”，指出隐忍于世、谦卑柔弱和不妄为契合自然界和人类社会的生存智慧，这正是那些“不争”之人能够做到“天下莫能与之争”的根本原因。老子将“不争”之理贯彻于经济生活，主要是要求统治者不要与百姓争利，例如老子谈到一定时期人民生产的劳动产品是既定的，赋税重，人民所获便少，这无疑是在与民争利，所以要想得到人民的拥戴，实现长治久安的治国理想就应实施薄税政策。老子在抨击、反对贪得无厌、伤身害体的

① 王弼：《老子注》，《诸子集成》（三），团结出版社，2016，第 108 页。
② 陈鼓应、白奚：《老子评传》，南京大学出版社，2001，第 194 页。

过度欲求的同时，力求在“少私寡欲”中知足常乐。

庄子对老子的欲望理论非常认同，并作出了一些自己的阐释。庄子说：“吾闻诸夫子，圣人不从事于务，不就利，不违害，不喜求，不缘道。无谓有谓，有谓无谓，而游乎尘垢之外。”（《庄子·齐物论》）又说：“吾所谓无情者，言人之不以好恶内伤其身，常因自然而不益生也。”（《庄子·德充符》）这里，庄子所说的“不就利”“不喜求”“不益生”等，并非要对“利”“求”“生”坚决地说不，而是在追求一种身心自适不为物欲所累，顺应自然，寡欲而快乐的生活。在《马蹄》篇中，庄子严肃地抨击贪欲横行的时弊，并提出“同乎无欲”“使民性反朴”的主张。在《山木》篇，则有“其民愚而朴，少私而寡欲”之说。庄子这些思想与老子“少私寡欲”之说完全一脉相承。但需要指出的是，“寡欲”与“无欲”在老庄学派中是不能相混淆的。前者强调要减少欲念，以满足生存需要为界限，主要是就个人生活而言，后者批判剥削争夺的欲念，主要是就社会现象而言的。这个区别，从《庄子·外篇》中可以找到相关论述，如《达生》篇说：“养形必先之以物，物有余而形不养者有之矣。”说的是必要的物质基础是保养人的形体（生命）的根本前提，但物质太多反而有损人的形体（生命）。《庄子·外篇》对此有更深化的论述，如“物物，而不物于物，则胡可得而累耶?”（《庄子·山木》）“明于权者，不以物害己?”（《庄子·秋水》）在《天运》篇中，庄子以远古时期的“至人”在物质生活方面大多简单无华为据说明寡欲的重要性，“食于苟简之田，立于不贷之圃。逍遥，无为也；苟简，易养也；不贷，无出也。古者谓是采真之游”。这是说，圣人们在精神生活方面自由自在、无拘无束，在物质生活方面无奢无华，这恰是他们可以逍遥地立足于这个世界的重要原因。这样，庄子便把“寡欲”的内涵和“奢欲”的不必要说得非常清楚了。

对圣人以自然生活为善美的自适自如境界，庄子是高度肯定的，称其为“采真之游”。类似的论述还出现在其他篇章，如在《山木》篇中，庄子说：“南越有邑焉，名为建德之国。其民愚而朴，少私而寡欲……吾愿君去国捐俗，与道相辅而行。”在庄子看来，智慧与技巧会迷乱人的心志，欲望会妨害人的素朴本性，只有无知又无欲才能保证人民生活在身心宽松的理想环境中，这才是人类最理想的生活状态。庄子极为迷恋的所谓“至德之世”，也就是人们无知无欲、与禽兽同游、与万物并存的生活状态。

三、素朴而民性得矣

老庄对理想社会的描述是同其“道法自然”的价值主张密切联系在一起的，只有自然素朴的生活才是合乎人性的生活，才是值得过的生活。而过分地追求非自然的物质享受只会使日常生活变质并给人类带来诸多痛苦和烦恼，造成人际之间、人群之间、天人之间的冲突与对抗。

《老子》二十五章：“有物混成，先天地生，寂兮寥兮，独立而不改，周行而不殆，可以为天地母。吾不知其名，字之曰道，强为之名曰大。大曰逝，逝曰远，远曰反。故道大，天大，地大，王亦大。域中有四大，而王居其一焉。人法地，地法天，天法道，道法自然。”这一段话从对“道”的性质和功能的阐释入手揭示了宇宙中有四种特别伟大的存在，即“道大”“天大”“地大”“王亦大”。唐玄宗注曰：“因其所大而明之，得一者天地王也。天大能覆，地大能载，王大能法地，则天行道，故云亦大也”，“故天能颠玄在上，垂覆万物，地能宁静于下，厚载万物，王能清静无为，而化万物，此三大也，吾道一以贯之矣”。[1]唐玄宗仅仅局限于将“王”置于“四大”之中受到其君主思维的惯性影响，其实，老子讲的“四大”实质是指“道”“天”“地”“人”。因为“王”在后面的“四法”中直接指代“人”，因此，宇宙中的四种伟大存在就是“道”“天”“地”“人”。“作为域中‘四大’之一，人也构成了本体论讨论的对象，其中既体现了对人的存在价值的肯定，也包含着形而上层面的重要意义。”[2]

在庄子看来，道“自本自根，未有天地，自古以固存；神鬼神帝，生天生地；在太极之先而不为高，在六极之下而不为深，先天地生而不为久，长于上古而不为老”（《庄子·大宗师》）。天没有“道”自然不高，地没有“道”自然不广，日月没有“道”自然无法运行，事物没有“道”自然不能繁荣昌盛。万物都依赖于“道”，而“道”独立运行，不依赖于外界。而且“道”以自己为本原，永远存在。庄子主张顺从天道，而摒弃“人为”，摒弃人性中那些“伪”的杂质。顺从“天道”，从而与天地相通，就是庄子所提倡的“德”。在庄子看来，真正的生活是自然而然的，因此不需要去教导什么，规定什么，而是要忘掉一些东西，如忘掉成心、机心、分别心。只有这样，才能真正成为宇宙中的“四大”。

“人法地，地法天，天法道，道法自然”是《老子》提出的理论命题，他对域中“四大”的关系作出了自己的陈述。道是宇宙最原始、最基础的存在，是事物变化最根本的动力，是万物的最终归宿，是最简明又最深邃的事物规律。“有物混成，先天地生”，道是本原，是最原始的存在。“反者道之动……天下万物生于有，有生于无”，

① 刘韶军点评：《唐玄宗、宋徽宗、明太祖、清世祖〈老子〉御批点评》，湖南人民出版社，1997，第168页。

② 杨国荣：《老子讲演录》，中国人民大学出版社，2021，第111页。

道为万物的归宿。人、地、天效法大道，可以称之为不以人们的意志为转移的“客观规律”。“自然”是什么?“自然”，由自、然两个字构成。“自是自己，然是如此。自然便是自己如此，即自成、自因、自本、自根。”[①] 自然即是自己自在自为的样子，指不为外力及人为干涉的状态，即一般所说的“自己如此”。“不要勉强和强迫”意义上的自然，就是从这里引申出来的。自然不仅是道的属性，也是效法大道的万物的属性。唐玄宗将自然解释为：“自然者，妙本之性，性非造作，故曰自然。”[②]

“道法自然”关涉到老子宇宙论、本体论和形而上学的根本问题——“道”与“万物”的关系，也关涉到老子政治哲学及经济哲学的核心问题——“圣王”同“百姓”的关系。这一论题本身直接涉及老子哲学中最重要的一个概念“道”和另一个重要概念“自然”及二者之间的关系。作为形而上和宇宙本体意义上的“道”，它是产生万物的根源（如四十二章说“道生一，一生二，二生三，三生万物”；五十一章说“道生之”），是“天下母”（《老子》二十五章）和“万物之奥”（出自六十二章，帛本“奥”作“注”，即“主”）。“道”不仅产生“万物”，而且也是万物得以生存、存在的基础和保证。《老子》四章说：“道冲而用之或不盈，渊兮似万物之宗。”“道”虽是万物的根源和基础，是万物的母亲，但它从不以万物之主自居。“大道氾兮，其可左右。万物恃之而生而不辞，功成不名有，衣养万物而不为主。常无欲，可名于小；万物归焉而不为主，可名为大。以其终不自为大，故能成其大。”（《老子》三十四章）“道”也从不“主宰”“控制”和“干预”万物，它具有“生而不有，为而不恃，

① 古棣：《老子校诂》，吉林人民出版社，1998，第64页。

② 刘韶军点评：《唐玄宗、宋徽宗、明太祖、清世祖〈老子〉御批点评》，湖南人民出版社，1997，第170页。

长而不宰”（《老子》五十一章）和“善贷且成”（《老子》四十一章）的至上美德（玄德）。“道”的这种本性，老子称之为“无为”。《老子》三十七章说：“道常无为而无不为。”“道常无为”，王弼的解释是“顺自然”。可以断定，“无为”是“道”的运行和活动方式，它自然而然地化生万物，长养万物。“从本体上看，所谓‘道法自然’，也就是道以自身为原因。”[①] 道本身即是自然无为的，自然无为是道自身运行的法则，也是道对以自身为原因的自我肯定。“法自然”的自因义，“主要侧重于天道。从人道的角度看，法自然又与人的行为相联系”[②]。要求人们按照自然无为的方式来行动，避免使刻意人为的因素干扰人们的自然生活。老子所谓的自然并非单指大自然或自然界，而主要指人的一种生存状态，主要关心的是人类社会的生存状态，所以更应该称此种“自然”为“人文自然”，“人文自然不是天地自然，不是物理自然，不是生物自然，不是野蛮状态，不是原始阶段，不是反文化、反文明的概念”[③]。这与我们平常生活中或常识中所理解的自然概念还是有一定的差距的。

老子人文自然观在经济方面的重要表现是强调农业生产应该遵循自然规律。老子非常重视农业生产，对于破坏农业生产，致使“田甚芜、仓甚虚”（《老子》五十三章）的行为进行了深刻的批判。在老子看来，这些行为与“服文采，带利剑，厌饮食，财货有余”（《老子》五十三章）一样反映了社会生产活动已经受到了严重的破坏，生产资料被严重浪费，最终必然会损害社会和谐，且会进一步造成严重危害整个社会发展的后果，实在是违道之行，“非道也哉！”（《老子》五十三章）。并且，老子意识到农业生产活动必然会涉及更多的自然循环运动。一

① 杨国荣：《老子讲演录》，中国人民大学出版社，2021，第 21 页。
② 杨国荣：《老子讲演录》，中国人民大学出版社，2021，第 21 页。
③ 刘笑敢：《老子古今》，中国社会科学出版社，2006，第 46 页。

方面，农作物从其萌芽、生长发育、成熟到最后被收割再到新一轮的萌芽、生长发育、成熟、被收割本身就是一种“复归其根”的循环运动过程。另一方面，农作物生长所需的风霜雨露等自然养分本身就是自然在循环运动中的杰作，“天地相合以降甘露，民莫之令而自均”（《老子》三十二章），“故飘风不终朝，骤雨不终日。孰为此者？天地”（《老子》二十三章），所以农业生产当然应严格遵循着“反者道之动”这一自然规律，这样才会“功成事遂，百姓皆谓我自然”（《老子》十七章）。

庄子继承并发展了老子“道法自然”的思想，并以“万物殊理”实现了“三个转变”，即转向万事万物的齐一，以实现物性之自然；转向对人性异化的批判，以实现人性之自然；转向心灵境界的涵养，以实现人心之自然。从《庄子·应帝王》中的“顺物自然而无容私焉”同样可知，此处的“自然”是“物（万物）”的“自然”。王弼注《老子》一贯以“自然”为“万物”的“自然”，如“万物以自然为性”，“圣人达自然之性，畅万物之情”。现实中辅助和配合“万物的自然”，即庄子所说“依乎天理”“因其固然”的天理、固然。长生久视，纯精至和，归根复命，静安平泰，是物尤其是人自身的自然。如果人不能得其自然，即是“不道”，“不道早已”。故而当人不自然之时，则需要采取相应的措施，以复其自然。因此我们说，自然不仅是大道的特性、万物的属性，也是人应当具有的本根性，事关人之生存的维系、生活的质量和生命的价值。

庄子说：“彼民有常性，织而衣，耕而食，是谓同德；一而不党，命曰天放。……同乎无知，其德不离；同乎无欲，是谓素朴。素朴而民性得矣。”（《庄子·马蹄》）在真正的理想社会，人们过着合乎天性、顺乎自然的生活，在那里大家都不用智巧，因而本性就不会丧失，大家都没有物欲，因而都纯真质朴。人们对待世界万物不偏私，行为天真烂漫，与鸟兽同居，与万物并聚，根本不知道君子小人之分，彼此毫无机心他意，更谈不上争夺纠纷、冲突仇恨。理想社会如同一望无际的原野，理想社会中的人们如同原野中逍遥自在的野马。庄子认为，马最舒适的情形是顺应其天性，让其在原野中自在逍遥地吃草饮水，而不是被人们役使。让它住殿堂，披戴金银佩饰，吃美味，这违背它的本性，同时也造成它的痛苦，最后使马成为失去奔驰和嘶鸣能力的“非马”。人的本性适于“天放”和自然，一旦有了仁义礼乐、政令法度的束缚，就会使其丧失本性，一如马被钉上了铁掌、套上了衔勒一样。庄子认为，一旦有仁义礼乐这些概念来开启人们的智巧，人们素朴纯净的赤子之心就会丧失殆尽，天下就会纷争不已，充满种种罪恶，使人陷入无休无止的痛苦之中。要涤除世俗的污浊，根治社会的罪恶，矫正文明的弊病，必须返璞归真，重建人与自然的亲密关系，使人们以自然无为、无知无欲为贵。只有素朴的生活才能使人的性情复归到自然无为的状态。

第二节　世俗义利的双重超越

春秋战国时期诸种矛盾斗争和社会冲突激发了儒墨道法诸家思考“为治”的路径，各家在伦理思想领域展开了关于道义与功利、个人利益与社会利益关系的争辩。如果说儒家强调重义轻利，法家强调重利轻义，墨家强调义利合一，那么道家整体上则是义利俱轻，是对世俗义利的双重超越。

一、绝仁弃义，民复孝慈

以孔孟为代表的儒家从维护周礼和宗法等级秩序的目的出发强调道义的价值与尊严，力主“谋道不谋食”“忧道不忧贫”，建立了重义轻利、贵义贱利的伦理价值学说。孔子说：“君子喻于义，小人喻于利。”明确主张“义以为上”，要求人们把义放在第一位，以义制利，见利思义。孟子继承并发展了孔子的思想，认为义与利是根本对立的，倡导“去利怀义”。在孟子看来，如果以功利作为决定自己行为和处理人伦关系的方针，那就必然会废弃仁义而相互争夺、篡弑，其结果将导致亡国。反之，如果去利怀义，以仁义为行为方针，那就会使君臣父子兄弟以仁义相处，从而达到王天下。孟子把怀义视为君子的行为、圣人的德性，把怀利视为小人的行为、盗跖的品质，并说：“鸡鸣而起，孳孳为善者，舜之徒也；鸡鸣而起，孳孳为利者，跖之徒也。欲知舜与跖之分，无他，利与善之间也。”（《孟子·尽心上》）孔孟儒家推崇道义，不仅认为道义比功利重要，而且认为道义比身家性命还重要，故提出“杀身成仁”“舍生取义”的命题。

以墨翟为代表的墨家主张义利并重、义利合一，把利人、利天下视为行为的道德价值标准，倡导“兴天下之利，除天下之害”，“利人乎即为，不利人乎即止”，认为人与人之间的关系是一种投桃报李的对等互报关系，“爱人者，人必从而爱之；利人者，人必从而利之；恶人者，人必从而恶之；害人者，人必从而害之”（《墨子·兼爱中》）。墨家既贵义又尚利，一方面认为义为天下之良宝，提出了“天下莫贵于义”的命题，另一方面又肯定利人利天下的意义与价值，主张以利人、利天下为至善的标准。墨家的义利观既维护了道德原则的尊严，又突出了天下大利在道德体系中的作用，无疑是一种包含道义因素的普遍的功利主义，它同西方功利主义把利己视为行为目的，而利人只是作为达到此目的的手段的观点，大异其趣。

以商鞅、韩非子为代表的法家从人各自为、人各自利的人性论出发，提出了重利轻义的伦理价值学说。商鞅指出：“民之性，饥而求食，劳而求逸，苦则索乐，辱则求荣，此民之情也。”（《商君书·算地》）韩非也说：“安利者就之，危害者去之，此人之情也。”（《韩非子·奸劫弑臣》）。在法家看来，要人们“去求利之心，出相爱之道”是违反人的趋利避害的自然本性的，因此用道德来调节人际关系是无济于事的，唯一有效的方式是动之以利害，诉诸法律。他们把道义视作吸人血液的虱子，主张任力不任德，贵法不贵义，认为“以义教民则民纵，民纵则乱，乱则民伤其所恶。吾所谓刑者，义之本也；而世所谓义者，暴之道也”（《商君书·开塞》）。以仁义治民，反而使民追求不义，导致天下大乱。法家的重利轻义是从治国的原则和价值取向上立论的，它虽然肯定人的求利趋利以及自私自利的本性，但并没有走上为个人利己自私行为辩护的普遍的利己主义的道路，而是出于为君主谋利的考虑，置重的是君主或封建统治者的利益，可以说这是一种特别的利己主义，同时由于中国古代家国同构、君权至上的政治特点，也可以说这是一种以国家名义出现的以利国为幌子的功利主义。

道家的态度，与儒墨不同，与法家也有异。道家既鄙视利又菲薄义，主张义利俱轻。道家崇尚自然无为，向往一种“敦兮，其若朴；旷兮，其若谷；混兮，其若浊”的玄德境界。道义与功利皆属人为，均在排斥之列。老子说：“绝圣弃智，民利百倍；绝仁弃义，民复孝慈；绝巧弃利，盗贼无有。”（《老子》十九章）意即抛弃聪明和智巧，人民可以得到百倍的好处，这是因为聪明和智巧伤害自然；抛弃仁和义，人民可以恢复孝慈的天性，这是因为仁和义束缚天性；抛弃巧诈和货利，盗贼就自然会消失，这是因为巧诈和货利能使人产生盗心。

可见，仁义与货利都会对人的自然天性构成伤害，败坏人的德性，理当弃绝。庄子尖刻而严厉地批评了儒墨两家的义利观，也不赞同法家求利争货的主张，认为至人既不谋利也不求义，一切听其自然；真人不争财货，也不讲辞让，不刻意施展仁恩，高官厚禄不以为荣，刑杀黜落不以为辱。在庄子看来，无论是孜孜于货利的市井小人，还是汲汲于道义的仁人义士，其本质都是一样的，都是伤性害身、违背自然的，因此为义而牺牲与为利而牺牲同样是不值得的。

道家伦理思想蕴含着强烈的非世俗道义因素，因此可以说它是超道德主义的。道家认为，仁义是大道废弃之后的产物，它既是社会道德堕落的表现与佐证，又加速着社会道德的堕落，因此弘扬仁义无助于敦风化俗和净化人心。儒家提倡重义，对社会的道德纯化不仅无功反而有过。道家认为，假若大道不曾废坠，何必需要仁义的教化。性情若没有背离正道，要礼乐制度做什么？五色要是不混乱，谁会去制作繁复的文采？五音要是不错乱，谁会来制定六律？由此可见，雕琢木材，损毁物的本性，制作器皿，是工匠的罪过；而毁坏纯朴的道德以行仁义，就是圣人的罪过了。道家主张绝仁弃义，认为仁义伤身害性，违背自然，只有弃绝违背天性的仁义，人们才能恢复慈孝的德性，返璞归真。老子说：“天地不仁，以万物为刍狗；圣人不仁，以百姓为刍狗。”（《老子》五章）天地无所偏爱，纯任万物自然生长，既不有所作为，也不经意创造，因此它对于万物的生生死死，任其自然。天地只是个物理的、自然的存在，并不具有感情，万物在天地间仅依循着自然的法则消长生灭，“死非吾虐之，生非吾仁之”。天地既不以万物生出为好事，也不以万物死杀为坏事。天地并没有仁爱万物的主观之心而生万物，只是任万物自然而生，自然而灭。同样的道理，真正的圣人效法天地之道，也将百姓当作刍狗，任凭其发展。

庄子认为，天地有大美却不言语，圣人推究天地的大美而通晓万物的道理，只是效法天地的自然法则而已。道调和万物却不以为义，泽及万物却不以为仁，雕刻出天地间万物之精美形象却不自矜其技巧。庄子主张齐善恶是非，认为无论是从道的立场看还是从趣的立场看，都没有足以划清是非善恶的统一的客观标准。“自我观之，仁义之端，是非之途，樊然淆乱，吾恶能知其辨！”（《庄子·齐物论》）毛嫱、西施，人们都视为最美的，然而鱼见了沉入深水中，鸟儿见了就高高地飞走，麋鹿见了就逃开，人、鱼、鸟、鹿四者到底谁知道天下真正的美色呢？在庄子看来，仁义之端，是非之途，纷然错乱，又怎么能分辨得清？事实上，道本来是没有分界的，言论本来也是没有定说的。圣人不执着于是非善恶的争论，怀抱宇宙，与万物合为一体。世间是是非非，他置之不问，把世俗的尊卑贵贱等量齐观。他糅合古今万千变化，精纯而不杂，忘掉是非仁义，遨游于无穷的境地。庄子认为，只有当道被小的成就掩盖了，才能产生像儒墨那样的是非善恶之辩说。“道恶乎隐而有真伪？言恶乎隐而有是非？道恶乎往而不存？言恶乎存而不可？道隐于小成，言隐于荣华。故有儒、墨之是非，以是其所非而非其所是。欲是其所非而非其所是，则莫若以明。”（《庄子·齐物论》）儒墨之流肯定对方所非议的，又非议对方所肯定的。如果要是其所非而非其所是，则不如以空明的心境去面对事物的本然。庄子还把善恶对人的保身、全生联系起来进行分析，认为“烈士为天下见善矣，未足以活身。吾未知善之诚善邪，诚不善邪？若以为善矣，不足活身；以为不善矣，足以活人”（《庄子·至乐》）。烈士被天下人所赞颂，然而保不住自己的性命。不知道这是真的完善呢，还是不完善呢？若说是完善吧，却不能保全自己的生命；若说是不完善吧，却足以保全他人性命。由此看来，天下的是非善恶确实是说不清楚的，是非原无定论，善恶亦无标准。庄子说：“以道观之，物无贵贱；以物观之，自贵而相贱；以俗观之，贵贱不在己。以差观之，因其所大而大之，则万物莫不大；因其所小而小之，则万物莫不小。……以功观之，因其所有而有之，则万物莫不有；因其所无而无之，则万物莫不无。知东西之相反而不可以相无，则功分定矣。以趣观之，因其所然而然之，则万物莫不然；因其所非而非之，则万物莫不非。”（《庄子·秋水》）善恶是非均是相对的，也是难以定论和无法说清楚的。与其执着于善恶的分界与区别，不如齐善恶、超是非来得玄妙。由此可见，道家伦理思想的超道德主义是同超乎善恶对立、不知道德为何物的自然主义完全一致的，是自然主义伦理观的表现。

二、绝巧弃利，盗贼无有

道家伦理思想具有强烈的非功利意识。它一方面不为人们求取财货功利的物质欲望而辩护，主张无知无欲和少私寡欲；另一方面也不为现实的功名利禄所左右，主张超越于功名利禄、富贵荣华之外，淡泊宁静、自然无为。一方面不为个人的功利所动，另一方面也不为社会的功利所动。老子提出：“不尚贤，使民不争；不贵难得之货，使民不为盗；不见可欲，使民心不乱。是以圣人之治，虚其心，实其腹；弱其志，强其骨。常使民无知无欲，使夫智者不敢为也。为无为，则无不治。”（《老子》三章）

老子认为，过分地争名争利，就会给社会和人生带来祸害。他说：“名与身孰亲？身与货孰多？得与亡孰病？是故甚爱必大费，多藏必厚亡。”（《老子》四十四章）意即声名与生命比起来哪一样重要？生命和货利比起来哪一样贵重？得到名利和丧失生命哪一样更有害？过分地爱惜名声就必定要付出重大的代价，过多的货藏必定会招致重大的损失。世俗之人多轻身而殉名利，贪得无厌而不顾危亡。老子唤醒世人要贵重生命，不可为名利而奋不顾身。唐代诗人白居易在读了

《老子》一书后写下了《感兴二首》七言律诗：“吉凶祸福有来由，但要深知不要忧。只见火光烧润屋，不闻风浪覆虚舟。名为公器无多取，利是身灾合少求。虽异匏瓜难不食，大都食足早宜休。/鱼能深入宁忧钓，鸟解高飞岂触罗。热处先争炙手去，悔时其奈噬脐何。尊前诱得猩猩血，幕上偷安燕燕窠。我有一言君记取，世间自取苦人多。”这两首诗视名为社会的公器，认为求名心切势必会招来祸害，希望人们不要汲汲于名；又视利为身灾，认为人的财富货利越多就越会给人带来灾难，因此理应少求。仔细地观察社会与人生，常常能看到富贵人家用钱财润饰的华丽的房屋被大火烧毁，却从未见到空船在水上被风浪吞没，因为虚舟本来就是空的，纵使翻覆亦仍浮在水面上，只有装满了东西的货船才会沉没。

老子的继承者庄子以鄙薄名利为务。据说宋国有个叫曹商的人，替宋王出使秦国。他刚到秦国，秦王就赏给他几辆车子，后来秦王很喜欢他，加赐他一百辆车子。曹商得意地返回宋国，见了庄子，嘲弄地说：“夫处穷闾阨巷，困窘织屦，槁项黄馘者，商之所短也；一悟万乘之主而从车百乘者，商之所长也。”庄子听了曹商的话，深为其以名利侮人的丑恶行径而愤恨，对其说了一则舐痔得车的寓言：“秦王有病召医，破痈溃痤者得车一乘，舐痔者得车五乘，所治愈下，得车愈多。子岂治其痔邪，何得车之多也？子行矣！”（《庄子·列御寇》）这则寓言通过塑造舐痔者的形象，辛辣地讽刺了宋人曹商攀附权贵、热衷名利的行为，也表达了对那些无耻的名利之徒的蔑视和嘲笑。在庄子看来，世俗人生正处处为物所役，为欲所累，功名利禄成了人生的重负并诱发了不少人际纷争、家庭内乱以及国与国之间的战争，这样趋利崇利的人生与社会，于人于己于国于家究竟有什么意义？这岂不是可悲、可哀、可怜、可恨?！庄子叹道，人与外物接触便会发生摩擦，追驰竞逐于其间而又不能自止，这是多么可悲！终生忙忙碌碌又不见其有什么成就，疲乏困苦又不知到底为了什么，这不是很悲哀吗？这样的人虽然大家都承认他还活着，但又有什么意思?！他的形体在逐渐衰竭，其灵魂也束缚于形骸中与之俱亡不得解脱，这不能不说是人生最大的悲哀！人生在世，难道就该如此昏昧吗？庄子面对“夫天下之所尊者，富贵寿善也；所乐者，身安、厚味、美服、好色、音声也；所下者，贫贱夭恶也；所苦者，身不得安逸，口不得厚味，形不得美服，目不得好色，耳不得音声”（《庄子·至乐》）等形形色色的世俗功利主义，决意以冲破世俗功利主义樊篱的勇气与精神，破译人生真谛的密码，探寻真正的安身立命之道。庄子认为，求富的人劳苦身体、辛勤劳作，聚积很多钱财而不能完全使用，这与养护形体不是背道而驰吗？求贵的人，夜以继日思虑着他人的善恶评价以求保全禄位，这样对待形体，岂不是太疏忽了吗？“人之生也，与忧俱生，寿者惛惛，久忧不死，何苦也！其为形也亦远矣。”（《庄子·至乐》）庄子主张，人应从世俗功利的重压下解放出来，淡泊名利，超然富贵利禄之外，“恬淡寂漠，虚无无为”，“不为福先，不为祸始；感而后应，迫而后动，不得已而后起；去知与故，循天之理。故无天灾，无物累，无人非……其寝不梦，其觉无忧；其神纯粹，其魂不罢；虚无恬淡，乃合天德”（《庄子·刻意》）。当然，如果把置重人的形体生命、保全身家性命视为一种功利，也许可以说道家并不是完全超功利的。道家在超功利主义的同时又置重着人的真性本命，这可谓是一种本根的功利主义。它所提出的超世俗功利主义的原则正是为了实现这种大本大原的功利主义的目的，所倡导的虚无恬淡、清静无为也正是为了促成天下大治，实现人的身心和谐、内外平衡。儒家重义轻利、贵义贱利，从伦理价值学说上建立的是道义论伦理思想体系，因此可以说它是反功利主义或非功利主义的。但是，如果从重义轻利的最终目的和效用上讲，其实儒家正是想用重义轻利的反功利主义或非功利主义方式来达成维护君父秩序和宗法人伦关系的功利目的。孟子的“何必曰利”点明了强调义这一手段正可以达到实现君主的根本利益和长远利益的目的。在儒家义利观那里，似乎体现了超功利和淡泊功利的性质，但儒家义利观的宣扬从来就是服从于“利国利民”的功利目标的，因此它同那种为义务而义务的义务论是有本质区别的。需要指出，这是我们作的一种综合立体式学理分析，在先秦儒道“义利之辩”中置重的是用什么来作为人们的行为标准和价值导向，故称儒家为道义论，称道家为超功利主义的无为论，在总体上是可以被接受的，也是行得通的。

三、绝圣弃智，民利百倍

道家非薄儒墨所宣扬的道德，主张义利俱轻，提出齐善恶、齐是非，无疑带有超道德主义或非道德主义的色彩。更有人将道家的伦理观视为反道德主义或道德虚无主义。我们认为，道家所宣扬的义利俱轻是针对儒墨法诸家的义利观而言的，对儒墨所宣扬的道德持否定或批判态度并不意味着否定道德本身，儒墨所宣扬的道德并非道德的全部，亦即不能等同或取代一切道德。道家的超道德主义并非不要任何道德，他们之所以主张超越世俗的道德完全是为了消弭执着于形式上的“下德”而进入一种因任自然、置重内容的“上德”境界。

在道家看来，这种保全本性、持守天真、不以德相标榜的“上德”，恰恰是一种真正的道德和至高无上的道德，是一种比置重于表象之德或形式之德的“下德”和华而不实、伪而不真的“俗德”不知要高出多少倍的纯正之德。如果说世俗的道德在道德的名义下带有许多使人类纯朴道德堕落的因素，因而是一种包含着许多不道德性因素的道德，那么道家所认定和追求的道德则是一种看似不道德而实则真道德的道德，是一种重质轻文、重内容轻形式因而没有什么流弊的道德。从这一意义上讲，道家从超道德主义出发走向的恰恰是心目中理想的真正道德，是一种通过摆脱形式主义而朝向实质主义的道德。故此，每逢社会道德滑入华而不实、流弊丛生之时，每当个人心智陷入世俗道德的泥坑不能自拔之时，道家的道德价值学说总能给人以振聋发聩之感，总能矫世俗道德之流弊，净化、纯化社会的道德环境和人们的道德心灵，人们总会自觉或不自觉地重新认识和发现道家道德观的价值。也许正因为如此，南怀瑾先生才说，在中国历史上，“每当时代变乱到极点，无可救药时，出来‘拨乱反正’的人物，都是道家人物”①。

总体来看，道家义利俱轻的伦理价值学说从其理论本身来看既渗透着强烈的非功利意识，又显露出强烈的超道义意识，是一种既不置重于个人的世俗功利亦不置重于个人的道义精神，既不眷恋于天下的人群之利亦不关注于社会的道义提升的超越功利论和道义论的伦理价值学说。但是，若从这种理论的内在功用和最终关怀上看，完全可以说它既是功利论又是道义论，是一种特殊的功利论和特殊的道义论的结合。在老庄看来，自然、社会、人生中最有价值的莫过于义利俱轻，只有消泯了世俗的义利关系，超脱了世俗的善恶之争、利害之辩，消除对功名利禄和道义人伦追求的执着，才有可能进入一种自然而然的自由境界，才有可能无为而无不为。因此，道家的超功利意识又是在谋求大功利，道家的超道义精神又是在追求真道义，义利俱轻的背后潜存着谋求大功利、追求真道义的因素。可以说，道家从超功利主义的理论起点出发走向的恰恰是一种真正的普遍功利主义，从超道义论的价值基点迈步趋向的正是一种高远恢宏的道义论。也

① 南怀瑾：《老子他说》，国际文化出版公司，1991，第 5 页。

许正因为如此，冯友兰在《新原人》中才将道家的境界称为既超功利境界又超道德境界的“天地境界”。应该说，冯友兰的这一认识和评价是切合道家义利俱轻背后的精神实质的。

第三节　身重于物的价值追求

道家经济伦理思想一个主要的理论贡献则是对身物关系作了理性的探讨和深刻的论证，提出了身重于物并以人之身体生命为贵的价值学说。身重于物凸显了人的生命价值高于物质财富价值，实质上确立的是以人为本高于并优于以物为本的伦理价值论，在经济伦理思想史上有破除纯经济主义的重大意义，有利于确立人是目的而不是手段的伦理价值。

一、名与身孰亲？身与货孰多？

人活着究竟如何对待功名利禄，这是探寻安身立命之道的伦理哲学所必须回答的问题。《列子·杨朱》载有一段杨朱与孟氏的对话，杨朱游鲁，住在孟氏家。孟氏问：“人而已矣，奚以名为？”杨朱答道：“以名者为富。”孟氏又问：“既富矣，奚不已焉？”杨朱答：“为贵。”孟氏再追问：“既贵矣，奚不已焉？”杨朱答：“为死。”孟氏又问：“既死矣，奚为焉？”杨朱说：“为子孙。”总而言之，在杨朱看来，人生在世，“为美厚尔，为声色尔”，当美厚不可常满足、声色不可常玩味时，则求“一时之虚誉，规死后之余荣”，故人活着“为四事故：一为寿，二为名，三为位，四为货”。这段对话，大体上描绘出了世人追求功名利禄的心态和人生观。

历史上和现实生活中许多人也正是抱着这种心态和人生观而生活的，他们争名于朝、争利于市，把升官发财、封妻荫子、福禄寿全、富贵荣华当作自己人生的根本宗旨和主要目标，焦身劳思，奔走呼告，凄凄惶惶，演出世间一幕幕贪婪无已、纷争不断，甚或委曲求全、低三下四的恶剧或滑稽剧。追求功名利禄的价值取向既导致无限制地掠夺自然资源，竭泽而渔、杀鸡取卵式的短期行为，使人类的生存环境日益恶化，生态平衡被破坏，也导致了不择手段地迫害异己、打击同行、残杀无辜的不道德行为，使人与人之间的和谐关系丧失殆尽，留下的只是赤裸裸的现金交易和互相利用。为了功名利禄，人们钩心斗角、尔虞我诈，不讲原则、不分是非，甚至不惜背信弃义、忘恩负义、认贼作父，其中冷酷残忍者有之，阿谀奉承者有之，变节失操者有之，贪婪成性者有之，为了功名利禄，什么都做得出，什么都可以不计较。

老庄生活的春秋战国时代，人们特别是统治者汲汲于名利，如“飞蛾投烛”“羝羊触藩”，大有不可逆转、至死不悔之势。国与国争胜，家与家争强，人与人争名夺利，统治阶级争名夺利所带来的种种弊端与祸害，敦促老庄思忖着人生的真谛以及如何教人在动乱的时代安身立命。他们从人是自然的一部分的基本观点出发，肯定人为“域中四大”之一，建立起一种重视生命而鄙薄名利的价值意识。

老子认为，生命无疑比名与利要高出许多倍。追求名利是为了人的生命，如果名利损害人的生命，那么正确的选择应该是宁肯抛弃名利，也要保存生命。如果把名利置于生命之上，为了名利而丧生，那就是舍本逐末了。老子说：“名与身孰亲？身与货孰多？得与亡孰病？是故甚爱必大费，多藏必厚亡。”（《老子》四十四章）声名和生命比起来，生命和货利比起来，哪一样更重要？得到名利和丧失生命哪一样为害？老子唤醒世人要看重生命，不可为名利而奋不顾身。世俗之人，多轻身而殉名货，贪得而不顾危亡。老子倡导，人生在世，应爱惜身体，重视生命，不要过分地追求名利。名利不是人生的目的，人生的目的是效法天地自然之道，循依本性而活。

庄子也认为，因为求名而丧失本性的人，就不是有道的人。在庄子看来，殉仁义的求名之士与殉货财的求利之徒本质上是一致的，求仁义之名与求货财之利并没有什么根本的区别，因此必须抛弃名利之争。了解性命之情的人，不做无益生命的分外事。庄子认为，知悉“道”的人必定通达事理，通达事理的人必定能随机应变，能随机应变的人就不会让外物来伤害自己。知“道”的人，行为本乎自然，处于自得的境地，不会以人为去毁灭天然，不会以故意造作来毁灭本性，也不会因贪得而去追求名声，此即“无以人灭天，无以故灭命，无以得殉名”（《庄子·秋水》）。

在老庄看来，高官厚禄，对于世俗之人来说成了勾魂之物，庄子把高官厚禄比作死老鼠，把争官抢爵的人比作猫头鹰，明确地表示对高官厚禄不屑一顾，自己“宁生而曳尾涂中”也不愿“死为留骨而贵”（《庄子·秋水》）。庄子向往不为功名利禄所累、自由自在的生活，主张无待于世俗之物，不以物为事，不物于物，以游无穷。在庄子看来，求利或求富的人劳苦身体，辛勤劳作，聚积很多钱财而不能完全使用，这与养护形体不是背道而驰吗？求名或求贵的人，夜以继日思虑着他人的善恶评价以求保全禄位，这样对待形体，岂不是太疏忽了吗？庄子对世俗之人以功名利禄为人生的快乐大惑不解，对名利能带来快乐，尤其是真正的快乐，他深表怀疑。他说：“今俗之所为与其所乐，吾又未知乐之果乐邪，果不乐邪？吾观夫俗之所乐，举群趣者，誙誙然如将不得已，而皆曰乐者，吾未之乐也，亦未之不乐也。果有乐无有哉？吾以无为诚乐矣。”（《庄子·至乐》）

杨朱思想对保存自己生命和身体作出了比较全面的阐释和论证，

“形成了‘贵己’‘为我’或‘全生’的独特观点”①。杨朱在其所生活的时代目睹社会生活的变化无常，在感觉到生命脆弱和人生有限的基础上，反对束缚或压抑个性的宗法等级制度，“重视个人生命，倡立‘贵己’或‘为我’这种个人主义的伦理学说”②。在杨朱看来，贵贱、荣辱、寿夭等都不能“知其故”，亦即人们很难对其作出何以如此的探求，只有自己的生命和身体才是现实而又具体可感的，所以人们应该而且必须“全性保真”，不以物累其形，不以欲害其生，“智之所贵，存我为贵”（《淮南子·泛论训》）。《吕氏春秋·不二》称“阳生贵己”。孟子称杨朱的“贵己”就是“为我”，“杨子取为我，拔一毛而利天下，不为也”（《孟子·尽心上》），并斥之说，“杨氏为我，是无君也”（《孟子·滕文公下》）。《韩非子·显学》将其解释为“轻物重生”，“今有人于此，义不入危城，不处军旅，不以天下大利易其胫一毛。世主必从而礼之，贵其智而高其行、以为轻物重生之士也”。由此看来，我国古代学者们对杨朱的“贵己”思想的理解并不一致。《孟子》认为杨朱“贵己”论的是利我与利他的关系，认为杨朱“为我”而反对利他，即便拔自己身上的一根毛可使天下人都受益，杨朱也不干。《淮南子》《韩非子》认为杨朱“贵己”论的是“生”与“物”，即个人生命与个人利益的关系，认为杨朱看重的是生命本身，生命诚可贵，物质利益是不能同生命比价值的。实际上，单就逻辑而言，从“轻物重生”原则出发也是可以推出“拔一毛而利天下，为也”结论的，虽然该原则的本身并没有突出“利天下”的观点。《吕氏春秋》所载的有关杨朱一派的思想也是对“轻物重生”原则的发挥，并没有发挥孟子的观点，更不见所谓“杨氏为我，是无君也”的思想。据此，我们认为，杨朱“为我”意在“重生”，

---

① 胡寄窗：《中国经济思想史》上，上海人民出版社，1962，第202页。
② 胡寄窗：《中国经济思想史》上，上海人民出版社，1962，第202页。

这一点才是杨朱和杨朱一派思想的主旨，“拔一毛而利天下，不为也”很可能是孟子对杨朱思想进行贬斥的个人理解。这一点与孟子批评“墨氏兼爱，是无父也”一样，反映了其“距杨墨，放淫辞”的主观感情。由于孟子后来成为封建社会的“亚圣”，因而其所谓“杨之道，不肯拔我一毛而利天下”① 也就成了我国传统思想家对杨朱思想的主流评价了。

置之于现代伦理学话语体系，杨朱“损一毫利天下，不与也”之说是“纯粹理论性”而非“实然性”的论断，基本上可以认为杨朱是以走“极端”的方式表达了一种“爱生”的思想，那就是，对于人来说，人的生命价值才是最高目标和最终标准的理论旨趣，即使是用自己身上损失一根毛的代价来换取享有天下的最大利益，杨朱还是不干的。这一点从《杨朱》篇所载孟孙阳对杨朱观点的论证过程可明了。孟孙阳问禽子：“有侵若肌肤获万金者，若为之乎？”禽子答：“为之。”孟孙阳又问：“有断若一节得一国，子为之乎？”禽子无法肯定回答。据此，孟孙阳作第二步论证曰：“一毛微于肌肤，肌肤微于一节，省矣。然则积一毛以成肌肤，积肌肤以成一节。一毛固一体万分中之一物，奈何轻之乎？”禽子自认为“吾不能所以答子”，感觉不出孟孙阳的观点有什么错误。但显然，孟孙阳论证的说服力是不够强的，因为其论的后一部分混淆了量变与质变的关系。不过杨朱之说的确容易招来非议。面对社会上的众多非议，为了使思想表达得更恰切，论证得更有力，杨朱之学的后继者对杨朱学派的原初论点作出了某些修正。

这种修正和发展主要表现为一是不再强调“一毛”，而是“一节”。《吕氏春秋·审为》中载有子华子和韩昭僖侯的一段对话，突

---

① 韩愈：《圬者王承福传》，马其昶校注《韩昌黎文集校注》，上海古籍出版社，2014，第61页。

出了此种意思。子华子曰："今使天下书铭于君之前，书之言曰：'左手攫之则右手废，右手攫之则左手废，然而攫之者必有天下。'君能攫之乎？"昭僖侯答曰："寡人不攫也。"子华子曰："甚善！自是观之，两臂重于天下也，身亦重于两臂。"二是在理论表达上采用比较中庸的方式。《吕氏春秋·审为》云："身者，所为也；天下者，所以为也。审所以为，而轻重得矣。"《吕氏春秋·贵生》云："凡圣人之动作也，必察其所以之与其所以为。""身者，所为也"说的就是"个人是目的"。由此可以确认"个人是目的"的本位论便是杨朱学派的基本立场。这种"个人是目的"的理论定向与法家、儒家"君主是目的"的理论定向截然相反，针锋相对，必然会招来儒家和法家的严肃批判。《孟子》云："杨氏为我，是无君也。"（《孟子·滕文公下》）《韩非子·显学》批判杨朱学派的语气更重："上所以陈良田大宅、设爵禄，所以易民死命也。今上尊贵轻物重生之士，而索民之出死而重殉上事，不可得也。"由此看来杨朱重利，突出了最大和最可宝贵的利是人的生命。全生，即保全生命也就成了杨朱提倡的最高道德原则。《吕氏春秋·重己》对此说得更清楚明白："今吾生之为我有，而利我亦大矣。论其贵贱，爵为天子，不足以比焉；论其轻重，富有天下，不可以易之；论其安危，一曙失之，终身不复得。此三者，有道者之所慎也。"此言的意思是说爵为天子、富有天下实际上仍然比不上"吾生"之贵，因为生命一旦丧失，人生的一切都完了。此言可以说是对"不以天下大利易其胫一毛"的"轻物重生"旨意的全面阐发。

关于"轻物重生"原则，杨朱还对"所为"与"所以为"的关系进行了论证。在杨朱看来，生命是真正的主体，是"所为"者；"物"或"利"只是"所以为"者，是服务于"生"的客体。"物也者，所以养性（生）也，非所以性（生）养也。"（《吕氏春秋·本生》）

反之，如“以生养物”那就颠倒了“生”与“物”之间的关系，“不知轻重也”。由此推之：“身者，所为也；天下者，所以为也。审所以为，而轻重得矣。今有人于此，断首以易冠，杀身以易衣，世必惑之。”（《吕氏春秋·审为》）这是从理论上对“轻物重生”进行了高度概括。总之，在杨朱看来，天下“莫贵于生”，“全生葆真”，保全个人的生命才是人生的最高目的，其他都是浮云。

为了更好地论证“全生葆真”的思想宗旨，杨朱提出了“为我”的限度，那就是人人均可以各种方法满足自己生存的欲求，但就是不可以自私地占有财富，“不横私天下之身，不横私天下之物”（《列子·杨朱》）。在杨朱看来，“圣人”“至人”是能够适当取用天下之物以全己身却不自私地去占有天下者。实际上，这也是杨朱本人所追求的理想境界。自保是人之天性，在春秋战国的乱世中百姓朝不保夕，既满足各人的基本欲求，又不必要求人人去“兼善天下”可以说是解决问题的无奈之举。只不过这种为我主义容易发展成纵欲主义罢了。《列子·杨朱》说：“则人之生也奚为哉？奚乐哉？为美厚耳，为声色耳……故从心而动，不违自然所好；当身之娱非所去也，故不为名所劝。从性而游，不逆万物所好，死后之名非所取也，故不为刑所及。”杨朱“贵己”之说恰与墨子“兼爱”说鲜明对立。为了维护各自的观点，这两大学派进行了长期而激烈的辩论。战国中期，孟子、庄子又对这两家学派进行了“无情”的批判，并在批判中发展了自己关于身与物、生命价值与功利价值的论说。

二、物物而不物于物

杨朱认为，“身固生之主，物以养之主。虽全生，不可有其身；虽不去物，不可有其物。有其物，有其身，是横私天下之身，横私天下之物。……公天下之身，公天下之物，其唯至人矣”（《列子·杨朱》）。身与物都是“有生之最灵者也”需要置重的，只不过比较而言，身体和生命的价值高于并优于物的价值。身重于物的价值论要求人们“物物而不物于物”，亦即由人来支配财物而不是由财物来支配人，如果不能做到这一点就是“以物为本”而不是“以人为本”了。那么，如何来贯彻推行“身重于物”的伦理价值观念呢？道家主张从这两个方面努力。

首先，从个人的处世之道和修身之方上确立生命的价值高于功名利禄的价值的观念，把自由自在的生活视作理想的合乎自然的生活，超脱世俗的束缚和桎梏，从而变“为物所役”为“物物而不物于物”，主宰外物而不为外物所主宰。为此，既要充分认识自由自在的生活的价值，也要深入认识名利酿成的祸害。

老子说：“金玉满堂，莫之能守。富贵而骄，自遗其咎。”（《老子》九章）“金玉满堂”可能腐蚀人的灵魂，败坏人的道德，使人生活糜烂。“金玉满堂”也可能遭到别人的嫉妒或抢夺，难以终身保持。人富贵之后，如不提高警惕，很容易滋长骄傲情绪，从而招来各种祸患。老子倡导淡泊名利，在名利面前保持知足不争的态度。在老子看来，知道满足就不会受到屈辱，知道适可而止就不会遭遇危险，只有知足和知止才可以保持长久。老子还提倡不争名利和货财，无条件地贡献自己的力量给社会，而不希望从社会获得什么好处。只有“利而不争”的人，才会没有怨怼和烦恼。老子又说：“夫唯不争，故天下莫能与之争。”（《老子》二十二章）老子还认为，不仅人道要以不争为德，天道也是如此，“天之道，不争而善胜”。庄子认为，为名牺牲生命与为利牺牲生命都是违背自然之道，因而是没有什么价值的。真正的道德就在于顺乎自然之道，不失其性命之情。按照自然的本性而生活，这是道德的根本要求。

其次，从社会的安定和国家的治理上确立不以名利为荣而以和谐无为为尚的价值观念，引导人们摆脱名利缰绳的束缚，为而不争、功成弗居，过一种安居乐业的宁静生活。

老子主张“不尚贤”和“不贵难得之货”，认为名位引起人们的争逐，财货引起人们的贪婪，而对名位的争逐、财货的贪婪只会造成巧诈伪作和人与人之间关系的紧张，使社会纷争四起、国家动乱不已。在老子看来，只有不标榜贤才能人，才能使人民不争功名；只有不珍重难得的财货，才能使人民不为盗。所以有道的君主治理政事，要净化人民的心思，满足人民的安饱，减损人民的心志，增强人民的体魄。常使人民没有诈伪的心智，没有争盗的欲念，使那些自作聪明的人不敢妄为，以自然无为的态度去处理事务。老子认为，解决社会的纷争与人际关系的冲突，一方面要给人民适度的安饱，另一方面要净化人们贪图的心念，削减他们攘夺的心机，使他们不争名夺利，不欺世盗名，不唯利是图。“尚贤”就可能导致“好名”，“好名”就会引发争端。

庄子十分推崇老子“不尚贤”和“不贵难得之货”的思想，认为天下太平是不需要什么贤人的。至德的时代，不标榜贤人，不任用能人，而天下治。庄子认为，现今之世，选贤举能，赏善罚恶，人们的心智全被搅乱了。贤愚、善恶既然已经彰显，赏罚自是避免不了，这样的话，就是用尽天下的宝藏也不足以赏善，用尽天下的斧钺也不足以罚恶，即使天下再大又怎能供应这无穷尽的赏罚。自三代以后，统治天下的，争相以赏善罚恶作为治理天下的手段，百姓哪还有机会使自己的性情达到宁静的境界？为了使百姓过上宁静的生活，必须在“绝巧弃利”的同时“绝仁弃义”，使人民既不汲汲竞于利，亦不孜孜争于名。庄子对人们“甘其食，美其服，安其居，乐其俗”的生活表示由衷的倾慕与欣赏，认为那才是一幅国泰民安、政通人和的美妙图画。

三、明于权者不以物害己

道家“身重于物”的伦理价值观，在先秦时代那种以践踏个体生命、轻视自身形体为普遍风习的历史条件下，是惊世骇俗之论，它对于唤醒人类主体意识，发现人类自身的生命价值，认识和谐平静生活的可贵，以及抵御功名利禄思想的侵袭，激励人们做自己心灵和命运的主人，都具有十分重要的意义。它的出现，是中国伦理文化史上一次大的理论突破和价值观念的转换，是一次真正的人的发现。

从道家“身重于物”的伦理观中，人们能够悟出许多人生的真谛，比如淡泊名利、视名利为身外之物，淡化做官心理，注重生活的宁静和平稳，培养一种超然达观的处世态度，等等。后世深明道家伦理真义之士，多以名利为身外之物。所谓身外之物是指名位、钱财这些东西，它们本质上都是身体以外的事物。名誉、地位和金银财宝既不能随人生而带来，也不能随人死而带去，它们对人生有一定作用但不能构成生命的本质，更不能被视为生命的内在构成。人应该为自己而活，效法自然，千万不能为名利而活着，生为名利的奴隶，死为名利的牺牲品。

道家“身重于物”的伦理观不仅使人保持一种对名利不刻意追求的淡漠恬然态度，而且也淡化了人们从政做官的心理，视权力名誉为伤生害性的东西，把人们从名利缰锁中解脱出来，做一个自完其身、自得其乐的人。汉代思想家扬雄在《解嘲文》中指出：“当涂者入青云，失路者委沟渠。旦握权而为卿相，夕失势则为匹夫。”人世间充满着太多的变数和不可思议。“且夫闻之也，炎炎者灭，隆隆者绝。观雷观火，为盈为实，天收其声，地藏其热。高明之家，鬼瞰其室。位极者亲危，自守者身全。”扬雄本人的处世态度中包含着某种道家伦理思想成分，史载他“不汲汲于富贵，不戚戚于贫贱。不修廉隅以徼名当世，家产不过十金，乏无儋石之储，晏如也”（《汉书·扬雄传上》）。

道家“身重于物”的伦理思想告诫现实生活中的人们，如果一个人真能对天道自然的法则有所认识，能够对生命原有的自然禀赋善加利用，能够知足不争，满足于所得，那么人生就会充实平和、优游余裕而自得其乐。反之，拼命地追名逐利，就会带来无限的祸害与痛苦，人生就会失去它的本真意义，发生严重的异化。应该说，道家伦理思想所提出的问题是尖锐的，所建立的学说是深刻的、隽永的，值得世人反复咀嚼和品味。

第四节　各得其序的治生理性

道家经济伦理思想除了对义利关系、身物关系以及人我关系、己群关系作出了自己的价值探讨外，在有关生产劳动、财富创造、分配消费等方面也有一定的论述，凸显出“各得其序”（《庄子·知北游》）、“各得其所欲”（《老子》六十一章）以及“同于道者，道亦乐得之；同于德者，德亦乐得之”（《老子》二十三章）的治生理性，给社会经济生活开出了自己的药方，成为中国古代经济伦理思想的重要一脉。

一、有机事者必有机心

道家以追求主体自身的适意与精神自由作为人类生活的价值目标，并据此探讨了人应如何对待内在与外在、己身与他物、道义与功利以及有关生产劳动、物质交换、财富分配和生活消费等问题，形成了自己不同于儒家、墨家、法家而又能够弥补其缺陷与不足的经济伦理思想。

老子之所以不提倡工艺技巧，甚至反对在农业生产中使用工艺技巧，主要是因为在他看来工艺技巧违背了自然之道，引发了人类社会生活失序失德的严重后果。老子特别担心的是技巧带来多余的产品，多余的产品培植了人们的贪欲，引起彼此之间的争夺，从而使得社会动乱，人们迷失本性。“绝圣弃智，民利百倍”，“绝巧弃利，盗贼无有”（《老子》十九章）；“民多利器，国家滋昏；人多伎巧，奇物滋起”（《老子》五十七章）。老子的理想社会是小国寡民，在这个理想社会中很少用到工艺技巧。老子曰：“小国寡民。使有什伯之器而不用，使民重死而不远徙。虽有舟舆，无所乘之；虽有甲兵，无所陈之。使人复结绳而用之。”（《老子》八十章）在这段论述中老子表达了他对理想社会的构想，那就是，在小国寡民的封闭环境中，人们不需要那些促进农业生产的“什伯之器”、促进渔猎征战的“甲兵”、方便人们出行的“舟舆”，反而可以过着“邻国相望，鸡犬之声相闻，民至老死不相往来”（《老子》八十章）的惬意生活。这种情景实际刻画了人类社会发展初期一种比较低级的社会形态，“老子所理想的经济社会是社会发展历史上的氏族公社……这幅小国寡民的社会画面，恰好是未进至农业生产阶段之氏族社会”[①]。那么如果技巧能够带来多余的产品，多余的产品没有培养起人民的贪欲，也没有引起人们的争夺，更没有导致社会动乱，使人们迷失本性，是否还要反对在农业生产中使用工艺技巧呢？老子对此并没有明确说明。但老子非常明确地提出在理想的社会中至少应该保障人们“实腹”“美服”“安居”。显然，如果说“实腹”还算是生活的最低标准的话，那么，如果不运用、

① 侯外庐：《中国思想通史》，人民出版社，1957，第280页。

发展一定技巧，“美服”与“安居”就根本不可能。由此看来，老子并不完全否定工艺技巧。

庄子以“逍遥游”开启自己的思想大幕，而所谓“逍遥游”是以“乘天地之正，而御六气之辩，以游无穷”作为核心内容的，要求超越现实生活的种种局限，实现一种精神和行为上的自由。庄子自由观集中体现于此。在庄子看来，为外物所役、所累者是不可能获得逍遥自由的，与之相反，“恶乎待”者，即无恃于世俗之物者，才是不会为外物所累的“不物于物”者，方可“游无穷”，达到逍遥游的人生境界（《庄子·逍遥游》）。实际上，逍遥自由、不物于物既是庄子人生论的核心内容，也是庄子财富伦理思想、经济伦理思想的基本立场。庄子本身是一个追求精神自由，视财富为粪土的高士。庄子宁愿生活贫困、乞食告贷而不愿应仕为官，重要原因就在于只有不为庶务所约束才有可能使身心自由或惬意，而只过分关注于功名利禄就会使身心陷入为财富、名利所羁所累的囚禁状态，这种不自由的功利状态其实并不是自然化的生活所需要的。

庄子这种立场贯穿于财富生产、分配、消费多方面内容中。庄子很少谈及生产，这并不意味着庄子在财富形成方面不重视生产活动，相反，他实际上并不排斥物质生产活动在社会生活中的基础作用，道理很简单，要得到逍遥自由的物质基础，离开生产劳动肯定不行，庄子对此是有明确说明的，如在《马蹄》篇说：“夫赫胥氏之时，民居不知所为，行不知所之，含哺而熙，鼓腹而游，民能以此矣。”庄子的生产伦理既重视生产，又强调不要过度生产，生产只要能保证人民衣食充足、生活无忧即可，通过透支身体和束缚精神的方式来追求生产效率，庄子是坚决反对的，“事焉不借人，不多食乎力”（《庄子·秋水》）。庄子特别论述了过度劳动对人的有害性，认为过度劳动使人疲惫不堪，使人元气劳损，使人体力与精神不济，如此一来也就无法追求心中的自由了。“形劳而不休则弊，精用而不已则劳，劳则竭。”（《庄子·刻意》）庄子说：“余立于宇宙之中，冬日衣皮毛，夏日衣葛；春耕种，形足以劳动；秋收敛，身足以休食；日出而作，日入而息，逍遥于天地之间而心意自得。”（《庄子·秋水》）庄子同时看到人世间总有一些过度劳动者，而且很可能他们是自愿的，像无耕耘之事便觉得内心空虚的农夫，短时间内不做买卖便心神不安的商人，还有只要有短暂劳作机会就勤勉劳动的百姓，只要有器械技巧就努力追求工效的工匠。对这些人，庄子是充满同情的。庄子说：“农夫无草莱之事则不比，商贾无市井之事则不比。庶人有旦暮之业则劝，百工有器械之巧则壮……驰其形性，潜之万物，终身不反，悲夫！”（《庄子·徐无鬼》）

庄子对在生产领域使用技巧与技艺也表现出深深的担忧和批判，《天地》篇和《胠箧》篇集中体现了庄子的这种立场。在《天地》篇中，庄子以老子之口表明了他在生产领域反对使用技巧与技艺的坚定立场，庄子说：“有机械者必有机事，有机事者必有机心。机心存于胸中，则纯白不备……道之所不载也。吾非不知，羞而不为也。”庄子这些思想很容易使人想到马克思反对异化劳动，阐析的“劳动成为生活需要的劳动”思想。不仅如此，庄子还提出了与马克思生态思想十分相似的观点，那就是庄子关于使用机械技巧会引发系列生态恶果的思想。庄子说：“夫弓弩、毕弋、机变之知多，则鸟乱于上矣；钩饵、罔罟、罾笱之知多，则鱼乱于水矣；削格、罗落、罝罘之知多，则兽乱于泽矣……故天下每每大乱，罪在于好知。”（《庄子·胠箧》）从以上两段材料可以看出，在庄子看来，人类文明智慧若不符合自然发展规律，必会在破坏生态环境、改变自然的正常发展速度与轨道的同时造成人心迷乱的后果，甚至会导致天下大乱，万物失序。无疑，庄子这种思想的确产生了消极影响，赵靖先生早就明确指出了这一点，“由于道家的这种思想是通过其世界观和人生观反映出来的，这就具有更深的潜在力和牢固性”。但是，客观而言，道家这种自然观对于合理开发利用自然资源，建设现代生态文明确实有着深刻的启迪意义。

生产劳动必然要与自然发生关系，庄子强调生产应该遵循自然之道。从这个角度看，庄子又不是绝对的自由主义者，至少在财富形成的认识方面，庄子意识到了自由要以对必然的认识为基础。《庄子》举了一正一反的例子对此作了说明。《庄子·则阳》篇载庄子借守护封疆人士之口从侧面说明了不同的生产态度导致迥然不同的生产成果的道理。长梧封人问子牢曰：“君为政焉勿卤莽，治民焉勿灭裂。昔予为禾，耕而卤莽之，则其实亦卤莽而报予；芸而灭裂之，其实亦灭裂而报予。予来年变齐，深其耕而熟耰之，其禾蘩以滋，予终年厌飧。”子牢做地方官，不做实际调查，总是瞎指挥。长梧庄庄主当面批评他，说你处理政务不要过于鲁莽，惩治百姓不要过于草率。我是庄稼人，只会种庄稼。记得有一年，春耕太鲁莽，夏耘又草率，致使秋收粮食大减产，我承受了鲁莽草率带来的后果。第二年，我改变了去年鲁莽的办法，深耕细耘，因此禾稼茂盛，穗粒饱满，秋收丰产，饱饭吃了一整年。庄子还借许由之口论述了一个道理，在季雨降落后，人们还在不停地浇水灌地，如此费力而劳显然劳而无益，甚至有害。“时雨降矣，而犹浸灌，其于泽也，不亦劳乎！”（《庄子·逍遥游》）庄子这里记载的是尧打算把天下让给许由时，许由不受而说出的一番道理。但从中可见庄子意识到灌溉是必要的，过度灌溉则是有害的。一正一反两个例子说明的道理无非是农事应符合自然之道，既要遵循庄稼自身的生长规律，也要遵循天道自然之律。

那么，对待财富的正确态度是什么呢？庄子的基本主张是顺其自然。《天地》篇中庄子的一段论述充分说明了这种观点。庄子说：

“藏金于山，藏珠于渊；不利货财，不近贵富；不乐寿，不哀夭；不荣通，不丑穷；不拘一世之利以为己私分，不以王天下为己处显。”庄子此言的基本意思是说别从大山中开采黄金，别从深渊中探取珍珠，让它们自然而然地存在吧；做人不要贪财图物，也不要追富求贵；要乐观对待人生苦乐，不以长寿为乐，不以夭折为悲，不以通达为荣耀，不以穷困为羞耻；不以谋举世之利为职分，也不羡慕统治天下者的显赫地位。这段话反映了人应顺其自然。只有不以财富为追求目的才能使财富有益于人的身心健康和生命的延续。财富对人来说只具有工具性和手段价值。如果人一旦把财富视为追求的目的，那么财富就会对人造成极大的伤害。

二、损有余而补不足

道家经济伦理思想强调“均平”的分配，这也是老子“道法自然”伦理精神的重要表现。万物在此消彼长的循环运动中保持某种均衡的发展，从而使自然界的一切欣欣向荣，老子认识到，这实际是抑高举下、损有余而补不足的自然之道在发挥作用。“天之道，其犹张弓与！高者抑之，下者举之；有余者损之，不足者补之。天之道，损有余而补不足。”（《老子》七十七章）既然事物运动的客观规律是抑高举下、损有余而补不足的，人世间财富分配也应效法之，如此，方可做到“天地相合以降甘露，民莫之令而自均”（《老子》三十二章）。吕惠卿释此曰：“天之道，非故以抑高而举下也，无为则无私，无私则均，是故任物之自然，有余者不得不抑而损，不足者不得不举而益。”[①] 可见，老子的主要用意是要求统治者不必求太富，而应使自

① 吕惠卿：《道德真经传·表》，《道藏》第十二册，上海书店出版社，1988，第147页。

己在财产占有方面处于“不盈”的状态，“持而盈之，不如其已。揣而棁之，不可长保。金玉满堂，莫之能守。富贵而骄，自遗其咎”（《老子》九章）。现实生活中，人们在财富占有方面却是极不平均的，统治者“朱门酒肉臭”，老百姓“路有冻死骨”。老子敏锐地意识到财富分配如此不公、不均会激化统治阶层与被统治阶层之间的矛盾与对抗，“和大怨，必有余怨，安可以为善?”（《老子》七十九章）。为此，他谆谆告诫统治阶层应该明白维系他们高贵身份与地位的恰是身处社会底层，从事着生产活动的卑微的老百姓，“故贵以贱为本，高以下为基”（《老子》三十九章）。圣明之举应是在财产分配方面充分考虑到百姓的利益，尽量多分配些给劳动大众，“圣人不积，既以为人已愈有，既以与人已愈多”（《老子》八十一章）。

老子的“均平”分配思想既保留了一些氏族公社时期平均分配劳动成果的痕迹，也与其自身的身份与地位不无关系。根本而言，老子深刻体会到在礼乐文明分崩瓦解时，社会生产资料重新分配必然会给各个阶层造成巨大的冲击，他敏锐地指出在占有生产资料方面，统治阶级和被统治阶级的矛盾是无法调和的，分配不公必定会引起尖锐的社会矛盾——“大怨”。化解之道就是统治者能够效法天道，将“有余以奉天下”。统治者在多数情况下并不会真正实行这种主张，但为了维护统治、恢复经济发展，往往会在一定程度上实施之，这也是老子的均平思想的积极历史意义所在。

对于那些顺其自然对待财富却积攒起数量可观之财富者，庄子的主张便是以财分人。庄子认为均平的原则是衡量一切事物适当与否的根本标准，均平即幸福，有余即祸害，万物概莫能外，这一标准，用在财物占有上，显得至关重要，“平为福，有余为害者，物莫不然，而财其甚者也”（《庄子·盗跖》）。也正是出于这种观点，庄子对于“建德之国”人民“知作而不知藏”（《庄子·山木》）和“德人”

“四海之内共利之之谓悦，共给之之谓安”（《庄子·天地》）之举特别欣赏。很明显，庄子财富分配均平思想脱胎于原始社会“至德之世”，在这一点上与老子是不谋而合的。

需要说明的是，庄子虽然赞成均平地分配多余的财物，却不主张，甚至是反对目的与感情色彩浓厚的分配。在庄子看来，施与别人恩惠却希望别人回报的行为与天地对万物广泛而无私的赐予不能相比。这样的人，可能连商人在内都会非常鄙视，虽然也许出于赚钱的目的会与他交往，“施于人而不忘，非天布也，商贾不齿。虽以事齿之，神者弗齿”（《庄子·列御寇》）。圣人追求的境界应该是脱离外物怡然自得的人生，这才是素朴之心的自然体现，可以泽被他人，“利泽施乎万世，不为爱人”，“泽及万世而不为仁”（《庄子·大宗师》），“与而不求其报”（《庄子·山木》）。

在财富分配方面，庄子和老子“损有余而补不足”的主张一脉相承，基本观点是反对聚敛，主张“富而使人分之”“以财分人”。庄子特别反感聚敛财富者，斥责他们是无耻之徒，“无耻者富，多信者显。大名利之大者，几在无耻而信”（《庄子·盗跖》）。庄子反对聚敛财富的基本理由有：其一，聚财敛富会诱发人们对财富的贪婪，贪心一旦形成，便发而难收。《则阳》篇中，庄子这样说道：“荣辱立，然后睹所病；货财聚，然后睹所争。今立人之所病，聚人之所争，穷困人之身使无休时，欲无至此，得乎！”其二，决意聚敛财富不只是激发人的贪婪之心，更严重的后果是贪婪之心付诸行动会严重地伤身害体。庄子多次谈到这一点：“夫富者，苦身疾作，多积财而不得尽用，其为形也亦外矣……久忧不死，何苦也！”（《庄子·至乐》）又说：“今富人，耳营钟鼓管籥之声，口嗛于刍豢醪醴之味，以感其意，遗忘其业，可谓乱矣；侅溺于冯气，若负重行而上也，可谓苦矣；贪财而取慰，贪权而取竭，静居则溺，体泽则冯，可谓疾矣；为欲富就利，故满若堵耳而不知避，且冯而不舍，可谓辱矣；财积而无用，服膺而不舍，满心戚醮，求益而不止，可谓忧矣；内则疑劫请之贼，外则畏寇盗之害，内周楼疏，外不敢独行，可谓畏矣。此六者，天下之至害也，皆遗忘而不知察，及其患至，求尽性竭财，单以反一日之无故而不可得也。故观之名则不见，求之利则不得，缭意体而争此，不亦惑乎！”（《庄子·盗跖》）“钱财不积则贪者忧……驰其形性，潜之万物，终身不反，悲夫！”（《庄子·徐无鬼》）“以富为是者，不能让禄……操之则栗，舍之则悲，而一无所鉴，以窥其所不休者，是天之戮民也。”（《庄子·天运》）这几段论述从不同角度出发阐述了聚敛财富的危害性。生产方面，为财富拼命劳作者，等财富积累起来时身体必遭严重损毁，如此一来，财富不能全部享用，劳作者反而因拥有却不能享受财富而痛苦不已；至于富有之人，财富越积越多，贪婪之心越发严重，更会因为不知收敛而招惹怨恨，而且，或因为大量囤积财物而不知割舍，在家里总担忧遭到窃贼之害，在外面总害怕寇盗残杀，以至于在外不敢独行，整日战战兢兢，畏惧不已，难求一日之安宁。那些把财物看作奋斗目标的人一旦发财便唯恐丧失财富，要他们放弃财富他们必会悲苦不堪。总之，庄子认为，贪财好利会对人的身心健康以及生命安全造成严重危害。

三、治人事天莫若啬

老子“无欲”集中体现在心态知足、淡然守中的生活消费观念上。老子主要从奢侈消费带给人的严重后果论证了节俭的必要性。在《老子》十二章中，老子论述过度奢侈消费能使人的感官损伤，能引发人的不轨行为，“五色令人目盲，五音令人耳聋，五味令人口爽，驰骋畋猎令人心发狂，难得之货令人行妨。是以圣人为腹不为目，故去彼取此”。另外，统治阶层奢侈消费会导致整个社会民心涣散，最终会引起社会的大动乱，节俭消费当然就显得相当重要，所以统治阶层应该“去甚，去奢，去泰”（《老子》二十九章），即自觉放弃奢侈华靡的腐朽生活模式，做到清心寡欲。与此同时，老子又用较长篇幅从正面论述了节俭消费的积极意义。老子说：“我有三宝，持而保之。一曰慈，二曰俭，三曰不敢为天下先。慈，故能勇；俭，故能广；不敢为天下先，故能成器长。”（《老子》六十七章）在此处，老子称慈爱、节俭、不争先是为人处事的三大法宝，这三大法宝定会带来三大效应，即慈—勇、俭—广、不敢为天下先—成器长。《老子》五十九章也有类似的论述：“治人事天莫若啬。夫唯啬，是为早服。早服谓之重积德，重积德则无不克，无不克则莫知其极，莫知其极，可以有国。有国之母，可以长久。是谓深根固柢，长生久视之道。”关于消费的具体标准，老子并没有给出明确的答案，但从《老子》十二章所述“是以圣人为腹不为目”看，温饱的简朴生活是老子宣扬的基本标准。在剥削阶级社会，要求统治者自觉抵制自己的物欲，简朴地生活着，显然只能是妄想，但这并不影响老子节俭消费观的理论与实践意义。

在消费方面，庄子坚决反对奢侈消费。此方面受到庄子首先批判的是那些居于高位的统治者，庄子借徐无鬼之口指责魏武侯说，“君独为万乘之主，以苦一国之民，以养耳目鼻口”，并正告如此做法的严重后果只能是“君将盈耆欲，长好恶，则性命之情病矣”（《庄子·徐无鬼》）。在《盗跖》篇中，庄子将富人“耳营钟鼓管籥之声，口嗛于刍豢醪醴之味，以感其意，遗忘其业”的奢侈消费习惯定义为“天下之至害也”。鉴于当时这种奢侈消费业已成为一种社会普遍消费心理，庄子称其是人类心智愚蠢的表现。庄子说：“夫天下之所尊者，富贵寿善也；所乐者，身安、厚味、美服、好色、音声也；所下者，贫贱夭恶也；所苦者，身不得安逸，口不得厚味，形不得美服，目不得好色，耳不得音声；若不得者，则大忧以惧。其为形也亦愚哉!”（《庄子·至乐》）至于视大众追求奢侈的消费行为为极其愚蠢的行为，《天地》篇中，庄子的解释是“且夫失性有五：一曰五色乱目，使目不明；二曰五声乱耳，使耳不聪；三曰五臭薰鼻，因惾中颡；四曰五味浊口，使口厉爽；五曰趣舍滑心，使性飞扬。此五者，皆生之害也”。庄子所要表达的看法是，过分注重感官享受的人，丧失的是其真性；过分追求视觉享受的人，外物会模糊其眼睛；过分追求听觉享受的人，反而对美好的声音听不真切；过分追求嗅觉享受的人，可能鼻腔壅塞，脑昏；过分追求味觉享受的人，口舌反而受到严重伤害；过分放纵欲念的人，迷乱了心神，心性行为便会轻浮躁动。以上这五种情况集中反映了一个不争的事实：奢侈消费妨害人的本性，严重伤害着人的身体。庄子这些“耸人听闻”的言论与老子之言十分类似，较之于老子，庄子较少论及奢侈消费会造成社会动荡的危害。这一点与庄子的价值取向和精神追求不无关系。

在强调奢侈消费造成严重后果的同时，庄子提出以清心寡欲为本质的节俭消费会在最大程度上解放人的身心，庄子在《大宗师》篇中高度赞美“古之真人”所拥有的那种与世无争、节俭素朴、悠游自在的生活方式和逍遥无待的完美境界。庄子特别强调统治者的节俭消费会在很大程度上对人们的消费行为产生引领作用，从而使得天下百姓人心安定，如此一来，国家的安定与和谐自然是意料当中的事情了。庄子对“其寝不梦，其觉无忧，其食不甘，其息深深……喜怒通四时，与物有宜而莫知其极”的生活极为羡慕。对于统治者而言，节俭消费所带来的最大的正面效应应当是政局稳定、国泰民安，“古之畜天下者，无欲而天下足，无为而万物化，渊静而百姓定”（《庄子·天地》）。

在如上反面警示论述的基础上，庄子正面提出了普通人节俭消费要求。首先，庄子认为嗜好和欲望太深的人天慧本来就浅，“其耆欲深者，其天机浅”（《庄子·大宗师》）。这样的人自然会经常做出一些与“真人”做法大相径庭的举动，并由此给自己的身心带来严重的危害，所以保持寡欲之心是节俭消费的前提。其次，庄子从物极必反的逻辑指出，盲目追求奢侈消费，必然会导致消费异化，人们要以“知止”之心自觉遏制其消费欲望的张扬，“故知止其所不知，至矣”（《庄子·齐物论》）。

需要说明的是，同样是提倡节俭，庄子与老子的形而上基石还是有区别的。老子主要是在领悟自然界的博大和无私，“万物恃之而生而不辞，功成不名有”的基础上，告诫人们“祸莫大于不知足，咎莫大于欲得”，提倡人们应“知足之足，常足矣”，“知足不辱”。庄子则是从精神与物质的对立性中体悟到超脱世俗，不为外物所累，强调过度消费会妨害人的自然本性。

道家经济伦理思想对后世产生了重大影响，特别是老子的“法自然”思想成为后世不少学者阐发经济思想的理论基础，不少政治家和思想家都会受这种思想的影响，主张国家经济政策应以不干涉为根本原则，从而包含一定意义上的自由主义和人本主义经济伦理思想倾向。在我国封建社会，统治者往往将老子经济伦理思想用于指导发展生产，恢复经济，巩固封建地主阶级的统治，不少取得了莫大成功。如汉代的“文景盛世”，唐朝初年的“贞观盛世”就与统治者在一定程度上实践老子的经济伦理思想有较大关联。但是，另一方面，许多农民起义者将老子均富思想作为他们斗争的目标，这时，老子的经济伦理思想又成为反对封建政权的理论依据。可见，老子经济伦理思想对我国古代社会经济发展的影响是多方面的。当然，这一点也充分证明了老子经济伦理思想的丰富性、普适性。老子经济伦理思想对于现代社会经济发展也有很强的现实指导意义。如老子关于统治者收敛欲望是保障百姓安居乐业的重要基础的思想对我们正确认识市场与政府的关系具有重要启示意义，对于解决现代社会日益严重的环境、发展等一系列问题也不失为一剂精神良药。庄子从个体生命本体思考伦理道德问题，实际上是将本体论思想引入伦理思想中，无疑具有重要的开创性意义。关于经济问题，庄子主要是从个体生命角度来考察的，从而把人道主义、自由主义带入了中国经济伦理思想史。庄子的经济伦理思想有极高的人生智慧和生态智慧，对于我们发展和谐经济具有重要的借鉴意义。庄子批判儒墨经济伦理思想的虚伪性，从根本而言，是因为他站在统治阶级的对立面上，以他特有的方式抨击了统治阶级经济伦理思想的虚伪性。但是任何一位思想家的思想都摆脱不了时代的局限。庄子的经济伦理思想亦如此。庄子过分强调精神的“逍遥”，忽视物质是精神自由的基础；只看到了“机事”对“机心”的负面作用，而不能认识到“机事”给人类社会生活特别是经济生活带来的正向效应。

道家经济伦理思想认识到了人类经济生活蕴含的种种矛盾，并为其开出了药方，但是他们并没有提出自己的创造性见解，不像儒家、墨家那样富有迎难而上、积极进取的思想特质，反倒否定物质生活的进步包括生产方式的改进，这就不能不使他们的经济伦理思想在具有一定可取因素的同时带有相当的消极性或颓废性。“老子既以物质文明之进步，为造成罪恶之原因，其对于国内工商各业，当然力加反对，不愿在上者有所提倡。”① 唐庆增认为，老子学说虽然与法国重农学派一样“倡自然哲学，谓为物宜就其自然”，倡放任主义，反对政府干预经济活动，但是重农学派“虽信仰自然律，而于土地

① 唐庆增：《中国经济思想史》，商务印书馆，2010，第169页。

利息租税等经济制度之重要，认识甚明，不惟不加排斥，且有极详尽之批评与提议，故在当时之法国，颇不乏精审之经济学说，开后来亚当·斯密思想之先河，老子之眼光仅向过去及后方观察，从消极及厌世一层着眼，学说流传至今，未能引人完全跳出物质环境之范围，反导人入于保守停顿之状态中，此种言论之影响，与重农派思想之效果相较，盖适得其反也”①。应该说，这种批评是符合老子和道家经济伦理思想的实际的，老子和道家经济伦理思想因过分推崇自然无为而否认了发展生产力和物质财富的正当要求，没有看到经济生活的贫穷落后对人们道德品质的不良影响，这与儒家“既富之，则教之”思想有本质的差别。这也是今天我们研究老子和道家经济伦理思想时必须予以指出和加以深刻批评的。

① 唐庆增:《中国经济思想史》，商务印书馆，2010，第 170-171 页。

第七章　道家政治伦理的价值内核

唐玄宗《〈道德真经〉疏释题》认为“其要在乎理身理国。理国则绝矜尚华薄，以无为不言为教”[①]。明太祖《道德真经》序亦有言：“斯经乃万世之至根，王者之上师，臣民之极宝。”[②] 他们正是因为认识到了《道德真经》对于治国平天下的伦理效用，所以才在诸家《老子》注说的基础上御注该书，并将其视为治国之要典。《庄子》对《老子》一书进行了全面系统的解读。“《庄子》一书，乃《老子》之注疏。”[③] 尤其对老子无为而治的思想有一定的发展。整体而言，道家政治伦理思想既有为治政者喜欢，又有为治政者不喜欢的因素，这种状况决定了多数治政者对它持不即不离的态度，既需要它又不把它置于尊位。同时，庶民百姓既因为它表达了自己的权益要求而认同、赞许它，又因为它维护治政者权益而疏离它。道家政治伦理思想是弱者的精神安慰剂，又是维护强者物质优势的特殊屏障。道家政治伦理思想具有集积极性和消极性于一体的二重性。萧公权先生指出：“老庄之政治思想并非完全消极，而自有其积极之成分。盖老庄怀疑政治之效用而肯定个人之价值。社会之一切幻想可以消除，而个人之生存与乎保全顺适此生命之愿望，则为不容否认之事实。社会制

---

① 刘韶军点评：《唐玄宗、宋徽宗、明太祖、清世祖〈老子〉御批点评》，湖南人民出版社，1997，第473页。

② 刘韶军点评：《唐玄宗、宋徽宗、明太祖、清世祖〈老子〉御批点评》，湖南人民出版社，1997，第475页。

③ 憨山：《庄子内篇注》，崇文书店，2015，第1页。

度苟有不利于个人之自全自适者则当裁抑之，损减之，以免枝叶之害及根本。故全生适性乃老庄政治哲学之最后目的。”① “惟吾人当注意，老子无为之政治哲学，略似欧洲最彻底之放任主义，而究与无政府主义有别。盖老子认学道与治国之最高原则皆为‘无为而无不为’。”“……故就理论上言，老子所攻击者非于治之本身，而为不合于‘道德’标准之政治。”② “全生适性”及“保全顺适此生命之愿望”不仅是老庄政治哲学的目的性追求和价值理念，更是老庄政治伦理的核心价值理念。与儒家讲礼治、法家讲法治、墨家讲兼爱之治不同，道家崇尚“无为而治”。以“无为而治”为核心，道家提出了自己系统而深刻的政治伦理思想，其中包括与民休息的为政方略、众皆平等的价值意识、“不以兵强天下”的和平主张等等。如果我们置重“以百姓心为心”的善治良政，关注政治机制的完善与庶民百姓的根本权益，就会发现老庄政治伦理思想中闪烁的光华。

第一节　无为而治的治政理念

先秦儒墨道法诸家均把自己的主要精力集中在国家的治理、人心的安顿上，政治伦理是他们关注和争辩的焦点。道家政治伦理思想既为治政者设计了一套精微高远的治国之术，又表达了百姓的内在心声。前者为治政者所欣赏与珍视，后者则为百姓所认可与赞同。道家伦理思想既以深邃的哲理和终极关怀著称，同时也以高妙的治术和人间精思名世，而既能够显示其哲理思辨深度又能够彰昭其治政智慧玄妙的莫过于“无为而治”理论的建立。

① 萧公权：《中国政治思想史》，新星出版社，2010，第110页。

② 萧公权：《中国政治思想史》，新星出版社，2010，第117页。

一、道常无为而无不为

无为而治是道家政治伦理思想的核心。它的提出既有哲学上的根据，又有对社会现象的深入分析。从哲学上讲，“道”永远顺任自然，不造不设，但万物都由“道”而生，实际上却又是无所不为。侯王若能守着这个“道”，万物就会各顺己性，自生自长。“无为”的政治观念是“自然”的天道观念的社会化表现。从天道自然的哲学观念出发，必然会引出或推出人道无为的政治观念。

从社会现象上讲，道家“无为”观念的提出是针对统治者强作妄为、肆意伸张自己意欲的“有为”而提出的。春秋战国之际，天下大乱，统治者大多为所欲为。他们无休止地搜刮民脂民膏，以满足自己“服文采，带利剑，厌饮食”的奢侈生活，或者发动争城夺地的战争，“争地以战，杀人盈野；争城以战，杀人盈城”。统治阶级肆意妄为，结果弄得民不聊生、国不能治。目睹社会生活中存在的大量的假恶现象，一般人只限于愤愤不平，而老子却要刨根问底，找出造成假恶现象的罪魁祸首。在老子看来，罪魁祸首正是统治阶级贪得无厌、法令滋彰的“有为”。统治者设立的禁忌太多，弄得人民不知所措；法令森严，把人民捆得动弹不得；严刑暴虐，重税搜刮，造成田园荒芜、仓库空虚、人民食不饱肚的严重后果。老子通过对现实政治的深入考察分析，强烈地感觉到统治阶级的“有为”正是引发人间不平、天下大乱的内在根由。基于此种分析，老子提出了“无为而治”的施政纲领，呼吁为政亦应效法天道，清静为本，自然无为。“无为”，并不是“无所作为”，其意与儒家“知其不可为而为之”相对，指遵循自然，按照天道自然的法则办事，不妄作为。天道是自然无为的，人法道也应当自然无为。老子所说的“无为而无不为”

“无为而无不治”才是“无为”的真正宗旨。《老子河上公章句》说：“法道无为，治身则有益于精神，治国则有益于万民，不劳烦也。”① 可见“无为”既是修身处世的原则，又是治理国家的政治准则。从修身处世方面来看，“无为”是道教人生哲学的主要原则，也是做到返璞归真的主要方法。《淮南子·原道训》中说：“所谓无为者，不先物为也；所谓不为者，因物之所为。”《淮南子·诠言训》说：“智者不以位为事，勇者不以位为暴，仁者不以位为惠，可谓无为矣。”并且强调“无为者，非谓凝滞而不动也，以其莫从己出也”。指出“人无为则活，有为则伤。无为而治者，载天也。为者，不能有也；不能无为者，不能有为也”。所以圣人内修其本质，而不外饰其华表，保养精神，充分发挥他的聪明才智，漠然无为而无不为，淡然无治而无不治。

道家提出的“无为而治”，其基本含义一是因任自然，二是不恣意妄为。因任自然，是说统治者治理国家应当遵循自然的原则，让人民自我化育、自我发展、自我完善，政府的职责在于辅助人民，使其充分地、自由自在地活动，如此，人民自然平安富足，社会自然和谐安稳。老子认为统治者超越自然的“有为”，必然会引发统治者对个人私欲、权势的无限追求，进而榨取庶民百姓的脂膏，威胁人民的自由安宁和生存。因此老子提出“无为”的观念，要求统治者不恣意妄，不对人民生活加以诸多干预。老子的“无为”并不是什么都不做，而是因任自然，不恣意妄为，是“为无为”。“无为”作为一种治政纲领和政治态度、政治方式，要求统治者任人民自由自在地发展自己和完善自己，不去干预他们正常的生活，扰乱他们的心智，增加他们的负担。故“无为”对于那些自认为自己是他人命运的“裁定

① 河上公：《道德真经注》，河上公、杜光庭等注《道德经集释》上册，中国书店，2015，第61页。

者”，自以为有资格管理他人事务的治政理念，是一种限制。“无为而治”强调因任自然，就不能不限制统治者个人的主观作为，它内在地包含着“管得最少的政府即是最好的政府”以及尊重人民大众的自由、人权等民主性的命题。

二、我无为而民自化

道家的“无为而治”包含着十分丰富的内容，概括地讲主要体现在“君道无为”和“治国无为”两个方面。所谓君道无为，就是君主遵循无为而治的原则，清虚自守、卑弱自持，做到去私立公。因此君道无为并不是消极被动什么都不为。所谓治国无为是指国君及整个国家的统治阶级都能从国与民的血肉联系出发，自觉地将服务人民、维护人民的生存权益作为自己的主要职责，不扰民、不欺民，控制自己的行为，按人民的要求处理政务。

老子把“静”视为事物的本态，把“动”视为事物的变态，认为国君不应该惊羡动和变，也不要为动和变所迷惑，应该坚守清虚和安静的原则，以静观自处，守弱用柔。老子说：“致虚极，守静笃，万物并作，吾以观复。夫物芸芸，各复归其根。归根曰静，静曰复命。复命曰常，知常曰明。不知常，妄作，凶。知常容，容乃公，公乃王，王乃天，天乃道，道乃久，没身不殆。”（《老子》十六章）致虚必守静，透过守静的工夫，才能深蓄厚养，储藏能量。在老子看来，宇宙之道是虚无而宁静的。国君若是致虚守静到极顶或笃实的地步，就能保持清静无为，做到坚定不移，去智巧贪欲，就能够体悟到万物从无到有、再由有到无，往复循环的自然法则。虽然万物纷繁复杂，到头来还是要各返根原。回返根原叫作“静”，也叫“复命”。这是万物变化的常规，所以“复命”叫作“常”。了解这个常道可称为明智。不了解这个常道而轻举妄为，那就要产生祸害了。了解常道的人无事不通、无所不包，无事不通、无所不包就能坦然大公，坦然大公才能做到无不周遍领袖群伦，无不周遍领袖群伦才能符合自然，符合自然才能符合于“道”。体道而行，替天行道才能永垂不朽。如此，终身也就可免于危殆。老子又说：“重为轻根，静为躁君，是以圣人终日行不离辎重。虽有荣观，燕处超然，奈何万乘之主，而以身轻天下？轻则失本，躁则失君。”（《老子》二十六章）稳重对应于轻浮，轻浮要受稳重的纠正，所以稳重是为人处世的根本。清静对应于躁动，躁动要受清静的支配，所以清静是领导统御的主帅。因而圣人的行动总是持重守静，整天行走不离开载重的车辆，虽然有华丽的生活，却安居泰然。为什么身为大国的君主还轻率躁动以治天下呢？要知道轻浮便会失去为人处世的根本，躁动就会失去主帅的地位。老子有感于当时统治者的奢淫、纵欲：“奈何万乘之主，而以身轻天下？”其间流露出的情绪既是沉重的也是痛苦不解的。君主纵欲自轻必失治身之根，急功好事必失为君之道。

老子还认为，柔弱是事物生存发展的一种内在本性，柔弱胜刚强是事物发展的内在规律。“人之生也柔弱，其死也坚强。万物草木之生也柔脆，其死也枯槁。故坚强者死之徒，柔弱者生之徒。是以兵强则不胜，木强则兵。强大处下，柔弱处上。”（《老子》七十六章）人活着的时候，身体是柔弱的，死了以后就变得僵硬。草木活着的时候，形质是柔脆的，死了以后形质立刻转为枯槁。所以说，坚强往往与死亡相伴，柔弱则与生存相随。从用兵逞强反而不能取胜、树木茁壮反而遭受砍伐来看，强大自夸、欲高居人上的人必被厌弃，反居人下；而那些柔弱自守的人必受人推戴，反居人上。老子通过观察所得出的“强大处下，柔弱处上”的结论，深刻地揭示了新生而柔弱的事物总是有生命力的，会战胜强大的事物的道理。因此一味地恃强争雄并不是强大的标志，只有守持柔弱才是通向强大的途径。“天下莫柔弱于水，而攻坚强者莫之能胜，其无以易之。弱之胜强，柔之胜刚，天下莫不知，莫能行。是以圣人云，受国之垢，是谓社稷主；受国不祥，是为天下王。”（《老子》七十八章）天下没有比水更柔弱的了，但是冲激坚强者没有谁能胜过它，世上再没有别的东西可以替换它，也再没有比它力量更强大的东西。世人皆知弱能胜强、柔能克刚的道理却无法付诸实践，主要的原因乃在于人们爱逞一时之强，而忽略了以柔克刚。所以圣人说能承受全国的污辱才配做社稷之主，能承受全国的灾祸才配做天下之王。基于此种分析，老子主张守弱用柔，卑弱自持，并将其视作为君之道的主要内容。

君道无为则是去私立公。老子认为，圣人治理天下，守柔处下，就好像掌握左契，只给予而不向人索取，故人心无怨。他以虚无为体，以无用为用，尽量帮助别人，自己反而愈充足，尽量给予人，自己反而更丰富。天道无私，对于万物有利而无害，圣人善体天道，所以他的“道”是施与奉献而不与人争名夺利。此即“圣人不积，既以为人己愈有，既以与人己愈多。天之道，利而不害。圣人之道，为而不争”（《老子》八十一章）。在老子看来，君主治理天下国家应该效法天道自然，以无为的态度来处理世事，实行不言的教导，让万物兴起而不加倡导，生养万物而不据为己有，化育万物而不自恃己能，功业成就而不自我夸耀。“是以圣人处无为之事，行不言之教，万物作焉而不辞，生而不有，为而不恃，功成而弗居。”（《老子》二章）“道”本无私而大公，它对万物“生之、畜之”，“长之、育之”，“亭之、毒之”，却“生而不有，为而不恃，长而不宰”，是一种最大的“任公而不任私”。君主体道无疑应该大公无私。大公无私即是要一切以人民的利益与幸福为务，不偏爱袒护任何人，以百姓心为心，不分亲疏利害，不论尊卑贵贱，“不可得而亲，不可得而疏；不可得而利，不可得而害；不可得而贵，不可得而贱”（《老子》五十六章），超越世俗的人伦关系之局限，以开阔的心胸与无所偏的心境去对待一切人物。只有消除个我的弊病，化除一切的封闭隔阂，超出亲疏利害贵贱之外，才能为天下所尊。大公无私的具体体现即“常善救人，故无弃人；常善救物，故无弃物”（《老子》二十七章）。有道的君主经常善于做到人尽其才，所以没有被遗弃的人；经常善于做到物尽其用，所以没有被废弃的物。在有道的君主眼里，每一个人都有其独特的才能，每一种物也有其独特的用处，故他能以本明的智慧去观照人与物，因人之性，本物之情，做到人尽其才，物尽其用，无弃人无弃物，无论是对善人抑或是不善的人都能够一律加以善待。特别是对于不善的人，并不因其不善而鄙弃他，要勉励他、诱导他，为善人提供借鉴。庄子也认为，丘山因积聚卑小而高大，江河因汇合众水而宽广。四时不同的气候，天不偏私，所以岁序完成；百官不同的职务，君不自私，所以国家安定；文武不同的才能，大人不偏私，所以德性完备；万物不同的理则，道不偏私，所以无所名称。无所名称便无所干预，无所干预便没有什么做不成的。“君不私，故国治；……道不私，故无名。无名故无为，无为而无不为。”（《庄子·则阳》）由此可见，君道无为与去私立公、大公无私密切相关，或者说从君道的意义上讲，无为含有为公不为私的意义。在庄子看来，天无私覆，所以天清澈澄明；地无私载，所以地广远安宁；日月无私照，所以日月经天，光耀古今。君主倘能无私，就会福惠万民，使天下太平。

“无为而治”不仅要求君主无为，更要求整个统治阶级无为。道家主张的治国无为，总的原则是希望统治者能减少政事活动以尊重人民的个性，发展人民的自由和维护人民的权益。在老子看来，“我无为而民自化，我好静而民自正，我无事而民自富，我无欲而民自朴”（《老子》五十七章）。统治者以身作则顺天应人而无所作为，人民就会自然地自我化育；统治者清静笃实、守弱用柔而不妄作非为，人民就会自然地端正自己走上正道；统治者若没有刻意地标榜自我，不断地花样翻新、劳民伤财，人民便会自然地发展生产、自求富庶；统治者若无个人的野心、一己的私欲，人民也就自然地纯真朴实。因此，在统治者和人民之间存在着一种深刻的契合关系和连带关系。老子说："将欲取天下而为之，吾见其不得已。天下神器，不可为也。为者败之，执者失之。"（《老子》二十九章）治天下应该本乎无为。那些想用强力或人为去治理天下的人，十有八九是达不到目的的。老子认为，世人秉性不一，形态各异，有前行或积极进取的，有后退或消极保守的，有呴暖，有吹寒，有刚强，有羸弱，有安宁，有危殆，体道的治政者有鉴于此，故应舍弃一切过度的措施，去除一切酷烈的政举，凡是奢费的行径都不宜施张，凡事都应当循人情、依物势，以自然无为而治。老子主张"去甚，去奢，去泰"（《老子》二十九章），即去除那些极端的、奢侈的、过度的施政举措和治政行为。可以说"三去"即是老子所主张的治国无为的主要内容，"三去"落在实际政务活动中则是薄税敛、轻刑罚、尚节俭。老子认为，"民之饥，以其上食税之多，是以饥"（《老子》七十五章），"法令滋彰，盗贼多有"，为了免除人民的饥饿，为了解决盗贼多有的问题，必须轻徭薄赋，简省刑罚，此外还必须尚节俭，宽政务。老子说："其政闷闷，其民淳淳；其政察察，其民缺缺。"（《老子》五十八章）治国者无为无事，一国的政治看似混浊不清，其实人民因生活安定，其德反而纯厚。治国者有为有事，一国的政治看似条理分明，其实人民因不堪束缚，其德反而浇薄。政治宽厚清明，人民就淳朴忠诚，从而造就一种平和宁静的政治秩序，因此无为的治政举措导向的是一种无不为的理想效果。如此看来，老子治国无为的价值取向并非完全消极，"他的理想却有积极拯救世乱的一面，仅是实行的方法和态度上与各家不同”①。

庄子发挥了老子治国无为的思想，力倡为政的本质在于顺应自然、发展众人的个性和确保人民的自由。庄子说：“彼至正者，不失其性命之情。故合者不为骈，而枝者不为跂；长名不为有余，短者不为不足。是故凫胫虽短，续之则忧，鹤胫虽长，断之则悲。故性长非所断，性短非所续，无所去忧也。”（《庄子·骈拇》）真正的正道就是不违失自然所赋的性命的真情。所以结合的并不是骈联，分枝的并不是有余，长的并不是多余，短的并不是不足。野鸭的腿虽短，接上一段便造成了痛苦；野鹤的腿虽长，切断一节便造成了悲哀。所以原本该是长的就不能切短，原本应是短的也不必接长，这都没有什么可忧虑的。“天下有常数。常然者，曲者不以钩，直者不以绳，圆者不以规，方者不以矩，附离不以胶漆，约束不以纆索。故天下诱然皆生而不知其所以生，同焉皆得而不知其所以得。故古今不二，不可亏也。”（《庄子·骈拇》）天下事物各有它的本然真性，这本然真性就是：曲的不用钩，直的不用绳，圆的不用规，方的不用矩，黏合的不用胶漆，束缚的不用绳索。故天下万事万物都是自然生长但又不知是如何生长的，各得其所但又不知道是如何得以这样的。所以古今的道理一致，不可人为改变。庄子主张，本性该怎样的就让它怎样，不该怎样的一定不要勉强使它怎样。自然里的曲直方圆是自然形成的，不是借助人力就能达到的。在庄子看来，为政当纯任自然，顺人性之本然，而不应以礼教法度去破坏世界本来的和谐和自然秩序。“闻在宥天下，不闻治天下也。在之也者，恐天下之淫其性也；宥之也者，恐天下之迁其德也。天下不淫其性，不迁其德，有治天下者哉！”（《庄子·在宥》）“在”，优游自在之意，“宥”，宽容自得之意。“在宥”就是

① 陈鼓应：《老子注译及评介》，中华书局，2009，第282页。

要使天下“安其性命之情”，就是要使天下人民都“不淫其性，不迁其德”，也就是要使人民的禀赋不增加任何东西，也不改变任何东西。简言之，保持自然所赋予的原原本本的样子，就是“在”，就是“宥”。在庄子看来，人世间许多痛苦，都是由统治者有为造成的。不管是像尧舜那样，还是像桀纣等暴君那样去治理天下，都是对人类自然的淳朴状态的破坏，都一样搅乱着人心、玷污着人性。为了确保人类的自然禀赋不受破坏、自然本性不受玷污，统治者应崇尚无为。以清静无为治国，方能免除使百姓劳苦不堪而最后一无所获的悲剧性后果。在庄子看来，“无为”是顺其自然的行为，“玄古之君天下，无为也，天德而已矣”（《庄子·天地》）。“无为”即如天地般自然而行，治世者无为而治便是一种“天德”之举。《庄子》说：“夫帝王之德，以天地为宗，以道德为主，以无为为常。”“天不产而万物化，地不长而万物育，帝王无为而天下功。”（《庄子·天道》）“圣人者，原天地之美而达万物之理，是故至人无为，大圣不作，观于天地之谓也。”（《庄子·知北游》）

三、处无为之事，行不言之教

老子认为，那些深刻领悟和把握了道的圣人自然会按照道的要求来治理天下，此即“处无为之事，行不言之教”。“处无为之事”，意即按照自然清静的要求和原则来处理无为的政事，做到不求功，不求名，因天任物而治。“行不言之教”，意即不是以言语说教的方式去教化民众，而是以率先垂范、拳拳服膺的方式去为民众提供学习的榜样。唐玄宗注曰：“无为之事，无事也。寄以事名，故云处也。不言之教，忘言也，寄以教名，故云行也。”“故圣人知诸法性空，自无矜执。则理天下者，当绝浮伪，任用纯德，百姓化之，各安其分。

各安其分则不扰，岂非无为之事乎？言出于己，皆因天下之心，则终身言，未尝言，岂非不言之教耶?”① 近代思想家魏源视道家“无为而治”为救助世人、治理社会的精良学说，在《老子本义》第三章中说：“老子，救世之书也，故首二章统言宗旨。此遂以太古之治矫末世之弊。”第三十二章又说：“太古降为三代，三代降为后世，其谁止之？……亦镇之以无名之朴而已。无名之朴者，以静镇动，以质止文，以淳化巧，使其欲心虽将作焉而不得，将释然自反而无欲矣。无欲则静，静则正，而返于无名之朴矣。”朱谦之解老子“使知者不敢为，则无不治”一语时指出，“盖老子之意，以为太上无治。世之所谓治者，尚贤则民争；贵难得之货，则民为盗；见可欲则心乱”，所以老子倡导无为而治，“使民不见可尚之人，可贵之货，可欲之事”。这样一来，人们则混混沌沌，“反朴守醇，常使民无知无欲，则自然泊然，不争不盗不乱，此所以知者不敢为。至德之世，上如标枝，民如野鹿，含哺而熙，鼓腹而游。此则太古无为而民自化，翱翔自然而无物不治者也”②。

如果说儒家的礼治在社会处于和平发展时期起着调和阶级矛盾、稳固社会秩序的作用，那么道家的无为而治则在社会处于动乱时期，迫使统治者正视人民在国家生活中的重要地位，采取与民休养生息的政策，从而实现由乱到治的转化。道家无为而治的价值取向在中国历次由乱返治的政治历史转折中，一再发挥其不可估量的积极作用。

道家无为而治的价值取向，在中国历史上产生了极为深远的影响。它既不同于孔孟儒家所倡导的礼治，也不同于墨家所推崇的尚贤政治和法家所主张的法治，因为儒墨法三家的政治主张虽各有区别，

① 刘韶军点评：《唐玄宗、宋徽宗、明太祖、清世祖〈老子〉御批点评》，湖南人民出版社，1997，第 15 页。

② 朱谦之：《老子校释》，中华书局，1984，第 17 页。

但基本取向均是“有为政治”。在“有为政治”声浪一浪高过一浪的特定情境下，道家提倡无为而治，确如凤鸣朝阳，非同凡响，为政治家选择理想化的治政纲领提供了新的思考。道家无为而治的价值取向深得历史上一些政治家的认同与青睐，最突出的莫过于汉初和唐初统治者奉行无为而治，分别开创了“文景之治”和“贞观之治”的政治局面。中国历史上每次大的社会动荡之后，一些志在长治久安、匡扶社稷的政治家总是自觉或不自觉地拿起道家无为而治的理论武器，一方面放松对人民的压迫，与民休养生息，另一方面则要求各级官吏克己自励、去私为公，“去甚，去奢，去泰”，从而赢得民心、安定秩序，使社会生产得以恢复，实现了由乱而治的社会转化。

第二节 与民休息的治政方略

道家无为而治的价值取向，反映到国家治理中则是与民休息的治政方略。与民休息凸显出无为而治的治政方略，也体现出对庶民百姓生死存亡的关心和关注，并构成道家政治伦理思想的重要内容和价值支撑。

一、以百姓心为心

所谓“与民休息”是指建立在“以百姓心为心”基础上的尊重人民的生存权益和自由，使人民休养生息、各取所需、自得其乐，也即把人民的生存发展和平安生活视为治国安邦的基础。春秋战国之际，天下大乱，诸侯争霸，统治者为了满足自己贪婪的物欲、疯狂的权欲和醉生梦死的生活欲望，视人民为草芥，不顾人民的死活，无端地加重人民的赋税和徭役，搜刮民脂民膏。他们横征暴敛、巧取豪夺，一方面大兴土木，修建各种豪华别致的亭台楼阁、轩榭廊舫，乃至墓冢坟山，强征民夫以事各种苦役，另一方面广置后宫佳丽，掳掠民女，霸占民妻，醉心于声色犬马、骄奢淫逸。统治阶级残酷的政治压迫和经济剥削，弄得人民流离失所，啼饥号寒，苦不堪言。据载，齐景公时“民参其力，二入于公，而衣食其一。公聚朽蠹，而三老冻馁，国之诸市，屦贱踊贵，民人痛疾”（《左传·昭公三年》）。赋敛重达三取其二，在生产力还十分低下的情况下，岂不断人活路？反抗，就施以重刑，刖足者之多，造成了市面上鞋贱而假肢贵的荒谬后果，由此可见人民的生存痛苦之一斑。叔向描述晋国当时的情况，“庶民罢敝，而宫室滋侈，道殣相望，而女富溢尤。民闻公命，如逃寇仇”（《左传·昭公三年》），正是由于统治阶级“事充”（徭役多）、“政重”（税多）以及对人民敲骨吸髓般的剥削，人民才生活在水深火热之中。那些走投无路的人们拿起武器，掀起一次又一次反抗统治阶级压迫和剥削的斗争，伴随着统治阶级内部父子相篡、兄弟相残、君臣易位的冲突，整个社会处于混乱不堪、纷攘不息的状态中，政治秩序严重失衡，政治弊端丛生。老庄道家目睹当时“殊死者相枕也，桁杨者相推也”（《庄子·在宥》），以及“庖有肥肉，厩有肥马，民有饥色，野有饿莩”（《孟子·梁惠王上》）的社会现实，思忖着解决现实问题的治政方略。他们从无为而治的基本取向出发，提出了与民休息的治政方略。

老庄道家继承了历史上“敬德保民”的传统，提出了“圣人无常心，以百姓心为心”的命题，主张按照人民的意志和愿望来治理国家，安定天下。老子说：“圣人无常心，以百姓心为心。善者，吾善之；不善者，吾亦善之，德善。信者，吾信之；不信者，吾亦信之，德信。圣人在天下歙歙，为天下浑其心。”（《老子》四十九章）圣人没有私心和成见，凡事优先考虑百姓的意见。百姓善良，固然善待他们；百姓不善良，不但不抛弃，反而更加善待他们。因为圣人是各因其用而用之，绝不失其善；这样人人自然都会同归于善。百姓诚实，固然要以诚相待；百姓不诚实，更应以诚相待，因为圣人只知诚信实，不知虚伪，唯其如此，才能化去虚伪，使人人同归于诚信。圣人治理天下，是无私无欲、无适无莫的，他收敛自己的意欲，使人心思化归于浑朴，不给百姓以扰动。圣人治天下贵在使人民各顺其性、各遂其生，因此百姓心之所便，因而从之；百姓为善，因而善之。百姓虽有不善者，圣人化之使善也。“圣人无常心”是指圣人无为无欲，不倚于一物，湛然虚明，寂然不动，纯乎道也。“以百姓心为心”是指圣人尊重百姓的意愿和要求，并以百姓的意愿和要求作为自己治理天下和国家的意愿和要求，因民之所利而利之，因民之所恶而恶之。“百姓之善者，能本善，循乎自然也，圣人以道而善之，则其善心自固矣。百姓之不善者，未明本善，私欲蔽之也，圣人亦以道而善之，则将化而复归于善也，此所谓德善也。盖百姓与圣人得之于初者，未尝不善也。……圣人之心与百姓之心，其初均同乎虚静，纯粹至善，未有恶也。惟圣人清静无欲，自全其初，则百姓亦清静无欲，各全其初，故圣人之在天下，收敛其心，无为无欲，顷刻不敢放纵，则百姓自化。”① 老子主张善待百姓，尊重百姓的意愿和思想，千万不能以统治者自己的意见限制百姓的意见。老子还提出了当权者少扰民的基本要求：其一，做到功成身退，这样，即使在政府的管治之下，老百姓也能自由自在地生活，也即“功成事遂，百姓皆谓我自然”（《老子》十七章）；其二，少说话，因为他们说的话就是法令，政令烦苛必会对人民造成危害，也即“希言自然。故飘风不终朝，骤雨

① 王垶：《老子新编译解》，辽宁古籍出版社，1997，第271页。

不终日”（《老子》二十三章）；其三，执政手段应该宽松，否则必会导致民风巧伪，也即“其政闷闷，其民淳淳；其政察察，其民缺缺”（《老子》五十八章）。可见老子所强调的“自然”“无为”主要还是要求统治者尽量不要侵犯、干扰百姓的正常生活，这样的自然观实际上蕴含着经济自由观的一些内容。

庄子也认为，万物虽贱，却又不能不任其自然；百姓虽卑，却又不能不随从。优秀的治政者实行无为而治，其实质是把政治视为众人的事，用百姓的智慧来管理国家并使国家的各项活动服务于百姓。老庄的这种思想包含着较多的民主主义和民权主义因素，同美国总统林肯所说的“民治、民享、民有”，及中国近代民主革命先行者孙中山先生所讲的政治是众人的事和替众人服务的观点有颇多相似之处，值得批判地继承。

二、省刑罚，轻赋税，去礼文，宽政务

老庄道家不仅提出治国应以民为本，以百姓心为心的命题，而且主张在实践上减轻人民负担，使人民能够生聚繁衍，安居乐业。要做到与民休息，必须省刑罚，轻赋税，去礼文，宽政务。老子反对苛烦的刑罚和法律，认为“法令滋彰，盗贼多有”（《老子》五十七章）。法令过于严苛繁多，束缚人民的自由太过，人民谋生困难，盗贼就会越来越多。他主张“常有司杀者杀，夫代司杀者杀，是谓代大匠斫。夫代大匠斫者，希有不伤其手者矣”（《老子》七十四章）。司杀者本义指专司杀人的，此处指道或天道或天，意谓只有自然或天道才有权决定人的死生，人的生死本应属于自然并服从于天道。代司杀者本义指代替专管杀人的，此处指伪托天道或假借天道。老子强调，刑罚当以道处之，使人民的生死悉听自然，而不应以人为的杀戮来代替自然之道。

世上一般的执政者，往往凭自己的私意枉杀人命，替代司杀者的职责，还自以为是替天行道，这就好像不知技巧而去替木匠砍斫木头一样。凡是代木匠砍斫木头的人，少有不砍伤自己的手的。老子对人民的力量有着清醒的认识，认为人民若饱受虐政苛刑到了不怕死的地步，以死来威胁他们是毫无意义的。假使人民贪生怕死，一旦有人作奸犯科就把他抓来杀掉，那么还有谁敢再做坏事，触犯刑罚？但事实并非如此。天下的法律繁多、刑罚严酷，但违法犯罪的人并未绝迹。原因是什么呢？原因在于人是自然的一部分，人只会依循自然的律则行事，法律刑罚作为违背自然的产物只会引起人民的反感，人民不会在意法律刑罚的束缚与管制。老子认为，万物的生死，早就操在司杀者（道或自然）的手中，又何需人去参与其谋？可是现实中一些顽固不化或丧心病狂的统治者为了维护一己的权益，斧钺威禁，在所谓法律的幌子下随意杀人，残害忠良、迫害无辜，使得许多人本应自然地走向死亡，却在年轻力壮时被驱向穷途而遭刑戮。老子对当时严刑峻法逼使人民走向死途的情形，提出了沉重的抗议。庄子也主张省刑罚，认为刑罚只会加重人民的负担，使人民生活困苦。古代统治天下的人若有功绩，都认为那是百姓辛劳的结果；若有过失，就认为那是自己造成的。如果看到百姓受饥受寒，不是去责备或约束百姓，而是深深责备自己的过失。“今则不然。匿为物而过不识，大为难而罪不敢，重为任而罚不胜，远其途而诛不至。民知力竭，则以伪继之，日出多伪，士民安取不伪！夫力不足则伪，知不足则欺，财不足则盗。盗窃之行，于谁责而可乎？”（《庄子·则阳》）当世的统治者隐匿真相而责备百姓不知；广泛地设置难题，而处罚那些不敢尝试者；提出难以完成的任务，而惩治那些不能胜任者；铺设一条漫长的道路，却诛杀那些走不到终点的人。人民精疲力竭，就只好欺骗统治者。人君常行伪事，士民又怎能不虚伪呢？能力不及便作假，智慧不足便欺骗，财用不足便盗窃。盗窃的风行，究竟是归罪于人民还是归罪于统治阶级的虚伪和严刑峻法呢？答案是不言而喻的。

轻赋税旨在减轻人民的经济负担，使人民能够获得发展自身以更好地发展社会生产力的经济条件。老子说：“民之饥，以其上食税之多，是以饥。民之难治，以其上之有为，是以难治。民之轻死，以其求生之厚，是以轻死。夫唯无以生为者，是贤于贵生。”（《老子》七十五章）人民为什么饥饿？因为在上的人过多聚敛财富，弄得人民无法自给，所以才饥饿。人民为什么难治？因为在上的人多事妄作，弄得人民无所适从，所以才难治。人民为什么轻死？还不是因为在上的人奉养过奢，弄得人民不堪需索，所以才轻死。假使在上的人能够看轻自己的权势，恬淡无欲、清静无为，那么比起贵生厚养、以苛政烦令来压榨人民，就要好多了，上述情形也就不会产生了。在道家看来，食者充君之庖，税者输国之赋，食用当俭，赋税当轻。要是统治者横征暴敛、赋税过苛，必然加重人民的负担，使人民陷于饥饿困苦之中。所以赋税太高太多，即是夺民衣食，上多取则下贫，故有“上之库藏，民之怨府也。库藏之物，民之膏血也”之说。从某种意义上讲，任何社会的物质财富的总量都是有限的，统治阶级征收的赋税过多，必然会影响到人民所拥有的财富总量。上层追求奢华，必然会剥夺民众的财富，进而引发人民的怨气和不满。亦如魏源在《老子本义》中所说，“我自厚其生，则人亦各欲厚其生。人各欲厚其生而不得，夫安得不轻死乎？则是民之轻弃其生，由于生生之厚。而民之厚生，由于上之自厚其生，有以诱之而又夺之也。则无以生为者，其贤于贵生可知矣”。统治阶级贵生厚养，使得人民生活难以为继，于是不得不铤而走险并视死如归，这样不仅会影响到整个国家的财税收入，还会祸及统治阶级的统治。由此可见，轻赋税是与民休息的重要内容，也是统治阶级巩固自己的政权使国家长治久安的重要因素。道家要求“损有余而补不足”，使人民能够“实其腹”，能够“自富”，过上一种甘食美服、安居乐俗的平静富庶的生活。

不仅如此，道家还认为，与民休息必须抛弃仁义礼文的说教与束缚。老子说：“失道而后德，失德而后仁，失仁而后义，失义而后礼。夫礼者，忠信之薄而乱之首。”（《老子》三十八章）老子认为，无形无迹的“道”显现于物或作用于物是为“德”；“德”有“上德”和“下德”，“上德”是无心的流露，“下德”则有了居心。“上德不德，是以有德；下德不失德，是以无德”（《老子》三十八章）。“仁义”是从“下德”中产生的，属于有心的作为，已经不是自然的流露或自然之道的表现了。到了“礼”，就更注入了勉强和虚伪的成分，所以“礼”是忠信不足和祸乱的开始。在老庄所处的时代，“礼”已演化为繁文缛节，拘锁人心，同时成为统治阶级剽窃名位的工具。“礼”的特点是讲究文饰，过分的文饰必然会使人变得虚伪浅薄、华而不实，民众内心不悦而又不得不勉强应付、逢场作戏，既浪费时间、精力和感情，又败坏社会风气，造成整个社会道德和官场道德的堕落。道家一方面批评礼对人性的拘束和对人心的压迫，认为“礼”是忠信之薄而乱之首；另一方面则力倡“处其厚，不居其薄；处其实，不居其华”，向往人性自然流露而不受外在制约的道的境地。

宽政务是指革除政务苛烦之弊，简化为政环节和手续。老子讲“其政闷闷，其民淳淳；其政察察，其民缺缺”（《老子》五十八章），庄子讲“君子不得已而临莅天下，莫若无为。无为也，而后安其性命之情。故贵以身于为天下，则可以托天下；爱以身于为天下，则可以寄天下。故君子苟能无解其五藏，无擢其聪明。尸居而龙见，渊默而雷声，神动而天随，从容无为，而万物炊累焉。吾又何暇治天下哉！”（《庄子·在宥》）在老庄看来，只有以尊重生命、珍爱生命的态度去治理天下的人，才可以把天下交付给他。尊重生命、珍爱生命的最好表现是与民休养生息，使各安性命之情，千万不能好大喜功，过分追求所谓的治绩，成天忙于事务性工作和各种文书案牍的处理，弄得上下疲于奔命。

老庄道家“与民休息”的治政方略的具体内容除以上四个方面外还包括廉洁奉公、宽厚谦让等方面。总的来说，道家主张简刑罚、薄赋税、去礼文、宽政务，表达了国家的政务活动必须围绕人民的休养生息而运转的观念，体现了其尊德隆民、以人为本的基本思想，既是对统治阶级诸种治政行为的批判、揭露与抨击，也为统治阶级摆脱深重的政治危机，缓解统治阶级与庶民百姓的矛盾冲突提供了一种较为明智的治政模式。不仅如此，道家简刑罚、薄赋税、去礼文、宽政务的主张，实质是一种改革政治体制的弊端以更好地服务于庶民百姓的学说，中国历史上许多革故鼎新、去旧布新的政治活动家，常常自觉不自觉地从道家思想中去寻找根据，这足以说明了道家这种政治伦理思想的价值。

三、治大国若烹小鲜

老庄道家阐发了“治大国若烹小鲜”（《老子》六十章）的原理，并以此作为推行与民休息的治国方略的基本准则。“治大国若烹小鲜”，“烹”即经火烧烤加工以把生食变成可供人们直接享受的熟食的全部活动或工作，“小鲜”指小鱼。河上公说：“烹小鱼，不去肠，不去鳞，不敢挠，恐其糜也。”“治大国若烹小鲜”是说治理大国如同烹小鱼一样，翻动太多就会使鱼糜烂，进而导致美味不美。因此只有掌握火候并小心谨慎、顺其自然才有可能烹出色鲜味美的小鱼来。治理国家也是如此。只有不扰民或不折腾人民，才有可能从人民那里获得好处。王弼说：“躁则多害，静则全真，故其国弥大，而其主弥静，然后乃能广得众心矣。”[①] 道家主张治大国者必当不扰民，扰之则民怨。必须采取与民休养生息的政策，让人民自由自在地生产生活，千万不能恣意妄为，弄得民怨沸腾。民怨鼎沸之日也就是统治者亡国丧邦之时。老子把统治者分成几类，他说：“太上，不知有之。其次，亲而誉之。其次，畏之。其次，侮之。信不足，焉有不信焉。”（《老子》十七章）最上等的统治者治理天下，居无为之事、行不言之教，使人民各顺其性、各安其生，所以人民不知有国君的存在。次一等的统治者以德教化民、以仁义治民，施恩于民，人民亲近他、赞颂他。再次一等的统治者以政教治民、以刑法威民，所以人民畏惧他。最末一等的统治者以权术愚弄人民、以诡诈欺骗人民，法令不行，人民轻侮他。这是什么缘故呢？因为这种统治者不讲诚信，人民当然不相信他。最上等的统治者悠闲无为，他不轻易发号施令，然而人民都能各安其生，得到最大的益处。等到事情办好、大功告成，人民却不知道这是统治者的功劳，反而都认为我们本来就是这样的。老子又说：“无狎其所居，无厌其所生。夫唯不厌，是以不厌。”（《老子》七十二章）意即统治者不要逼迫人民，使他们得不到安居；不要压榨人民，使他们无法生存。只有不逼迫、压榨人民，人民才不会厌恶统治者，才不会为生计所迫揭竿而起，铤而走险。“民不畏威，则大威至。”（《老子》七十二章）“民不畏死，奈何以死惧之！”（《老子》七十四章）人民一旦不害怕统治者的威势，则更大的祸乱就会随之而来。“官逼民反”，民不得不反。老子警告统治者不要用高压手段和恐怖方式来统治人民，“兵强则折，木强则断”，只能用安抚和宽厚的方式来处理政事。“豫焉若冬涉川，犹兮若畏四邻，俨兮其若客，涣兮若冰之将释”（《老子》十五章），小心谨慎如冬天涉足江河，警觉戒惕像提防四邻窥伺，拘谨

① 王弼：《道德真经注》，河上公、杜光庭等注《道德经集释》上册，中国书店，2015，第261页。

严肃犹如做客，融和可亲恰如冰雪消融，只有这样才能真正处理好同人民的各种关系，使国家的各项政务活动有利于人民的生聚繁衍和安定幸福。不仅如此，老子还主张："圣人欲上民，必以言下之；欲先民，必以身后之。是以圣人处上而民不重，处前而民不害。是以天下乐推而不厌。"（《老子》六十六章）圣人要想成为人民的领导，必须诚心诚意地俯下身子为人民做牛马；要想做人民的表率，必须把自己的利益置于人民的利益之后。怀有处下居后心胸的圣人，虽处上位却不威迫凌人，所以人民不以他为累；虽居民先却不多行更张，所以人民不以他为害。天下人都乐意拥护他，就是因为他有这些处下居后的不争之德。在老子看来，君民之间、统治阶级与百姓之间有一种联带互动并相反相成的关系，终生为人民的治政者，人民会衷心地拥戴他。"是以圣人后其身而身先，外其身而身存。非以其无私邪？故能成其私。"（《老子》七章）不把自己的意欲摆在前头的人（"后其身"），自然能赢得人民的爱戴（"身先"）；不把自己的利害作优先考虑的人（"外其身"），自然能完成他的精神生活（"身存"）。正是由于他处处为别人着想，所以才能够实现他自己的理想。道家的这一观点深刻地论证了施政者与人民精神情感互馈互动的关系，也触及了政治伦理乃至整个社会伦理的核心问题，即人我己群的权利义务互动性和情感双向对应性问题。马克思认为，自私的人最先灭亡。"人只有为同时代人的完美、为他们的幸福而工作，自己才能达到完美。"历史证明，那些"为共同目标工作因而自己变得高尚的人称为最伟大的人物"，经验赞美那些"为大多数人带来幸福的人是最幸福的人"①。臧克家在为纪念鲁迅先生所写的诗歌《有的人》中说："有的人/他活着别人就不能活；有的人/他活着为了多数人更好地活。……

① 马克思：《青年在选择职业时的考虑》，《马克思恩格斯全集》第一卷，人民出版社，1995，第459页。

他活着别人就不能活的人，他的下场可以看到；他活着为了多数人更好地活着的人，群众把他抬举得很高，很高。”① 道家“后其身而身先，外其身而身存”的思想虽不能同马克思主义所描绘的“人人为我，我为人人”的道德学说相媲美，但它无疑是中国伦理文化中的瑰宝，是中华民族伦理思想的精华，值得我们在新的历史时期批判继承并发扬光大。

第三节　众皆平等的价值意识

道家从道通为一及道本身周流无碍、公平无私的观点出发，提出人人平等的价值主张，要求善待每一个人，并将此作为治国安邦的重要内容。道家“各适己性”的自由观是与“众皆平等”的平等观密切联系在一起的。“庄子自由观的背景是宽容，承认自己的生存、利益、价值、个性自由、人格尊严，必须以承认别人的生存、利益、价值、个性自由、人格尊严为先导。这种平等的价值观肯定、容忍各种相对的价值系统，体认其意义，决不抹杀他人的利益、追求，或其他的学派、思潮的存在空间。”② 章太炎《齐物论释》正是从庄子“以不齐为齐”的命题中阐发其自由平等的思想元素的。在齐物哲学中，章太炎由“真如心体”走向“真如缘起”，在无尽真如彻底的交互关系中证成究竟平等。这一理念蕴含着两个重要内涵：第一，平等不是孤立存在的，它体现在共性化的秩序之中；第二，只有在普遍的关系网络中，才能克服个体自由与群体平等之间的矛盾。据此，章太炎由

① 臧克家：《有的人——纪念鲁迅有感》，《有的人·臧克家诗歌作品集》，北方妇女儿童出版社，2020，第2页。

② 郭齐勇：《中国哲学通史·先秦卷》，江苏人民出版社，2021，第383页。

真谛平等开出俗谛平等的根本依据——众同分心。“夫齐物者以百姓心为心，故究极在此，而乐行在彼”①，此处“百姓心”的实质正是众同分心。道家“以百姓心为心”的价值设定指向了人我平等大义。

一、相与为类，则与彼无以异矣

先秦诸家，儒家讲贵贱有别、尊卑有序的礼治，故强调等级服从。法家讲法治，虽有“明于公私之分”和强调一断于法的一面，但法家更重视宗法等级秩序的维护，韩非说：“臣事君，子事父，妻事夫，三者顺则天下治，三者逆则天下乱，此天下之常道也。明王贤臣而弗易也，则人主虽不肖，臣不敢侵也。”（《韩非子·忠孝》）法家所主张的法治其本质上是要维护“臣事君，子事父，妻事夫”的等级统治，故法家与儒家均把人严格地按等级分类，要求人们永远固守自己的社会等级，不能犯分乱理。墨家讲无差等的兼爱，强调相互间的义务和人格平等，讲究尚贤与尚同，体现了下层手工艺人要求平等的思想，但墨家并不反对等级制度，主张“尚同于天子”，指出“上之所是，必皆是之；上之所非，必皆非之”（《墨子·尚同上》）。墨家用“尚贤”否定了世卿世禄的贵族制，又用一个富于理想色彩的“兼君”来拯救万民。从表面看来，“尚同”是实现“兼爱”的途径，但实际上，“尚同”刚好是对“兼爱”本身的否定。让天子统一天下思想，治国如治一家，使民如使一人，众人以天子之是非为是非，哪里还有“兼爱”可言？只有道家才在尊道贵德的基础上阐发了人的自然平等问题，只有道家才敢于抨击权贵、笑傲王侯，视君主为真正的

① 章太炎：《齐物论释定本》，《章太炎全集》第六卷，上海人民出版社，2014，第141页。

大盗大贼。在道家看来，“大盗者为诸侯”，“窃国者为诸侯”。君主的所作所为都是自私的，违背了自然规律的。“天地之养也一，登高不可以为长，居下不可以为短。君独为万乘之主，以苦一国之民，以养耳目鼻口，夫神者不自许也。夫神者，好和而恶奸。”（《庄子·徐无鬼》）天地对万物的养育是一样的。登高不可觉得自己高，居下不可认为自己低。君主一人为万乘之国的主人，让一国的百姓受苦，以满足其耳目口腹之欲，精神会不自在的。精神喜欢和谐而厌恶私欲。

老庄道家认为，物有万殊，“道”归一本。盖一本通乎万殊，万殊由于一本。“道”生长万物，养育万物，使万物各得其所，各适其性，而丝毫不加以主宰。作为自然界的一部分，人天生既是自由的也是平等的。自然并没有使一部分人富贵而使另一部分人贫贱的道理。老子说：“天之道，其犹张弓与！高者抑之，下者举之；有余者损之，不足者补之。天之道，损有余而补不足。”（《老子》七十七章）自然的规律如同拉开的弓弦一样。弦位高了就把它压低，弦位低了就把它升高；有余的减少，不足的加以补充。减少有余，用来补充不足，说明自然的规律是均平调和、公正持平的。也就是说众物平等、众人平等是自然之道的内在本性和要求。老子崇尚不分亲疏贵贱的自然之道，主张“不可得而亲，不可得而疏；不可得而利，不可得而害；不可得而贵，不可得而贱”（《老子》五十六章）。吕惠卿注说：“若然者万物一府，生死同状，无所甚亲，无所甚疏，故不可得而亲，不可得而疏。不就利，不违害，故不可得而利，不可得而害。不荣通，不丑穷，故不可得而贵，不可得而贱。”（《道德真经传》五十六章）圣人治国应当体察自然之道，追求“玄同”的境界，不分亲疏贵贱，心超物表，与群合一。“天得一以清，地得一以宁，神得一以灵，谷得一以盈，万物得一以生，侯王得一以为天下贞。”（《老子》三十九章）一指道，得一即指得道，道通为一，道是浑然一体，不分亲疏贵贱，也不论高低上下，更不论利害荣辱的。天地万物作为“道”的产物均是与道为一、天然平等的，人也不例外。老子实质上表述了“在自然之道面前人人平等”和“人人平等是自然之道的内在要求”的思想，在中国伦理思想史上第一次提出并论证了“人天生平等”的理论，并以此作为反抗专制政治、抨击和抵制社会不平等现象的理论武器。

老子期盼着在精神上获得个体自我独立的地位。其方案是：绝圣弃智、绝仁弃义、绝巧弃利；见素抱朴、少私寡欲、复归婴儿；修之于身，其德乃真；以身观身，道为我用，我之自化。这是道家系统“以自为本”的滥觞。

庄子哲学突出了人的个体性。尤其是“自本自根”“独有之人，是为至贵”“独于天地精神往来”“以游无穷”诸说，从精神上肯定了作为个体之人的地位。庄子的《逍遥游》《齐物论》在我国哲学史上明确提出了“个体性”原则。《老子》中已有“道生之，德畜之”之说。道是人之所共有，德是我之所自得。庄子天籁齐物之论讨论的是“道”；此道乃整体的和谐，而这种整体的和谐源于个体人格的平等、独立，殊相物事的彼此疏离，即众人、众物、众论之无不齐；此道表现出对各相对价值系统的容忍、尊重，由此才能上达绝对的价值系统。庄子逍遥无待之游所重者为“德”，此德（得）乃个体的自在自得，而这种个体的自在自得取决于个体如何超越精神奴役、名教宰制、物欲系缚、他在牵累；此德传达的是对泯灭个体独立地位、自由本性的社会异化的抗议，是对无所依待的精神自由的向往追求。郭象《庄子注》提出了“万有独化”论，不仅承认在“无”之精神超越境界中个体的逍遥无待，尤其肯定在“有”之现实存在世界中个体的自由无限性。万物各以作为自己存在的依据，“物任其性，各当其分”“块然自生”“掘然自得”“因而自因”“足于其性”“生则所在皆本”“变化无往而非我”。郭象的思想是在现实世界里把个体从名教纲常等社会体制的束缚中分疏出来，并把这种个体性上升为宇宙本体。

庄子继承并发展了老子在自然面前人人平等的思想，公然提出君主不能有超越社会之上的特权的主张，认为“天地之养也一，登高不可以为长，居下不可以为短”。君主和人民完全是一样的，君主是人民中的一员，并没有也不应该有凌驾于人民之上的权力，君主的权力是人民给的，理应为人民服务，以百姓心为心。在庄子看来，人人都是自由平等的，自由平等的权利是天赋的，因而也是神圣不可侵犯的。“与天为徒者，知天子之与己，皆天之所子。”（《庄子·人间世》）不仅天子是天的儿子，每一个人都是天的儿子，因此可以说任何人都是天子。人人都是自然的儿女，在自然面前众人皆平等。如果有人只承认君主是天子而不承认自己是天子，那就是在作践自己或自甘堕落，同时也是在违背自然、辜负天意。《庄子·齐物论》指出：“天地一指也，万物一马也……凡物无成与毁，复通为一。唯达者知通为一。”又说：“天地与我并生，而万物与我为一。”为什么庄子说天地与我并生，而万物与我为一？从根源上说天地为万物的父母，天地和人都有着共同的原始祖根，即贯通天地万物的“道”。章太炎《齐物论释》正是从庄子“以不齐为齐”的思想中，阐发自由、平等的观念。“以不齐为齐”，即任万物万事各得其所，存其不齐，承认并尊重每一个体自身具有的价值标准。

二、知天子之于己，皆天之所子

从在自然面前人人平等的原则出发，道家把批判的矛头指向君主制，对之表示极大的轻蔑和否定。在道家看来，俨俨然的君臣之分，惶惶然的君主统治，如同荒诞、短暂的梦境，在“大觉”者的眼里，是很丑陋，也很不合理的。庄子借一个虚拟的道家人物长梧子教训一个虚拟的儒家后学瞿鹊子的话说：“梦饮酒者，旦而哭泣；梦哭泣者，旦而田猎，方其梦也，不知其梦也。梦之中又占其梦焉，觉而后知其梦也。且有大觉而后知此其大梦也，而愚者自以为觉，窃窃然知之。君乎，牧乎，固哉！丘也与女，皆梦也。”（《庄子·齐物论》）梦里饮酒作乐的人，醒来或许哭泣；梦里哭泣的人，白天醒来或许有一场快乐的打猎。当人在梦中，却不知道是在做梦。有时梦中还有梦，醒了以后才知道是做梦。只有非常清醒的人才能知道一切都是梦。愚蠢的人自以为清醒，自以为什么都知道，什么君呀、臣呀，真是浅陋极了！我看孔丘和你，都在做梦。孟子说“孔子三月无君，则皇皇如也”（《孟子·滕文公下》），可庄子则正好相反，认为君主和贵贱等级制度完全是不必要的、多余的。人类在其自然本性上，如同鸟、鼠之类自知逃避伤害一样，是完全有能力自己保护自己、治理自己的，是根本不需要“君人者”以“经式义度”规范制约的。因此，君主制和等级制是违反自然的，无君无臣、无上无下的生活才是最快乐和符合自然的。

从在自然面前人人平等的原则出发，庄子提出“有亲有疏，不是仁爱”的命题，主张效法自然，一视同仁地对待所有人。在庄子看来，替天行道的真人就能够做到“其好之也一，其弗好之也一。其一也一，其不一也一”（《庄子·大宗师》），无论是喜欢还是不喜欢，无论是坚持的还是反对的，最终都是浑然为一的。庄子认为，“道”是浑然一体、平等的，不平等是人为的、后天的。“黄帝垂衣裳而天下治”，他依循自然之道，不分亲疏贵贱，“使民心一，民有亲死不哭而民不非也”。在黄帝时代，无所谓亲疏厚薄，有人死了父母不哭泣，人们也并不感到奇怪。可是尧舜禹治天下，力倡有为，破坏了天然的平等。尧治理天下，区分亲疏，让人民亲爱父母，于是各亲其亲，“民有为其亲杀其杀而民不非也”。舜治理天下，使百姓心存竞争，孕妇十个月就生子，婴儿五个月就能说话，不等到长成儿童就开始区分人我。“禹之治天下，使民心变，人有心而兵有顺，杀盗非杀，人自为种而天下耳，是以天下大骇，儒、墨皆起。其作始有伦，而今乎妇女，何言哉!”（《庄子·天运》）大禹治理天下，让民心多变，人们各怀心思，杀人也被认为正确，比如认为杀盗贼不算杀人，人都各自抱团而不顾天下，所以天下人人惊慌，儒家、墨家之言兴起。起初还有秩序，而今都乱套了，还有什么好说的呢?!为了实现人的自然平等，庄子主张绝圣弃智、绝巧弃利，认为只有抛弃圣人和智慧，砸碎美玉和宝珠，大盗才能停止，小盗才不会兴起；烧掉符玺，百姓才能返璞归真，砸毁度量衡器，人们才会永不争夺。同时，“削曾、史之行，钳杨、墨之口，攘弃仁义”（《庄子·胠箧》），而后才会“天下之德始玄同矣”（《庄子·胠箧》）。只有杜绝曾参、史鱼之类的行为，堵住杨朱、墨翟之流的口舌，摒弃仁义，天下人的德性才会达到无以复加的大同。在庄子看来，人间一切不平等的事情都是人们争名夺利、争智斗巧的私欲所造成的，因此要消除人间的不平等，关键在于破除人们对功名利禄的追求以及贪婪的情欲、卑下的物欲和粗暴的权欲。

三、和之以是非，而休乎天均

从在自然面前人人平等的原则出发，道家对“维齐非齐”的观点进行了驳斥，指出“以不平平，其平也不平”（《庄子·列御寇》），以不平等的方式去使人平等，这种所谓的平等仍然是不平等。真正的平等是不能指望通过不平等的方式来实现的，因此只有粉碎不平等的制度及种种方式，才有可能获得自然的平等。庄子说：“夫造物者之报人也，不报其人而报其人之天。彼故使彼。夫人以己为有以异于人，以贱其亲，齐人之井，饮者相捽也。故曰：‘今之世皆缓也。’自是，有德者以不知也，而况有道者乎！古者谓之遁天之刑。圣人安其所安，不安其所不安；众人安其所不安，不安其所安。”（《庄子·列御寇》）造物者不是赋予人外在形貌，而是赋予他自然本性。人本来的样子就是自然造就的。人们总是以为自己与人不同而轻视自己的本性，就像齐人掘井饮水（不归功于地下有水，反而据为己有）而互相争夺一样。所以说现在的世界上，人大多本未倒置，自以为是，这在有德的人看来是不明智的，何况在有道的人眼中呢！古人称这种行为是“逃避天性的惩罚”。圣人安定于本性所安的地方，不安定于令本性不安的地方，亦即安于自然，不安于不自然。安于自然即是平等，也就是说只有效法自然才能实现和保持人与人之间的平等。平等是自然的产物而不是人为的产物。

从在自然面前人人平等的原则出发，庄子主张“游心乎德之和”，即使自己的心悠游于绝对和谐的境界，像“道”一样善待万物与人类，善者，吾善之；不善者，吾亦善之。庄子在《德充符》中反复地阐述圣人不弃人的道理，他批判了子产因申徒嘉断了一只脚而瞧不起申徒嘉的不道德行为。申徒嘉曾和子产一起拜伯昏无人为师。子产觉得和申徒嘉一同出入是很可耻的事，便对申徒嘉说：“我如果先出去，你就等一会儿再出来，要是你先出去，我就等一会儿再出去。”第二天，申徒嘉又和子产同席而坐。临去时，子产对申徒嘉说：“昨天说过，要是我先出去，你就等一会儿再出去；你若出去，我就等一会儿再出去。现在我要走了，你可以稍等一会儿吗？看你一副不恭不敬的样子，难道是想和我这个大臣一决高下？”申徒嘉说：“先生的门下，有像你这个样子的执政大臣吗？你因为自己是执政大臣就趾高气扬，就瞧不起别人吗？因职位高低而待人不同的人，其德就不如别人。我听说镜子明亮就不沾灰尘，沾了灰尘就不明亮。常和有德之人在一起就没有过失。而你在此求学修德，还说出这种话，不是太过分吗？”子产反击道：“你已经成了残废，还想和尧一般有德的人争辩，未免太不自量力了。也不想想自己平日的言行，要不是有了过错，怎会残废，还不应该好好自我反省吗？”申徒嘉接着说：“为自己的过错辩解，认为不应当受刑的人很多；不辩解过错，坦然接受命运的人却很少。只有有德的人才能了解世事不可勉强，进而安心顺命，不轻举妄动。就像在神射手弈的射程内，中央是最易中箭的地方，但没被射中，是命运的安排。凭着自己双脚齐全讥笑我双脚不全，以前我听了常常生气。但是到了伯昏先生这里，我的怒气全消了。不知是先生用善德教导了我，还是我自己有了变化。我在伯昏先生门下已经十九年了，可他好像从来不知道我断了脚这回事。现在你和我应以心灵相交，但你却以貌取人，贬低我，不是太过分了吗？”听了这番话，子产很是不安，立刻一改骄慢的态度，惭愧地说：“请别再说了，我已知错。”在庄子看来，人的平等不是地位的平等，也不是外形的平等，而是德性和人本身的平等。因此，人的外形完整或残缺，这是无关紧要的，我们心里根本就不应该存有这种残全之分的想法。比人的形体更为重要的是德，是把人当人看、尊重人的价值和尊严的意识和行为。我们应该因任自然，尊道贵德，不以地位取人，也不以貌取人；不以出身门第取人，也不以社会的荣辱褒贬取人。因此，我们不应为形体残全而哀乐，不应惑于形体而看不到道德。只有道德才体现着人生的完整和本质，才是人的真正生命。申徒嘉以及王骀、叔山无趾、哀骀它等人之所以能招人喜欢、令人佩服，就是因为有德，他们的精神魅力完全超越了外形不全或丑陋的缺陷。过人的道德能弥补形体的残缺，相反，过人的外貌却不足以弥补精神的残缺。被砍掉了脚，不过是“人为之刑”，还可以通过“务全其德”来解救。而被功名利禄、德礼教化迷惑的人，实际上是受了“天之刑”，是陷入了天设的桎梏之中，或者说是天阉割了他们的精神。受天之刑的人，是永远无法解救的。人与人交接往来，重要的是以德而不是以形，是以道而不是以名利。我们应该置穷富、毁誉、贵贱、贤愚于度外，保持本性的平和，悠游于精神的无穷境界。

老庄道家众皆平等的价值意识是中国政治伦理思想的精华，对抑制封建专制主义和社会不平等现象的蔓延，促进人的价值觉醒，弘扬人道主义精神均具有一定的积极意义和进步意义。章太炎在《齐物论释》中指出：“和以是非者，则假天钧为用，所谓随顺言说；休乎天钧者，则观天钧自相，所谓性离言说。一语一默，无非至教，此之谓两行也。”[①] 他将庄子《齐物论》中的平等观理解为“一往平等”的齐物平等观，与那种“等视有情、无所优劣”的“一往平等”之论相区别。“一往平等”之论是指“博爱大同”的“平等”观。在章太炎看来，“博爱大同”的平等是一种“齐其不齐”的平等，是以一种普遍的平等观念，“齐不齐以为齐”的平等。这种平等往往是所谓“志存兼并者，外辞蚕食之名，而方寄高义”的借口；即使是主张“非攻”的墨子，他的“兼爱”也是要假“天志”而对“违之者分当夷灭不辞”，与景教、伊斯兰教等一神教的平等主义类同。章太炎的“任其不齐”“不齐而齐”的平等观也不是“自在平等”可

① 章太炎：《齐物论释》，《章太炎全集》第六卷，上海人民出版社，2014，第82-83页。

以涵括的，如果说“自在平等”是一种具有虚无主义倾向的相对主义和多元主义的话，那么章太炎所揭橥的“不齐而齐”的平等，则可能从根本上克服这种相对主义和多元主义的局限。如果章太炎这种理解可以成立的话，那么道家对人人自然平等的论述以及对社会不平等根源的探寻，完全可以同18世纪法国启蒙思想家卢梭的观点相媲美。卢梭在法国大革命前夕，以自然法和社会契约论为武器，提出了“人是生而自由的”“平等是天赋予的”以及“按照自然而生活”“自然的道路就是幸福的道路”等口号，认为自由的人们最初生活在自然状态下，人们的行为受自然法支配，自然状态是一种和平的、人人自由平等的状态。在自然状态下，人们除了年龄、体质和力量上的差别外，没有任何其他方面的不平等。可是当人们力求生活完善化，争取科学技术进步和文化发展时，人类历史就产生了进化与落后的内在矛盾，文明向前进一步，不平等也就向前进一步，纯朴的道德也就因此向后退一步。“随着科学的光辉升起在地平线上，我们的道德便黯然失色了。这种现象，在各个时代和各个地方都可看到。”①由于人类能力的发展和人类智慧的进步，不平等才获得了它的力量并成长起来。“一切进步只是个人完善方向上的表面的进步；而实际上它们引向人类的没落。”② 特别是私有制和专制统治使人类的不平等日益扩展和深化，世态炎凉伴随着疑虑、猜忌、恐怖、冷酷、戒惧、仇恨、奸诈、邪恶等现象与日俱生，人类的心灵、行为和相互关系日趋腐败和堕落。卢梭认为，“人是生而自由的，但却无往不在枷锁之中”，人是自然平等的，但却在充满不平等的社会制度中生存。

① ［法］卢梭：《论科学与艺术的复兴是否有助于风俗日趋纯朴》，李平沤译，商务印书馆，1963，第11页。

② ［法］卢梭：《论人类不平等的起源和基础》，李常山译，商务印书馆，1962，第149页，第120页。

因此，束缚必须被打破，不平等必须被推翻。放弃自由、放弃平等就是放弃做人的资格和权利。针对封建制度和等级特权，卢梭提出了争取自由和平等的战斗口号，并认为大革命是争取自由和平等的唯一办法，建立资产阶级的民主共和国势在必行。卢梭的自由平等思想对法国大革命和美国革命均产生了深刻的影响，法国大革命的《人权宣言》和美国革命的《独立宣言》以及两国的宪法，在很大程度上都直接继承和体现了卢梭的政治伦理思想。

诚然，老庄道家的政治伦理思想不具有卢梭思想的革命性，但他们都为人的自由呐喊、为人的平等论证，主张清除通往自由和平等道路上的种种障碍。老庄道家和卢梭都意识到了私有观念、君主专制的罪恶，意识到私有观念、专制制度对人类道德的摧残，从而深入探讨了社会发展与道德的二律背反问题，提出了重建自由平等的道德理想问题，这不仅是深刻的，充满着辩证法的思想光芒，而且也是极富战斗性的，表达着人类对自身价值理想的认同与追求。老庄道家众皆平等的价值意识一方面为后人从思想观念上批判社会现实和专制政治提供了理论借鉴，如王充、鲍敬言的思想等，另一方面为历次农民起义推翻不平等的社会制度提供了道义支持和价值辩护，如黄巾起义，钟相、杨幺起义等。它是中国历史上抨击君主专制制度的战斗檄文和反对等级秩序的精神炮弹，也是人民群众奋起捍卫自身生存权益、谋求自身解放的精神动力，其意义是深远的，其价值是永恒的。

第四节　不以兵强天下的和平主张

老庄道家从无为而治和贵柔不争的思想出发，倡导以百姓心为心，与民休养生息，故反对兵器与战争，视兵革为不祥的象征，提出了“不以兵强天下”的和平主张。老庄之道，长而不宰，为而不争，是以用兵争战之事，素为他们所不许。

一、师之所处，荆棘生焉

老子针对当时战争带给生产和人民的灾祸，敏锐地提出“夫佳兵者，不祥之器。物或恶之，故有道者不处”（《老子》三十一章）。兵革是不祥的东西，大家都嫌恶它，所以有道的人不会使用它。武力是带来凶灾的东西。人类最愚昧最残酷的行为，都表现在与战争相关的事件上。战争的惨烈，令人触目惊心。据载韩魏两国在与秦国的交战中，士兵们“刳腹折颐，首身分离，暴骨草泽，头颅僵仆，相望于境，父子老弱系虏相随于路，鬼神狐祥无所食，百姓不聊生，族类离散，流亡为臣妾，满海内矣”（《战国策·秦策四》）。又白起率数万之师与楚军持戟百万而战，“诸屠四十余万之众，流血成川，沸声若雷”（《战国策·秦策三》）。战争总是要付出惨痛的代价，“一将功成万骨枯”。老子清楚地意识到战争的后果，“师之所处，荆棘生焉。大军之后，必有凶年”（《老子》三十章）。试看军队所到之处，耕稼废弛，荆棘遍地丛生。每次大战后，不是因尸横遍野，传染疾病，就是缺乏粮食，造成荒年。老子认为，战乱是天下无道的表现，“天下有道，却走马以粪；天下无道，戎马生于郊”（《老子》四十六章）。天下有道，人人知足知止，国与国之间没有战争，善跑的马被拉到田间，作为犁田之用；天下无道，人人贪得无厌，国与国之间征战频繁，所有的马都用于战争，甚至连马驹也只能出生在战地的郊野，这难道不是灾祸和不祥的象征吗？有鉴于此，老子呼吁和平，渴望平安稳定的社会环境，倡导“不以兵强天下”。他说：“以道佐人主者，不以兵强天下。”（《老子》

三十章）又说：“善为士者不武，善战者不怒，善胜敌者不与，善用人者为下。是谓不争之德，是谓用人之力，是谓配天古之极。”（《老子》六十八章）用道辅佐国君的人，是不会用兵力逞强于天下的。因为以武力制服人，人必不服，待有机可乘，他们还是会回来报复的。善于统兵的人不逞勇武，善于作战的人不易被激怒，善于胜敌的人不靠硬拼，善于用人的人对人谦下。这叫作不与人争之德，这叫作能用别人的能力，这叫作符合自然的道理。

二、不得已而用兵，恬淡为上

老子提倡“不以兵强天下”，并不是反对一切战争，在外敌入侵，不得不奋起自卫的特定情境下，战争才是必要的。老子说：“兵者，不祥之器，非君子之器。不得已而用之，恬淡为上，胜而不美。而美之者，是乐杀人。夫乐杀人者，则不可以得志于天下矣。吉事尚左，凶事尚右。偏将军居左，上将军居右。言以丧礼处之。杀人之众，以哀悲泣之。战胜，以丧礼处之。”（《老子》三十一章）兵器是不祥之物，君子心地仁慈，厌恶杀生，那不是君子所使用的东西，万不得已而用它也要心平气和，只求达到目的。即使打了胜仗，也不可得意。得意，就是喜欢杀人。喜欢杀人的人，天下人都不会归服于他，当然他也就无法治理天下。大家都知道吉事尚左，凶事尚右。所以用兵时，偏将军责任轻，就居左方，上将军责任重，便居右方。这是说出兵打仗要以丧礼来处理战胜的结果啊！所以有道的君子，凡杀多了人便挥泪而哭，打了胜仗要用丧礼的仪式去处理战果。在老子看来，凡是不得已而用兵，如为了除暴救民而用兵，也都应该“恬淡为上”，即使打了胜仗也不可因此而得意，而应当“以哀悲泣之”。这种思想是对尚武主义与好战主义的尖刻抨击，也是对珍惜人的生命、坚持以人为本的人道主义的有力呼声，体现了道家对人之生命的无比关注，对和平生活的极端向往。

春秋战国之际，列国称雄，诸侯争霸，战争已成为家常便饭，愈演愈烈，“天子一怒，伏尸百万”，战祸连绵，生灵涂炭，生逢其世的老子怎能漠然置之？但老子论兵以顺应天道为尚，主张“不得已而用之”，“杀人之众，以哀悲泣之。战胜，以丧礼处之”，主张打正义的自卫之战。“吾不敢为主，而为客，不敢进寸，而退尺。是谓行无行，攘无臂，仍无敌，执无兵。”（《老子》六十九章）。我们不敢先挑起战端以兵伐人，只有不得已的情况才起而应战；在作战时也不敢逞强躁进，宁愿退避三舍，以求早弥战祸。亦即不敢主动进攻而宁采取守势，不敢前进一寸而宁后退一尺。这样的作战就是虽有行阵，却好像没有行阵可列，虽要奋臂，却好像没有臂膀可举；虽有兵器，却好像没有兵器可持；虽然面对敌人却好像没有敌人。道之动常在于迫，而能以不争胜。其施之于用兵之际，而宜有所不行者也，其胜常以不争。“行无行，攘无臂，仍无敌，执无兵”，皆表示谦退哀慈，谨慎戒惧，不敢轻敌而好用兵也。河上公注说：“是谓行无行，彼遂不止，为天下贼，虽行诛之，不行执也。攘无臂，虽有大怒者，无臂可攘。仍无敌，虽欲仍引之心，若无敌可仍。执无兵，虽欲执持之，若无兵刃可持用也。何者？伤彼之民罹罪于天，遭于不道之君，愍忍伤丧之痛也。”[①] 老子崇尚谦下、不争和慈爱，处不得不战之境亦存不忍杀人之心。天道贵慈，圣人法天，以慈为宝，亦以民为宝。他说：“我有三宝，持而保之。一曰慈，二曰俭，三曰不敢为天下先。慈，

① 河上公：《道德真经注》，河上公、杜光庭等注：《道德经集释》上册，中国书店，2015，第94-95页。

故能勇；俭，故能广；不敢为天下先，故能成器长。今舍其慈且勇，舍其俭且广，舍其后且先，死矣。夫慈，以战则胜，以守则固。天将救之，以善以慈卫之。”（《老子》六十七章）慈即爱心，加上能共情，这是促使人类友好相处的基本动力。慈爱地视人民如赤子而尽力卫护，所以能产生勇气。三宝之中，慈爱最重要。以慈爱之心用于争战就会胜利，用来防守就能稳固。有慈爱之心的人，天也会来救助他、卫护他。如果舍弃慈爱而求取勇武，舍弃自我约束而求取广大，舍弃退让而求取争先，则必定自我灭亡。老子谈战争、谈用兵，其目的与方法不外“慈”之一字，“慈”是天之道，是自然的本性。君主用兵之目的在于爱民，在于维护和平，在于抵御他国之侵略；其方法在以爱民之心感化士兵，务使人人互有慈爱之心，入则守望相助，出则疾病相扶，战则危难相惜。夫能如此，则此兵不战则已，战则无有不胜者矣。苏辙解说：“以慈御物，物之爱之如己父母，虽为之效死而不辞，故可以战，可以守。天之将救是人也，则开其心志，使之无所不慈，无所不慈，则物皆为之卫矣。”① 战争中军心的向背，士气的高低，都同慈爱相关。以慈爱用于战争，即是不以兵强天下，而是以道取天下。亦如河上公所云：“善以道战者，禁邪于胸心，绝祸于未萌，无所诛怒也。善以道胜敌者，附近以仁，来远以德，不与敌争而敌自服。”② 以道胜敌、以德绥戎是中华民族所崇尚的传统美德。《左传·襄公四年》载：无终子嘉父使孟乐如晋，因魏庄子纳虎豹之皮，以请和诸戎。晋侯曰：“戎狄无亲而贪，不如伐之。”魏庄子则不赞同讨伐戎狄，主张晋国与各部戎族和睦相处。他说：“和戎有五利

① 苏辙：《道德真经注》，河上公、杜光庭等注《道德经集释》上册，中国书店，2015，第 338 页。

② 河上公：《道德真经注》，河上公、杜光庭等注《道德经集释》上册，中国书店，2015，第 93-94 页。

焉。戎狄荐居，贵货易土，土可贾焉，一也。边鄙不耸，民狎其野，穑人成功，二也。戎狄事晋，四邻振动，诸侯威怀，三也。以德绥戎，师徒不勤，甲兵不顿，四也。鉴于后羿，而用德度，远至迩安，五也。君其图之！"[①] 晋悼公采纳了魏庄子的建议，以德绥戎，收到了良好的效果。

庄子同老子一样，也主张不以武力强取天下，而是尊道贵德，以和为贵。目睹战国时期战火四起，无数人死于非命、生灵涂炭的严酷现实，庄子渴望化干戈为玉帛，实现天下和平。在庄子看来，圣人从不把别人认为是必然的事看作必然，所以没有非要与人相争的事。普通人把别人不如此认为的事当作必然，自然就容易有纷争，有纷争就会动干戈。若习惯了动干戈，人随之也会暴戾恣睢，终致毁灭。战争是仇恨的报复行为，战争中的双方都以征服诛杀对方为胜利，因此战争总是同伤生害性、践踏人命、残杀无辜联系在一起的，是同"虏其人民，系其牛马"，"挟其背，折其脊"联系在一起的。《庄子·则阳》中戴晋人对魏王讲了一个蜗牛两角相争的故事，可谓别具匠心，言近旨远。"有国于蜗之左角者曰触氏；有国于蜗之右角者曰蛮氏。时相与争地而战，伏尸数万，逐北旬有五日而后反。"庄子希望人君切记，不要把兵器陈列在丽谯的高塔前，不要集合兵士在锱坛的宫廷里，不要以不正当的手段求取利益，不要用巧诈、计谋、战争来得胜。通过杀害别国的百姓，吞并别国的土地来满足私欲，其胜利的价值何在？最好还是停止战争，修心养性，让万物各随本性发展，百姓就可避免非自然死亡。《庄子·让王》篇中讲了一个不好战的故事。大王亶父住在邠地，受到狄人的侵略。为了免去战争的祸害，他派人给狄人送去皮毛布帛，可是狄人不接受。送去猎狗马匹，狄人也不

① 陈戍国点校：《四书五经》下，岳麓书社，2023，第759-760页。

要，送去珍珠玉石，他们还是不接受。原来狄人要的是这块土地。于是，大王亶父对他的子民说：“我不忍让各位因战争而失弟丧子，所以决定放弃这块地方远走他乡。你们留在这儿，做我的臣民和做狄人的臣民并没有什么不同。而且，我相信他们绝不会因为争土地而杀害百姓的。”说完就拄着拐杖离开了邠地。百姓们成群结队地跟着他。后来，他们到达岐山后，又建了一个国家。庄子通过这个故事表达了谦下不争和慈爱贵和的思想，鞭挞了好战主义和尚武主义，同时也把尊重人民的生存权利、爱惜人民的生命价值提到了空前的高度。

三、战胜，则以丧礼处之

老庄道家反对战争、向往和平，推崇以道治天下，不以兵强天下，主张睦邻友好、协和万邦。尤其是大国应当主动地维护和平，不称霸。老子说：“大国者下流，天下之交，天下之牝。牝常以静胜牡，以静为下。故大国以下小国，则取小国；小国以下大国，则取大国。故或下以取，或下而取。大国不过欲兼畜人，小国不过欲入事人。夫两者各得其所欲，大者宜为下。”（《老子》六十一章）人类能否和平共处，关键在于大国的态度。大国要像居大而处下的江海，则百川流之，天下所会归也。天下的雌性动物，常以柔弱的静定，胜过刚强躁动的雄性动物，这是因为静定能处下，故物归之也。因此大国如能谦下有礼，自然能取得小国的信任，令其甘心归服；小国若能对大国谦下有礼，自也可取得大国的“兼畜”，而对它平等看待。无论是谦下以求小国的信任，或谦下以求大国的等视，都不外乎兼畜或求容对方。因此为了达到和睦相处、睦邻友好的目的，两国都必须以谦下为怀。当然，两者中最为重要的莫过于大国不凌强欺弱，只有大国能甘居谦下不争的位置，天下各国才可相安无事。在老子看来，道之在天下，与人相应和，如川谷与江海相流通也。江海以卑，故众流归之，国能谦下，故天下归之。诸国都能谦下不争，则大小各得其所欲。不仅小国欲图自存，须以谦下为怀，就是大国若想统一天下，亦当以柔弱为上，以虚怀为本。否则，不度德，不量力，则小国必亡，大国亦不能久存。老子有感于当时各国诸侯以力相尚、妄动干戈，因而呼吁国与国之间当谦虚并容。老子特别强调大国的责任。在国与国的和平相处上，大国负有非同寻常的责任或使命。只要大国在与小国的交往中谦下不争、宽厚善良，那么就可能赢得小国的倾心与归附，从而实现国际的和平共处，实现睦邻友好。

老庄道家“不以兵强天下”的和平主张，是我们民族优秀的道德伦理传统之一，体现了中华民族热爱和平、协和万邦的伦理精神。中华民族的历史是一部多民族团结合作、互相支持、共同创造、携手发展的历史。“和为贵”“四海之内皆兄弟”，中国人民自古以来处理人际关系的这种基本价值取向，也体现在处理对内对外的民族关系上，凝结成了“民族和睦，四海一家”的民族精神和传统美德。中华民族不仅以刻苦耐劳、酷爱自由著称于世，更以追求和谐、崇尚和平而享誉全球。意大利人马可·波罗曾对中华民族的和平主义精神发出由衷的赞叹，利玛窦在自己的著作中无限感慨却又不无敬佩地指出：“在这样一个几乎具有无数人口和无限幅员的国家，而各种物产又极为丰富，虽然他们有装备精良的陆军和海军，很容易征服邻近的国家，但他们的皇上和人民却从未想过要发动侵略战争。他们很满足于自己已有的东西，没有征服的野心。在这方面，他们和欧洲人不同，欧洲人常常不满意自己的政府，并贪求别人所享有的东西。"[1] 20 世纪初叶日本学者渡边秀方更认为，世界诸民族中大概再没有像中国人那样渴求和平的了。他们几千年的历史，是渴望和平的历史。他们很少对别的民族从事侵略的攻战。他们的战争是自己文明的拥护战，他们的革命是尝尽国家万般弊害后的革命。这样好的民族，世界上哪里再能找得着第二个！国外学者的这些评价和论述虽不无溢美之词，但却揭示了中华民族渴求和平，崇尚和睦相处、四海一家的伦理美德。老庄道家"不以兵强天下"的和平主张，颇受中国历史上一些深明大义的政治家的认同与赞许。他们自觉站在维护睦邻友好关系的高度，坚持"和为贵"和"不以兵强天下"的原则，注重道德的感染力，以德服人。汉代魏相谏宣帝勿击匈奴时指出："臣闻之，救乱诛暴，谓之义兵，兵义者王；敌加于己，不得已而起者，谓之应兵，兵应者胜；争恨小故，不忍愤怒者，谓之忿兵，兵忿者败；利人土地宝货者，谓之贪兵，兵贪者破；恃国家之大，矜民人之众，欲见威于敌者，谓之骄兵，兵骄者灭。此五者，非但人事，乃天道也。间者匈奴尝有善意，所得汉民辄归之，未有犯于边境，虽争屯田车师，不足致意中。今闻诸将军欲兴兵入其地，臣愚不知此兵何名者也。今边郡困乏，……不能自存，难以动兵。'军旅之后，必有凶年'，言民以其愁苦之气，伤阴阳之和也。出兵虽胜，犹有后忧。……今郡国守、相多不实选，风俗尤薄，水旱不时。……今左右不忧此，乃欲发兵报纤介之忿于远夷。……愿陛下与平昌侯、东昌侯、平恩侯及有识者详议乃可。"（《汉书·魏相传》）听了魏相的慷慨陈词，汉宣帝刘询深表赞同，决计不对匈奴作战。唐太宗李世民服膺老庄"不以兵强天下"之道，即位后及时结束战争，切忌兵戈屡动。贞观四年

---

① ［意］利玛窦、［比］金尼阁：《利玛窦中国札记》，何高济等译，中华书局，2010，第 58-59 页。

(630)，有人上书建议讨伐“林邑蛮国”，李世民用道家思想回答上书者：“兵者凶器，不得已而用之……自古以来，穷兵黩武，未有不亡者也。”终不出兵讨伐。唐玄宗在位期间笃信老庄之道，“不以兵强天下”。他说：“止戈为武，国之大猷；怀远以德，朕之本意。中外无隔，夷夏混齐，托声教于殊方，跻含灵于仁寿，朕之深旨。”（《全唐文》卷四十）近代民主革命的先行者孙中山先生认为，中国有一种极好的道德就是爱好和平、维护和平，中国人爱好和平都是出于天性，“这种特别的好道德，便是我们民族的精神。我们以后对于这种精神不但是要保存，并且要发扬光大，然后我们民族的地位才可以恢复”①。以习近平为代表的中国共产党人主张构建人类命运共同体，弘扬中华民族爱好和平的传统美德和民族精神。习近平在德国科尔伯格基金会演讲时，向全世界深情告白：“中华民族是爱好和平的民族。一个民族最深沉的精神追求，一定要在其薪火相传的民族精神中来进行基因测序。有着五千多年历史的中华文明，始终崇尚和平，和平、和睦、和谐的追求深深植根于中华民族的精神世界之中，深深溶化在中国人民的血脉之中。中国自古就提出了‘国虽大，好战必亡’的箴言。‘以和为贵’、‘和而不同’、‘化干戈为玉帛’、‘国泰民安’、‘睦邻友邦’、‘天下太平’、‘天下大同’等理念世代相传。中国历史上曾经长期是世界上最强大的国家之一，但没有留下殖民和侵略他国的记录。我们坚持走和平发展道路，是对几千年来中华民族热爱和平的文化传统的继承和发扬。”② 热爱和平是中华民族的传统美德和民族精神，也是中华文明的内在思想基因。中国曾经长期是世界上最发达的国家之一，但是中国并没有留下殖民和侵略外

① 孙中山：《三民主义・民族主义》，《孙中山全集》第九卷，中华书局，1986，第247页。

② 习近平：《在德国科尔伯基金会的演讲》，《习近平外交演讲集》第一卷，中央文献出版社，2022，第116页。

国的记录。这是与中华民族长期形成的热爱和平、不以兵强天下的和平主义精神密切相关的。中国不认同“国强必霸”的发展逻辑和丛林法则，始终主张以理服人、以德服人，崇尚的是与“以力假人”绝对相反的“以德行仁”的“王道文化”。儒家和道家都对中国特色的王道文化作出了自己的贡献。

第八章　道家生态伦理的现代价值

生态伦理学作为一门着重研究生态的伦理价值和人类对待生态应抱什么样的道德态度的应用伦理科学，是由生态科学、环境科学和伦理学相互渗透而综合形成的一门新的伦理科学，是一门从伦理道德的角度研究人与自然关系的交叉学科和应用学科。生态伦理学初步形成于20世纪中期，70年代后得到飞速的发展，至今已是一门受到世界各国政府高度重视并被纳入联合国重大会议讨论的热门学科。

生态伦理学产生于人类生态危机日趋深化的现代社会。随着工业革命特别是现代工业的迅速崛起，人类消费自然资源的数量直线上升，并造成了十分严重的环境污染和生态失衡，如大肆砍伐森林造成水土流失、河流干涸、土地沙漠化；任意捕杀野生动物造成生物圈被破坏，许多珍稀动物绝种；随便排放废气废水废料造成大气污染、水质污染、固体废物污染。若生物圈被破坏，生物大量消失，掠夺式的开发日渐加剧，人类将失去越来越多资源，地球也将成为人类无法生存的“寂静的死球”。生态环境的恶化，直接推动生态伦理学的形成。1923年德国哲学家阿尔贝特·施韦泽的著作《文化哲学：文化和伦理》把人与自然的关系看成是一种文化方面的关系，从对生命的崇拜的炽热情感中引发出生命观和生态伦理学。1933年美国哲学家奥尔多·利奥波德发表《保护伦理学》一文，主张伦理学的对象应从人与人的社会关系领域扩展到大地即自然界。1949年，利奥波德出版《沙乡年鉴》一书，首次提出“大地伦理学”一词，提出人类应当尊重生态系统的平衡，尊重生物生存权利，应当把人类的权利观和道德观推广到自然界中去的思想学说。《沙乡年鉴》被公认为第一部系统的生态伦理学著作，它的出版标志着生态伦理学正式成为一门相对独立的学科。此后，生态伦理学在西方各国迅速发展开来。当代西方生态伦理学的研究更深入地探讨了人与生态、人与自然的关系，并形成了“深层生态伦理学”，其代表人物有罗尔斯顿、迪施、科兹洛夫斯基等。罗尔斯顿先后出版了《存在一种生态伦理学吗?》（1975年）、《哲学走向荒野》（1986年）、《环境伦理学：自然界的价值和对自然界的义务》（1988年）等著作，提出自然规律与人道相结合的环境伦理学构想。20世纪60年代由西方各国发起的环境保护运动迅速发展为一项全球性的运动，而今环境保护运动已从“浅绿色”运动发展为“深绿色”运动，提出代内公平与代际公平相结合的口号。联合国先后召开了多次关于环境问题的世界性会议，确立了可持续发展战略，而今生态伦理学已成为东西方伦理学界的研究热点。

生态伦理学诞生于20世纪，是20世纪的人类对人与环境思考和认识的科学结晶，那么是不是就可以说以往的人们就没有对人与环境关系的认识和思考呢？不是的。如同生命伦理学和生命伦理思想的关系一样，生态伦理的思想也是源远流长的。在中国，老庄及其他道家学者早就致力于人与自然关系的思考，提出了一系列热爱自然、尊重自然和保护自然的思想，主张道法自然，对万物有情，无以人灭天，倡导与自然为友，欣赏和珍爱大自然，钟情山水花木、鸟兽虫鱼，并留下了数以万计讴歌自然景色、抒发田园情感、寄意霜天万类的诗文名篇。陶渊明“结庐在人境，而无车马喧。问君何能尔，心远地自偏。采菊东篱下，悠然见南山。山气日夕佳，飞鸟相与还。此中有真意，欲辨已忘言”，俨然一曲醉心自然、赞美自然的雅歌。而李白笔下“飞流直下三千尺，疑是银河落九天”，“两岸猿声啼不住，轻舟已过万重山”，“淡扫明湖开玉镜，丹青画出是君山”何尝又不是一幅幅山川灵秀、美不胜收的名画。自古以来，道家学者就强调人与自然须臾不可分离的联系，赋予自然以至真至善至美的含义，力倡遵循自然的规律来安排人类的生产和生活，把开发自然与保护自然有机地结合起来，使自然环境更好地为人类服务，同时也使人类更好地于大自然中美化自己的生活。“道家为生态伦理提供了一种独特的精神视野和风景”，其基本精神旨趣与价值取向“与今天西方的生态哲学在意蕴上更为接近，它对常常导致环境污染的科技和经济发展的古老批判，在现代世界中也仍具有一种独特的感人力量，引起当今有识者的共鸣”。[①] 道家的生态伦理思想幽深邃密、博大宏远，包含着十分丰富的内容。概括说来，最能体现道家生态伦理思想基本精神和基本旨趣的，莫过于物我为一的整体观念、知常知和的平衡思想、知足知止的开发原则、热爱自然的伦理情趣几个方面，它们集中地显现出为道家生态伦理所特有的东方神韵，揭示出道家生态伦理的宏阔智慧。

第一节　物我为一的整体观念

道家生态伦理理论是建立在天人合一、物我一体的整体观之上的，是以道生万物、人天同源为基本特征的。将天地人视为一个有机的统一整体，认为人与自然万物有着共同的本原和共同的法则，这是道家生态伦理思想的基本特征和价值指向。

① 何怀宏主编：《生态伦理：精神资源与哲学基础》，河北大学出版社，2002，第43页。

一、万物得一以生

道家认为，法自然的道既是万物的本原和母体，亦是支配制约天地万物的总规律和总法则。道贯穿天地人物之中，它既是一，又是一切。“天得一以清，地得一以宁，神得一以灵，谷得一以盈，万物得一以生，侯王得一以为天下贞。”（《老子》三十九章）道生一，一也可以代表道。这种推崇一或强调人与自然统一的观点同现代西方生态伦理学的自然观是完全一致的。

现代生态伦理学的创始人利奥波德在所著的《大地伦理学》一书中提出，生态伦理学首先必须确立人与自然的关系观念，因此必须重新确定人类在自然界中的地位。在利奥波德看来，人类不是也不应该是自然界的统治者和征服者，只能是大自然家庭中的一员，人类应该成为这个大家庭中的善良公民。自然界中的生物并不是人类的奴隶，不是为人类而诞生的，它们理应是大自然家庭中平等的成员，因此，人与自然界的关系，不是统治者与被统治者，征服者与被征服者的关系，而是一种特别亲密的相互平等的关系。美国生态学家 B. 德沃尔在《深刻的生态学运动》一文中也说：“人既不在自然界之上，也不在自然界之外，人是不断创造的一部分。人关心自然，尊重自然，热爱并生活于自然之中，是地球家庭中的一员，要听任自然的发展，让非人的自然沿着与人不同的进化过程发展吧！”[①] 罗尔斯顿在《环境伦理学》一书中指出：“环境伦理学超越了康德伦理学，超越了人本主义伦理学，因为它把其他存在物也当作与人并列的目的来

① ［美］诺兰：《伦理学与现实生活》，姚新中译，华夏出版社，1988，第 454 页。

对待。"[①] 雷根在《环境伦理学的性质及其可能性》一文中强调一种真正的环境伦理学必须承认某些非人类存在物拥有道德地位，而拥有道德地位的存在物绝不仅仅限于那些有意识的存在物。[②]

应该说，上述西方环境伦理学的代表人物这种视人为自然界一部分的观点，并非他们的首创或专利。早在两千多年前，中国的老子和庄子就已经相当完整地表达了同他们（指利奥波德和德沃尔）十分相近而又相通的思想。老子突破了中国古代以政治和伦理为轴心的哲学体系，把思考的范围扩展到了整个宇宙，并建立起了自己博大严谨的宇宙论体系。在老子看来，天地万物是一个有机的整体。从天地万物发生的本原来看，它们都来自同一个"道"。"道"在老子那里，首先被看作生育天地万物的本原或本体。《老子》第一章"无名天地之始，有名万物之母"，这里的"无名""有名"就是"道"的代名词，它们分别为"天地之始"与"万物之母"，这实际上是把"道"看作天地万物的始祖或母体。第四章说"道冲而用之或不盈，渊兮似万物之宗"，第六章说"谷神（即道）不死，是谓玄牝。玄牝之门，是谓天地根"。不难看出，这里的"万物之宗""天地根"同第一章所说的"天地之始""万物之母"意义相同，都是把"道"看作生育天地万物的母体或本原。《老子》第二十五章更说："有物混成，先天地生，寂兮寥兮，独立而不改，周行而不殆，可以为天下母，吾不知其名，字之曰道。""有物混成"，说明"道"并不是不同分子或部分组合而成的混合体，"道"本身是一个圆满自足的和谐体，对于现象界的杂、多而言，它是无限的完满、无限的整全。

① Holmes Rolston, *Environmental Ethics: Duties to and Values in The Natural World*, Temple University Press, 1988, p. 340.

② Tom Regan, *All That Dwell Therein: Essays on Animal Rights and Environmental Ethics*, University of California Press, 1982, p. 187.

“道”这个圆满自足的和谐体在天地形成之前就存在，听不见它的声音也看不到它的形体，它独立存在且永不衰竭，循环运行而生生不息，是天地万物的根源。“道”是一个绝对体，它绝对于“待”；现象界的一切都是相对“待”的，而“道”则是独一无二的，所以说，“独立不改”。“道”是一个变体，周流不息地运转着，但它本身不会随着运转变动而消失。在老子看来，可以作为“天地母”的东西，不是别的什么，而是先于天地而生的“道”。“道”是天地万物的母体或本原，宇宙间的一切自然之物，都是以“道”为其根源和本体的。基于这一思想，老子提出了“天下万物生于有，有生于无”（《老子》四十章）和“道生一，一生二，二生三，三生万物”（《老子》四十二章）的观点，阐发了自己对宇宙生成的看法。“天下万物生于有”，此处的“有”和第一章“有名万物之母”的“有”相同，指超现象界的形上之道。“有生于无”是指“道”产生天地万物时由无形质落向有形质的活动过程。有者万物之母之名相也，无者天地之始之名相也。如果说“有”是万物的根本，那么“无”则是宇宙的本原，“无”比“有”还要高一层，但“无”和“有”都是“道”的特质，二者合起来是“道”的全部。因而可以把“有”和“无”的关系理解为“道”的“用”和“体”的关系。“无”是“道”的本体，“有”是“道”的作用。当“道”是静的时候，它是“无”，一动而有创生作用的时候，那就是“有”了。陈鼓应注说：“《老子》所说的‘无’并不等于零。只因为‘道’之为一种潜藏力（potentiality），它在未经成为现实性（actuality）时，它‘隐’着了。这个幽隐而未形的‘道’，不能为我们的感官所认识，所以《老子》用‘无’字来指称这个不见其形的‘道’的特性。这个不见其形而被称为‘无’的‘道’却又能产生天地万物，因而《老子》又用‘有’字来形容形上的‘道’向下落实时介乎无形质与有形质之间的一种状态。可见《老子》所说的‘无’是含藏着无限未显现的生机，‘无’乃蕴含着无限之‘有’的。‘无’和‘有’的连续，乃在显示形上的‘道’向下落实而产生天地万物时的一个活动过程。由于这一过程，一个超越性的‘道’和具体的世界密切联系起来，使得形上的‘道’不是一个挂空的概念。”① 应该说，陈鼓应的这一注解是较好地把握了《老子》思想的本义的。“道生一，一生二，二生三，三生万物”，此乃描绘“道”创生天地万物时的活动历程。“道”是天地万物的母体和本原，生的一，是未分阴阳的混沌气或曰冲气，混沌气分裂成阴阳二气，阴阳二气和合而生第三者，第三者产生千差万别的万物。亦如冯友兰所说：“《老子》书说：‘道生一，一生二，二生三，三生万物。万物负阴而抱阳，冲气以为和。’这里说的有三种气：冲气、阴气、阳气。我认为所谓冲气就是一，阴阳是二，三在先秦是多数的意思。二生三就是说，有了阴阳，很多的东西就生出来了。那么冲气究竟是哪一种气呢？照后来《淮南子》所讲的宇宙发生的程序说，在还没有天地的时候，有一种混沌未分的气，后来这种气起了分化，轻清的气上浮为天，重浊的气下沉为地，这就是天地之始。轻清的气就是阳气，重浊的气就是阴气。在阴阳二气开始分化而还没有完全分化的时候，在这种情况中的气就叫做冲气，‘冲’是‘道’的一种性质，‘道冲而用之或不盈’。这种尚未完全分化的气，与‘道’差不多，所以叫冲气，也叫做一。”②

在老子看来，天地万物是一个整体。从包括人类在内的天地万物的共性来看，它们都含有阴阳，都是阴阳二气妙合而成的。所谓“万物负阴而抱阳，冲气以为和”，是说万物背阴而向阳，阴阳二气互相激荡而成新的和谐体。吕吉甫说：“凡幽而不测者，阴也；明而

① 陈鼓应：《老子注译及评介》，中华书局，2009，第59页。

② 转引自《老子哲学讨论集》，中华书局，1962，第41页。

可见者，阳也。有生者，莫不背于幽而不测之阴、向于明而可见之阳，故曰：万物负阴而抱阳，负则背之，抱则向之也。”[①] 宇宙万物莫不背负着阴气，胸怀着阳气，这阴阳二气互相拥抱，互相影响，互相激荡而生成新的和谐体，恰到好处，臻于和合之境，故始终能调养万物。天地万物都是以“道”为其最大的共性和最初的本原的有机统一的整体，人也是天地万物的一部分。老子认为，宇宙间有“四大”，即“道大，天大，地大，王亦大”，“域中有四大，而王居其一焉”（《老子》二十五章）。依照“道”的原理而生成的宇宙中的天地人也和“道”一样伟大。宇宙中有四项伟大的东西，人也是其中之一。但这四项伟大的东西显然不是并列而地位相同的，它们是逐次涵盖的，各有差等，即天地人之所以伟大就在于它们是“道”的产物，体现着“道”的伟大。因此在这四大中，“道”是最伟大的，它生生不灭，不依附任何东西，独立不改；它周行天下，循环运行，不觉倦怠，而且无所不在。世界上一切事物现象，无不依靠着它才能生生不息，它产生了天地，包育着万物。“道”的这种伟大，使老子感觉到实在无法形容和描绘，只能勉强称为大。其次是天，天为道所包含，并且覆盖着大地；再次为地，地为天所覆盖，同时又孕育长养着万物与人类；最后才是人。人者，天地之德，阴阳之交，鬼神之会，五行之秀气也。基于此种认识，老子提出了“人法地，地法天，天法道，道法自然”（《老子》二十五章）的理论，认为人为大地所养育和承载，所以应当以大地为法则，效法大地；地为天所覆盖，所以地当效法于天；天为“道”所包含，所以天当效法“道”，“道”并非由谁所生，它本身是自然而然的，本来如此的，“道”以本身自然之理为依归，所以“道”以自身的自然为法则。

① 陈鼓应：《老子注译及评介》，中华书局，2009，第229页。

二、唯达者知通为一

道家认为，“凡物无成与毁，复通为一。唯达者知通为一……通也者，得也；适得而几矣。因是已。已而不知其然，谓之道”（《庄子·齐物论》）。只有掌握了大道的人才懂得天下万物都统一于道，都是道化世界的不同呈现。因此，天下万物不存在生存与毁灭的区分，本质上都“复通为一”即“复归于道”。认识到天下万物通于道即是有得。达到了得道的境界也就非常可以了，就能单纯以天道自然、万物齐一的法则去行动。老子关于人是自然界即天地万物一部分的思想，被庄子所继承和发展。《齐物论》表述了庄周的“天地与我并生，而万物与我为一”的思想，强调自然与人是有机的生命统一体，肯定物我之间的同体融合。“齐物”的意思即是“物齐”或“‘物论’齐”，即把形色性质不同之物、不同之论，把不平等、不公正、不自由、不和谐的现实世界种种的差别、“不齐”，视为无差别的“齐一”。此篇希望人们不必执着于有条件、有限制的地籁、人籁之声，而要倾听那自然和谐，为无声之声、众声之源的“天籁”，以消解彼此的隔膜、是非，消解有限的生命与有限的时空、价值、识见，以及烦、畏乃至生死的系缚，从有限进入无限之域。庄子认为，“天地一指也”，“道通为一”，“唯达者知通为一”，天地万物是一个有机的整体，人并不是独立于自然界之外的抽象存在物。“天地与我并生，而万物与我为一”（《庄子·齐物论》），天地与我一同生存，而万物与我合而为一，人既离不开天地，也离不开万物。把自己与天地万物隔离开来，只能是自取其辱或自取灭亡。庄子用身体的各个器官比喻万物，各个器官和万物之所以能够和谐地统一为一个有机关联的整体，根本原因就在于有一个“为天下母”的“道”。“夫道有情有信，无为无形；可传而不可受，可得而不可见；自本自根，未有天地，自古以固存；神鬼神帝，生天生地；在太极之先而不为高，在六极之下而不为深，先天地生而不为久，长于上古而不为老。”（《庄子·大宗师》）万物所师法的大道“赍万物而不为义，泽及万世而不为仁……覆载天地、刻雕众形而不为巧”（《庄子·大宗师》）。在庄子看来，人类生活的至德之世就是“同与禽兽居，族与万物并”的与大自然和睦相处的时期，在这一时期，万物众生，比邻而居，鸟兽成群，草木滋长，“禽兽可系羁而游，乌鹊之巢可攀援而窥”（《庄子·马蹄》），这是人与自然浑然一体的美好无间的时期。庄子向往和肯定这样的“至德之世”，反对用人力去破坏人与自然之间的和谐，更反对虐待和掠夺自然。庄子强调“旁日月，挟宇宙，为其吻合”（《庄子·齐物论》），主张人应当“参万岁而一成纯”（《庄子·齐物论》），怀抱宇宙，与万物合为一体，与日月并放光明。人并不是自然界的支配者和主宰者。“吾在天地之间，犹小石、小木之在大山也，方存乎见少，又奚以自多！计四海之在天地之间也，不似礨空之在大泽乎？计中国之在海内，不似稊米之在大仓乎？号物之数谓之万，人处一焉，人卒九州，谷食之所生，舟车之所通，人处一焉；此其比万物也，不似豪末之在于马体乎？”（《庄子·秋水》）面对广袤无垠的宇宙，人不过像小石块小树枝在大山之中一样渺小，因此人理应谦卑自知，万不可妄自尊大，以自我为宇宙万物的主宰和中心，应当学会感激自然，拥戴自然。

庄子的这一论述，同现代英国著名哲学家伯特兰·罗素所说的“我所知道对付人类那种常常流露出来的自高自大、自以为是的心理的唯一方式则是提醒我们自己：地球这颗小小的行星在宇宙中只不过是沧海之一粟；而在这颗小行星的生命过程中，人类只不过是一个转瞬即逝的过客。还要提醒我们自己：在宇宙的其他角落也许还存在比我们优越得多的某种生物，他们优越于我们可能像我们优越于水母一样”① 可谓异曲同工，不谋而合，差别在于一个是在春秋战国时期所说，一个是在20世纪所说。庄子和罗素均提倡谦卑以克服人类的自高自大或妄自尊大，希望人类在谦卑的心态驱使下树立起尊重自然和与自然为友的意识，树立起宇宙一体的整体观念，而这正是生态伦理最根本也是最重要的观念，舍此就可能走上非生态伦理和反生态伦理的道路。

三、我守其一以处其和

《庄子·在宥》引广成子对黄帝言：“天地有官，阴阳有藏，慎守汝身，物将自壮。我守其一以处其和。”天地各有主宰，阴阳各居其所，你只需谨慎地保养自己的身体，万物自会按照自然规律生长成熟，我保守自然归一的道而处于阴阳和谐的状态。正是因为“守其一以处其和”，所以广成子“修身千二百岁”而“形未常衰”，此即是与道同化的妙用。广成子还告诉黄帝，“彼其物无穷，而人皆以为有终；彼其物无测，而人皆以为有极。得吾道者，上为皇而下为王；失吾道者，上见光而下为土”，又告诉黄帝自己马上要离开黄帝而“入无穷之门，以游无极之野”，并将“与日月参光”“与天地为常”（《庄子·在宥》）。

在中国历史上，道家和儒家都有推崇“天人合一”的思想倾向。但比较而言，儒家强调“制天命而用之”和“人定胜天”，推崇人对自然的改造和利用，带有一种人是自然的主人和支配者的倾向；道家则强调“道法自然”，高度重视自然的作用和力量，反对以人役天，无疑带有人是自然的一部分，理应以尊重和保护自然为贵的思想因

① Bertrand Russell, How to Avoid Foolish Opinions, from *Unpopular Essays*. Routledge, 1986.

素。就此而论，道家在生态伦理方面的建树和贡献远比儒家要多和大，且更符合当代生态伦理学的基本精神。如果说儒家置重的是自然的人化，用自然来比拟人事，并力图使自然向着人为的方向发展，使自然与人合一，那么，道家置重的则是人的自然化，要求人舍弃妄作非为来与自然合一。在儒家那里，人是中心和支配者，天人合一只能是天跟人合一；而在道家那里，自然是一个整体，人是自然的一部分，天人合一只能是人跟天合一。道家的这种理论同现代生态伦理学的价值取向有颇多相似之处，同时“对于那些想扩大西方科学范围和意义的哲学家和科学家来说，始终是个启迪的源泉”①。事实上，道家的人与万物同处于一个统一体中，必须以维护天地自然界运行发展为人道之职责使命的思想，确实得到许多生态伦理学家和环境伦理学家的重视，他们主张吸收道家生态伦理智慧以建构现当代的生态伦理学和环境伦理学。

第二节　知常知和的平衡思想

道家从物我为一的整体观念出发，强调天地人的有机统一和维护生态平衡的重要性，把知常知和提到生态伦理的核心地位，深刻阐发了尊重自然规律以及与自然和谐相处的道理，并形成道家生态伦理的精湛智慧。

① ［比］普里戈金、斯唐热：《从混沌到有序——人与自然的新对话》，曾庆宏等译，上海译文出版社，1987，第1页。

一、天地有常，日月有明

生态伦理学的核心问题是讲求人与自然的和谐，置重生态平衡。所谓生态平衡是指生物与生物、生物与环境之间凭借生态系统的结构和功能的作用，实现相对平衡与动态演进。其机制在于，通过生态系统所特有的循环机制和反馈机制，保持能量和物质的输出与输入平衡及结构和功能处于最佳状态。人作为生态系统的一部分或生物链上的一环，同其他部分或环节存在着密不可分的联系。生态平衡受到破坏，自会殃及人类的生存和发展。生态学家认为，有生命的存在物和一切具有持续发展能力的事物，始终处于循环往复、新陈代谢的动态平衡之中。人类本身就生活在地球的大气圈、水圈、岩石圈、动物圈、植物圈、微生物圈之中。人体作为一个开放系统，其生命过程就在于同外界环境进行不断的物质和能量交换。比如人与树木之间就存在着一种经常性的物质和能量交换，人呼出二氧化碳，吸入氧气，树木则吸收二氧化碳，释放出氧气，二者相互依赖，相互制约。人的躯体亦是生物材料、生物信息和生物能的统一，人就是在与外界的自然材料、自然信息和自然能的变换中，实现了自身的生物进化。人从自然中获取阳光、空气、水分、食物等自然材料，人类回报自然以二氧化碳、生态投资以至自己的排泄物等，人在与自然界其他诸系统的物质能量交换中不断地实现自己的吐故纳新。然而，人毕竟是宇宙的精华、万物的灵长，他凭借自己的欲望、情感、思想和生产实践作用于自然界，创造了人类所特有的文化。人类从渔猎文明、农业文明过渡到工业文明直至当代的科技文明和信息文明，日益深刻地改变着地球生态系统的面貌。特别是近代工业文明以来，人类活动引起自然界更加深刻的变化，人工生态系统在全球范围内代替了天然生态系统，打破了大自然伟大的平衡，出现了全球范围内的生态危机。表现在遍地的工厂不计后果地把有毒废料排进江河湖海，林立的烟囱喷云吐雾地把有害气体喷进大气层，各式机动车辆猛灌狂饮着不可再生的石油燃料，然后加倍地制造出废气和噪声，森林被无休止地大量砍伐，珍稀动植物资源遭受着竭泽而渔式的开发之灾，大量的二氧化碳使地球表面的温度普遍升高，如此等等。这些日益严重的生态危机反过来有力地警告和惩罚着人类，臭氧层被破坏导致癌症发病率急剧上升和海洋食物链严重受损，大量的二氧化碳、氟氯碳化合物集结于大气中造成温室效应，从而使全球气候日趋恶化，酸雨现象使森林、河川、湖泊、农田乃至建筑物受到严重破坏，热浪冲击造成百年未遇的大面积酷暑和干旱，化学事故、核电站爆炸更使数以万计的人丧生。正如恩格斯所说，人们不要过分陶醉于自己对自然界的胜利。“对于每一次这样的胜利，自然都对我们进行报复。每一次胜利，起初确实取得了我们预期的结果，但是往后和再往后却发生完全不同的、出乎预料的影响，常常把最初的结果又消除了。美索不达米亚、希腊、小亚细亚以及其他各地的居民，为了得到耕地，毁灭了森林，但是他们做梦也想不到，这些地方今天因此而成为不毛之地，因为他们使这些地方失去了森林，也就失去了水分的积聚中心和贮藏库。阿尔卑斯山的意大利人，当他们在山南坡把那些在北坡得到精心保护的枞树林砍光用尽时，没有预料到，这样一来，他们就把本地区的高山畜牧业的根基毁掉了；他们更没有预料到，他们这样做，竟使山泉在一年中的大部分时间内枯竭了，同时在雨季又使更加凶猛的洪水倾泻到平原上。”① 受到破坏的生态系统对人类的报复说明了维持生态平衡的极端重要性，也使人们不得不重新认识生态系统与人

① 恩格斯：《自然辩证法》，《马克思恩格斯文集》第九卷，人民出版社，2009，第559-560页。

类自身的关系。

在置重生态平衡和环境保护方面，道家提供了至今仍令人深受启发的伟大智慧。亦如当代著名的人文主义物理学家 F. 卡普拉所说："在伟大的诸传统中，据我看，道家提供了最深刻并且是最完美的生态智慧，它强调在自然的循环过程中，个人和社会的一切现象和潜在两者的基本一致。"① 以老庄为代表的道家认为，天地万物是一个有机关联的整体，自然界有其自身发生发展的内在规律。"道"既是天地万物的本原和基础，又内在于天地万物之中成为制约其消长盛衰的规律。"道"的规律即是自然无为。"道法自然"是说"道"本身即是自然而然的。天地万物由于"道"的生成与制约形成了一种天然的和谐，这是因为，"道"有一种和合万物、协调万物并使其和谐发展的功能效用，"道"，生长万物并不据为己有，作育万物并不自恃其能，成就万物亦不自居其功。"大道汜兮，其可左右。万物恃之而生而不辞，功成不名有，衣养万物而不为主。"（《老子》三十四章）大道流行泛滥就像水一样可左可右，无远弗届，无所不到。任万物赖以生长而不加以干预，任万物赖以成就而不居其功，养育万物而不主宰万物。在老子看来，"道"为天下之母，为宇宙的根源，产生了天地，天地再生养万物，所以万物皆从"道"而化生，随之便有了"德"之畜养，其实"德"就是"道"的性能；由于道与德之功，既生既畜，物才能成为物，万物各成其形；物既成为物，自然就有了形状貌象声色，各具用途。万物既从"道"而化生，所以莫不尊崇"道"；既受德之畜养，所以莫不贵重"德"。但是，"道"虽尊崇，"德"虽贵重，却不自以为尊崇，自以为贵重，也不自命不凡。并不是有谁给它爵位，一切都是自然而然。它施与物的并不是有心命物，

---

① Fritjof Capra, *Uncommon Wisdom, Conversations with Remarkable People*, Simon & Schuster Edition, 1988, p. 36.

而是让物顺其自然，各自化生，各自畜养。所以说，“道”虽产生天地，化生万物，“德”虽畜养万物，虽长育、安定、成熟、覆养万物，却是化生万物而不据为己有，兴作万物而不依恃己能，长养万物而不自任为主宰，像这样微妙深远的力量和功德，难道不是最高尚无私，最公正无偏的德性吗？老子以为，人作为大自然的一部分和“道”的化生物，法地则天，效法自然，理应遵循自然的规律和法则。天道自然而无为，圣人无为故无败。“自然”，是依事物的本性自由伸展的状态；“无为”，是顺其自然而不含有人力之强加妄为的意思，自然无为，并不一般地排斥人为，所排斥的只是违反自然而随意地强加妄为的那种人为。可以说，人为既有遵循自然规律的作为，又有违背自然规律的作为。遵循自然规律的作为即是自然无为，违背自然规律的作为则是非自然的妄作非为。老子强调“为无为”，即用人类自己的作为去实现自然的和谐和生态的平衡。人应该尊道贵德，像“道”那样“生而不有，为而不恃，长而不宰”，像“道”那样“功成不名有，衣养万物而不为主”。亦如庄子所说“无以人灭天”。

庄子认为，自然界本来是和谐美满的，禽兽在欢快地追逐，草木在茂盛地生长，蓝天白云，碧水青山，一切是那么自然而自由自在，充满着诗情画意。可是后来由于人为地干预和一味地索取，穿牛鼻，套马鞍，伐山木，射鸟兽，开道路，兴舟舆，贵珠宝，尚财货，自然界的和谐美满状态被破坏了，鸟兽惊恐，牛马异性，河水干涸而山谷空虚。人类本身也陷入了无休止的争夺竞进、尔虞我诈、互相残杀，贤者隐居于大山深岩之下以求避祸，万乘之君也在庙堂之上日夜忧虑战栗。《庄子·在宥》篇载黄帝往空洞山去向广成子问道，说他想摄取天地的精华来助成五谷，又想控制阴阳来顺应万物，广成子回答他说，你所想问的，乃是事物的原质；你所要控制的乃是事物的残渣。自从你治天下时起，云气未及凝聚就下雨了，草木未及枯黄就凋零了，日月的光辉更加失色了。你这佞人的心境这般浅陋，哪里有资格谈至道呢？黄帝悻悻而退，后筑一间土屋以茅草为席，困居了三个月然后再前往请教。

《庄子·在宥》篇还载有云将与鸿蒙的对话，云将请教鸿蒙道：“天气不和，地气郁结，六气不调，四时不节，今我愿合六气之精以育群生，为之奈何？”鸿蒙拊髀雀跃掉头曰：“吾弗知！吾弗知！”云将不得问。又三年，东游，过有宋之野而适遭鸿蒙。云将大喜，行趋而进曰：“天忘朕邪？天忘朕邪？”再拜稽首，愿闻于鸿蒙。鸿蒙曰：“浮游，不知所求；猖狂，不知所往。游者鞅掌，以观无妄。朕又何知！”云将曰：“朕也自以为猖狂，而民随予所往；朕也不得已于民，今则民之放也！愿闻一言。”鸿蒙曰：“乱天之经，逆物之情，玄天弗成；解兽之群，而鸟皆夜鸣；灾及草木，祸及止虫。意！治人之过也。”云将曰：“然则吾奈何？”鸿蒙曰：“意，毒哉！仙仙乎归矣！”云将曰：“吾遇天难，愿闻一言。”鸿蒙曰：“意，心养！汝徒处无为，而物自化。堕尔形体，吐尔聪明，伦与物忘，大同乎涬溟；解心释神，莫然无魂。万物云云，各复其根，各复其根而不知；混混沌沌，终身不离；若彼知之，乃是离之。无问其名，无窥其情，物固自生。”鸿蒙告诉云将，扰乱了天的常道，悖逆了万物的常情，自然的状态不能保全，群兽离散，飞鸟夜里惊鸣，殃及草木，祸及昆虫。唉！这就是治理人民的过错啊！面对着云将“然则吾奈何？”的请求，鸿蒙指点道：你只要纯任自然，无为无欲，万物就会自生自化。忘掉你的形体，抛弃你的聪明，与外物浑然合一，和自然元气混同，解放你的心神，无所计较。让纷纭的万物各返归其本根，各自返归本根而不知所以然；混混沌沌，终生不离本根。如果使用心智，就会离失本根。不必追问它的名称，不必探究它的真相，万物本来就是自生自灭。云将听完鸿蒙的话，感觉深受教育，并以“天降朕以德，示朕以默。躬身求之，乃今得也”的感言叩头揖拜后告辞而去。

在庄子看来，弓箭、网罗、捕猎器之类的智巧多了，天上的鸟儿就要遭殃了；钩饵、渔网、竹篓之类的智巧多了，水底的鱼儿就要遇难了；木栅、兽槛、兔网之类的智巧多了，山泽的野兽就要被搅乱了；欺诈、诡辩、狡黠、曲辞、坚白同异之类的言谈多了，则世间风俗就会被诡辩所迷惑。所以天下每每大乱，罪因都在于好智巧。天下之人都会知道追求其所不知道的而不知探索他已经知道的，都知道非难他所不喜欢的而不知非难他认为好的，所以天下才会大乱，以致对上掩蔽了日月的光明，对下斫丧了山川的精华，中则破坏了四时的运行，使得无足的小爬虫，微小的飞虫，无不丧失本性。庄子力倡“不以心捐道，不以人助天”（《庄子·胠箧》），主张“常因自然而不益生也”（《庄子·德充符》）。

二、知常曰明，知和曰常

老庄强调“知常”亦即认识自然规律。老子说：“夫物芸芸，各复归其根，归根曰静，静曰复命。复命曰常，知常曰明。不知常，妄作，凶。”（《老子》十六章）。万物纷纷纭纭，各自均有自己的盛衰消长之理，到头来均返回到自己的本根。返回本根亦即树高千丈，叶落归根，昌盛的万物都生于大地最后又归于大地，此所谓“静”。“静”也可叫作“复命”，“复命”就是复其性命之本真，返归到自身的本然状态。正是在“静”的境界中再孕育着新的生命，此即所谓“静曰复命”。“复命曰常”，“常”即是万物运动与变化发展过程中的不变之律则，是决定和制约万事万物消长盛衰的内在规律。“知常曰明”，是指认识和了解了决定和制约万事万物消长盛衰的内在规律，就是人生的大智慧或明智之态度。不认识和把握自然规律，胡作非为，恣意妄为，必然会招致凶险或灾难性的后果。人如何效法大地并以大地为法则呢？南怀瑾在《老子他说》中指出：“人要跟大地学习很难。且看大地驮载万物，替我们承担了一切，我们生命的成长，全赖大地来维持。吃的是大地长的，穿的是大地生的，所有一切日用所需，无一不得之于大地。……人活着时，不管三七二十一，将所有不要的东西，大便、小便、口水等等乱七八糟地丢给大地，而大地竟无怨言，不但生生不息滋长了万物，而且还承载了一切万物的罪过。我们人生在世，岂不应当效法大地这种大公无私、无所不包的伟大精神吗?”[①]《易经·彖辞》说，最伟大的作为万物之源的大地啊！万物都靠它的资源而有生命，它柔顺地承受天道的法则，载育着万物而使其亨通成长。它厚德载物，德合无疆，含弘光大，品物咸亨，至柔而动也刚，至静而德方，后得主而有常，含万物而化光。它含育万物而化生光明，顺承天道而运行不息。由于大地顺承天道而运行不息，所以，人在以大地为师的同时又含有向天学习的因素。在老子看来，人是天地自然的一部分，人应当法地则天。又由于天地因道而生，天地均以“道”为法则，师法自然，所以人法地则天的实质也就是师法自然，以大自然为自己效法的对象和行为的法则。人是自然界的一部分，他的生存发展均取决于天地万物的馈赠给予，他也只有遵循自然的法则行事，才能够使自己合乎自然的要求，为自然界所接纳和认可。

庄子发展了老子的思想，认为宇宙间的万事万物都有自己的常规。他说：“天地固有常矣，日月固有明矣，星辰固有列矣，禽兽固有群矣，树木固有立矣。”（《庄子·天道》）天地固有常规在，日月固有光明在，星辰固有排列次序在，禽兽固有群居的生活，树木固有生长

① 南怀瑾：《老子他说》，国际文化出版公司，1991，第266页。

的规律，这些都是事物固有的，不是人为附加的。“天之自高，地之自厚，日月之自明”（《庄子·田子方》），天地日月都有自身存在和发展的规律。至阴寒冷，至阳炎热，寒冷出于天，炎热出于地，两者互相交融化合而生成万物，或为万物的规律却不见其形。死生盛衰，时隐时现，日迁月移，天天有所作为，但看不见它的功效。在庄子看来，天地日月，山川草木，鸟兽虫鱼，都顺应自然之道，无为而自化。倘若用外力或人为地去促使它们运动变化，势必会打破自然的平衡，造成“云气不待族而雨，草木不待黄而落，日月之光益以荒矣”的灾难性后果，造成“灾及草木，祸及止虫”（《庄子·在宥》）的生态危机。庄子说：“道者，万物之所由也，庶物失之者死，得之者生，为事逆之则败，顺之则成。故道之所在，圣人尊之。”（《庄子·渔父》）自然界存在着不以人们的意志为转移的客观规律，天地万物拥有它就能生存，失去它就会灭亡。对人来说，遵循自然规律就会顺畅通达，违背它就会自取败辱。所以真正有道德的人莫不尊重和顺应自然规律。

老庄道家不仅强调“知常”，而且也强调“知和”，并把“知常”与“知和”统一起来，提出了“知和曰常”的命题。在老子看来，“道”作为天地万物生存发展的规律，就是阴阳之和谐。阴阳二气相互作用而形成了“冲气”“和气”或“中和之气”。“冲气”“中和之气”即是一种平衡、和谐的自然状态。正是由于这种状态的形成和维持，万物才得以生存发展；失去了这种状态，万物就会中止其生存发展。从这个意义上说，和谐是根本的规律，“道”之本即是和。自然本身是和谐的，道法自然也就是“道”以和谐为自己的根本存在形式。知道和谐也就是理解和把握了“道”，因此崇尚自然也就是崇尚和谐。庄子认为，“道”的本质是“阴阳和静”。“阴阳和静，鬼神不扰，四时得节，万物不伤，群生不夭。”（《庄子·缮性》）庄子指出：“夫明白于天地之德者，此之谓大本大宗，与天和者也，所以均调天下，与人和者也；……与天和者，谓之天乐。……‘知天乐者，其生也天行，其死也物化。静而与阴同德，动而与阳同波。’故知天乐者，无天怨，无人非，无物累，无鬼责。故曰：‘其动也天，其静也地，一心定而王天下；其鬼不祟，其魂不疲，一心定而万物服。’言以虚静推于天地，通于万物，此之谓天乐。天乐者，圣人之心以畜天下也。”（《庄子·天道》）天乐，就是与天地万物融洽混合的一种快乐自在的状态。懂得天乐的人，才算懂得“道”。明白了天地之德，便是明白了大本大宗。体会天乐的人，生存时顺天而行，死时便与外物化为一体；静时便与阴同隐寂，动时便与阳同波流。所以体会天乐的人，不怨天，不尤人，没有外物牵累，没有鬼神责罚。庄子倡导“知天乐”，亦即用心去体会天地万物的和谐与自在，用宁静虚寂的心灵去和天地万物对话，以便推于天地，达于万物，实现人类与自然之间的融洽和谐。

三、不知常，妄作，凶

老庄道家知常知和的平衡观念是古代生态伦理的伟大智慧，它强调了尊重自然规律，保持生态平衡的重要性，同时也向人类敲起了“不知常，妄作，凶”的警钟，其用意深刻，其视野广阔。道家这种生态伦理大智慧在自然环境破坏严重的今天，更有其深刻而积极的意义，对现代环境保护和绿色和平运动多有助益。事实上，现当代西方一些著名的生态伦理学家和科学家都十分推崇道家的智慧，如卡普拉、布朗、赖特、李约瑟等人均高度认同道家的生态伦理思想。有些人虽然并未直接研读过老庄的著作，但他们却用不同的话语体系，表达着同老庄道家一样的思想。罗马俱乐部主席奥尔利欧·佩奇认为，人类盲目的自大和过分地追求经济发展速度造成了人与自然关系的紧张和生态失衡，失去了平衡就意味着大难临头。现代社会首先应恢复的是人与自然和谐的观念，尊重自然规律，维持生态平衡是我们必须时刻记住的。在《人的质量》一书中，佩奇指出，人类的问题是人自己造成的，也要靠人自己去解决，未来是否和平幸福，要靠我们人自己去理智地选择。我们只有在大自然中重新定位，把人与自然的对抗状态转变为和谐状态，才能拯救自己。美国学者威廉·福格特在《生存之路》一书中强调，“必须使全人类都认识到目前整个世界所陷入的困境”，必须认识到保护资源、维持生态平衡的紧迫性和重要性。他说“最大的危险是来不及悬崖勒马”①，最大的祸害是肆意妄为，违背自然规律。1980 年，联合国发布《世界自然资源保护大纲》指出：“如果要保证达到资源保护的目的，就必须根本改变整个社会对生物圈的态度，人类社会若要和他们得以生存和得到幸福的自然界融合地共存，就需要有新的合乎道德规范的、相互接受的动植物和人。”当今世界，主张尊重自然规律，要求保护自然环境，维持生态平衡的呼声日益高涨，这也从一个方面确证了道家生态伦理的伟大智慧。

第三节　知足知止的开发原则

道家不仅强调认识和把握自然规律，维护自然界的生态平衡，而且也强调适度地开发和利用自然资源，把开发自然资源同保护自然资源有机地结合起来。

① ［美］福格特：《生存之路》，张子美译，商务印书馆，1981，第 145 页。

一、合六气之精以育群生

生态伦理学认为，人来自自然界，自然界是人类生命的摇篮。人类衣食住行的原材料都取之于自然界。为了生存，人不得不利用和开发自然界。但是，利用和开发自然界应有一定的限度，应当适可而止。应当把利用开发自然和保护自然有机地结合起来。如果人们一味地向自然索取，一个劲地改造自然，那么势必破坏生态平衡，从而使开发利用自然成为泡影。生态伦理学的这一基本思想和基本原则，在道家伦理思想中亦有生动而深刻的反映。

老子认为，和谐是天地万物生存发展的一大法则，也是人类行为应当遵循的一大准则。对于人类来说，不仅要“知常”“知和”，而且还要“知足”“知止”，即认清事物自身所固有的限度，适可而止，自我满足，以限制或禁止自己贪得无厌，竭泽而渔、杀鸡取卵式的对自然界的开发利用。老子说：“祸莫大于不知足，咎莫大于欲得，故知足之足，常足矣。”（《老子》四十六章）世界上最大的祸患莫过于不知道自我满足、适可而止，最大的罪过莫过于贪得无厌、永不满足，凡事都有一个度，所以只有“知足”“知止”这种知道满足的满足，才是真正永远的满足。老子又说：“甚爱必大费，多藏必厚亡。知足不辱，知止不殆，可以长久。”（《老子》四十四章）贪得无厌、过分地喜欢某种东西必然招致重大的花费与损耗，过多地贮藏、聚天下之财尽归己有也必然招致更多的亡失。知道满足就不会受到屈辱，知道适可而止就不会遭遇危险，这样就可以保持长久。“夫亦将知止。知止可以不殆。”（《老子》三十二章）知道适可而止，才能远离危险，避免祸患。在老子看来，“知足”和“知止”是密切相关的。“知足”含有适可而止的因素，“知止”也包含有知道满足的内容。既然天地万物都有自己的限度，人的行为就应当有所“禁止”；既然人的行为应当有所“禁止”，人的欲望就应当有所满足、有所克制。

老子认为，“道”本身既是和谐的，也是不盈的。“道冲而用之或不盈。”（《老子》四章）“保此道者不欲盈，夫唯不盈，故能蔽不新成”。（《老子》十五章）“不盈”含有不过分追求圆满和完全的因素，此即所谓“大成若缺”“广德若不足”，同时也含有反对目空一切、妄自尊大、骄傲自满的因素。真正有道德的人正因为不骄傲自满，所以能够去故更新。老子进而反对逞强，主张“柔弱”“不争”。老子说：“持而盈之，不如其已。揣而棁之，不可长保。”（《老子》九章）保持盈满，不如适可而止；锋芒毕露，锐势难保长久。在老子看来，道体是虚空的，然而作用却不穷竭。它不露锋芒，它以简驭繁。在光明的地方，它就和其光；在尘垢的地方，它就同其尘。同此，真正有道德的人也能够塞绝情欲的道路，关闭情欲的门径，不露锋芒，消解纷扰，含敛光耀，和尘俗同处，达到一种深妙玄同的境界。老子更认为，“弱者，道之用”（《老子》四十章），柔弱不争是“道”的作用形式或表现方式。天下最柔弱的东西，能驾驭天下最坚硬的东西。如果说坚强、强硬是死亡或毁灭的象征，那么柔弱不争则是生存或兴盛的表现。只有保持柔弱不争的品性，才能够生聚繁衍，生生不息。

庄子继承和发展了老子的思想，强调顺其自然、适可而止，认为“达生之情者，不务生之所无以为；达命之情者，不务知之所无奈何”（《庄子·达生》）。洞悉生命真实意义的，不追求生命所不必要的东西；洞悉命运之真谛的，不追求命运所无可奈何的东西。人保存生命的最好办法是能顺应自然的变化而更新，精而又精，反过来辅助自然。庄子说：“凡有貌象声色者，皆物也，物与物何以相远？夫奚足以至乎先？是色而已。则物之造乎不形而止乎无所化，夫得是而穷之者，物焉得而止焉！彼将处乎不淫之度，而藏乎无端之纪，游乎万物之所终始，一其性，养其气，合其德，以通乎物之所造。”（《庄子·达生》）法地则天的人应该懂得人是自然界的一部分，作为生命载体的个人是绝对没有能力去改变自然固有的规定性的，人所能做且应该做的就是尽量使自己“形全精复，与天为一”。也就是尽量使自己更充分地保持自然的原状，更充分地与天地万物混合一体，老老实实地安居于自然的队列中，不要异想天开脱离自然。顺其自然，就是要安于所得的，身处不过当的限度，藏心于循环变化的境地，神游于万物终始之境，专一其本性，涵养其精气，融合其德性，以通向自然。庄子倡导不要在天然状态中开发人的智慧，而要在天然状态中发挥天然状态。保持天然状态产生德性，开发人智产生祸害。永远保持天然状态而不厌烦，同时也不忽略人应该发挥的作用，老百姓就差不多可以保全真性了。

二、不开人之天，而开天之天

基于“不开人之天，而开天之天”（《庄子·达生》）的思想，庄子主张以自然的方式对待自然，为猪打算就应该让它吃酒糟米糠而养在圈里，为鸟打算就应该让它自由自在地在蓝天飞翔，为鱼打算就应该让它天然自适地在江河里游泳。《庄子·达生》篇讲述了几个顺其自然的故事，寓意深远，颇多启迪。一个是纪渻子为周宣王饲养斗鸡的故事。纪渻子为宣王饲养斗鸡，养了十天，宣王问：“鸡可以斗了吧?”纪渻子回答：“不行。它还盲目骄傲，倚仗自己的勇气。”过了十天，宣王又问。纪渻子回答：“还不行。它听声见影还马上能做出反应。”再过十天，宣王又问。回答是：“还不行。它还怒视而气盛。”又过十天，宣王再问。回答是：“差不多了。别的鸡鸣叫，它却毫无反应，看起来像只木鸡，它现在可称是德全了。别的鸡都不敢应战，见到它就会吓得掉头逃走。”另一个是鲁君养鸟的故事。从前有只鸟落到鲁国郊外。鲁君喜欢它，杀牛宰羊来喂它，演奏《九韶》的乐曲来使它快乐。鸟开始头晕眼花忧虑悲伤，不敢吃东西。这叫作用养自己的办法养鸟。庄子公开反对“以己养养鸟”，主张“以鸟养养鸟”。他说：“夫以鸟养养鸟者，宜栖之深林，游之坛陆，浮之江湖，食之以鳝鲦，随行列而止，委蛇而处。”（《庄子·至乐》）如果用养鸟的办法养鸟，就应该让它住进深林，或在江湖上飘游，给它吃小鱼、泥鳅，让它随着鸟群止息，自由自在地居处，那样的话，平常的一块陆地就能使它安居。鸟，害怕的就是听到人声，《九韶》《咸池》这些音乐只会使它感到恐惧和不自在。这些音乐假如在旷野上演奏，鸟听到就会高飞。鱼，只有在水里才能生存。河水干涸，鱼儿们被困在陆地上，互相吹着湿气，用涎沫互相滋润，不如让它们在江湖里互相忘却。庄子还说，沼泽里的野鸡，十步一啄食，百步一饮水，它不希望被养在笼子里。在笼子里虽然神气，但不舒服。

庄子主张以顺乎自然的方式去开发利用自然。他说：“道行之而成，物谓之而然。”“有自也而可，有自也而不可。有自也而然，有自也而不然。恶乎然？然于然。恶乎不然？不然于不然。恶乎可？可于可。恶乎不可？不可于不可。物固有所然，物固有所可。无物不然，无物不可。”（《庄子·寓言》）“唯达者知通为一，为是不用，而寓诸庸。庸也者，用也；用也者，通也；通也者，得也。适得而已矣。因是已，已而不知其然，谓之道。”（《庄子·齐物论》）道路是人走出来的，事物的名称是人叫出来的。可有可的原因，不可有不可的原因；是有是的原因，不是也有不是的原因。为什么可？自有它可的道理。为什么不可？自有它不可的道理。为什么是？自有它是的道理。为什么不是？自有它不是的道理。没有什么东西一定不可，也没有什么东西一定不是。只有通达之士才会理解万物相通为一的道理，不偏执于一己之是而顺应事物的自然功用。事物的自然功用都是相通的；相通就自得；自得，就离大道不远了，这也就是因任自然的道理。顺着自然的轨迹走却又不知为什么要这样走，这就叫作“道”。在这里，庄子把事物的作用区分为对人的作用和对事物自己的作用，认为并不见得对人没有作用的事物对自己就没有作用。没有一件事物没有自己的道理，没有一件事物没有自己的根据。真正有道德的人不是以事物对人类有用而论其有用，而是以它们对自己有用而论其有用。事实上，事物对自己有用与对人类有用，总体上又是相通的。从长远的角度看来，凡是对自己有用的事物终究会对人类有用。庄子依据这一思想，提出了“缘督以为经”的开发利用自然的原则。“庖丁解牛”说的就是以顺应自然的方式去开发利用自然。厨师庖丁为文惠君宰牛，手碰到的，肩扛住的，脚踩着的，膝抵压的，嚓嚓挥刀，沙沙有声，莫不合于音节！竟然同《桑林》舞蹈的节奏合拍，又合于《经首》的韵律。文惠君说：“啊！太妙了！你的技术竟能精湛到这个地步！”庖丁放下刀子说：“我爱好的是‘道’，比技术高一等。我刚杀牛的时候，见到的是整个的牛。三年以后，看到的牛都是一块一块的。到了现在，我只用心神去接触而不必用眼睛去看，感官的作用停止了而只运用心神。顺着牛身上的固有纹理，劈开骨肉间的间隙，引刀而入骨节间的大缝，顺着牛的自然结构去用刀，就连刀至经脉错聚之处也没有感到一点阻碍，何况那大骨头呢！高明的厨师一年一把刀，因为他免不了用刀割肉；普通的厨师一月一把刀，因为他要用刀砍断骨头。我这把刀用了十九年了，杀的牛有几千头，刀刃还像刚刚磨过一样。筋肉骨节自有间隙，刀刃却没有厚度，用没有厚度的刀刃切入有间隙的筋肉骨节，当然是游刃有余了，所以才能使此刀用了十九年还仍像刚从磨刀石上拿下来一样。”在庄子看来，大千世界，芸芸众生，纷繁复杂，人应当如庖丁运用解牛之刀，善于“依乎天理”“因其固然”地生存，尽量减少与自然界其他事物的冲突摩擦，“游刃有余”地生活于“技经肯綮”的世界。只有“缘督以为经”才可以保护人类自己的生命，保全人类自己的天性，才可以滋养身体，可以享尽天年。庄子又以养虎为例来说明顺物自然的重要性。会养老虎的人之所以不敢拿活东西给它吃，原因在于怕它扑杀活物时会激起它残杀的天性；之所以不敢拿全猪全牛给它吃，原因在于怕它撕裂食物时会激起它残杀的天性。掌握它饥饱的时间规律，把它喜怒无常的性情向温驯诱导。老虎与人虽不同类却讨好养它的人，在其面前驯服，就是因为养虎人顺应了它的性子。如果它要伤害人，那就是因为逆了它的性子。庄子更以爱马的人为马打蚊虻为例来说明。爱马的人，用竹筐给马盛粪，用水桶为马接尿。正好飞来一群蚊虻，养马人打得不是时候，使马受惊。于是马咬断了嚼子，踢破了养马人的脑袋，踏碎了养马人的胸膛。本意在于爱马，结果却遭受祸害，能不谨慎吗？庄子强调，开发利用自然必须顺其自然，必须懂得适可而止。他说：“‘无迁令，无劝成。’过度，益也。‘迁令’‘劝成’，殆事，美成在久，恶成不及改，可不慎与！”（《庄子·人间世》）此处“益”，本训为“溢”，含有溢恶、妄作之意。人们不要随意改变所受的使命，不要强求事情的成功。凡是过分过度的，都必然要带来祸害。在庄子看来，强求事情成功是危险的。成就一件好事需要很久的时间，但过错只要一铸成就后悔莫及了。对此人们必须三思而后行啊！人伦物理莫不如此。“兽死不择音，气息茀然，于是并生心厉。剋核大至，则必有不肖之心应之，而不知其然也。”（《庄子·人间世》）猛兽被逼入死路就会尖声乱叫，勃然发怒，进而产生吃人的恶念。人被逼得过分而走投无路时，也会产生恶念和报复心理，而逼人过甚的人自己却还不知道是什么缘故。庄子主张“乘物以游心，托不得已以养中，至矣！何作为报也？莫若为致命”（《庄子·人间世》）。无论碰到什么都要使自己的心悠然自得，寄托不得已来培养中和平静的心态，这就是最好的境界。

三、天道运而无所积，故万物成

庄子尖刻地嘲讽了那些疯狂地掠取自然物而不知休止的罪恶行径，认为这是十分可恨而又可悲的。“一受其成形，不亡以待尽。与物相刃相靡，其行尽如驰而莫之能止，不亦悲乎！终身役役而不见其功，苶然疲役而不知其所归，可不哀邪！”（《庄子·齐物论》）人一旦受天地之气而成形体，就产生对外物的强烈占有欲，追驰竞逐于其间而不能自止，这是多么可悲呀！终生忙碌不休又不见其有什么成就，疲劳困苦又不知到底为了什么，能不为这种人感到悲哀吗？这些贪得无厌的人们，眼睛迷恋五颜六色，耳朵沉溺靡靡之音，获得整个天下的财产也觉得不满足，整日忧心忡忡，犹如丧家之犬。庄子说：“天下皆知求其所不知而莫知求其所已知者，皆知非其所不善而莫知非其所已善者，是以大乱。故上悖日月之明，下烁山川之精，中堕四时之性，惴耎之虫，肖翘之物，莫不失其性。”（《庄子·胠箧》）在庄子看来，天下每每大乱、危机四起，罪因在于人们不知足不知止，在于他们追求其所不知道的而不知探索他们已经知道的，非难他们所不喜欢的而不知非难他们认为好的。正是由于这种不知足不知止，对上搅乱了日月的光明，对下耗尽了山川的灵气，中间破坏了四时的运行，使得天上的小飞虫，地上的小草，统统都得不到安宁。真是伤天害理、罪过至极啊！

老庄道家知足知止的开发观念，对于当代环境保护意识的建立，对于合理而有节制地开发利用自然资源，对于建立从粗放型向集约型过渡的经营机制，都具有十分重大的现实意义。当代世界性环境破坏、资源枯竭诸问题的产生，都同人们强烈的占有欲望、贪婪心理密切相关。面对当代人类所处的自然环境不断恶化、生态危机日渐加剧的局面，有识之士无不深深地感受到，一个十分明显的原因在于人们不懂得把开发利用自然资源与保护再造自然资源有机地结合起来，在于人们只顾眼前的利益而无节制地乱伐树木，破坏森林，过度地使用地力，过度地开采矿藏和地下水，过度地捕捞水产，过度地排放污染物，过度地毁林开荒、围湖造田、拦江筑坝，过度地建立新工厂、发展新项目，等等。随着工业化、科技化的加剧，许多国家把发展工业与科学技术放在首位，片面地追求经济效益与经济速度，以为只要有了工业、有了技术就可以对大自然为所欲为，把大自然完全当作大索取、高消费的对象和大排泄、大破坏的对象，以致竭泽而渔、杀鸡取卵，无所不用其极。罗马俱乐部在《世界的未来——关于未来问题一百页》的报告中指出："人之初，步子小，以后逐渐加快，最后向权力奔跑，建立了自己的统治，但往往是建立在'大自然的灰烬'上的。而且不顾自己是否已经超越极限，是否正在自掘坟墓。"① 在该俱乐部科学家看来，经济和自然资源的增长都有一定的极限，因此不能够盲目追求经济指数，为发展而发展，应当树立适度增长的观念，不能够对自然资源实行掠夺式的开采开发。英国著名经济学家E. F. 舒马赫在《小的是美好的》一书中认为，我们时代最重大的错误之一是"现代人没有感到自己是自然的一个部分，而感到自己命定是支配和征服自然的一种外来力量。他甚至谈到要向自然开战，忘却设若他赢得了这场战争，他自己也将处于战败一方"②。舒马赫在该书中揭露了发达国家资源密集型产业的许多弊病，指出西方资源

① ［意］佩奇：《世界的未来——关于未来问题一百页》，王肖萍、蔡荣生译，中国对外翻译出版公司，1985，第51页。

② ［英］舒马赫：《小的是美好的》，虞鸿钧、郑关林译，商务印书馆，1985，第1-2页。

密集型产业大量消耗着自然资源。他认为，如果我们滥用化石燃料一类不可再生的资源，就会威胁文明；如果我们糟蹋周围的自然环境，就会威胁人类的生存。在农业生产方面，舒马赫主张合理利用土地，倡导使用一种既能提高土壤的生产率，又能保持土地长期完好无损的生产方法。在工业生产方面，舒马赫主张发展一种能够适应生态学规律的具有人性的技术。舒马赫认为，现代工业投入很大，产出却很小，所以是低效率的。以美国为例，美国的人口占世界总人口的5.6%，却消耗了世界矿物资源的40%。舒马赫在该书中一再强调，地球是有限的，资源不可能无限增长。他提倡深思熟虑和自我克制，并说“所谓自我克制，是知足”，“自我克制为美”①。

美国自然科学家、著名的生态学家巴巴拉·沃德和雷内·杜博斯在其合著的《只有一个地球》一书中严厉谴责了在开发自然资源中竭泽而渔、杀鸡取卵的掠夺性行为，指出人类必须自觉地控制自己活动的范围，达到既有利于人类的共同生活，又促进自然环境正常发展的目标。自然体系及其各组成部分所能承受的负担的限度，人类行为不致破坏自然平衡的限度，无情加速的社会变化和资源消耗所能承受的限度，就是人类在处理资源问题上的道德界限。当我们将这些理论同老庄道家知足知止的观点加以比较的时候，就会看到它们之间存在着惊人的相似，在基本精神和总体取向上是完全一致的，由此也可看出道家生态伦理思想的现代价值。国外生态学家德沃尔和赛辛斯认为，中国道教生活的基础是同情、尊重和慈爱万物，“道教告诉我们有一种呈现方式内在于所有事物之中”②。马夏尔在自己的著作中指出：“最早的、清晰的生态思想在公元前六世纪的中国已经表达，……道家是功力最深刻、最雄辩的自然哲学，首次启发了人们的

① ［英］舒马赫：《小的是美好的》，虞鸿钧、郑关林译，商务印书馆，1985，第210页。

② Bill Devall and George Sissions, *Deep Ecology*, Peregrine Smith Books, 1985, p. 100.

生态意识，……道教为一个生态社会提供了真正的哲学基础，提供了解决古代人与自然对立的方法。”① 所以，人类要走出一条超越工业文明局限的生态文明道路，就需要好好吸收道家和道教关于尊重自然规律和保持生态平衡的思想理论。

第四节　热爱自然的伦理情趣

道家的生态伦理思想，除物我为一的整体意识、知常知和的平衡观念、知足知止的开发原则以外，还有一个重要的方面，那就是热爱和钟情大自然，以大自然为真善美的源泉，讴歌和赞美大自然，在自然中寻求安慰和精神寄托，实现人与自然之间的心灵和情感沟通。

一、天地有大美而不言

庄子继承和发展了老子“道法自然”的思想，认为自然的不仅是真的善的，而且是美的。人只有投身于大自然的怀抱，与大自然融为一体，才能够真正体会到自然的奥妙与善美，生发起热爱自然进而热爱生活的壮志豪情。在庄子看来，“天地有大美而不言”（《庄子·知北游》），大自然的美是一种至高至大而又不自我表现的美。《庄子·秋水》描绘了“天地有大美而不言”的景状，“秋水时至，百川灌河。泾流之大，两涘渚崖之间，不辩牛马。于是焉河伯欣然自喜，以天下之美为尽在己；顺流而东行，至于北海，东面而视，不见水端。于是焉河伯始旋其面目，望洋向若而叹……”秋天的雨水随时令季

① Peter Marshall, *Nature's Web Rethinking Our Place on Earth*, Paragon House, 1992, p. 413.

节而至，千百条河流一齐倾灌到黄河里，使得黄河水面宽阔浩荡，两岸及河中沙洲之间，连牛马都无法分辨。于是河神扬扬自得，以为天下的壮观之景都汇聚于自己一身。他顺流东下，来到北海边，向东望去，看不见海水的尽头，于是他欣然自喜的神情稍始收敛，望着大洋对海神发出感叹。河神看见了大海，方才知道了自己的自视为美多么丑陋。你看那浩瀚无际的大海，千万条江河流向它的怀抱但它从不盈满。大海的容量远远超过江河，简直无法计算。“千里之远，不足以举其大；千仞之高，不足以极其深。”（《庄子·秋水》）大禹时十年九涝，洪水泛滥，而大海的水不为之增加；商汤之时八年七旱，可是海岸并不浅露。不因为时间的长短而有所改变，不因为雨水的多少而有所增减，这就是海洋的大乐。海神与河神的谈话发人深省，它启迪人超越自身的局限，去认识宇宙或自然的永恒和无限，不要以管窥物、坐井观天、夜郎自大。自然是宏大而又善美的，人只有效法自然的博大与无私，才能拓宽自己的心胸，开阔自己的视野，使生活变得美好与幸福。因此，效法自然，像大自然那样“生而不有，为而不恃，功成而弗居”，就成了人生快乐的源泉。

庄子《齐物论》提出的“地籁”“人籁”和“天籁”对于声音和音乐作出了比较性的探讨，涉及“吾丧我”以及对天地人之气的理解与把握问题，隐含着“三籁”之声的力度、气势、回响和神韵等方面的要素。要理解“天籁”，先必须理解“地籁”，而要理解“地籁”又必须先理解“人籁”。如果说“人籁”是人吹箫而发出的声音，那么“地籁”则是指风吹大地上各种孔窍发出的声音。“南郭子綦隐机而坐，仰天而嘘，荅焉似丧其耦。颜成子游立侍乎前，曰：‘何居乎？形固可使如槁木，而心固可使如死灰乎？今之隐机者，非昔之隐机者也。’子綦曰：‘偃，不亦善乎，而问之也！今者吾丧我，汝知之乎？汝闻人籁而未闻地籁，汝闻地籁而未闻天籁夫！’子游曰：‘敢问其方。’子綦曰：‘夫大块噫气，其名为风，是唯无作，作则万窍怒呺，而独不闻之翏翏乎？山林之畏隹，大木百围之窍穴，似鼻，似口，似耳，似枅，似圈，似臼，似洼者，似污者；激者，謞者，叱者，吸者，叫者，譹者，宎者，咬者，前者唱于，而随者唱喁。泠风则小和，飘风则大和，厉风济则众窍为虚。而独不见之调调、之刁刁乎？’子游曰：‘地籁则众窍是已，人籁则比竹是已，敢问天籁。’子綦曰：‘夫吹万不同，而使其自己也，咸其自取，怒者其谁也？’”住在南郭的子綦先生靠着几案而坐，仰首向天缓缓地吐着气，那离神去智的样子真好像精神脱离了躯体。他的学生颜成子游陪站在跟前说道：“这是怎么啦？诚然可以使形体像干枯的树木，难道也可以使精神和思想像死灰那样吗？你今天凭几而坐，跟往昔凭几而坐的情景大不一样呢。”子綦回答说：“偃，你这个问题不是问得很好吗？今天我忘掉了我自己，你知道吗？你听见过‘人籁’却没有听见过‘地籁’，你即使听见过‘地籁’却没有听见过‘天籁’吧！”子游问：“我冒昧地请教它们的真实含义。”子綦说：“大自然吐出的气，名字叫风。风不发作则已，一旦发作整个大地上数不清的孔窍都怒吼起来。你难道没有听过那呼啸的风声吗？高峻的山陵和百围大树上无数的孔窍，有的像鼻孔，有的像嘴巴，有的像耳朵，有的像圆柱上插入横木的方孔，有的像圈围的栅栏，有的像舂米的臼窝，有的像洼地，有的像池塘。这些孔窍发出的声音，有的像湍急的流水声，有的像迅疾的箭镞声，有的像大声的呵斥声，有的像细细的呼吸声，有的像放声叫喊，有的像号啕大哭，有的像在山谷里深沉回荡，有的像鸟儿鸣叫叽喳，前面发出呜呜的倡导，后面在呼呼随和。清风徐徐就有小小的和声，长风呼呼便有大大的反响，迅猛的暴风突然停歇，万般窍穴也就寂然无声。你难道没有看见风儿过处万物随风摇曳晃动的样子吗？”子游说：“地籁是从万种窍穴里发出的风声，人籁是从并排的各种不同的竹管里发出的声音。我再冒昧地向你请教什么是天籁。”子綦说：“天籁是说风吹孔窍虽然有万般不同，但使它们有各自独特声音的，都是它们自身的形状造成的，不会有什么别的发动者。”《庄子》一书对地籁的描述是实写，对天籁的描述则用虚写。

南郭子綦与他的学生颜成子游（名偃，字子游）关于“人籁”“地籁”“天籁”的这一番对话反映了庄子对声音和音乐的深刻认识。“三籁”中描述得最简单的是“人籁”，认为“人籁则比竹是已”。“比竹”是指用很多竹管排列制成的排箫。“地籁”则论述甚详，着墨最多，形容得既具体又可以感知。“天籁”也是两次被提及，被解释为“吹万不同，而使其自己也，咸其自取，怒者其谁也?”郭象在《庄子注》中指出：“夫天籁者，岂夫别有一物哉？即众窍比竹之属，接乎有生之类，会而共成一天耳。无既无矣，则不能生有；有之未生，又不能为生。然则生生者谁哉？块然而自生耳。自生耳，非我生也。我既不能生物，物亦不能生我，则我自然矣。自己而然，则谓之天然。天然耳，非为也，故以天言之。以天言之，所以明其自然也，岂苍苍之谓哉！而或者谓天籁役物使从己也。夫天且不能自有，况能有物哉！故天者，万物之总名也，莫适为天，谁主役物乎？故物各自生而无所出焉，此天道也。”① 在郭象看来，庄子所说的“天籁”其实就是天道自然而然的集中体现，是天自己自然而然的声音，或者说“天籁役物使从己”的自我自然所形成的声音，没有什么控制，也没有什么主宰，与老子所言的“生而不有，为而不恃，长而不宰”的“道”是直接相通相关的。成玄英的《庄子疏》基本上沿袭了郭象的观点，指出：“故夫天籁者，岂别有一物邪？即比竹众窍接乎有生之

① 郭庆藩：《庄子集释》上，中华书局，2004，第50页。

类是尔。寻乎生生者谁乎，盖无物也。故外不待乎物，内不资乎我，块然而生，独化者也。是以郭注云，自己而然，则谓之天然。故以天然言之者，所以明其自然也。而言吹万不同。且风唯一体，窍则万殊，虽复大小不同，而各称所受，咸率自知，岂赖他哉！此天籁也。故知春生夏长，目视耳听，近取诸身，远托诸物，皆不知其所以，悉莫辨其所然。使其自己，当分各足，率性而动，不由心智，所谓亭之毒之，此天籁之大意者也。”[①] 如果说我们可以把“人籁”理解为“有意之声”，把“地籁”理解为“无意之声”，那么我们也可以把“天籁”理解为“无声之声”。清代学者宣颖《南华经解·齐物论》认为，庄子“写地籁忽而杂奏，忽而寂收，乃只是风作风济之故”；“写天籁更不须另说，止就地籁上提醒一笔，便陡地豁然。待风而鸣者，地籁也；而风之使窍自鸣者，天籁也”。又说：“今将地籁、天籁敷说一番，截然而止，更无一字挽及……不写形骸之假，但写一派虚声，真上智人说法之事也。”[②] 庄子的“三籁”说旨在告诫人们，声音之所以千差万别，全是各孔窍的自然状态所致。所谓天籁，其实就是因任自然的声响。天籁与“吾丧我”的关系，在子綦看来，二者同属顺任自然的境界。“子綦自道，直云吾丧我，方是从心地净尽中流出一丝不挂之语”，“方言丧我，凭空以声籁致问，其胸中是何托悟。妙不容言”。[③] 庄子用人籁和道作了对比，用朝三暮四的猴子来比喻执迷于分辨事物差异的人。“庄子连我今有谓一并扫却。既是大道希夷，总以冥漠为至。现身说法，真淡之之至也。”[④] 庄子想通过“三籁”说告诉世人，与其争辩不休，不如去掉成见之心让别人与“我”心意相通。这是道的命令和要求，也是尊道贵德之士应有

① 郭庆藩：《庄子集释》上，中华书局，2004，第 50 页。
② 宣颖：《南华经解》，广东人民出版社，2008，第 12 页。
③ 宣颖：《南华经解》，广东人民出版社，2008，第 11 页。
④ 宣颖：《南华经解》，广东人民出版社，2008，第 11 页。

的人生风范。

二、通于天地者，德也

道家认为，天地既是有大美而不言的真实存在，又以其特有的尊道贵德凸显出其既自然又崇高伟大的品性。《庄子·天地》曰："天地虽大，其化均也；万物虽多，其治一也……以道泛观而万物之应备。故通于天地者，德也；行于万物者，道也……德兼于道，道兼于天。故曰：古之畜天下者，无欲而天下足，无为而万物化，渊静而百姓定。《记》曰：通于一而万事毕，无心得而鬼神服。"天和地虽然高远广大，但是它们生养化育万物却是均等而不偏私的，万物的种类虽然很多，但是它们的生长发育之道却是相通的。所以，从大道生化万物的角度去观察万物，万物都是自生自成、自得自足的。能够通于天地其实就是德，行于万物其实就是道。"万物莫不皆得，则天地通。""通，同也。同两仪之覆载，与天地而俱生者，德也。"[①]"以德为原，无物不得。得者自得，固得而不谢，所以成天也。"[②]成玄英《庄子疏》有言："夫二仪生育，覆载无穷，形质之中，最为广大；而新新变化，其状不殊，念念迁谢，实惟均等，所谓亭之也。故云天地与我并生。"[③]陆德明《庄子释文》解释道："天，显也，高显在上也；又坦也，坦然高远也；地，底也，其体底下，载万物也。《体统》云：天地者，元气之所生，万物之祖也。"[④]人效法天地之道和天地之德，就是要崇尚那种"生而不有，为而不恃，长而不宰""功成而弗居"的自然无为品性，默默奉献而不求索取，有功于万物而

① 郭庆藩：《庄子集释》中，中华书局，2004，第405页。
② 郭庆藩：《庄子集释》中，中华书局，2004，第404页。
③ 郭庆藩：《庄子集释》中，中华书局，2004，第403页。
④ 郭庆藩：《庄子集释》中，中华书局，2004，第403页。

不自居其功。古代那些养育天下的圣君自己无欲而使天下富足，自然无为而使万物自我化育，自己清净而使百姓安定。《记》，书名，“云老子所作”，意即老子所作的《记》指出，贯通于天地之道和天地之德的“一”能使万事成功，无心于得到可以使鬼神敬服。“一，道也。夫事从理生，理必包事，本能摄末，故知一，万事举。”①

在庄子看来，道是覆载养育了万物的根源和本体，而这种覆载养育万物完全是在自然无为的状态中展开进行的。君子不能不虚心向大道学习并锻铸一种尊道贵德的人生品质。“无为为之之谓天，无为言之之谓德，爱人利物之谓仁，不同同之之谓大，行不崖异之谓宽，有万不同之谓富。故执德之谓纪，德成之谓立，循于道之谓备，不以物挫志之谓完。君子明于此十者，则韬乎其事心之大也，沛乎其为万物逝也。”（《庄子·天地》）天就是率性而动的“无为为之”，“天机自张，故谓之天。此不为为也”，“不为此为，而此为自为，乃天道”②。效法天道就是要以自然无为的态度去做事，内含了尊重自然规律和顺应自然等要义。德就是“不为此言，而此言自动”③的真诚状态，内含着以自然无为的态度去讲话以及所说纯粹出于内在的真诚等要义。如“仁”“大”“宽”“富”“纪”“立”“备”“完”亦应作如是观，应当顺应自然，遵从天性，千万不要以个人的得到或欲望的满足作为评价的标准。庄子认为，只有完全树立了顺应自然、遵从天性的道德观，才能够使人们免去贪欲过多以及占有欲无法满足的痛苦，达到“藏金于山，藏珠于渊；不利货财，不近贵富；不乐寿，不哀夭；不荣通，不丑穷；不拘一世之利以为己私分，不以王天下为己处显”（《庄子·天地》）的目的，拥有一份超越世俗生活的自然且逍遥的人生

① 郭庆藩：《庄子集释》中，中华书局，2004，第406页。

② 郭庆藩：《庄子集释》中，中华书局，2004，第407页。

③ 郭庆藩：《庄子集释》中，中华书局，2004，第407页。

幸福。一个真正尊道贵德之人“立之本原而知通于神”，所以能够使自己的德性广大超迈。万物和人的形体没有道就没有办法生成，而生命没有德性就没有办法立足于天地之间。保存好自己的生命形体以至自然的终结，培养好自己的德性以便更好地明道，这难道不是大德之人的行为吗？庄子认为，一个真正能够明于天地之德的人，他能够与天地万物相往来，能够看到很多世俗之人看不到的物象，听到许多世俗之人听不到的声音，能够做自己的生命和价值的主人，其幸福是无可言表的。

三、与天和者，谓之天乐

醉心于“与天和者”的“天乐”是道家伦理价值追求的重要体现和审美反映，亦是道家生态伦理思想的境界所系。《庄子·天道》有言：“夫明白于天地之德者，此之谓大本大宗，与天和者也；所以均调天下，与人和者也。与人和者，谓之人乐；与天和者，谓之天乐。”一个人能认识明白天地之“生而不有，为而不恃，长而不宰”“功成而弗居”的德性，就已经体察到天地万物的大本大宗，就可以顺应自然和谐发展。以自然之道来治理天下，则能与百姓和睦相处。与百姓和睦相处，是为人乐。与自然和谐相处，是为天乐。“夫灵府明静，神照洁白，而德合于二仪者，固可以宗匠苍生，根本万有，冥合自然之道，与天和也。”① 只有与天和谐一致才能够感受并欣赏到“天乐”。庄子主张以自然为师，调和万物却不自认为高明，造福万代却不自认为仁义，生长于上古却不自认为长寿，覆天载地、长养万物却不自认为智巧。所以与自然和谐相处的人活着的时候依循自然

① 郭庆藩：《庄子集释》中，中华书局，2004，第462页。

的规律或法则而生活，死亡的时候也随自然归于大化，清静的时候与地阴一起隐寂，行动的时候与天阳一起运转。所以能够与自然和谐相处的人是不会怨天尤人的，不会为外物所羁绊，也不会遭到鬼神的责罚。他的内心充溢着自然的安定祥和，不仅鬼神不会来责罚，而且万物都会来与之共在，充满着自然之道的天然之乐。

在庄子看来，一个人只有善于向大自然学习，热爱和钟情大自然，与自然同一，才可以获得“天乐”。“知天乐者，其生也天行，其死也物化……无天怨，无人非，无物累，无鬼责。”（《庄子·天道》）天乐，就是与天地万物融洽混合的一种快乐自在的状态。能够与天同乐，是自然之道在人心中的迁延与充实。体会天乐或与天同乐的人，生存时顺天而行，死时便与外物化为一体，静时与阴同隐寂，动时与阳同波流。体会天乐的人，不怨天，不尤人，没有外物牵累，没有鬼神责罚。一个人能够与天同乐或拥有天乐，是以意识到自己的渺小和短暂进而忘怀一己的得失荣辱、感官享受为前提的。只有完全忘掉自己的现实存在，忘掉一切耳目心意的感受计虑，才有可能与万物一体而遨游天地，获得天乐。清代学者宣颖在《南华经解》中认为，“乐之一字，学道人与世俗所同尚也”，但是世俗之人所崇尚的乐是“形骸之享受”，而道家所崇尚的乐则是“性情之恬愉”。大凡那些追求“形骸之享受”的人最后常常得不到真正的快乐，往往使这种追求成为“拘身之桎梏”“腐肠之毒药”。只有追求“性情之恬愉”的道家人士才能在“无为逍遥”中“不言乐而至乐存焉”。[①]

《庄子·秋水》描述了庄子与惠施在濠上观鱼的一段对话。庄子曰：“鲦鱼出游从容，是鱼之乐也。”银白色的小鱼优哉游哉地在水中游来游去，多么快乐啊。惠子曰：“子非鱼，安知鱼之乐?”亦即

① 宣颖：《南华经解》，广东人民出版社，2008，第124页。

你又不是鱼，你怎么知道鱼儿的快乐？庄子曰："子非我，安知我不知鱼之乐。"你又不是我，你怎么知道我不知道鱼的快乐？惠子曰："我非子，固不知子矣；子固非鱼也，子之不知鱼之乐。全矣。"的确，我不是你，因而不知道你是不是真知道鱼的快乐；而你本来不是鱼，所以你不知道鱼的快乐，这个结论算是全面吧。庄子曰："请循其本。子曰'汝安知鱼之乐'云者，既已知吾知之而问我，我知之濠上也。"请回到你最初讲的话上。你刚才问我"你怎么知道鱼儿快乐"这句话，说明你已经承认我知道鱼的快乐才来问我。现在我告诉你，我是站在濠水桥上通过观察知道的。庄子之所以能够知道鱼的快乐，是因为在庄子看来，物我无别，万物通一，处在自然状态中的自然物就是最合乎自然本性的，因而也是最快乐的。人与物原本没有什么本质的区别，银白色的小鱼悠然自得、自由自在给庄子心灵上以极大的感染，故引起庄子心灵的快感，既然银白色的小鱼能够引起庄子情感上的快乐，那么根据物我相通的原理就可以肯定地推出银白色的小鱼是快乐的。这就是移情的妙用。庄子与惠施的辩论，以一种与天合德的自由精神赋予了自然物以真善美的意义。在庄子看来，自然界的山川草木、鸟兽虫鱼各以其自然的本性生存着，装点着自然界并使其生机盎然，妙趣无穷，它们完全能够给人许多温馨和启迪，许多安慰和感染，成为人生快乐和幸福的源泉。

庄子的天乐和钟情自然为魏晋玄学家所发展。经过魏晋玄学，自然山水、花木鸟兽被赋予更多的情感和伦理意义，终成以形媚道的畅神之物。官场失意、仕途不济或家庭多难的人们，可以在与大自然的接触中发现一个崭新的天地，寻找到一个可以与之对话和沟通、可以寄托人生理想和愿望的对象物，于是松、竹、梅、菊、莲花、青鸟、大雁、蓝天、白云、小桥、流水、枫叶、红豆、明月、白鹭、芙蓉、杜鹃等均成了人们托物言志的化身。"托好老庄"，主张"越名教而任自然”的竹林学派的代表人物阮籍、嵇康从天地合德、物我一体的思想出发，醉心于自然山水，采取了“愿登太华山，上与松子游。渔父知世患，乘流泛轻舟”的人生态度，主动地在山水中去体悟玄学之道。山水与玄理在他们的意念上达成了同构，景观物象变成了他们领悟大道、探求生命本原的媒体。由观象而悟道，从而获得身心上的极大愉悦，得以“独与天地精神相往来”，看轻乃至摒弃了一切身外之物。自然山水的无尽旨趣与新鲜活跃，对那些个人理想与社会现实发生了抵牾、心灵蒙受着创伤的文人士大夫来说，有着特殊的抚慰作用，向他们展示着一种全新的生命意蕴。“所说者庄老”的东晋大诗人陶渊明在经历了仕途坎坷、官场失意的挫顿之后毅然弃官归田，流连于自然山水之中，“采菊东篱下，悠然见南山”，其中欲辨忘言的真意在于“结庐在人境，而无车马喧”。在《归田园居·其一》中陶渊明写道：“少无适俗韵，性本爱丘山。误落尘网中，一去三十年。羁鸟恋旧林，池鱼思故渊。开荒南野际，守拙归园田。方宅十余亩，草屋八九间。榆柳荫后檐，桃李罗堂前。暧暧远人村，依依墟里烟。狗吠深巷中，鸡鸣桑树颠。户庭无尘杂，虚室有余闲。久在樊笼里，复得返自然。”美好的自然风物和田园景色，唤醒了他对生活的热爱，在榆柳和桃李环绕的村居中，他感到了一种少有的惬意与清新。

陶渊明之后，道家道法自然、钟情山水的审美情趣推动了谢灵运、谢朓等文人对于自然山水的挚爱，形成了以自然风光为咏赞对象的山水诗。谢灵运早入仕途，心怀壮志，却多不得意，后来隐居，以遨游自然山水为最。“山桃发红萼，野蕨渐紫苞”（《酬从弟惠连》），“近涧涓密石，远山映疏木”（《过白岸亭》），“云日相辉映，空水共澄鲜”（《登江中孤屿》），在对自然景物的欣赏观察中，谢灵运见到了不少山水的美景，获得了对宇宙人生之道的深彻理解。在《石壁精舍还湖中作》一诗里，谢灵运写道："昏旦变气候，山水含清晖。清晖能娱人，游子憺忘归。出谷日尚早，入舟阳已微。林壑敛暝色，云霞收夕霏。芰荷迭映蔚，蒲稗相因依。披拂趋南径，愉悦偃东扉。虑澹物自轻，意惬理无违。寄言摄生客，试用此道推。"他从山水中悟出玄理和道的真谛，并以此来反证人生，实现人生境界的超越和提升。谢灵运等人的山水诗再现了祖国河山的雄伟与壮丽，丰富了中国人民的审美情趣，提高了他们对祖国河山的热爱之情。南北朝时山水诗的兴盛，影响了整整几代文人，流波所及，当时的散文、骈文，如郦道元的《水经注》，吴均、陶弘景等人的书信，也都注重自然风光的描写，极尽形容之能事。吴均在《与顾章书》中描写石门山风景："森壁争霞，孤峰限日。幽岫含云，深溪蓄翠。蝉吟鹤唳，水响猿啼。英英相杂，绵绵成韵。既素重幽居，遂葺宇其上。幸富菊花，偏饶竹实。山谷所资，于斯已办。仁智所乐，岂徒语哉！"又在《与宋元思书》中描写自富阳至桐庐一百余里的奇山异水："水皆缥碧，千丈见底；游鱼细石，直视无碍。急湍甚箭，猛浪若奔。夹峰高山，皆生寒树，负势竞上，互相轩邈，争高直指，千百成峰。泉水激石，泠泠作响；好鸟相鸣，嘤嘤成韵。蝉则千转不穷，猿则百叫无绝。鸢飞戾天者望峰息心，经纶世务者窥谷忘反。"自然山水、鸟兽虫鱼的气韵清丽、流畅自在给作者心灵以无尽的舒慰和愉悦，使其忘记了世俗人生的争逐之心、功利之念和贪欲之情，达到一种与自然纯然合一的自然真趣的境界。

唐代以王维、孟浩然、李白、白居易等为代表的文人士大夫，推崇老庄道家寄意山水、酷爱自然的精神观念，"一生好作名山游"，在与自然景物的交融互参中发掘着宇宙的奥秘、人生的真理，倾吐着对大自然的无比喜爱，在自然中寻获一个不同于市俗和政治的人生，在自然中体察着宇宙的本心和人生的情趣。在王维看来，市俗和官场中的人无疑是最孤立无援的，真话不能说，好事不能做，相识满天下，知心能几人，因此只有自然山水、鸟兽花木才可以给人以安慰，才能与人做朋友。“独坐幽篁里，弹琴复长啸，深林人不知，明月来相照。”（《竹里馆》）“空山不见人，但闻人语响，返景入深林，复照青苔上。”（《鹿柴》）“人闲桂花落，夜静春山空，月出惊山鸟，时鸣春涧中。”（《鸟鸣涧》）在这里，孤独的人并不孤独，他与自然为侣，桂花、山鸟、幽篁、明月都是他的伴侣，他正是在孤独里体味着自然和自我。他的自我也渐渐融入自然之中，与自然一体，达到一种无我的境界。“木末芙蓉花，山中发红萼，涧户寂无人，纷纷开且落。”（《辛夷坞》）“飒飒秋雨中，浅浅石溜泻。跳波自相溅，白鹭惊复下。”（《栾家濑》）以无我之心观物，才能在一片静谧幽寂中体会到自然的生机、生动和热闹。人由自然之静谧幽寂体味到自然的生动热闹，进而体味到这极大的动闹之中的极大的静。由此，他获得了一颗宇宙之心，同时也获得了人生之情趣。白居易一生酷爱自然，得志时自然是他快乐的分享者，痛苦时自然是他烦闷的消解者。“春生何处暗周游，海角天涯遍始休。先遣和风报消息，续教啼鸟说来由。展张草色长河畔，点缀花房小树头。若到故园应觅我，为传沦落在江州。”（《春生》）春天带着欢乐的音乐节奏，带着明媚的鸟啼、绿草、花香来寻找心怀伤感、怀才不遇的诗人，温暖和抚慰他那痛苦而忧伤的心灵。面对美丽的大自然，白居易愁闷尽消、烦恼顿释，吟出了“死生无可无不可，达哉达哉白乐天”（《达哉乐天行》）。白居易是从现实的失意中带着一颗要求平静的心走向自然的，自然也像慈母一样以温存柔爱安慰了他那痛苦忧伤的心灵。白居易尤其爱竹，写下了著名的《养竹记》，他说：“竹似贤，何哉？竹本固，固以树德，君子见其本，则思善健不拔者；竹性直，直以立身，君子见其性，则思中立不倚者；竹心空，空以体道，君子见其心，则思应用虚受者；竹节贞，贞以立志，君子见其节，则思砥砺品行夷险一致者。夫如是，故君子人多树之，为庭实焉。”（《白氏长庆集》卷四十三）这里充满了一个凡人雅士对自然的爱，感伤之情已完全转化为闲适之心，自然景物成为人生的知己和道德理想，砥砺着人在道德上不断地自我完善。

宋代苏东坡、辛弃疾、陆游等文人更以自然为师为友，从自然中吸取人生的力量。他们热爱和崇尚大自然，投向自然的怀抱犹如投向友人的怀抱。苏东坡仕途坎坷，数度流放，第一次发落在黄州，第二次被贬到了岭南惠州，第三次再被贬到海南岛儋州。虽然他官场失意，但人生不失情和志，原因在于他以自然为尚，以自适为佳，从自然山水中获得了深湛的觉悟，故能以一种相对超脱、旷达的态度面对人生，面对世界。第一次被贬黄州时，他同一个友人一同划船游于赤壁之下。当友人哀叹生命短促、羡慕长江无穷，希望与明月一起长存的时候，东坡却说：“客亦知夫水与月乎？逝者如斯，而未尝往也；盈虚者如彼，而卒莫消长也。盖将自其变者而观之，则天地曾不能以一瞬；自其不变者而观之，则物与我皆无尽也，而又何羡乎？且夫天地之间，物各有主。苟非吾之所有，虽一毫而莫取。惟江上之清风，与山间之明月，耳得之而为声，目遇之而成色，取之无禁，用之不竭，是造物者之无尽藏也，而吾与子之所共适。”[①] 江上的清风，山间的明月，取之不尽，用之不竭，这是大自然无穷无尽的宝藏，可供我们赏玩适意，也可寄托我们无穷的心思与希望。南宋诗人辛弃疾眼中的自然已经不是浑然一体的宇宙的自然，而是具有人格意味、懂感情的个体。人与自然的关系，在他那里已经转换成个体对个体的关系。自然界中的一山一石，一草一木，一花一卉，一鸟一虫，等等，完全可以成为人的朋友，而且是知心朋友。人在社会中也许很难找到

① 苏轼：《赤壁赋》，《苏轼文集》，岳麓书社，2000，第 872-873 页。

真朋友，但在自然界中情形就大不一样了。“甚矣吾衰矣。怅平生交游零落，只今余几！白发空垂三千丈，一笑人间万事。问何物能令公喜？我见青山多妩媚，料青山见我应如是。情与貌，略相似……”（《贺新郎》）在辛弃疾看来，人与自然是可以互吐衷肠的好朋友，自然安慰着人，人也关心着自然。“一松一竹真朋友，山鸟山花好弟兄。”（《鹧鸪天》）“青山意气峥嵘，似为我归来妩媚生。解频教花鸟，前歌后舞；更催云水，暮送朝迎。”（《沁园春》）青山含情，并能频教花鸟为人唱歌跳舞，同时使唤云水来对人的出归表示迎送，真是友情坚执而深沉，人类中的同事同道又有几个能做到这样？这是一幅诗化、神化、圣化了的天人合一、物我一体图画。陆游一生酷爱自然，他把自然视为自己痛苦人生的知音。“世味年来薄似纱，谁令骑马客京华？小楼一夜听春雨，深巷明朝卖杏花。”（《临安春雨初霁》）面对着人情冷暖，世态炎凉，陆游将心托与自然，并把梅花作为自己的好友。“驿外断桥边，寂寞开无主。已是黄昏独自愁，更著风和雨。无意苦争春，一任群芳妒。零落成泥碾作尘，只有香如故。”（《卜算子》）孤独的人终于有了凌寒傲霜的梅花为伴，于是孤独的心再不孤独。他在人世的孤独之外找到了化解人世孤独的自然景物——梅花，清高的品格总算有了理解者与合作者。有梅花的相互依持，心心相印，人世的孤独又算得了什么？自然界不愧为人类的母亲，人们心灵的归宿和良师益友。

总之，老庄道家酷爱自然、钟情山水并以自然为师友的精神观念，深刻地影响了一代又一代中国知识分子的心灵，使他们投向大自然的怀抱，去和自然万物沟通对话，并由此激发他们热爱自然、热爱生活的热情，塑造他们的品性人格，使他们创作出不少讴歌自然景物、赞美祖国大好河山的作品，大大拓展了中国伦理文化的精神空间，为中华民族的人文精神注入了非凡的生命力。追求“天人合一”

是儒道墨各家伦理思想的基本特色，但是只有道家的“天人合一”是人主动地去与天合一，其合一更强调人道对于天道的复归与依循，即人道依天道而行，而不是简单地使天道与人道结合起来。道家反对凡事以人类为中心的人类中心主义，不仅把自然万物视为宇宙中平等的一员，以平等的态度善待自然万物，而且特别强调天道也是“生而不有，为而不恃，功成而弗居”的，人向天道学习，也绝对不能以主宰者自居，不能一味地榨取、剥夺自然万物的价值，而是应当恬淡无为，淡泊自甘，甚至应当居万物之后。庄子既反对以人的利欲来治理万物，也反对按照人类自己的理解来对待动物，如反对“以己养养鸟”，主张“以鸟养养鸟”，让动物按照它们自己的天性生活，千万不能想当然地以自认为对动物好的方式去对待它们，进而造成动物生存自然机制被打乱的恶果。道家将人道纳入天道的框架中，并使人道符合天道、以天道为旨归的生态伦理犹如一股永不涸竭的智慧之泉，滋润着中华民族的精神之花。同时也给现当代外国人以畅饮后的无比清新和甘甜！亦如卡普拉所说，道家提供的生态智慧是最深刻也是最完美的伟大智慧！

第九章　道家伦理智慧的独特神韵

道家的伦理思想不仅追问生命的本质、探讨治政的要旨、求索养生的精义，而且沉思宇宙的构造和处世的哲理，以湛然幽玄的伦理智慧彪炳于世。道家的伦理智慧既通过其个人伦理、生命伦理、经济伦理、政治伦理、生态伦理的分殊路径具体地表现出来，也借助道统万物的理一路径综合地体现出来。德国哲学家谢林有言："如果说孔夫子致力于把一切学说和智慧退回到中国国家的旧有基础，那么老子却在无条件地、普遍地探索存在的最深层。"[①] 卡尔·雅斯贝斯专门研究了老子思想及其历史地位，坚持认为老子哲学"植根于一种隐蔽的古老传统。他的贡献在于深化了神秘主义观点，并以哲学思辨超越了它"，也许有人迷信和歪曲他的语句，"但他永远是真正的哲学的唤醒者"，"从世界历史来看，伟大的老子和中国精神是联系在一起的"。[②] 他将老子定位为"真正的哲学的唤醒者"，并尊称老子为"伟大的老子"，认为老子思想是和中国精神紧密联系在一起的，要理解中国精神就必须理解和研究老子。以老庄为代表的道家在伦理智慧上确实有其内在且独特的神韵、价值建构，更有其历久弥新的精神魅力。

---

① ［德］谢林：《中国——神话哲学》，何兆武、柳卸林主编《中国印象：外国名人论中国文化》，中国人民大学出版社，2011，第 197 页。

② ［德］雅斯贝斯：《老子》，何兆武、柳卸林主编《中国印象：外国名人论中国文化》，中国人民大学出版社，2011，第 284 页。

第一节　视域高超的天地境界

道家的伦理智慧立于天地境界的高度来省察伦理的真义，赋予人的道德生活一定的超越性并将其提到宇宙伦理的层面予以观照，显现出一种高远恢宏的气势。“道德境界主要是儒家的，……道家则是完全的天地境界。”[①] 崇尚天地境界的道家强调“天地与我并生，而万物与我为一”，“泽及万世而不为仁，长于上古而不为老，覆载天地、刻雕众形而不为巧”（《庄子·大宗师》），体现了一种独与天地万物相往来的伦理意识和精神。

一、天地与我并生

“天地境界”语出冯友兰《新原人》一书，是和自然境界、功利境界、道德境界相对而言的一种精神境界。在冯友兰看来，人生是有觉解的生活。由于人对宇宙人生觉解的程度不同，人生境界和精神风范便也不同。自然境界是最低的境界，“在此种境界中底人，其行为是顺才或顺习底。……他对于其所行底事的性质，并没有清楚底了解。此即是说，他所行底事，对于他没有清楚底意义。就此方面说，他的境界，似乎是一个混沌”[②]。在此种境界中的人，纯依本能而行为，凿井而饮、耕田而食，日出而作、日落而息，浑浑噩噩地度日。“因其不觉解，所以说是不识不知。”[③] 功利境界高于自然境界。“功

① 林光华：《放下心中的尺子——〈庄子〉哲学 50 讲》，中国人民大学出版社，2019，第 6 页。

② 冯友兰：《新原人》，《贞元六书》下，华东师范大学出版社，1996，第 554 页。

③ 冯友兰：《新原人》，《贞元六书》下，华东师范大学出版社，1996，第 554 页。

利境界的特征是：在此种境界中底人，其行为是‘为利’底，所谓‘为利’是为他自己的利”[1]，或者说都是自私的、利己的。这种人争名于朝、争利于市，以满足自己的需要、求得人生的快乐为目的，奉行功利主义或快乐主义的人生哲学。道德境界是贤人的境界。“在此种境界中底人，其行为是‘行义’底。义与利是相反亦是相成底。求自己的利底行为，是为利底行为；求社会的利底行为，是行义底行为。在此种境界中底人，对于人之性已有觉解，他了解人之性是涵蕴有社会底。”[2] 与以占有和索取为目的的功利境界不同，道德境界是以奉献和给予为目的的。处于道德境界的人都以服务社会为目的，一心一意为他人、为社会谋利益，工作上尽伦尽职。天地境界是最高的境界，在这种境界中的人是圣人。“天地境界的特征是：在此种境界中底人，其行为是‘事天’底。在此种境界中底人，了解于社会的全之外，还有宇宙的全，人必于知有宇宙的全时，始能使其所得，于之所以为人者尽量发展，始能尽性。在此种境界中底人，有完全底高一层底觉解，此即是说，他已完全知性，因其已知天。他已知天，所以他知人不但是社会的全的一部分，而并且是宇宙的全的一部分，不但对于社会，人应有贡献，即对于宇宙，人亦应有贡献。”[3] 如果说处于道德境界中的贤人仅觉解了“社会的全”即关于社会的全部的理，那么处于天地境界中的圣人则觉解了宇宙大全即完成了对于整个真际的体认。贤人站在社会的立场上行义，尽人伦、尽人职，对社会有所贡献；圣人站在宇宙的立场上事天，尽天伦、尽天职，对宇宙有所贡献。处于天地境界中的圣人，以真际为精神寄托，“自同于大全，‘体与物冥’，‘我’与‘非我’的分别，对于他已不存在，就

① 冯友兰：《新原人》，《贞元六书》下，华东师范大学出版社，1996，第 555 页。
② 冯友兰：《新原人》，《贞元六书》下，华东师范大学出版社，1996，第 556 页。
③ 冯友兰：《新原人》，《贞元六书》下，华东师范大学出版社，1996，第 556-557 页。

所谓‘我’的‘有私’之义说，他是无‘我’底。但自同于大全者，可以说是‘体与物冥’，亦可以说是‘万物皆备于我’。由此方面说，自同于大全，并不是‘我’的完全消失，而是‘我’的无限扩大”①。自同于大全，这是一种精神的超越，是一种无我与有我的有机统一。在冯友兰看来，大全不仅高于自然，而且高于社会，却又同时包含了自然和社会。人本来是大全的一部分，但人不仅能觉解其是大全的一部分，而且能自同于大全，进入“浑然与物同体”“与物无对”的天地境界。天地境界是就人和宇宙的关系来说的，它具有超功利、超道德的意义。天地境界是站在一个比世俗社会更高的维度看人生，这个更高的维度就是宇宙大全，也就是无限和永恒。追求并实现无限和永恒，就是人生的最高目的。

精神境界的问题也就是安身立命的问题。所谓安身立命就是中国哲学所说的“立人极”，即实现一种境界，完成人的使命。用现代哲学的语言说就是“终极关怀”。冯友兰认为，天地境界是人的最高的安身立命之地。那么，中国历史上儒道法诸家的伦理思想究竟指向什么样的人生目的，处于什么样的精神境界呢？冯友兰并没有明确地回答这个问题。如果说法家伦理思想推崇趋乐避苦的自然人性，讲求利害关系，主张变法革新、建功立名，处于一种功利境界的话，那么完全可以说儒家强调见利思义、以义制利，倡导先人后己、杀身成仁、舍生取义，所指向的人生目的可谓道德境界。尽管儒家也讲自我超越和天人合一，但是儒家所讲的自我超越完全是道德意义上的，超越自我是为了更好地完善自我，是为了更好地有益于他人和社会；儒家所讲的天人合一是“自然的人化”而不是“人的自然化”，儒家常常用自然来比拟人事、迁就人事、服从人事，是一种“为天地立

① 冯友兰：《新原人》，《贞元六书》下，华东师范大学出版社，1996，第639页。

心”，因而还处在道德境界而并未进入天地境界。冯友兰也认为，传统的儒家重人生、重人世、重社会，突出了人对社会的义务和贡献，置重人的群体性和人伦关系，但其伦理思想所谓的人生，尚不能完全地经虚涉旷，视野未免狭隘，落于平庸。道家伦理思想既主张“绝巧弃利”“见素抱朴”“少私寡欲”，倡导知足、不争，淡泊名利，有超功利境界的一面，又主张“绝仁弃智”，不以仁义累身，认为汲汲奔竞于名利和仁义都是不值得的，为钱财而牺牲的盗跖和为仁义而牺牲的伯夷在残害生命、损伤本性上均是相同的，故此又有超道德境界的一面。道家强调人法地、地法天、天法道、道法自然，宣称“天地与我并生，而万物与我为一”，追求个人的精神自由，向往“乘云气，骑日月，而游乎四海之外”（《庄子·齐物论》）或“乘天地之正，而御六气之辩，以游无穷者”（《庄子·逍遥游》）的逍遥无为之业，主张“忘其肝胆，遗其耳目”，“抟扶摇而上者九万里”“背负青天而莫之夭阏者”（《庄子·逍遥游》）。不仅如此，道家还强调与天同乐，认为“与天和者，谓之天乐”（《庄子·天道》），“知天乐者，其生也天行，其死也物化。静而与阴同德，动而与阳同波。故知天乐者，无天怨，无人非，无物累，无鬼责。故曰：‘其动也天，其静也地，一心定而王天下；其鬼不祟，其魂不疲，一心定而万物服。’言以虚静推于天地，通于万物，此之谓天乐”（《庄子·天道》）。天乐，不是“有朋自远方来，不亦乐乎”（孔子）的乐，不是“得天下英才而教育之”（孟子）的乐，而是一种超功利、超道德的乐。所谓天乐，也就是与天同一，合乎宇宙规律。所以这种天乐并不是一般的感性快乐或理性愉悦，实际上是由精神的超脱所得的真正的“无待乎外”的快乐，是一种忘怀得失、忘己忘物的最大快乐。“主张个性自由者强调自我，主张精神自由者强调超越。”① 只有强调超越才有可能进入天地境界。道家伦理思想所追求和指向的精神境界恰恰是超越了有限的自我，超越了功利与仁义道德，进入了“自同于大全”的天地境界。

冯友兰虽没有明确地认定道家的精神境界是天地境界，但却明确地推崇道家“物我一体”的观点，认为道家向往“无何有之乡”，“心游于物之初”，追求精神上的超越，具有“极高明”的天地境界特征，所以道家能够经虚涉旷。冯友兰主张融道家入儒家来建构新理学，尤其推崇道家“取消分别”的方法。他发表观点说，所谓成败、顺逆、贵贱、生死，都是从人的观点出发所作的区别，但自大全的观点看来，“则知此事物之成，或为彼事物之败；此事物之败，或为彼事物之成”，“凡物无成与毁，复通为一”。成败顺逆、贵贱、生死也都如此。处于天地境界中的人，“‘与物冥’，‘浑然与物同体’，所以对于他，所谓内外之分，所谓主观客观的对立，亦已冥除。……大全至大无外，在同天境界中的人，自同于大全，所以对于他亦无所谓外界”②。冯友兰的这种解说与庄子“泯区别、齐物我、一生死、同寿夭”是一脉相承的。

功利境界、道德境界乃至天地境界的区分同公私之辨有非常密切的联系。功利境界中的人，其行为是“为利”的。它之所以高于自然境界，就因为在这一境界中的人有完全的自觉，只是这种自觉是为个人的私利。在功利境界中的人尽的是“人心”而不是“道心”，知的是“人所有之性”而不是“人之性”，他们明知某事应该做，但因受自私的牵扯而不去做。冯友兰认为，英雄才人大都属于功利境界中的人。英雄才人虽然可以成就一番大事业，令人赞佩，但就其动机来说，却是为求自己的名利，并不怎么高尚。从社会评价和世俗人心

① 蒙培元：《评冯友兰的境界说》，《学术月刊》1991年第5期。

② 冯友兰：《新原人》，《贞元六书》下，华东师范大学出版社，1996，第699-700页。

上看，英雄受人敬佩，奸雄受人唾弃，但他们的境界完全相同，其区别仅在于英雄利己不损人，奸雄利己又损人。道德境界中的人也有完全的自觉，但他不是为个人的私利，而是为社会的公利。道德境界和功利境界中的人都有完全的自觉，二者的区别仅仅在于为公还是为私。为公即是道德境界，为私则是功利境界。为公是以行义和奉献为特征，强调社会公共利益的权威性和至上性；为私是以谋利和索取为目的，置重的是个人利益的权威性和至上性。道德境界中的为公是和功利境界中的为私相对而言的，其范围也有小大之别。一般人们所说的为公，常常局限在国家利益和民族利益的范围之内，有的甚至是对某一集团或社会共同体而言。因此，从某种意义上说，道德境界中的为公每每具有偏私性，其公并不是一种真正的大公。冯友兰也认为，道德境界中的人毕竟没有完全脱离实际，置心于真际，尚处在“天理与人欲交战”阶段，尽管最后总是理胜欲屈。正因为如此，处于道德境界中的人内心常常充满了困惑与苦恼，他知道他应该行义为公，尽伦尽职，但由于并未泯灭“我”与“非我”的界限，因此自觉程度和境界还有待提高。天地境界则不同。进入天地境界的人，他们已经达到了廓然大公的境界，完全超越了道德境界中那种为公的偏私性，不仅主张对自然有所贡献，对社会有所贡献，更主张对宇宙有所贡献，对大全有所贡献。他们的行为犹如日月经天、江河行地一样，丝毫没有为己的念头，既不争功利，也不求名誉，一心一意、全心全意地与物冥合、与天同德。

如果说儒家置重家族本位，强调宗法人伦，主张克己复礼、尽伦尽职和为仁义而献身是一种旨在维护社会整体利益、保障社会秩序正常运行的道德境界，那么完全可以说道家强调法地则天、师法自然，倡导“生而不有，为而不恃，长而不宰”，“功成而弗居”，推崇天之廓然大公、地之广袤无私，主张“既以为人己愈有，既以与人己愈多”，是一种大公无私的天地境界。这是道家伦理思想之所以能净化人之心灵、纯化人之道德动机、美化人之精神、升华人之人格的内在缘由。

二、独与天地相往来

崇尚和谐是中国伦理文化的一贯传统和基本精神，儒道两家在这一点上颇为相似，它们均把“人和”或人与人之间的和睦融洽视为一种理想的状态。儒家区分了“和”与“同”，强调“君子和而不同，小人同而不和”，认为人与人之间的和谐并不是毫无差别的绝对同一或强求一律，而是在保持个性和特色基础上互助互补。孔子还提出了“礼之用，和为贵”的命题，孟子更说“天时不如地利，地利不如人和”，凸显了人我和谐的伦理价值。需要指出的是，儒家的“人和”由于过分置重“和”与“同”的区别与对立，因而十分关注宗法等级关系的有序，强调“君君臣臣，父父子子”，带有鲜明的等级主义色彩。

与儒家置重宗法等级关系、维护人和观念相比，道家推崇的人我和谐具有更多的民主主义和平等主义因素。儒家孟子说：“夫物之不齐，物之情也，或相倍蓰，或相什百，或相千万。子比而同之，是乱天下也。”（《孟子·滕文公上》）道家庄子则主张“齐物”，认为万事万物在表现形式或存在方式上似有很大的不同，但就其本质而论则是一致的，即它们均是“道”的表现物或均由“道”所创造，本质上有“道”的性能。在庄子看来，“非彼无我”，“物无非彼，物无非是”，“此亦一是非，彼亦一是非”，“天地一指也，万物一马也”（《庄子·齐物论》）。简言之，人与物之间、物与物之间、人与人之间并没有什么本质的不同，它们之间的关系并不是绝对对抗的。比较而言，差异是表面的，对抗是人为的，界限是人们思维所附加的，同一则是内在的、本质的。庄子认为，自然界有“地籁”“人籁”，有大地万物的各种窍穴发出的声音和人制造的乐器发出的声音。这些声音之所以千差万别，完全是因为那些发出声音的窟窿眼形状、深浅、大小、位置不同。“地籁”也好，“人籁”也好，都可以齐于“天籁”，它们都是天作之音，都是风吹所致，都是自然之风“吹万不同，而使其自己也”。人与人之间的关系也是一样。他们都是大自然的产儿，是自然界的一部分。人与人是相互依赖、相互联系的。没有他也就无所谓我，没有我他也无以呈现。更为重要的是，人在自然面前是平等的。没有一个人能逃过自然规律的控制，也没有一个人不是源于自然的。自然并没有使一部分人高贵而使另一部分人卑贱。尊卑贵贱是人为的，是违背自然的，最终是要被自然所否定的。

在道家看来，人是自然界的一部分，天与人本质上是和谐的、统一的。人应当以“天人合一”的观点来看待人与人之间的关系，与天为徒。“与天为徒者，知天子之与己皆天之所子。”（《庄子·人间世》）天子与我本质上都是天的儿子，因此人与人之间就不应当分什么尊卑贵贱。“势为天子，未必贵也；穷为匹夫，未必贱也。”（《庄子·盗跖》）人与人之间应当互相尊重、平等相待，不仅承认自己是天的儿子，同时也承认别人是天的儿子，每一个人在自然面前都是平等的。从这种思想认识出发，道家主张把人与我联系起来作一体化思考，正确处理人我己群之间的关系，求得人我兼顾、己群诸重的和谐与完善。

三、原天地之美，达万物之理

老庄一方面从“道”的广大普遍性中推出“和光同尘”“入世随

俗”的结论，另一方面又从“道”的清静寂寞性中推出“遗世独立”“独善其身”的结论，认为人立身处世贵在入世的同时保持超世的精神，在外表浑朴的同时保持内心的一尘不染。道家主张外圆内方的处世风范，强调既要从众与顺俗，“人之所畏，不可不畏”，又要特立独行，保持自我。在老子看来，有道之士不舍弃众人，能够顺应自然、和光同尘，但是众庶之人却未必能够尊道贵德、把握自然。“道”不远人，人却并非都能“近道”和“达道”。只有那些对宇宙和人生事理有深入理解和领悟的人才能真正认识和尊崇“道”。“上士闻道，勤而行之；中士闻道，若存若亡；下士闻道，大笑之。不笑不足以为道。”（《老子》四十一章）“上士”是有精神追求并有相当觉解能力的人，在听了别人讲解宇宙和人生之道后，便能心领神会并尽其所能地遵道而行，努力不懈、孜孜不倦。“中士”是普通的人，由于识见不足，认道不清，所以觉得“道”似真似幻、若有若无，半信半疑、犹豫不定。“下士”是俗陋而昏庸的人，识见浅薄，根本不晓得“道”为何物，所以在听了别人讲解宇宙和人生之道后便哈哈大笑，以为荒诞不经。老子认为，如果人们所讲解的宇宙和人生之道不能使那些俗陋而昏庸的人哈哈大笑并斥之为荒诞不经，那么就说明人们所讲解的宇宙和人生之道还够不上真正的世界之道，那个“道”就不是高深的，更不是“玄之又玄”的“众妙之门”。由此可见，“道”是隐藏在整个现实世界背后的，对整个现实世界起决定和支配作用的，是无所不及的世界本原和无所不能的世界本质，只有那些对这无所不及的世界本原和无所不能的世界本质心领神会并尽其所能地遵此而行的人，才会获得人生最美好的开端与人生最美好的结果，才会体会到那种“从事于道者同于道”的“与道为一”的快乐。

老子一方面深情地赞颂体道者那种难以言传的幸福与快乐，另一方面也敏锐地感受到体道者的那种幸福与快乐是众人所无法理解的幸福与快乐，是一种“高处不胜寒”式的包容着相当孤寂或忧患意识的幸福与快乐。老子说：“荒兮其未央哉！众人熙熙，如享太牢，如登春台，我独泊兮其未兆，如婴儿之未孩，累累兮若无所归。众人皆有余，而我独若遗。我愚人之心也哉！沌沌兮！众人昭昭，我独昏昏；众人察察，我独闷闷。澹兮其若海，飓兮若无止。众人皆有以，而我独顽且鄙。我独异于人，而贵食母。”（《老子》二十章）在这茫茫而没有尽头、硕大无朋的世界上，我与世人之间的差别究竟有多大呢？人们都兴高采烈，如享受丰盛的筵席、春日登上高台观赏春光般享乐，只有我独个儿淡泊宁静，对一切声色名利无动于衷，就如还不知嬉笑的婴孩般纯真无欲，又像随遇而安的游子般闲散慵懒。世人皆追求生活富足，唯独我像被遗弃般一无所有。我真是有着一颗愚人的心啊！是那样的懵懂无知！世人都希望光彩夺目，而我却宁愿黯淡无光；世人都精明算计，而我却糊涂宽容。我的心沉静如寂寥广阔的大海，又漂泊不羁如不知生于何方、止于何处之大风。世人追求功利，竞逐浮华，唯独我顽固鄙陋，甘守质朴。我为什么这样呢？因为我关注内心世界，看重自然本性，以得道为贵！

人类是需要道家伦理思想的。道家伦理思想因为其“视域高超的天地境界”而给人一种湛然澄明、星月朗照的崇高伟大之感，使人感觉到自己是需要不断超越，也是需要不断升华的。任何一得一孔之见，点滴作为或者贡献，相对于崇高伟大的宇宙来说，都是微不足道的，不值得挂牵和道哉。同时，那种孜孜奔竞于得失名利，在乎一己之利害荣辱，甚或为了一己之私利不惜伤天害理、灭绝人性的行为，相对于绝对永恒的大全来说，是何等的渺小，何等的悲哀和可怜！人生是短暂的，为什么不能使短暂的人生迸发出应有的光和热，使其分享崇高的殊荣和伟大的意义呢？为什么不能超越有限的自我和自己所生活的时代，使自己的精神获得更多的自由呢？为什么要在短短的生命中穷奢极侈、贪得无厌、奔竞不已，而陷自己于不道不德、不人不物的泥坑中呢？道家伦理思想对于置身于滚滚红尘之中的每一个人来说，都有一种清醒剂和洗涤剂的作用，它一方面使人从沉睡或迷茫中清醒过来：先看看自己，再看看天地，认清人与天地万物的关系，领悟到人生的真谛和宇宙的大本大源，反思自己的所作所为，确定日后的人生路径，调整自己的心态和步履；另一方面使人从污淖或陷阱中超拔出来，揩去身上的污泥浊水，涤荡心灵的污垢尘积，洗心革面，改恶从善，抑恶扬善，告别不堪回首的既往，珍视尚未完全失去的现在，再创一个全新的自我。

从道家伦理思想与儒家伦理思想的关系上说，正是因为有了道家天地境界的存在，儒家的道德境界才不至于沦为功利境界的变种而无以自为。葛洪也许是窥测到了道家与儒家的精神奥旨，才提出了“道者，万殊之原也；儒者，大淳之流也”（《抱朴子内篇·塞难》）的命题，阐发了道本儒末、道内儒外的处世治国之道。在葛洪看来，“儒者所爱者势利也，道家所宝者无欲也。儒者汲汲于名利，而道家抱一以独善。儒者所讲者，相研之簿领也，道家所习者，遣情之教戒也。夫道者，其为也，善自修以成务；其居也，善取人所不争；其治也，善绝祸于未起；其施也，善济物而不德；其动也，善观民以用心；其静也，善居慎而无闷。此所以为百家之君长，仁义之祖宗也”（《抱朴子内篇·明本》）。道家学说为宇宙和人生的大本大源，故可以立宇宙之极，明立人处世之道。儒家学说只可用于治外和接物应对，使人适应现实社会，故“道者，儒之本也；儒者，道之末也”（《抱朴子内篇·明本》）。葛洪的这一论断，从某种意义上揭示了道家伦理思想的永恒魅力。

第二节　襟怀博大的海洋气度

视域高超的天地境界是说道家伦理思想所追求的目标是高远的，具有超世俗、超社会的崇高意蕴，同时也包含着大公无私、洁白无瑕、精纯质朴的因素，故此可以超迈一己的有限和相对，跨越历史的变迁和流播，获得一种永恒的魅力和品格。道家伦理思想的伟大之处不仅体现在此一层面上，也体现在襟怀博大的海洋气度上。因为前者，道家伦理思想获得了一种崇高性和超迈性的品格，可以说是“极高明”；因为后者，道家伦理思想获得了一种博大性和包容性的品格，可以说是“道中庸”。尽管“极高明而道中庸”是儒家提出来的价值目标，但却被道家伦理思想实现了。比较而言，儒家伦理思想在精神境界上不及道家那样高超，在襟怀气度上也不及道家那样博大。

一、江海所以能为百谷王者

为了达成人我己群之间的和谐发展，道家认为，除了坚持自然面前人人平等的原则，还要求每一个人都效法道“生而不有，为而不恃，长而不宰”，“功成而弗居”的品格，像大海能够容纳江河百川一样，不与人争名夺利，宽恕别人的过错，以德报怨，将欲取之必先与之。江海所以能令百川朝宗而为王者，以其善居下流之所致也。正是由于江海清静处下，虚以待之，百谷自然而归之。“百川非闻江海之美被其德化而归慕之也，又非拘禁束教有介道而趋之也，然所以贯金触石，钻崖溃山，赴江海而无还者，形偶性合，事物自然也。由此观之，卑损之为道也大矣。百害不能伤，智力不能取，不战而强，不威而武，默然无为，与万物市譬。夫溪谷为卑，故能达而不穷，江海处下，故能王而不休也。”① 人学习江海之德，应当培树谦虚谦逊之德，不仅虚怀若谷，而且甘居下流，以包容和善待众人为务，始终做到心目中有他人，想方设法帮助和成全他人，像天道那样大公无私，只给予他人而不向他人索取，生长万物而不据为己有，作育万物而不自恃其能，成就万物而不自居其功，永远地、始终如一地以服务他人、成全他人、爱护他人为最高目的。老子认为，帮助人只会使自己更富有，能够使别人幸福的人本身也是最幸福的人。“既以为人己愈有，既以与人己愈多。”那些尽量帮助别人的人，自己反而愈充实；那些尽量给予别人的人，自己反而拥有更多。

庄子也认为，古时候的真人其精神穿越大山而没有阻障，进入深渊而不会被淹没，处身卑微而不觉厌倦。他效法天地，拥有大公无私的精神，一贯帮助别人，自己也因而更加充实。庄子推崇容纳江河百川的海洋襟怀。《庄子・秋水》描写河神见到北海“望洋向若而叹”，表现了面对广阔无垠的海洋所生发出的一种对博大浩瀚和宽厚大度的无限惊羡和赞美，该篇的中心意思是教我们人类超越自身的局限，去认识宇宙或自然的永恒和无限。在庄子看来，大海虽广阔无涯，然而在天地之间不过像一块石头、一棵树木一般渺小。比起天地之大，大海不必欣然自喜。即便是天地，也并没有自以为博大无限。北海神的伟大就在于其从来不因自己所辖北海的浩瀚无涯，而扬扬自得。北海神对河伯说：“天下之水，莫大于海。万川归之，不知何时止而不盈；尾闾泄之，不知何时已而不虚；春秋不变，水旱不知。此其过江河之流，不可为量数。而吾未尝以此自多者，自以比形于天地，而受气于阴阳，吾在天地之间，犹小石小木之在大山也。方存乎见少，又

---

① 陈景元：《道德真经藏室纂微篇》卷之九，河上公、杜光庭等注《道德经集释》下册，中国书店，2015，第 509 页。

奚以自多！”（《庄子·秋水》）容纳江河百川、容量无法计算的大海尚且能以天地中的小石小木自居，并没有因自己的从不盈满、从未亏虚而沾沾自喜，这是一种何等谦逊、何等博大的胸怀！人法地则天，就是要学习北海神这种襟怀博大的海洋气度，宽大为怀、宽容为尚，不以一得一孔之见而自执，更不以一时之利害得失、荣辱是非而耿耿于怀，凡事都超拔达观，善待万物与群类。

道家提倡虚怀若谷。老子认为，“上德若谷”，真正有道德的人“敦兮其若朴，旷兮其若谷”（《老子》十五章），他胸襟宽广、豁达大度，就好像幽深的山谷一样，能够包容人世间的一切。只有甘居下流的江海，才能够成为百谷之王，赢得百谷的归赴。做人也是一样，只有谦逊为怀，才能建构良好的人际关系，成就自己“生而不有，为而不恃，长而不宰”，“功成而弗居”的德性和人格。

二、水善利万物而不争

道家往往以水喻道。老子说：“上善若水。水善利万物而不争，处众人之所恶，故几于道。”（《老子》八章）最高级的善就如同水一样。水具有善利万物而不与万物争利的特性，总是处于众人嫌弃的卑下之地，故与道有着相通的地方。陆希声《道德真经传》有言：“夫水常处污下，不与物争，故万物莫不得其利，盖近于道矣。故上善之人若此水德，其居世若水之在地，其用心若水之渊回，其施与若水之润泽，其言语若水之信实，其为政若水之清静，其行事若水之任器，其变动若水之应时。夫唯常处污下，故人莫得而挫；夫唯不与物争，故物莫与之争。”[①] 陆希声从上善若水引申出上善之人应该具备水一样

① 陆希声：《道德真经传》卷一，河上公、杜光庭等注《道德经集释》上册，中国书店，2015，第115页。

的德性，从居世到用心、到施与、到言语、到为政、到行事、到变动，都要像水那样利而不害，为而不争，甘居下游，不与他人他物争名争利。其实，水正是因为不与物争，最后才有了“物莫与之争”的效果。

老子崇尚水德还在于“天下莫柔弱于水，而攻坚强者莫之能胜，其无以易之”（《老子》七十八章）。水是极为柔弱的，但是它能够攻克世界上最为坚硬的顽石，所谓“水滴石穿”。《管子·水地篇》曰：“水者，地之血脉，如筋脉之通流也。”“水者，何也？万物之本原也，诸生之宗室也。”朱谦之认为，《管子·水地篇》中的这一认识可以与《老子》相参证。[①]《淮南子·原道训》曰：“天下之物，莫柔弱于水，然而大不可极，深不可测，修极于无穷，远沦于无涯，息耗减益，通于不訾。上天则为雨露，下地则为润泽，万物弗得不生，百事不得不成，大包群生而无所私，泽及蚑蛲而不求报，富赡天下而不既，德施百姓而不费……有余不足，与天地取与，授万物而无所前后……与万物终始，是谓至德。”又曰：“水可循而不可毁，故有像之类，莫尊于水。”

道家为而不恃、功成弗居的伦理观念是形成人我和谐关系的重要法宝，一方面它要求人们内在地约束和克制自己的欲望，以知足知止自持，不与人争名誉、争地位、争财富，凡事让人三分，遇到矛盾或冲突主动退后一步，优先考虑别人的利益和感觉，把人我的和谐相处看得比什么都重要；另一方面它提倡人们自觉而又积极地给他人以帮助、以关怀、以爱心，乐于助人，与人为善，把方便让给别人，把困难留给自己，积德行善，矜老恤孤，怜贫悯病。后世道教学者也力倡先人后己、舍己为人，主张“损己济物”“退身度人”。《净明宗

① 朱谦之：《老子校释》，中华书局，1984，第 31 页。

教录》说："凡得净明法者，务在济物，见他人之父，见他人之母，如我父母。矜老恤孤，怜贫悯病，如病危急，若在己身。"[①]《吕祖全书》教人"或行一善事，以济人之困穷；或出一善言，以解人之冤结；或施一臂力，以扶人之阽危"[②]。另有许多道戒均劝人积善立功、慈心于物、恕己及人，苦人之所苦、乐人之所乐，见人之得如己所得、见人之失如己所失，认为人积累善行、与人为善，不仅能保证自己身心愉快，活得问心无愧、理直气壮，而且能造福人类，推动人类道德关系的进步，形成人我关系的和谐。

与儒家相比，道家十分注重人的生命价值，认为生命的价值高于和大于名利的价值，不能因为名利而置人的生命于不顾，更不能因为争权夺利而践踏或戕残他人生命。在道家看来，轻视他人形体或生命的行为是极端不道德的行为，伤身害性、杀生夺命是不能宽恕和原谅的恶德。人的生命是宝贵的，人活在世界上就是为了使别人活得更美好，在别人活得更美好的同时感受到自己活着的意义和价值。天有好生之德，人有不杀之义。道家主张扶危济困、见义勇为，救人性命于水火，反对见死不救、见伤不扶；认为只有广建阴德、济物救世，行种种方便、做无量善事，拯救普天之下人们的生命，自己的生命才能得到拯救。真正的品行就在于常常怀揣着一副拯救他人的热心肠，先人后己、大公无私，援溺救焚、拔度幽冥。

总之，道家及道教伦理思想虽有为追求生命超越而置重隐居不仕、独善其身的一面，但它并未把这种隐居不仕、独善其身同济世救人、普度众生对立起来，而是强调人的独善其身与兼善天下的统一，强调通过救助别人来拯救自我，通过造福他人来完善自我。道家伦理

---

① 詹石窗：《百年道学精华集成 第四辑 大道修真 卷二》，上海科学技术文献出版社，2018，第203页。

② 詹石窗：《百年道学精华集成 第四辑 大道修真 卷二》，上海科学技术文献出版社，2018，第203页。

思想的精湛之处在于它已经相当深刻地意识到人我己群之间的关系是辩证统一的，人不仅具有个体性同时也具有群体性。每一个人的命运都与人类群体的命运休戚与共，而人类群体的命运也必然与每一个人的命运息息相关。因此，真正伟大的生命，绝不会对人类群体的命运置之不理而决然抛弃“我”以外的他人。以尊道贵德为基本价值目标的道家总是执着于宇宙大全和人类社会大全，着眼于对宇宙、对社会有所创造和有所贡献，讲求“生而不有，为而不恃，功成而弗居”，意即以贡献社会、服务他人为职志，多给予少索取，先人后己、先公后私，与人为善。在道家看来，能够给他人造福的人本身也是最幸福的人，个人的幸福与快乐就在于能够给他人带来幸福与快乐。从宽大包容、超越提升的价值起点出发，道家主张拯救世界上的每一个人——“圣人常善救人，故无弃人”，“善者，吾善之；不善者，吾亦善之”。这与佛教所讲的悲天悯人、慈悲为怀、大船愿载千万人的思想是基本一致的。差别在于，佛教所谓的普度众生是以进入不受世俗尘染烦扰的涅槃境界为终极目标，而道家则是尊道贵德的价值取向使然；佛教的普度众生含有否定人的肉身生命的因素，而道家恰恰是为了使人更好地活着，益寿延年。因此，道家的救世情怀比佛教要更为真切、现实，予以人生的意义也更为深刻而广远。道家救世以“道”为特色，主张让人体会自然的玄妙与真谛。大自然是和谐的，人与人之间也应当是和谐的。人与人“原是共心、共理、共聪明”的，“奈何苦要分门别户，自树藩篱”①。道家伦理思想一贯教人以和为贵，不仅个人身心灵肉要和谐，人我己群要和谐，而且人与天地万物也要和谐。“天地与我并生，而万物与我为一”，人有什么理由不讲求圆融、和谐?!

---

① 傅金铨：《性天正鹄》，徐兆仁主编《仙道正传》，中国人民大学出版社，1992，第246页。

三、处众人之所恶，故几于道

儒家伦理思想的创始人孔子提出了“君子求诸己，小人求诸人”，“君子坦荡荡，小人长戚戚”，“君子躬自厚而薄责于人”诸命题，强调严于律己、宽以待人。但是儒家毕竟是在君子与小人对立的情境下论述君子的宽以待人的，因而不免充斥着对小人的嫌憎和不宽容，认为君子应当厚德载物、宽大为怀，小人不值得被宽容对待：一方面君子应当包容小人，另一方面小人似又不值得君子宽待，君子和小人之间既不平等又不能互尽义务，故使君子失去了宽以待人的内在动力和价值。况且，孔子反对以德报怨，他只主张以德报德。当弟子问“以德报怨，何如”时，孔子不以为然，说：“何以报德？以直报怨，以德报德。”（《论语·宪问》）以德报德意即人家对我好，我就对人家好。儒家反复声言，“我不欲人之加诸我也，吾亦欲无加诸人”（《论语·公冶长》），强调报施对应，礼尚往来，而对于来而不往的行为现象则不屑一顾，嗤之以鼻。可见儒家的宽容精神仍有一定的局限性和狭隘性。

与儒家以德报德、以直报怨的价值观念不同，道家则主张“以德报怨”，“善者，吾善之；不善者，吾亦善之”（《老子》四十九章），认为“善人者，不善人之师；不善人者，善人之资”（《老子》二十七章），善人可以做不善人的老师，不善人可以做善人的借鉴，强调“无弃人”“无弃物”。老子说：“圣人常善救人，故无弃人；常善救物，故无弃物。”（《老子》二十七章）尊道贵德的圣人，善于使人各尽其才，所以没有废弃的人。任何人，不管善也罢，不善也罢，都有自己的用处，关键在于引导、宽大和包容。在老子看来，“道”本身是博大宽厚的，它“寂兮寥兮”“周行而不殆”，既周行天下，无所不在，又包孕万物，广大无边，宇宙中一切事物莫不靠它生息长养。这样能够“先天地生”“可以为天下母”的玄妙的东西，老子实在不知道它的名字是什么，不得已只好叫它作“道”。如果要勉强给它起个名字的话，也只能称它为“大”，大到无边无际，没有极限，因此不存在消逝；没有消逝，故可称为“远”。老子还认为，“道大，天大，地大，王亦大。域中有四大，而王居其一焉”（《老子》二十五章）。人为地所承载，所以人当效法地；地为天所覆盖，所以地当效法天；天为道所包含，所以天当效法道；道以自然为归，所以道法自然。人法地，是因为地本身博大宏阔，善于包容涵育，既能够容纳高山大川、江河湖海，也能够容纳草木虫鱼、小石碎沙。正是因为大地善于包容涵育，所以人法地就应当以大地为榜样，厚德载物，“善者，吾善之；不善者，吾亦善之”。不能因为人家不好，就可以待之不善。如果这样，就会造成善与恶的永久对立或水火不容。那么怎样才能实现化恶为善、让恶向善转化呢？常言道：“冤冤相报何时了？”只有以德报怨，才能够化干戈为玉帛。以德报怨是一种化解人际之间仇怨的有效方法。

与儒家置重义利之辩、君子小人之别以及人与人之间的等级次序、差异区分不同，道家从以德报怨、虚怀若谷和“善者，吾善之；不善者，吾亦善之”的思想观点出发，主张“和光同尘”，推崇“方而不割，廉而不刿，直而不肆，光而不耀”（《老子》五十八章）。在道家看来，真正有道德的人方正而不戕人，锐利而不伤人，直率而不放肆，光亮而不刺耀，既不伤害别人，也不伤害自己。他内心虽方但却能与世推移，随俗方圆，出世而不超尘，入世而不流俗，既能够与世人同舟共济，和睦相处，又能够特立独行，遗世独立。道家既教人追求个性的自由和精神的超越，不以众人昭昭而强求于己，不以众人察察而放弃自己的清明洒脱，又教人破除自我中心主义和自我本位主义，做到“不自见”“不自是”“不自伐”“不自矜”。老子认为，自己好表现的，反不能显达；自以为是的，反不能昭著；自我炫耀的，反不能见功；自我矜持的，反不能长久。老子强调，“我独异于人，而贵食母”。“母”字代表生我养我的本根和始基。“贵食母”意即恪守善道，与道合一。“道”为天地万物之母。大道流行就像水一样，可左可右，无远弗届，无所不至。任万物赖以生长而不加以干预，任万物赖以成就而不自居其功，生长养育万物而不主宰万物。从道体的隐微虚无看，它可以说很渺小，但其用无穷，作育万物，使万物归附而不知其所由，又可说它很伟大。“道”所以能成其伟大，就在于它不自以为伟大。故道家推崇的“道”不仅视域高超，而且襟怀博大，集崇高和伟大于一身，体现着至真至善至美，无疑是世世代代的人们所应当效法并追求的。道家因其所推崇的“道”的崇高伟大而使自己的思想学说具有一种撼人心魄、动人心扉、沁人心脾的内在魅力。多少年来，不管是什么样的人，面对什么样的人际纠纷和苦恼，只要他读一读道家的著作，总会获得一些启迪、教诲和安慰，自己的认识水平或能得到一定的提升，精神受到一定的感染，有所悟、有所得。特别是那些在功名利禄的尘海中泡得太久而又苦不堪言的人，或仕途失意、万念俱灰的人，更会从道家伦理思想中寻找到某种使其迷途知返的东西，发现某种“风物长宜放眼量”的因素，进而参透宇宙的本质、人生的真相，树立起人生应有的价值观和伦理观，以新鲜活泼的生活态度去抒写新的生命春秋。

法国著名作家维克多·雨果曾说，地球上最广阔的是海洋，比海洋更广阔的是天空，比天空更广阔的是人的胸怀。人是万物之灵，理应襟怀博大、视域高超。人有什么理由斤斤计较于个人恩怨、念念不忘人际纷争呢？凡事退一步海阔天空，让人三分又有何妨？英国剧作家莎士比亚在自己的著作中反对冤冤相报，谴责针锋相对式的人际纷争，倡导以德报怨，化解人世间的宿怨，主张向大地学习。在《罗密欧与朱丽叶》一剧中，他借神父劳伦斯之口说出了这么一段话："大地是生化万类的慈母，她又是掩藏群生的坟墓，试看她无所不载的胸怀，哺乳着多少的姹女婴孩！天生下的万物没有弃掷，什么都有它各自的特色，石块的冥顽，草木的无知，都含着玄妙的造化生机。莫看那愚蠢的恶木莠蔓，对世间都有它特殊贡献；即使最纯良的美谷嘉禾，用得失当也会害性戕躯。美德的误用会变成罪过，罪恶有时反会造成善果。这一朵有毒的弱蕊纤苞，也会把淹煎的痼疾医疗……"① 天地万物各有所用，人也是一样。每一个人都有自己的独特之处，只有虚怀若谷，虚心向别人学习，取人之长补己之短的人才能获得丰富和完善自己的无尽能源和动力，真正成为道德高尚的人。

道家的伦理思想向世人展现了一个崭新的精神空间和生活天地。人们是需要道家伦理思想的点拨、启迪和教导的。容人才能够得人，容物方能够得物。有道是心胸宽大以忘忧，高瞻远瞩以却怒。只有超越自我的樊篱，勇于并善于接纳和认可别人的人，才能够得到别人的接纳和认可，才能够拥有一种清新、质朴、快乐、宁静的生活。只有不断地突破自我和超越自我，以博大的胸襟对待我们所生活的世界，才能够净化自己的道德心灵，不断地开拓自我创造的疆域，建立起和谐美满的人我关系。人与人之间的关系就其本质而言是相依关系，正如马克思所说，"人就是人的世界"。没有人是一座孤岛。如同一颗茁壮的种子，假如缺乏土壤和水分，就不能萌芽；缺乏阳光和养料，就不能生长。每一个人必须借着各种人的因缘，才能展开多彩多姿的人生。人与人之间既然是相依关系，便应当互相接纳与包容，应当宽

① ［英］莎士比亚：《罗密欧与朱丽叶》，《莎士比亚著名悲剧六种》，山东文艺出版社，1992，第 36-37 页。

大为怀。只有襟怀博大，容忍和善待他人，才能够处理好人与人之间的关系，在生活中化干戈为玉帛，享受到人生的快乐和幸福，实现人生的圆满与和谐。

第三节　情志深邃的厚重品格

道家伦理智慧的独特神韵不仅表现在视域高超的境界追求上，表现在襟怀博大的气度涵养方面，而且也表现在情志深邃的厚重品格方面。如果说天地境界表征的是境界之高，海洋气度映衬的是胸怀之宽，那么厚重品格烘托出的则是精神之深。在中国伦理思想史上，道家是道德工具主义和道德形式主义的猛烈抨击者，同时也是道德实质主义和道德纯粹主义的热切倡导者，有着纯化道德动机、净化道德心理、涵养道德信念并体现出纯粹道义论的价值特质。

一、重为轻根，静为躁君

老子强调，稳重是轻率的根本，宁静是躁动的主宰。真正有道德的人总是持重宁静，虽有荣誉，也是处之泰然，超脱于物外。“重为轻根，静为躁君。……轻则失根，躁则失君。”（《老子》二十六章）在老子看来，轻率便失去了根本，躁动便失去了主宰。人立身处世需要的是稳重厚实、脚踏实地和实事求是的品格，切忌轻浮急躁，华而不实。“轻躁的作风，就像断了线的风筝一般，草率盲动，一无效准。老子有感于当时的统治者奢淫、纵欲，说：‘奈何万乘之主，而以身轻天下？’这是很沉痛的话。一国的统治者，当能静重，而不轻浮躁动。”[①] 河上公在《老子章句》第二十六章中也说：“人君不重则不尊，治身不重则失神，草木之华轻故零落，根重故长存也。”[②] 陈景元解释道：“夫草木花叶轻脆而居标枝者，则为风霜之所零落，根本坚重而处深下者，则物莫能伤而长存。以况治身治国，当以厚重为根本。夫龙蛇蟠屈沉静，则能变化升腾，虎豹威猛躁动，故遭射猎夭亏。以况治身者，心安静则万神和悦，故无嗜欲奔躁之患。治国者，君无为则百姓乐康，故无权臣挠乱之忧也。”[③] 从某种意义上说，求重求实是道德的根本要求和内在品格，只有求重求实才能将人类的道德行为引到敦风化俗、正本清源的方向上来，才能避免形式主义和工具主义的弊端。

以老庄为代表的道家面对春秋战国时期道德形式主义和道德工具主义横行无阻、泛滥成灾的悲剧性后果，毅然决然地拿起自己的道德省察之镜，以粪土王侯的批判精神抨击儒墨的伦理学说，展开对道德文明本身的反思。在老庄看来，儒墨鼎力宣扬的仁义道德非但没有消除人类文明的根本弊端，相反还加重了道德的堕落与沦丧，造成了“捐仁义者寡，利仁义者众。夫仁义之行，唯且无诚，且假乎禽贪者器”（《庄子·徐无鬼》）的恶果，使道德工具主义和道德形式主义甚嚣尘上。而道德工具主义和道德形式主义泛滥流播的结果则是虚伪成性、欺骗成风、狡诈盛行。人们无意于践行真正的道德义务，仅以求得形式上的善名为目的，借仁义礼智之名以掩饰自己丑恶的行径和灵魂，演出了人类道德史上一幕幕荒唐丑陋的滑稽剧。老庄认为，人类社会

① 陈鼓应：《老子注译及评介》，中华书局，2009，第 168 页。

② 河上公：《道德真经注》，河上公、杜光庭等注《道德经集释》上册，中国书店，2015，第 36 页。

③ 陈景元：《道德真经藏室纂微篇》，河上公、杜光庭等注《道德经集释》上册，中国书店，2015，第 440 页。

真正有道德的时代是人们依循自然本性行事而不知善恶、道德与不道德的时代。那时，大家都不用智巧，因而本性自然纯朴；大家都不在意名利，因而怡然自得、清静无为。待到圣人出世后，汲汲于求仁，匆匆然求义，天下才开始迷惑；纵逸求乐，搞出烦琐的礼仪，天下才开始分裂。庄子说："道德不废，安取仁义！性情不离，安用礼乐！""毁道德以为仁义，圣人之过也。"（《庄子·马蹄》）又说："及至圣人，屈折礼乐以匡天下之形，县跂仁义以慰天下之心，而民乃始踶跂好知，争归于利，不可止也。"（《庄子·马蹄》）如果天生的道德不是废弛了，哪里会有什么仁义？如果人类的本真性情不被离弃，哪里需要什么礼乐？圣人用礼乐来屈折人们，匡正天下人的行为心态，标榜仁义来安慰天下人之心。从此人们开始奔竞于智诈，汲汲争利，无法制止。这就是圣人的罪过啊！庄子认为，正是宣扬仁义道德的圣人的出现，才使天下产生了困惑，才造成了道德的堕落，故可以说"圣人之利天下也少而害天下也多"，"圣人不死，大盗不止"（《庄子·胠箧》）。庄子把宣扬仁义道德的圣人视为替大盗看守赃物或替大盗积累货财以供其盗窃的人。他们的仁义礼智之学说，成了大盗掩饰罪恶的美丽外衣。他们的仁义礼智之学说，往往成为助纣为虐的工具。"为之仁义以矫之，则并与仁义而窃之。何以知其然邪？彼窃钩者诛，窃国者为诸侯，诸侯之门仁义存焉，则是非窃仁义圣知邪？故逐于大盗，揭诸侯，窃仁义并斗斛、权衡、符玺之利者，虽有轩冕之赏弗能劝，斧钺之威弗能禁。此重利盗跖而使不可禁者，是乃圣人之过也。"（《庄子·胠箧》）圣人炮制出仁义礼乐来矫正盗贼之行，结果却让盗贼连仁义也一块偷走了。为什么这么说呢？请看那些偷窃一个衣带上的饰钩的人常被判处死刑，然而窃取一国的人反倒成了诸侯，一旦成了诸侯，仁义道德就站在他们那边了，这不就是窃取仁义圣智吗？因而那些追随大盗，拥立诸侯，窃取仁义和斗斛、权衡、符玺等权力工具的人，用高车冠冕去奖赏他们也不能劝阻他们不去这么做，斧钺刑罚的威慑也不能禁止他们的这种行为。让这些盗跖之流获得巨大利益而无法去禁止他们，就正是圣人的过错。

在老庄道家看来，仁义礼智这些道德规范不是一开始就有的，它们是纯真质朴之道丧失、社会关系混乱的产物。“大道废，有仁义。”大道之世，无为自然，六亲和合，人无邪恶，所以社会不需要制定仁义礼智来规范制约人们的行为。仁义礼智等道德规范或道德之名的产生，恰恰是社会风尚衰败、道德堕落的表现。老庄认为，儒墨所倡导的仁义孝慈等一套道德规范，只是道德之名，与之对立的是道德之实，两者有着严格的界限。

老子认为，“失德而后仁，失仁而后义，失义而后礼。夫礼者，忠信之薄而乱之首。前识者，道之华而愚之始”（《老子》三十八章）。仁义礼智都是纯朴道德堕落的产物。失去了德而后才有仁，失去了仁而后才有义，失去了义而后才有礼。礼的产生，是人们忠信浅薄的结果。名目繁多的礼仪，实则是以外在的权威形式强制人们服从尊卑上下的等级秩序，但其结果，就如治丝益棼，反而造成了道德关系的更大混乱。所以礼这个东西，实在是大乱的祸首。老子把从有仁义而至于有礼，看成是社会道德风尚趋向不断衰败的演变过程，从根本上谴责儒家所倡导的仁政和礼治。老子还认为，至于以智巧去测度未来，不过是道的虚华，是愚昧的开始。总之，仁义礼智不仅是社会道德沦丧的结果，而且是天下大乱的祸因。仁义礼智只会导致道德形式主义和道德工具主义的泛滥流播，于世道无补，于人心无益。

二、处厚不居薄，处实不居华

基于对道德形式主义和道德工具主义所造成的严重弊端的清醒

认识和强烈不满，以老庄为代表的道家力倡“返璞归真”“复归于朴”，强调“大丈夫处其厚，不居其薄；处其实，不居其华”（《老子》三十八章），认为大丈夫立身敦厚，以忠信为主，而不重视礼俗，以守道为务，而不任用智巧，因此要求务必除去一切浅薄浮华等不合乎道德的恶风陋习，培养起敦厚质实等合乎道德的天性真情。在老庄看来，真正的道德是厚重深邃、富实真切的。一方面，它是自自然然，不需要装饰掩盖也不矫揉造作的。烦琐的戒律和礼仪只会损害它的形象，破坏它的美丽。这种自然真切的道德是人的天性的自然显现、人的真情的自然流露，清澈澄明，表里如一，正可谓“清水去芙蓉，天然去雕饰”。另一方面，它又是幽深邃密、玄奥无穷的。老子认为，“道”是看不见、听不到、摸不着的，“迎之不见其首，随之不见其后”，它是“无状之状，无物之象”（《老子》十四章）。从高处看，它并不显得光亮，从低处看，它也不显得昏暗，它是那样的幽微深邃而又不可名状。“古之善为士者，微妙玄通，深不可识。夫唯不可识，故强为之容。豫焉若冬涉川，犹兮若畏四邻，俨兮其若客，涣兮若冰之将释，敦兮其若朴，旷兮其若谷，混兮其若浊。孰能浊以静之徐清？孰能安以久动之徐生？保此道者不欲盈。夫唯不盈，故能蔽不新成。”（《老子》十五章）古时候善于行道的人，精妙通达，深刻而难以认识。正因为难以认识，所以只能勉强来形容。他小心谨慎的样子好像冬天涉足于河川，警觉戒惕好像提防四邻窥伺，拘谨严肃好像身为宾客，融和可亲恰如冰雪消融，淳厚朴质好像未经雕琢的玉石，心胸宽阔好像空旷的山谷，深朴纯和好像混浊的大水。试问谁能在动荡中安静下来而慢慢地变得澄清？谁能在安定中生动起来而慢慢地变得活泼？唯独得道的人，才会有这种能力。因为得道的人不自满，所以才能与万物同运行，收到革故鼎新的效果。“道”本身精妙深玄，所以体道之士也静谧幽沉，难以测识。世俗之人形气秽浊，利欲熏心。

这班人，一眼就可以看到底，亦如庄子所说："其耆欲深者，其天机浅。"体道之士，则微妙深奥，所以说："微妙玄通，深不可识，乃所以成圣而尽神也。微而后妙，妙而后玄，玄而后通，则深不可识矣。"得道的人，幽微精妙、玄奥通达，精神涵养、道德修养远远超出一般人所能理解的水平。他们谦虚、谨慎、冷静、庄重、敦厚、纯朴，不好大喜功，不居功自傲，不自恃而骄，永远慎惕自养，静定持心，在动荡的状态中透过静的工夫转入清明的境界，在沉静的安定中徐徐而动，去故生新，实现创化的妙用。"浊以静之"是由动入静，展现动极而静的生命活动，"安而动之"是静中生动，凸显静极而动的生命过程。此二者既是宇宙嬗变的自然至理，也是人间道德的不二妙谛。

三、挫锐解纷，和光同尘

道家所推崇的外圆内方处世态度有自己独特的理论涵蕴和内在特质。老子从"道冲而不盈"的理论出发，提出"和光同尘"的立身主张。他说："道冲而用之或不盈，渊兮似万物之宗，挫其锐，解其纷，和其光，同其尘。湛兮似或存，吾不知谁之子，象帝之先。"(《老子》四章)"冲"，古字为"盅"，《说文解字》皿部把"盅"定为"器虚也"，训虚。故"冲"与"盈"相对，含有虚而不满之义。这一段话是说，道体是虚空无形的，然而其作用又是无穷无尽的。"道"深邃啊，仿佛是一切万物的根源。它不露锋芒，消解纠纷，混同于尘世。道的妙处犹如来自高山密林中的流泉，它不拒细流，永远没有满盈且不穷竭，汩汩涓涓而流注不休，终而汇聚成无底的深渊和汪洋大海。如果了解道的冲而不盈的妙用，自会钝挫坚锐，化解纷扰。一个人体道尊道，即是要像"道"那样冲虚谦下，永远不盈不满。像“道”那样钝挫自身的锋芒，消解人我的纠纷，然后调和宇宙的光耀，混同大地的尘埃，同时又能和而不杂、同而不流，依然澄澄湛湛、活活泼泼，周旋于尘境有无之间。人在社会中立身行世，一切都不可太执着，凡太过尖锐心念都必须钝挫而使之平息，凡有舍我其谁的自满自负以及居功自傲、目空一切的思想或行为，也必须钝挫而使之化解、消失。应当永远冲虚谦下，自掩光华，混迹尘境，与世同流而不合污。《老子》五十六章视“挫其锐，解其纷，和其光，同其尘”为“玄同”的境界，要求人“不可得而亲，不可得而疏；不可得而利，不可得而害；不可得而贵，不可得而贱”，认为只有消除人我的固蔽，化除一切的封闭隔阂，超越亲疏、利害、贵贱的局限，以豁达开阔的胸襟和无所偏执的心境去对待一切人物，才能为天下人所尊重。车载在《论老子》一书中指出：“锐、纷、光、尘就对立说，挫锐、解纷、和光、同尘就统一说。尖锐的东西是容易断折不能长保的，把尖锐的地方磨去了，可以避免断折的危险。各人从片面的观点出发，坚持着自己的意见，以排斥别人的意见，因而是非纷纭，无所适从，解纷的办法，在于要大家从全面来看问题，放弃了片面的意见，就能做至‘多言数穷，不如守中’了。凡是阳光照射到的地方，必然有照射不到的阴暗的一面存在，只看到了照射着的一面，忽略了照射不着的另一面，是不算真正懂得光的道理的，只有把‘负阴’‘抱阳’的两面情况都统一地加以掌握了，然后才能懂得‘用其光，复归其明’的道理。宇宙间到处充满着灰尘，人世间纷繁复杂的情况也是如此，超脱尘世的想法与做法是不现实的，众人皆浊我独醒的想法与做法是行不通的，这些都是只懂得对立一面的道理，不懂得统一一面的道理。只有化除成见，没有私心的人，才能对于好的方面，不加阻碍地让它尽量发挥作用，对于不好的方面，也能因势利导，善于帮助它发挥应有的作用，‘同其尘’是对立的统一道理的较高运用。”[①]

从圣人方而不割推出与世推移，随俗方圆。老子认为：“明道若昧，进道若退，夷道若纇。上德若谷，大白若辱，广德若不足，建德若偷，质真若渝。大方无隅，大器晚成，大音希声，大象无形。”（《老子》四十一章）“大成若缺，其用不弊；大盈若冲，其用不穷。大直若屈，大巧若拙，大辩若讷。”（《老子》四十五章）意即光明的道好似暗昧，前进的道好似后退，平坦的道好似崎岖。崇高的德好似低下的川谷，最洁白的德好像含垢的样子，广大的德好似不足，刚健的德好似懈怠的样子，质朴的德好似混浊的样子。最方正的反而没有棱角，最贵重的器物总是最后完成，最大的声音反而听来是无声的，最大的形象反而看不见形迹。最完美的东西必有欠缺，但是它的作用是没有缺失的。最充盈的东西好像是空虚的一样，但是它的作用是无穷的。最正直的东西好像是弯曲的一样，最灵巧的东西好像是笨拙的一样，最卓越的辩才好像口讷一样。在老子看来，具有崇高的道德品质的人胸怀开阔、善于包容，同时亦善于随俗。他高洁却不以高洁自居，他行道却并不是自我标榜，他混迹于人群却不会失去自我。一个具有完美人格的人，不会着意于外表，他们处在人群中，常常努力不使自己变得醒目或耀眼，所以看起来像和人群里的其他人没有什么不同。大巧是不装饰外表而重视内在，时时注意保持冲虚谦下，因此外表看来起可能很笨拙。大智是彻悟宇宙生机、觉解天地人生之道，因此不卖弄聪明，不注意小节，表面上看着好像很愚笨。老子还说：“圣人方而不割，廉而不刿，直而不肆，光而不耀。”（《老子》五十八章）圣人虽方但能与世推移、随俗方圆，表现无隅（无棱角），这叫“方而不割”。所谓“廉而不刿”，是说凡是有棱角的东西都会伤人，圣人虽有棱

① 车载：《论老子》，上海人民出版社，1962，第48-49页。

角，但能谦下不争，所以“廉而不刿”。所谓“直而不肆”，是说圣人虽坦诚直率却不流于放肆。所谓“光而不耀”，是说圣人磊落光明然而不刺眼耀目，虽有光却能和其光，所以“光而不耀”。

庄子将老子“和光同尘”的思想加以发展，提出了“安时而处顺”的理论，主张“顺世安命”。庄子人生哲学所关注的重点是既能混迹于世俗之中，又不被世俗所吞没，保持自身人格的独立性。庄子“顺世安命”理论的基本点可以概括为“游世不僻，与时俱化”，“虚己游世，以和为量”，“虚而待物，与世沉浮”。“虚”与“化”是庄子顺世态度的本质内涵。在庄子看来，“唯道集虚”，道之深，像大海一样，反复推进永无止境，运转万物永不疲乏，道体是虚空的，所以其作用才永不穷竭；同时，道又化育万物，“万物皆化”。“虚”与“化”也正是道的存在特征。所以，“虚而能和”“化而不僻”也就是得道者的处世态度。《庄子·徐无鬼》写道：“故无所甚亲，无所甚疏，抱德炀和以顺天下，此谓真人。”“无所亲疏”就是心无成见而虚己游世。《庄子·则阳》又说：“夫圣人未始有天，未始有人，未始有始，未始有物，与世偕行而不替，所行之备而不洫，其合之也，若之何?”“与世偕行而不替”就是游世不僻而与时俱化。庄子认为“唯圣人乃能游于世而不僻，顺人而不失己”（《庄子·外物》）。“若乎乘道德而浮游则不然，无誉无訾，一龙一蛇，与时俱化，而无肯专为；一上一下，以和为量，浮游乎万物之祖，物物而不物于物，则胡可得而累邪!”（《庄子·山木》）庄子主张顺乎自然而处世，顺从时序的变化而不偏执于任何一个固定点。大家聚在一块，送往迎来悉听之自然，来者不拒、去者不留，纯朴平常，同于狂狷，消除形迹，捐弃权势，和顺外物。庄子的处世艺术以“处乎材与不材之间”为尚，欣赏“为善无近名，为恶无近刑，缘督以为经”（《庄子·养生主》），主张于世“无所可用”。

庄子认为，“德人”是静居没有思念、行动没有忧虑、心中没有是非善恶观念的人。四海之内的人生活快乐，他就觉得高兴，人人富足，他才心安。大道流行天下，而不自居有道；大德流行天下，也不自居有德。在《山木》篇中，庄子借大公任之口说出了这么一段话：“直木先伐，甘井先竭。子其意者饰知以惊愚，修身以明污，昭昭乎如揭日月而行，故不免也。昔吾闻之大成之人曰：‘自伐者无功，功成者堕，名成者亏。’孰能去功与名而还与众人？道流而不明居，德行而不名处，纯纯常常，乃比于狂，削迹捐势，不为功名。是故无责于人，人亦无责焉。”（《庄子·山木》）在庄子看来，老想文饰才智来惊愚骇俗，修身养德以反衬别人的污浊的人，就好像高举着日月行走一般，一定会成为众矢之的，当然免不了招致祸患。因此，只有消除形迹，不炫耀自居、不自求声名的纯朴平常之人才能免于祸患，成全自身。《庄子·寓言》载，老子对阳子居说，你态度骄傲，目空一切，谁看了都害怕，怎么还敢来接近你？要知道，真正清白的人，不自以为清白，反而觉得自己好像有污点似的；真正有道德的人，也不自以为德高，反倒觉得自己的德性欠缺了什么似的。阳子居听后，面容一变，说道：“谢谢老师的教诲。”便弓身退了出去。未见老子之前，阳子居目空一切，人际关系紧张，旅舍中比他先来的客人都躲着他，烧饭的厨子、女主人都怕他。但是，从他见过老子，并听从老子的劝告后，旅舍里的人便和他亲近了许多。

在《齐物论》中，庄子认为，从道的观点来看，宇宙万事万物都是通而为一的。分开一物，始可成就数物；创造一物，必须毁坏数物。只有得道的人才能了解这通而为一的道理，因此他们不去辩论，仅把对智慧的参悟寄托在平凡的道理上。事实上，平凡无用之理却有莫大的用处，其用就在通，通就是得。这种没有刻意追求而得到的道，和大道已相差无几。圣人认清了事物，只是存在心里，他虚怀天地万物而不施小智，而那些未得道的人却固执己见，和别人争辩以显耀自己。所以说，辩论的发生，乃是不曾见到大道的缘故。在庄子看来，大道是不可以命名的，雄辩者不会用是非之论去压服别人，真正的“仁”看起来就像不仁，真正的“廉”是不逊让的，大勇之人不尚血气之勇，也无伤人之心。由此看来，可以称为道的就不是大道，执着于是非之争的就不是大辩，固守一时一处的慈爱就不是真仁，有了形迹、一味张扬的廉洁亦不是真廉，用于争斗的勇也不会是真勇。

庄子的顺世安命理论因主张“缘督以为经”和“知不可奈何而安之若命”而带有一定的混世色彩和消极因素，反映了面对外在必然性压抑而无力反抗和改变的心理状态，但是庄子不只是一味地讲安于命、顺于时，而是将其同免害保身，同从必然的罅隙里寻觅自由以及“游乎尘垢之外”的超世精神联系起来，故而又有一定的积极意义和合理因素。庄子上述理论前提是人必须活着，自由才有可能；只有先顺世随俗，然后才能谈得上超凡入圣。亦如《小窗幽记》的作者所说：“必出世者，方能入世，不则世缘易堕；必入世者，方能出世，不则空趣难持。”[①] 必须先具备超世脱俗的觉悟，才能真正入世济世，否则容易被世俗因缘所牵绊而沉沦；同样，必须先经历入世磨炼，才能彻底超脱世俗，否则追求超脱的境界会因缺乏根基而难以维持。

道家从上德不德、大智若愚、大巧若拙的理论中得出的结论：真正尊道贵德的人不会炫耀和标榜自己的道德，更不会自以为自己有道德而目中无人，如果那样的话就不是真正的尊道贵德。道德本身既是自然的也是普通的、平凡的，是不能脱离世俗生活和社会大众的。因此，只有在世俗生活和社会大众中才能更好地认识、体悟和把握道

① 陈继儒：《小窗幽记》，中华书局，2020，第 114 页。

德。洪应明在《菜根谭》中指出：“粪虫至秽，变为蝉而饮露于秋风；腐草无光，化为萤而耀采于夏日。因知洁常自污出，明每从晦生也。”[①] 粪土里所生的虫是最脏的虫，可是一旦蜕化成蝉后却只喝秋天洁净的露水；腐败的野草本来不会发光，可是一旦孕育出萤火虫之后，却能在夏天的夜空中发出耀眼的光彩。由此可以知道，洁净的东西常常从污秽中产生，光明的事物常常从黑暗处出现。应该说，老庄道家关于大智若愚、大巧若拙的论述是极富辩证意义的，也是很深刻的。

庄子主张顺世应世，同时又主张避世超世。庄子向往的是一种既和世俗混合又不失去自我的人生风范。为了保全自己的性命也为了真心行道，人必须入世随俗，隐藏自己的锋芒，不使自己成为众矢之的。但是入世的目的并不是与世沉浮、随波逐流，而是更好地保全自我和实现自我。为了在世俗生活中更好地保全自我和实现自我，超世的精神与情怀不仅是必要的而且是应有的。超世也就是超然世外，不关心世事的发展及其结果，也不以世俗的荣辱为荣辱、是非为是非。庄子认为，人的德行应当效法与道为一的“神人”或“圣人”“真人”，“将磅礴万物以为一”（《庄子・逍遥游》），而不愿劳劳碌碌，去管世间纷纷扰扰的俗事。“神人”或“真人”，“彼方且与造物者为人，而游乎天地之一气。……芒然彷徨乎尘垢之外，逍遥乎无为之业，彼又恶能愦愦然为世俗之礼，以观众人之耳目哉”（《庄子・大宗师》）。他们正和造物主为伴，遨游于天地，随着自然而运行变化，无牵无挂地神游于尘世之外，逍遥于无为境界，又怎么能不厌烦于遵守世俗的礼节并将其表演给众人看呢？在庄子看来，世俗之人，你说他有道，他就自满；说他奉承人，他就勃然大怒。不管他终生有道也好，终生奉

---

① 洪应明：《菜根谭》，中华书局，2020，第 89 页。

迎也好，他们都会以夸饰的言辞彼此攻击，但是由始至终，他们都不知道自己所做的到底是何事。“大声不入于里耳，折扬、皇荂，则嗑然而笑。是故高言不止于众人之心。至言不出，俗言胜也。”（《庄子·天地》）庄子发出了“而今也以天下惑，予虽有祈向，不可得也，不亦悲夫！”（《庄子·天地》）的慨叹，同时庄子也意识到当时天下都处在迷惑之中，自己虽有正确的目的地，可又怎么能到达呢？明知道达不到而勉强去求达到，这又是一种新的迷惑。因此，与其“知其不可得也而强之”，“莫若释之而不推”（《庄子·天地》），即干脆丢了这些念头而不去考虑。不去考虑，还有什么可忧愁的呢？“释之而不推”即是超脱有限的现实世界，达到不以天下为事、不以物为事，从而“出六极之外，而游无何有之乡”（《庄子·应帝王》），在“无何有之乡”中“独来独往”，甚至“大泽焚而不能热，河汉冱（冻）而不能寒，疾雷破山、飘风振海而不能惊”。这是无待乎外的超世神游！超世即是“不利货财，不近贵富；不乐寿，不哀夭；不荣通，不丑穷；不拘一世之利以为己私分，不以王天下为己处显”（《庄子·天地》）。超世的精神是达观天地万物、一切听其自然的精神，是一种“不将不迎”，“登高不慄，入水不濡，入火不热”，“其出不䜣，其入不距，翛然而往，翛然而来而已矣”（《庄子·大宗师》）的精神。超世精神既是一种“出入六合，游乎九州，独往独来”，“物而不物”的“独有之人”的“至贵”精神，亦是一种我与天地万物相往来的“有我精神”，同时也是一种“合乎大同”的“天地与我并生，而万物与我为一”（《庄子·齐物论》）的“天我（人）合一”精神，还是一种“忘我而无已”的精神。就此而论，超世精神也就是圆融精神与自由精神的合一，从某种意义上体现了外圆与内方的统一。

道家外圆内方的处世态度体现了道家伦理思想既入世顺世又超世避世的基本特点，其核心点则是出世而不超尘、入世而不流俗。或者如南怀瑾先生所说："只是同流不下流。"①道家主张的入世是从个人的安身立命上而论，旨在消解他人的敌意和社会的排斥，置重的是个人性命的保全或祸害的化除，并不是追逐世俗之人所求所好的功名利禄、权势富贵。事实上，道家主张的入世顺世恰恰是以淡泊功名利禄来顺应他人与社会，以避免与其发生直接的利害冲突或矛盾纠纷。这种入世顺世在某种意义上又是同其超世避世主张完全吻合的。道家主张的超世是从个人的心理平衡和精神宁静立论，旨在超脱世俗的利害纠纷和功名樊篱，置重的是个人内心的自由和人格完善，它并不是要人们否定现实世界或把自己完全封闭起来，更不是要否定人们正当的物质生活和精神生活，走上像佛家那样以出家为尚、以超越现实生活和一己生命为最高境界的道路。事实上，道家主张的超世避世是以不分利害、不执着于是非善恶的界限为条件的，这在某种意义上又是为了更好地入世顺世。在道家看来，能跳出自我来了解自我的人，才可根据自然法则使万物按照自身的本性去发展而各尽其用。能把天下还给天下万民所共有的人，只有首先具有超世的襟怀，即对外界不起贪恋爱慕之心，才能够真正地深入世间，才能够在人世间掌握自己生命的方向，不至于受世俗缠扰而堕落。同时，只有深入世间，才能真正看透生命的本质、觉悟人生的真谛，形成一种超世的襟怀。正如陈眉公所说："宇宙内事，要担当，又要善摆脱。不担当，则无经世之事业；不摆脱，则无出世之襟期。"②又说："好丑心太明，则物不契；贤愚心太明，则人不亲。须是内精明而外浑厚，使好丑两得其平，贤愚共受其益，才是生成的德量。"③一个人分辨美丑的心太过明确，则无法与事物相契合；分别贤愚的心太过清楚，则无

① 南怀瑾：《老子他说》，国际文化出版公司，1991，第202页。
② 陈继儒：《小窗幽记》，中华书局，2020，第87页。
③ 陈继儒：《小窗幽记》，中华书局，2020，第6页。

法与他人相亲近。须是内心明白人事的优长缺失，处世方能宽厚慈爱，使美丑两方都能得到平等的对待，贤愚都能受到益处，这才是上天生育我们的德意和心量。《菜根谭》的作者洪应明也认为，“持身不可太皎洁，一切污辱垢秽要茹纳得；与人不可太分明，一切善恶贤愚要容得”①。人生在世，既不能跟一般人同流合污作坏事，也不要自命清高、标新立异，故意与众不同。“出世之道，即在涉世中，不必绝人以逃世；了心之功，即在尽心内，不必绝欲以灰心。”② 修行的真谛在于在人世间磨炼，根本不必离群索居、与世隔绝。想完全明了智慧的功用，根本不必断绝一切欲望，使心情犹如死灰一般寂然不动。道家崇尚的和光同尘与遗世独立的统一，崇尚的外圆内方的处世风范，实际上是主张在滚滚红尘中保持自己的人格独立性，在现实世界求得自身的精神完善与自由。如果说老庄的超世是为了更好地入世或应世，那么他们的入世或应世又不得不需要超世或遗世。在老庄看来“势利纷华，不近者为洁，近之而不染者为尤洁”。远离纷华的功名利禄、权势地位的人固然可谓清洁，但是身处其中而不受污染者尤其清洁。道家向往和推崇“出淤泥而不染”的正人君子，主张在世俗生活中成就自己的理想人格。就此而论，无疑值得肯定。当然，道家外圆内方的处世风范也可能会产生容忍恶势力和不敢同恶势力作斗争以及明哲保身等流弊，对此我们也必须有清醒的认识。

第四节　人我和谐的完美理想

道家伦理智慧强调以天地境界和海洋气度来看待人生，从而拓

① 洪应明：《菜根谭》，中华书局，2020，第 132 页。

② 洪应明：《菜根谭》，中华书局，2020，第 143 页。

展出高尚宽广的精神境界，同时还强调真笃厚实、诚恳深挚的道德态度，彰显出重质轻文、重厚轻薄的价值特征。不特如此，道家还强调人我之间的平等互助，把人的道德理想同人自身的全面发展联系起来，在促进他人的完善的同时实现自身的完善。

一、大人之行，不出乎害人

庄子在《秋水》中论述大人之行时有言："大人之行，不出乎害人，不多仁恩；动不为利，不贱门隶；货财弗争，不多辞让。"意即有道之人在为人处世方面既没有伤害别人的动机和行为，也不去一味称颂那些行仁施恩的行为；做事从不去追求一己的私利，丝毫没有看轻为人守门干活之人的尊严；他们从不去争夺那些大家特别看重的物质财富，也不注重在人际关系中讲求那么多的客套礼仪。社会上的高官厚禄无法使他们心旌摇荡，他们做人做事总是能够以尊道贵德为原始的初心。

二、既以为人己愈有

为了达成人我己群之间的和谐发展，道家认为，除了坚持自然面前人人平等的原则，还要求每一个人都效法道"生而不有，为而不恃，长而不宰"，"功成而弗居"的品格，像大海能够容纳江河百川一样，不与人争名夺利，宽恕别人的过错，以德报怨，将欲取之必先与之。更为重要的是心目中有别人，想方设法帮助和成全他人，像天道那样大公无私，只给予人而不向人索取，生长万物而不据为己有，作育万物而不自恃其能，成就万物而不自居其功，永远地或始终如一地服务他人、成全他人、爱护他人。老子认为，帮助人只会使自己更富有，能够使别人幸福的人本身也是最幸福的人。“既以为人己愈有，既以与人己愈多。”那些尽量帮助别人的人，自己反而愈充实；那些尽量给予别人的人，自己反而更丰富。老子“既以为人己愈有，既以与人己愈多”的价值理念“凭借高尚精神，与对价值界之无限追求与向往，超越一切限制与弱点，故能慷慨无私，淑世济人，而赢得举世之尊敬与爱戴。惟其能够舍己利人，其己身之价值乃愈丰富……惟其能够如此，其己身之存在愈益充实”①。庄子也认为，古时候的真人其精神穿越大山而没有阻障，进入深渊而不会被淹没，处身卑微而不觉厌倦。他效法天地、大公无私的精神，能够指引并帮助别人，他自己也因而会更加充实。

三、济贫拔苦，累功积德

道家非常注重人的生命价值，认为生命的价值高于和大于名利的价值，不能因为名利而置人的性命于不顾，更不能因为争权夺利而践踏或戕残他人生命。在道家看来，轻视他人形体或生命的行为是极端不道德的行为，伤身害性、杀生夺命更是不能被宽恕和原谅的。人的生命是宝贵的，人活在世界上可以使别人活得更美好，在别人活得更美好的事实中进而感受到自己活着的意义和价值。天有好生之德，人有不杀之义。道家主张扶危济困、见义勇为，救人性命于水火，反对见死不救、见伤不扶。道家认为只有广建阴德、济物救世，行种种方便、做无量善事，拯救普天之下人们的生命，自己的生命才能得到拯救。人要常常怀揣着一副拯救他人的热心肠，先人后己、大公无私。《晋真人语录》教诲修道者“济贫拔苦，见人患难，常怀拯救之

① 方东美：《原始儒家道家哲学》（方东美作品系列），中华书局，2012，第157-158页。

心”。只有在拯救他人的救世行为中，才能拯救自己的生命。道教学者还倡导“阴功密惠”，以阴功阴德救人救物。所谓“阴功密惠”，就是做了拯救苍生之类的好人好事不张扬、不宣传，不看重世间的声名，不关注被拯救者是否知晓，是否感恩戴德，一心向善，孜孜求道。《历世真仙体道通鉴》卷二十一《王少道》载，王少道与同志李伯山，“常以阴德密惠，拯救于人，皆积世有道，至行所钟，累功积德，以至成仙”。《仙苑编珠》卷下载，崔子文，太山人，好道卖药。一次某地发生疫气，“民死者万计”，“文乃拥朱旛系黄散药以救民，饮者即愈，所愈万计”。后来他到蜀地，“卖黄药如初”，以符水草药为人治病救命，造福一方百姓，却并不在意人们感谢与否。《历世真仙体道通鉴》卷二十一《路大安》描绘了一位志求济生度死之术以救国救民、为民除害的道者形象。路大安，为汉代路温舒九世孙，西蜀大宁军内黄县人，见仕途艰难，乃自叹虽有济世之才，奈何时与命违，于是功名之念顿息，遂弃家修道，往华山仙掌峰学六天如意大法经篆，决意济生度死，造福百姓。永康元年（300）三月，秦地降血雨，疫毒流行，“民遭横夭”。大安“敬施符水，点混元灯”，平息了灾难。永康二年（301）正月，“虎兕入城，民心摇动，莫能禁止”，大安请缨，“乞与民除害。奉敕令任便行持，依混元法摄召虎兕”，然后“咒水噀之，化为蝇蟆，布气吞之，一城安静”。济世救人，是道教的一贯主张。尤其是道教灵宝派，更是不遗余力。

涵谷子在《悟性穷原》一书中倡导学道之士向龙门邱祖学习，指出：“凡学道者，须体龙门邱祖家贫困苦，十分可怜，尝怀仁德之心，遇路填补，逢沟度人，不愿酬谢，只求孽消。怀抱大道，饿死七次，心甘情愿，毫无悔念。苦行数载，功德无量。”① 在涵谷子看来，

① 徐兆仁主编：《仙道正传》，中国人民大学出版社，1992，第 240 页。

一切慕道求道、修道体道之士都应当认识到，道本大公无私，德本济世行善，故只有一味行好事、存好心，“寸善莫丢，分恶莫作”的人才能够真正与道合一，与德为伍。善就在人们的心中、身边，只要努力去做，举手投足皆可成善，“或搭桥梁以利人行，或施茶汤以解人渴，或施药方救人之难，或施棉衣御人之寒，或施粥充人之饥……”①。

道家伦理思想因其视域高超、襟怀博大、情志深邃、人我和谐而凸显出自己出乎自然又内含当然和应然的价值机理和精神要义，这种由“高”“大”“深”“和”组合起来的理论或学说呈现出自己独特的神韵和魅力，有着集“醒世恒言”“喻世明言”和“警世通言”于一体的品位和特质，故此总是能够给人类心灵以特有的洗礼、滋润、净化，使其复归于初，提供给人以超迈自身局限、成就完美人格的动力，提供给人省察自身、观照宇宙的方法，同时给人以深刻的感染和启迪，温情的慰藉与鼓舞。

当然，道家伦理思想对文明时代道德生活的异化和偏狭化过分敏感，常常流露出对文明的悲观和对道德进步的怀疑，一定程度上造成了复古主义的蔓延，妨碍了道德生活领域的革故鼎新，引发了一些士人的批判性反思，张载、程朱、王船山都曾为了弘扬儒家正学而对老庄之道进行批判。王船山在《老子衍》《庄子解》和《庄子通》等著作中，既揭示了道家思想玄远旷达等方面的积极意义，又对其消极意义和理论缺陷作出了“入其垒，袭其辎，暴其恃，而见其瑕”的猛烈批判。他指出，“天下之言道者，激俗而故反之，则不公；偶见而乐持之，则不经；凿慧而数扬之，则不祥”，并认为“三者之失，老子兼之矣”②。在王船山看来，老子对“道”的认识或界说存

① 徐兆仁主编：《仙道正传》，中国人民大学出版社，1992，第235页。

② 王夫之：《老子衍·自序》，《船山全书》第十三册，岳麓书社，2011，第15页。

在着“激俗而故反之”“偶见而乐持之”和“凿慧而数扬之”三个方面的缺失，只有见出老子道论的缺失“而后道可使复也”[①]。当然，王船山也在老子道论思想的基础上肯定了其朴素的辩证法思想，对其“反者道之动”以及祸福相倚的命题整体上持认可态度。王船山对庄子夸大事物差别的相对主义也作出了深刻的批判，吸收了其中合理的因素，阐释了“生死相贸，新故相迭”[②] 以及“化日逝而道日新”[③] 的道理。在《老庄申韩论》中，王船山把申不害、韩非子归于老庄，一起予以批判，指出：“古之圣人，仁及万世，儒者修明之而见诸行事，唯此而已。求合于此而不能，因流于诐者，老庄也。损其心以任气，贼天下以立权，明与圣人之道背驰而毒及万世者，申韩也。”[④] 申韩法家对圣人之道的背弃和对中华文明的流毒要远远大于老庄道家，但是老庄道家思想产生的流弊也不能轻视：“师老庄以应天下，吾闻之汉文、景矣。其终远于圣人之治而不能合者，老庄之乱也。”[⑤] 历史上西汉初年窦太后及文景二帝崇尚黄老之学，从指导思想上看，是不对的，表面为治而其实为乱。令王船山特别痛心的是，儒家者流并没有向着弘扬孔孟儒学真精神的方向发展，反而受到老庄道家、浮屠佛家、申韩法家思想的影响，产生了诸多的小人儒，致使儒家正学得不到应有的传承和弘扬。“自宋以来，为君子儒者，言则圣人而行则申韩也，抑以圣人之言文申韩而为言也。”[⑥] 王船山清楚地意识到，儒家自汉以后已经严重异化，“以文老庄而有老庄之儒，以文浮屠而有浮屠之儒，以文申韩而有申韩之儒。下至于申韩之儒，而贼天下以贼其心者甚矣。后世之天下死于申韩之儒者积焉，为

① 王夫之：《老子衍·自序》，《船山全书》第十三册，岳麓书社，2011，第 15 页。
② 王夫之：《庄子解·知北游》，《船山全书》第十三册，岳麓书社，2011，第 334 页。
③ 王夫之：《庄子解·山木》，《船山全书》第十三册，岳麓书社，2011，第 316 页。
④ 王夫之：《老庄申韩论》，《〈姜斋文集〉校注》，湘潭大学出版社，2013，第 6 页。
⑤ 王夫之：《老庄申韩论》，《〈姜斋文集〉校注》，湘潭大学出版社，2013，第 6 页。
⑥ 王夫之：《老庄申韩论》，《〈姜斋文集〉校注》，湘潭大学出版社，2013，第 7 页。

君子儒者潜移其心于彼者，实致之也”①。王船山在批判老庄申韩的同时，还频频把批判矛头指向那些名为孔门之徒但内里实已老庄化或申韩化或浮屠化了的儒者。据此可说，王船山之辟老庄，乃是为了从思想和历史现实两个层面，排拒、涤除老庄之学对儒家正学和儒者群体的渗透、侵蚀，从而为儒家“清理门户”，以维护圣道之本貌。王船山对老庄道家以及申韩法家、浮屠之学的批判，整体上是为了捍卫儒学的纯洁性，弘扬儒家伦理道德的真精神，以重建儒学正统。

① 王夫之：《老庄申韩论》，《〈姜斋文集〉校注》，湘潭大学出版社，2013，第7页。

结束语　道家伦理文化的现代价值

尽管道家伦理文化有着自己不可避免的局限性，但是从对道法自然的论述，尊道贵德的界说，“上善若水”“以德报怨”的推崇，以及尊重个体生命价值、倡扬个性自由等方面而言，又是有其独特的合理性和理论价值的，它向世人提供的生存智慧和处世之道有着境界高远、旷达宏阔又本旨甚约、亲切实在的特质。它关照人生：既有许多母亲似的爱抚与宽慰，也有许多良医似的诊断与疗愈。不仅如此，它更教人看开一点、看深一点、看远一点，用对现实人生的超越精神来武装自己、提升自己，将小我融入大化流行、永恒不息的道德活动中，从生人生物的道德本原和成己成物的道德律则中确证和感受到自己的存在。清世祖爱新觉罗·福临在《御制道德经序》中说道：“老子道贯天人，德超品汇，著书五千余言，明清静无为之旨。然其切于身心，明于伦物，世固鲜能知之也。”① “天地与我并生，而万物与我为一”是道家伦理思想的基本精神和基本观念，这既是一种教人去体认世界的伟大性进而主动地去适应世界，建构人与世界的和谐关系的博大宏阔的伦理学说，也是一种使人意识到自己的责任从而激励其与天地万物同在的激越高亢的伦理学说。

道家依凭“天地与我并生，而万物与我为一”的基本精神所建构起来的伦理文化体系，熔个人伦理、社会伦理、国家伦理、天地伦

① 刘韶军点评：《唐玄宗、宋徽宗、明太祖、清世祖〈老子〉御批点评》，湖南人民出版社，1997，第476页。

理、宇宙伦理于一炉，在伦理道德关系中凸显的不只是人与人、人与社会之间的关系，更有人与自身、人与自然、人与天地万物之间的关系。道家在人类文明的初始阶段抱着对人类命运的深深忧虑，立定一个超拔人自身的崭新高度，探赜索隐、阐幽发微，置重人的类意识，强调终极关怀，将思维的触角不仅伸向人自身的内在道德心灵，更伸向山川草木的自然化育、日月星辰的有序运行。道家认识到，人绝不仅仅是一个家庭成员和社会存在物，更是自然界的一部分和宇宙存在物。“域中有四大，而王居其一焉”，“故道大，天大，地大，王亦大”（《老子》二十五章）。那么，怎样才能使这“四大”相互联结又相互为一呢？道家提出了自己“人法地，地法天，天法道，道法自然”的伦理价值主张，并借此充分向世人展示了其伦理道德学说的一贯性、圆融性和系统性。

道家将自己的伦理道德之根深深地扎进自然的泥土，又因自然的化育长成参天的社会和人生大树，并结出了有益于世道人心的道德花果。道家的伦理道德学说既主张尊重并学习研究外在的自然，更主张以自然而然的精神来立身行世、律己待人，故此道家伦理道德思想重自然之美，重真实之善。凡是符合自然的、真切实在的就都是善的、美的，与此相反，就都是恶的、丑的。华而不实、伪而不真、薄而不厚，以及矫揉造作、装腔作势等非自然的思想和行为，向来为道家伦理道德思想所鄙弃和嫌憎。道家推崇的自然、真切、厚实之伦理道德，可以被视为一种自然主义的伦理学说，但它并不是那种为现存的一切辩护，将存在的视为应当的或者混同事实与价值的自然主义伦理学说。道家伦理道德思想所置重和强调的自然，是那种并未受到世俗污染或者说“出污泥而不染”的自然，它既可以是含德之厚、纯洁清澄的赤子之心，也可以是拒腐蚀而不沾、久经战火锤炼而仍顽强执着的成人之志，是一种在污泥浊水中摔爬滚打而心却一尘不染的精神状态。这种自然，与其说是一种事实或存在，倒不如说是一种价值或境界，与其说是现有的，倒不如说是应有的。受世俗功名利禄与欲望驱使的人们要真正拥有或效法这种自然，并非一件轻而易举的事情。他们需要体认宇宙的大化流行、天地的运行不息，需要追问人生的真谛，思考人生的义理和价值，需要去除骄奢淫逸的心理，抛弃虚伪客套的礼仪，需要“见素抱朴，少私寡欲”，需要“涤除玄览”“心斋坐忘”，一言以蔽之，需要刻苦地学习、自觉地锤炼和孜孜不倦地修行。由此也可以说，道家的自然主义伦理道德学说不仅是现实主义的更是理想主义的，是一种“即世间而超世间”的“极高明”的伦理道德学说。

道家长于玄思宇宙和人生，其伦理道德思想体现了为人处世的深刻智慧，外圆内方就是道家为芸芸众生所提供的处世态度或做人模式。道家伦理道德思想因淡泊或鄙弃功名利禄而带有一定的超凡脱俗色彩，但道家伦理道德思想是不是出世、超世或避世的呢？诚然，道家伦理道德思想面对着纷攘的人际纷争、无休止的世俗冲突，以及因追求功名利禄而导致的人情冷暖、世态炎凉等状况，确有鼓吹避世以求全生、超世以求自立，乃至出世以求清静的思想倾向，有宣扬从世俗生活中解脱出来作无对无待的逍遥游的绝对自由言论，后来的道教更有劝人抛弃凡间生活、出家做神仙的价值主张。因而，一般地说，道家伦理道德思想是一种超凡脱俗的超世主义或避世主义，无疑是有根据的，也是说得通的。但是，倘若我们从道家伦理道德思想的总的精神取向和价值追求上看，从其伦理道德思想的内在基质和根本特点上看，毋宁说它是顺世与超世的统一，是入世与出世的结合，是应世与避世的融和，正如道家伦理道德思想宣扬“无为”是为了“无不为”，宣扬“天道”是为了“人道”一样。如果它纯是一种出世主义或超世主义，那么它又何以能为数位帝王，众多匡扶时政、经邦济世的政治家、军事家所推崇呢？南怀瑾先生在《老子他说》一书中指出，儒释道三家，佛家是偏重于出世的，尽管大乘佛教也有主张入世以普救众生的理论，但总体上看，佛家还是偏重出世的。儒家以孔孟之学为其归趋，虽有一些出世的思想，但其大略是偏重入世的。道家的思想非常玄妙，“可以出世，亦可以入世，或出或入，都任其所欲。像一个人，跨了门槛站在那里，一只脚在门里，一只脚在门外，让人去猜他将入或将出，而别人也永远没有办法去猜。所以道家的学问，是出世的亦是入世的，可出可入，能出能入，在个人的养生之道上，亦有如此之妙”①。道家伦理道德思想既教人和光同尘、知足不争，又教人一尘不染、卓立独行，因此具有出世而不超尘、入世而不流俗的特点，外圆内方是道家推崇的处世态度。

人类的道德生活充斥着各种各样的矛盾和错谬。在数千年的伦理文化史上，各种道德观念、伦理学说彼此龃龉相抗，人们的道德行为也杂糅多样、斑驳陆离、错综纷纭，不断地产生着道德的不道德性和不道德的道德性的矛盾性怪圈。有些自以为合乎人道的道德观念在现实的道德实践中不仅没能促进人类道德观念的进步，相反却造成人类道德的退步和灾难；有些看似并不怎么道德的思想学说却在人类道德退步和混乱之际起到了挽狂澜于既倒、扶大厦之将倾的巨大作用。有些并不见容于当时的理论后来却能长久地为一代又一代的后人所认可，有些为当时人们所赞同的理论后来却被人们弃之如敝屣。凡此种种，不一而足。那么，究竟什么样的道德学说才能更好地避免现实化过程中的不道德性从而有效地提高其道德性呢？我们不能因为道德生活的变迁和道德观念的冲突就任意否定道德的道德性此一范式的存在，而步入道德相对主义的泥潭。人类的道德学说和

① 南怀瑾：《老子他说》，国际文化出版公司，1991，第24页。

道德观念，只要是真正地反映了道德生活的内在本质和人性的共同要求，反映了人们安身立命的真谛和待人接物的要义，触及了人类道德生活的辩证法，体现了使人更好地成为人的真精神，就自会获得超越时空的能量和品格，成为人类共同的伦理文化财富，让世代受益以至永恒。不管人类道德生活发生什么样的变化，老庄道家推崇的"处其厚，不居其薄；处其实，不居其华"的价值观念，提倡的"重为轻根，静为躁君"的思想主张，自会受到那些真正尊道贵德之士的认同，受到那些执意追求真善美的人的赞许，并成为他们反对道德形式主义和道德工具主义的有力武器。

作为安身立命的精神价值之学，道家伦理道德思想不仅置重人与世界的和谐，强调终极关怀，而且热切关怀人类个体的生存价值，关怀人类生命存在的质量，故此在个人处世和健康养生诸方面均留下了令世人享用不尽的伦理智慧。道家所提出的"生而不有，为而不恃，长而不宰"，"功成而弗居"的道德原则，以及所阐发的"既以为人己愈有，既以与人己愈多"的人生哲理，无疑是人类伦理文化宝库中璀璨夺目的明珠。它所倡导的"宠辱不惊""以德报怨"的精神境界和道德品质，所向往的恬淡如水的君子之交，所提出的少私寡欲的养生之道，以及在对宇宙生命的大彻大悟中所展现出来的参透死亡的达观态度，其中不少不仅切中我们的现实生活，而且对于每一个追求生命质量和生活幸福的人来说，都有着超越时空的独特神韵和魅力。道家伦理道德思想在立身处世方面的洒脱、达观、逍遥与圆融，对现实生活中的芸芸众生来说，未尝不是一种精神的解放和个性的舒展，未尝不是一种价值的开悟和人生的启迪。道家伦理道德思想向人们提供了如何学会潇洒、学会豁达、学会善待自我的种种伦理智慧，提升了人类个体的生命认知水平，拓展了人类个体的生命空间，深化了人类整体的生命观念。道家的生命伦理主要是从精神上、心理上、价值上关心人之生命价值、注重生命质量的生命伦理，较之以科学技术和生理病变等为主要内容的当代西方生命伦理（诸如器官移植、基因工程、堕胎、试管婴儿等）要更为符合人对生命关怀的道德心理，也更有益于从心理伦理上去提升生命和充实生命。

尤为值得一提的是，在当今世界环境恶化、生态危机日趋加重的情势面前，道家生态伦理的精湛智慧有如洪钟巨响，跨越历史的时空而跃入当代人的精神心田，是那样震人耳目、撼人心魄，又是那样恢宏苍劲，使人警醒，使人获得一种"醍醐灌顶"的价值开悟和"尊道贵德"的精神力量，犹如自古代走向现代且面向未来的"喻世明言""警世通言"和"醒世恒言"一样富含征服人心的功能与机理。道家物我为一的整体观念，道法自然的伦理原则以及钟情山水、寄意草木的伦理情趣不是很值得当代人深思并效法吗？无怪乎当代著名的人文主义物理学家 F. 卡普拉说："在伟大的诸传统中，据我看，道家提供了最深刻并且是最完美的生态智慧，它强调在自然的循环过程中，个人和社会的一切现象和潜在两者的基本一致。"① 道家人与自然和谐共生的伦理道德思想是我们建设社会主义生态文明、美丽中国的重要资源和源头活水，值得我们好好开掘并使其实现创造性转化和创新性发展，为建设中华民族现代文明和人类文明新形态贡献力量。

道家伦理道德思想因为置重于自然与德性，凸显着"天地与我并生，而万物与我为一"的基本精神和基本观念，有其视域高超、立意高远，襟怀博大、气度恢宏的精神品质，以及情志深邃、丰厚笃实，内外交融、主客和谐的价值属性。这种熔高超、广博、深邃与和谐于一炉的伦理道德思想确实是对中华伦理文化的卓越贡献，同时

① Fritjof Capra, *Uncommon Wisdom*, *Conversations with Remarkable People*, Simon & Schuster Edition, 1988, p. 36.

也是对世界伦理文化的伟大贡献。当代英国著名的科技史专家李约瑟博士通过分析道家与中国文化的关系后深有感触地说："中国人的特性中，很多最吸引人的地方，都来自道家的传统。中国如果没有道家，就像大树没有根一样。道家在中国文化中，至今还是生气勃勃的。"① 无独有偶，鲁迅先生也认为，中国文化的根柢全在道家或道教。道家所建构起来的宇宙论、本体论、方法论、认识论和价值论，为中国文化的发展提供了理论基础和观念指导。旷达玄远、气势清高的道家思想文化，数千年来一直为玄思宇宙和人生奥秘的各界人士所喜爱。多少人面对它那博大深邃的智者气象和旷达风度，不由得生发出由衷的敬仰与感佩；又有多少人为它那出世而不超尘、入世而不流俗的处世范型而醉心不已，并以此来规范自己的人生。道家伦理道德思想也是中华处世智慧的奇葩，有人把它比喻为一口永不枯竭的泉井，也有人将其视为解救自我和解救社会的法宝。

以思考和研究哲学及道德哲学而"大显身手"（马克思语）的德国哲学家和道德哲学家们多对老子和道家哲学伦理思想较为关注与重视，并从中吸收智慧以建构自己的哲学伦理学理论。黑格尔的《历史哲学》专门介绍了"老子哲学"，认为老子的《道德经》是一本"关于理性和道德的书"，"老子的著作也是很受中国人尊敬的"②。谢林在自己的《中国——神话哲学》一文中专门对儒释道哲学思想作出了探讨，坚持认为"与孔夫子的政治道德完全不同，老子的学说是真正思辨的……如果说孔夫子致力于把一切学说和智慧退回到中国国家的旧有基础，那么老子却在无条件地、普遍地探索存

① ［英］李约瑟：《中国科学技术史》，陈立夫译，江西人民出版社，1990，第35页。

② 何兆武、柳卸林主编：《中国印象：外国名人论中国文化》，中国人民大学出版社，2011，第165页。

在的最深层”[1]。并说：“不是所有人都可以理解《道德经》的，只有探知了哲学底蕴的才可能理解。显而易见，道家学说是最遥远的东方人的思想和发明，其中没有一丝西方哲学的痕迹……整部《道德经》通篇都通过寓意深刻的成语的跌宕变化来展现无的巨大的、不可抗拒的威力。”[2] 尼采认为，老子是中国历史上最伟大的哲学家，《老子》一书“满载宝藏”，只要我们去探宝，完全可丰富现代人的精神生活。尼采所说的“生成”（das werden，相当于英语中的 becoming）和老子所说的“道”很相似。因为在一个动态的世界里，一切皆生成，用“生成”这个包含极大变数的词来涵盖一切，可以追溯到天地产生以前，因此也意味着它是世界的本原。尼采指出：“在生成中，万物皆空，皆有欺骗性，皆浅薄，皆该受到我们的蔑视；人应该解开的谜，他只能在存在中解开，在此般存在中而非那般存在即不朽中解开。现在他开始检验，他和生成、和存在纠缠得有多深——一个巨大的任务出现在他灵魂的面前：摧毁一切生成，把事物中一切虚伪的东西暴露到光天化日之下。”[3] 尼采把“生成”中人自己认识不到、无法认识的一切归诸一个最终的存在，由此而建立起一切的价值体系。20 世纪德国著名的存在主义哲学家海德格尔十分崇尚道家的伦理哲学，尤其对道家的精神自由和死亡观倍加称赞，把道家的伦理哲学视为亟须开掘的源头活水。海德格尔很早就接触《老子》，非常崇拜老子，对道家思想兴趣很浓。从 1930 年的讲演《论真理的本质》开始引用、解读老子思想，一直到晚年。1946 年夏季海德格尔与萧

① ［德］谢林：《中国——神话哲学》，何兆武、柳卸林主编《中国印象：外国名人论中国文化》，中国人民大学出版社，2011，第 197 页。

② ［德］谢林：《中国——神话哲学》，何兆武、柳卸林主编《中国印象：外国名人论中国文化》，中国人民大学出版社，2011，第 198 页。

③ ［德］尼采：《尼采全集》第 1 卷，杨恒达等译，中国人民大学出版社，2013，第 275 页。

师毅试图合译《老子》。海德格尔解读《老子》虽然只涉及《老子》第十一章、第十五章、第二十八章共三章的内容，但是，却触及“道”“无”等老子思想中的关键性范畴，也涉及海德格尔关于“存在”“自由”“思想”等方面的重要思想。海德格尔认为老子之“道”就是“道路”，这“道路”是无限的、生成性的存在；老子之“道”又是“道说”，而“道说”是语言的本性；老子之“道”能生出“方法”，因而，老子重视作为“方法”源头的“道”。海德格尔对“道”的这种理解，看到了老子之“道”相比于“理性、精神、理由、意义、逻各斯等”的独特性，又有借此“伸张”自己思想的目的。在海德格尔看来，老子的“道”作为“为一切开辟道路的道”，正是这种不能被超越的原始开端性，使它具有无比巨大的思想威力。“‘道’或许就是为一切开辟道路的道路，由之而来，我们才能去思理性、精神、意义、逻各斯等根本上也即凭它们所要道说的东西。”[①]“道路”“道”还蕴含着一种神秘感。“也许在‘道路’‘道’这个词中隐藏着运思之道说的一切神秘的神秘。”[②] 与《老子》的对话是海德格尔思想本身的内在需要，道家与荷尔德林（包括晚年荷尔德林）起码自20世纪30年代开始就是海德格尔哲理灵感的最深来源。海德格尔认同老子“人法地，地法天，天法道，道法自然”（《老子》二十五章）的思想，强调“原初地归属于天、地、人和神四重整体”[③] 之中，才能使人获得一种安身立命的家园之感。《海德格尔全集》第75卷中有一篇海德格尔引用《老子》第十一章的内容来讨论荷尔德林诗作独特性的文章。海德格尔将老子讲的“无”或“朴”解释为一种发生性的“之间”，并认为它是理解“正在来临的时间”

---

① ［德］海德格尔：《在通向语言的途中》，孙周兴译，商务印书馆，2013，第191页。

② ［德］海德格尔：《在通向语言的途中》，孙周兴译，商务印书馆，2013，第191页。

③ ［德］海德格尔：《转向》，《同一与差异》，孙周兴、陈小文、余明锋译，商务印书馆，2014，第119页。

和诗人独特性的关键。这种解释既是对他前期“存在与时间”学说的深化，又是对他后期的主导思路——“自身的缘构发生”（Ereignis）的方法论特点的揭示。海德格尔在《同一的原理》（1957年）中将“中国的主导词‘道’（Tao）”与古希腊的“逻各斯”以及他自己思想中的主导词“自身的缘构发生”相提并论，认为它们所显示的乃是思想最原发的体验境域，这些思想的充分实现将导致技术机制的消解，即从它当今的统治地位回转到在一个缘构发生的境域中的服务。在这样一个生动的、和谐的、充满原初意义的境域中，人将更真态地赢得自身的缘发本性。海德格尔对《老子》的解读、对老子之道的阐释、对老子思想的吸收对于东西方哲学的交融、会通有其典型意义。

英国著名哲学家伯特兰·罗素在《中国问题》一文中指出：“已知最古老的中国圣贤是老子，他是道家哲学的创始人……他的哲学要比孔子的有趣得多。他认为，每一个人、每一种动物、每一个事物都有对于他、她和它来说是自然的行为方式或举止，我们应该使自己服从这种方式，并且鼓励他人也服从它。”[①] 又说：“老子描述道的运行，生产而不占有，行动而不自我肯定，发展而不支配。我想，从这些话里，我们可以像善于思考的中国人那样得出人生目的的观念，而且我们必须承认，这种人生目的和大部分白种人为他们自己所树立起来的人生目的是大相径庭的。”[②] 西方人的人生哲学就是以占有、自我肯定和支配为主的，所以引发了人与人、国与国之间的严重冲突或战争。罗素力主西方人应向老子和中国文化学习。英国著名作家威尔斯将孔子和老子视为“两位伟大的中国导师”，并认为老子是一个

① ［英］罗素：《中国问题》，何兆武、柳卸林主编《中国印象：外国名人论中国文化》，中国人民大学出版社，2011，第359-360页。

② ［英］罗素：《中国问题》，何兆武、柳卸林主编《中国印象：外国名人论中国文化》，中国人民大学出版社，2011，第363页。

“无政府主义者、进化论者、和平主义者、道德哲学家”，“老子的教导与其说是个宗教，不如说是个生活的哲学规则”。[①] 老子的教导与孔子的教导比较起来“要神秘得多”，《老子》一书“文体非常简约，并且非常晦涩”，中国人把老子和孔子的教义以及佛教“称为三教”，“这三教成了以后全部中国思想的基础和出发点”[②]。英国汉学家葛瑞汉在1989年出版的《道家之争：中国古代的哲学论证》中以“天人关系”为主线，把“道”视为中国哲学的中心范畴，对老子思想进行了评述。汉学大师安乐哲的译本《道不远人——比较哲学视域中的〈老子〉》（*Daodejing “Making This Life Significant”: a Philosophical Translation*），在比较哲学的视域下来解释老子思想，用中国思想文化原有的框架来理解中国哲学，其研究成果在英语世界老子学说发展史上具有划时代的意义。[③]

美国著名作家默顿专门著有《庄子之道》（*The Way of Chuang Tzu*），认为庄子反对儒家学说，“并不是以某种更低的东西为借口，如那种否认道德责任的个人的动物性的自发行为，而是基于某种更高的东西”，“庄子所要求的并不比仁、义少，而是更多”[④]。“庄子之道的秘密就不是儒家所教导的德性和成绩的积累，而是无为。它不热衷于结果，不关心有意识地拟定的计划和审慎地作出的努力。”[⑤] 庄子认为，如果一个人追求善却不知道何为善，那么，他对伦理之善的追求就是虚幻的。追求财富、事业和快乐的生活事实上是一种难以忍

① ［英］威尔斯：《世界史纲》，何兆武、柳卸林主编《中国印象：外国名人论中国文化》，中国人民大学出版社，2011，第337页。

② ［英］威尔斯：《世界史纲》，何兆武、柳卸林主编《中国印象：外国名人论中国文化》，中国人民大学出版社，2011，第340页。

③ 武志勇：《〈道德经〉是如何走向世界的》，《解放日报》2022年12月2日。

④ ［美］默顿：《庄子之道》，何兆武、柳卸林主编《中国印象：外国名人论中国文化》，中国人民大学出版社，2011，第516页。

⑤ ［美］默顿：《庄子之道》，何兆武、柳卸林主编《中国印象：外国名人论中国文化》，中国人民大学出版社，2011，第519页。

受的苦役，庄子对善超越功利目的的追求的论述与古希腊“索福克勒斯和埃斯库罗斯的忧虑有些类似。但庄子作出了不同的回答，这种回答较少宗教神秘主义的气味”①。美国学者蒲克断言，《老子》一书将成为“未来大同世界家喻户晓的一本书”，人们需要道家如同人们需要精神生活。20世纪美国著名的人际关系学专家戴尔·卡耐基撰写的成功之道丛书多处引用老子的名言，认为道家的处世箴言深刻揭示了为人处世的道理，具有不朽的价值，是现代人安身立命的智慧之源。

瑞士心理学家荣格是分析心理学（Analytical Psychology）的巨擘，他深受清代道教经典《太乙金华宗旨》的影响，创造性地阐释了原型及其转化、集体无意识对于整合和一体化目标的追求、个性化过程与炼金术象征，创立了他的潜意识心理学理论体系，并成为超心理学、神话和跨文化沟通研究的重要理论模式，在探索人类心理和精神世界的历程中迈出了一大步。

俄国作家托尔斯泰说他受益于老子思想甚多，是老子使他对生活有了深刻的理解。1878年，托尔斯泰着手《道德经》的翻译工作。在1905年5月5日的日记中，他写道：“读《老子》对我来说是有很重要意义的。那种可鄙的感觉：高傲，自己想成为老子的愿望，恰恰跟老子是直接相反的。瞧他说得多好：最高的精神状态永远是跟最完满的谦虚结合在一起的。”② 1913年，他从法语转译的《老子道德经或道德之书》出版。托尔斯泰深入研究道家哲学，以“道”和“无为”为探讨重点，写作了《中国圣贤老子撰写的道和真理之书》。据说托尔斯泰的书桌上一直摆着《道德经》，由此可见《道德经》对托

① ［美］默顿：《庄子之道》，何兆武、柳卸林主编《中国印象：外国名人论中国文化》，中国人民大学出版社，2011，第518页。

② ［俄］托尔斯泰：《日记中有关孔子、老子、孟子、墨子的材料》，何兆武、柳卸林主编《中国印象：外国名人论中国文化》，中国人民大学出版社，2011，第436页。

尔斯泰的影响。[①] 他在《老子学说》一文中写道："人或为肉体而活，或为灵魂而活。人为肉体而活——生命是痛苦的，因为肉体要受苦受难、有生老病死。为灵魂而活——生命是幸福的，人应当学会不为肉体而活而为灵魂而活。老子就是这样教导的，他教导人怎样由肉体生活转化为灵魂生活。"[②]

道家的政治伦理思想和关于领导艺术的管理技巧在国外政治学界管理界亦有深刻的影响。2012 年连任联合国秘书长的潘基文在就职演说中援引《道德经》"天之道，利而不害。圣人之道，为而不争"的名言，表示将用道家"不争"思想践行《联合国宪章》的时代精神，将这一智慧应用到工作中，与各国共同应对世界的挑战，求同存异、消除争端，找到行动上的统一性。管理学者约翰·海德基于《道德经》释解而作的《领导之道：〈道德经〉的远古智慧》（*The Tao of Leadership*：*The Ancient Wisdom of the Tao Te Ching*，1985）和《领导之道：新时期的领导策略》（*The Tao of Leadership*：*Leadership Strategies for a New Age*，1986）[③] 出版后在西方世界产生了较大的影响，成为管理学界争相传阅的畅销书。美国贝尔实验所将老子无为而治、道法自然的思想作为治所的原则，注重发挥每一个员工的积极性，用实际行动实践了老子"我无为而民自化"的理论，并使该所的管理经验成为引人注目、受人称道的管理经验。当代美国政治学家哈林·克里夫兰在其所著的《未来的行政首脑》一书中推崇道家的政治伦理和领导艺术，不仅在扉页上写着老子"功成事遂，百姓皆谓我自然"的话，而且十分欣赏老子"治大国若烹小鲜"的格言，并说"当现代政治家们抱怨政府的庞大机构时，他们难以找到比这

① 参阅武志勇：《〈道德经〉是如何走向西方世界的》，《解放日报》2022 年 12 月 2 日。
② 转引自赵鑫珊：《哲学与人类文化》，上海人民出版社，1988，第 19 页。
③ 王华玲、辛红娟：《〈道德经〉的世界性》，《光明日报》2020 年 4 月 18 日。

位中国圣哲（指老子）所提出的更好的公式，他（指老子）说，管理一个大国就活像煎小鱼，翻动太勤反而将小鱼弄得破碎不堪”。克里夫兰直接把老子的思想同机构消肿、行政管理联系起来，强调好的领导者说话不多，对下属的干预极少，他“为而不恃，功成而弗居”，旨在促成一种群体的事业，而自己却甘居人下。在克里夫兰看来，最好的领导者做到你在领导，但别人并没有意识到你在领导，如春雨润物、自然无声。当代管理科学家艾博·契特在自己所写的《二十二种新管理工具》一书中发挥了道家“善用人者为之下，是谓不争之德，是谓用人之力，是谓配天”的思想，强调管理者应具有甘居低处、虚怀若谷、谦虚不争的品格和领导艺术。他极为欣赏和推崇道家“江海所以能为百谷王者，以其善下之，故能为百谷王”的理论，并发表议论说，老子的话讲到今天，已有两千多年的历史，它代表见识不凡的管理者长久为之努力的目标。在艾博·契特看来，管理者的历史也许可以说是试图实践道家这项基本观念的历史。在日本，许多企业家也注重吸取老子的智慧，主张从老子学说中去学习经营之道。新日本制铁公司总经理武田丰崇尚道家“治大国若烹小鲜”的名言，力倡统治者和管理者尊重民意，以人为本。日本丰田汽车公司的经理石田退三喜读《老子》一书，尤为欣赏老子以人为本的思想，认为管理的要义就在于尊重员工的价值，让员工成为企业的主人，在于发现人才和造就人才。

英国学者约翰·詹姆斯·克拉克从经济学的角度着眼，在《西方之道——道家思想的西化》（*The Tao of the West：Western Transformations of Taoist Thought*）中指出，市场经济思想的真正鼻祖不应是英国人亚当·斯密，而是提出“无为而治”思想的中国老子。[①]

① 李亚芬、董晓波：《〈道德经〉英译：从救世良药到文明互鉴》，《中国社会科学报》2023年11月16日。

人类是需要道家伦理道德思想及其智慧的。诚如一个名叫彼得·洛伦兹的德国人给《中国青年》杂志写的信中所说的，老子是他心灵的知音。每当他在个人生活上遇到困难时，总是不由自主地想到《老子》，从《老子》一书中去寻找避难消困、解决问题的办法。清朝乾隆时的著名学者纪晓岚把道家思想评说为“综罗百代，广博精微”，意思是说道家的文化思想包括了中国上下五千年的整个文化，广博是宽广博大，精微是精深到极点，微妙到不可思议的境界。南怀瑾先生在《老子他说》前言中说道，道家学术在开创基业和拨乱反正的机运上，具有最重要的价值，我们不可不知。道家的创始人老子和集大成者庄子虽然生活在遥远的古代，但他们玄思宇宙、洞彻社会与人生而提出的将天地人有机地统一起来，即“人法地，地法天，天法道，道法自然”的伦理学说，犹如深山古刹中一架巨钟的撞击声，仍能产生苍劲、肃穆却又十分洪亮的回响，震撼山林、响彻云霄，令现当代人的道德心灵亦不能不受到惊动，产生强大的警世作用。“道家最大特色，在撇却卑下的物质文化，去追寻高尚的精神文化，在教人离开外生活以完成其内生活。此种见解，当时最流行之儒墨两家皆不如此说，而实为道家所独有。”① 尽管历史奔流动荡，政治纷争此消彼长，但都无法消融那些与人的安身立命和超越升华相关联的伦理道德智慧，无法消解道家伦理思想精华的不尽影响。诚然，沧海桑田，时代变迁，人类的伦理道德与物质文明一样已经发生了并将继续发生深远而深刻的变化，一些过去被认为是真理的道德观念今天也许已成为谬误，但是，人类的伦理道德毕竟是同人相关联并属于人的伦理道德，人之为人不仅有其独特的一面，而且有其共同的一面。每一个人既是个体的存在物又是社会的存在物，每一代人都

① 梁启超：《先秦政治思想史》，商务印书馆，2016，第133页。

是站在前一代人文明成果的基点上再前进的，而且面临的人生问题也有许多共同之处，所以人类对伦理道德的需要无不具有共同性，人类道德生活在升迁变异的同时自会有其相对的稳定性和共有性，“变而不失其常”，“动而不失其恒”。也许正因为如此，某些伦理道德才有代代相传的必要，伦理道德传统才能得以形成。事实上，人类道德生活数千年来的发展演变淘汰的是那些与道德生活的共相无关的东西，保留和承传的是那些带有常理和公则的因素。道家伦理思想所尊崇的“道”恰恰是世世代代人们所需要的常理和公则，它为任何一个人所独有但同时又可以为任何一个人所分有，讲究它不仅不会使自己失去什么相反还会使自己得到更多，而这种得到却又必然地构筑在他人得到的基础上。只要人类有一个身心灵肉的关系需要处理，有一个人我己群的关系需要协调，有一个保有生命和超越生命的问题需要解决，那么道家伦理道德思想就总会有人赞同和欣赏，并不时地被人们所提起、所珍视。道家伦理道德思想既是崇高伟大的，又是深邃富实的，永远不会被完全采掘干净，也许还会如同其所尊崇的“道”一样，越开采越富有，越发掘越丰厚。“如果认为在这类著作里除了已被肯定被条理化的事实和思想之外一无所有，那就大错特错了。”只要人们结合自身的经历和问题细细地阅读品味道家著作，“回到这些原始资料所受的精神鼓舞是什么也比不上的”①。畅销书作家韦恩·戴尔博士在用一年时间研读完《道德经》全书 81 个章节后，将中国传统经典所蕴含的智慧和美国百姓的日常生活联系起来，写出了《改变思想、改变生活——老子智慧的现代启迪》（*Change Your Thoughts*, *Change Your Life*: *Living the Wisdom of the Tao*）一书，将《道德经》演绎为一部可运用于日常生活、追求平和幸福生活的

① ［美］萨顿：《科学的生命》，刘珺珺译，商务印书馆，1987，第 41 页。

宝典，在美国掀起了一阵《道德经》热。[①] 此外，在德国、法国、英国、日本、澳大利亚都有一批崇尚道家伦理道德思想及其智慧成果的人士，他们觉得道家伦理道德思想及其智慧成果是现当代人最为需要的精神财富。

诚然，道家伦理道德思想本身也不无偏蔽和错谬之处，在历史的演进和发展过程中确也产生过许多消极落后的伦理效应，比如因鄙弃狭隘功利主义而崇尚虚无，因批判社会弊端而愤世嫉俗，走向悲观，因强调意志自由而忽视正确处理人际关系的必要，因痛恨文明的异化而否定科学文化的价值。凡此种种，都说明了道家伦理道德思想有其自身不可避免的理论局限性或消极因素，需要我们运用马克思主义的立场观点和方法予以实事求是的批判性分析，予以去粗取精、去伪存真的批判性扬弃。当代中国正在进行以中国式现代化全面推进中华民族伟大复兴的宏伟事业，也正在建设与中国式现代化相适应并引领其发展的中华民族现代文明和人类文明新形态，中华民族现代文明和人类文明新形态的建设与建构，本质上不是文明的断裂而是文明的传承和创造性发展。诚如习近平总书记所指出的，“中华文明延续着我们国家和民族的精神血脉，既需要薪火相传、代代守护，也需要与时俱进、推陈出新。要加强对中华优秀传统文化的挖掘和阐发，使中华民族最基本的文化基因与当代文化相适应、与现代社会相协调，把跨越时空、超越国界、富有永恒魅力、具有当代价值的文化精神弘扬起来。要推动中华文明创造性转化、创新性发展，激活其生命力，让中华文明同各国人民创造的多彩文明一道，为人类提供

① 李亚芬、董晓波：《〈道德经〉英译：从救世良药到文明互鉴》，《中国社会科学报》2023年11月16日。

正确精神指引”[①]。为了更好地建设中华民族现代文明和人类文明新形态，我们需要传承和弘扬中华文明富含活力的文化精神，推动中华文明的生命更新和现代转型，弘扬中华民族守正而不守旧、尊古而不复古的进取精神，在将马克思主义与中华优秀传统文化相结合的过程中不仅实现马克思主义时代化中国化的新的飞跃，而且促使中华优秀传统文化实现从传统到现代的跨越，书写中华文明“历久弥新”的时代篇章。只要我们坚持科学的方法论原则，密切结合现当代伦理文化建设的实际，我们就一定能激浊扬清、革故鼎新，发掘中华优秀传统文化包括儒家、道家、佛家以及墨家、法家、兵家、农家等各家各派伦理道德思想的合理因素，并使之为建构中华民族现代文明和人类文明新形态服务！

① 中共中央党史和文献研究院编：《习近平关于中国式现代化论述摘编》，中央文献出版社，2023，第280-281页。

参考文献

一、马克思主义经典著作

［1］马克思. 政治经济学批判（1857—1858年手稿）［M］//马克思恩格斯文集：第8卷. 北京：人民出版社，2009.

［2］恩格斯. 自然辩证法［M］//马克思恩格斯文集：第9卷. 北京：人民出版社，2009.

［3］毛泽东. 中国革命和中国共产党［M］//毛泽东选集：第2卷. 北京：人民出版社，1991.

［4］毛泽东. 别了，司徒雷登［M］//毛泽东选集：第4卷. 北京：人民出版社，1991.

［5］邓小平. 振兴中华民族［M］//邓小平文选：第3卷. 北京：人民出版社，1992.

［6］江泽民. 共同创造一个和平繁荣的新世纪［M］//江泽民文选：第3卷. 北京：人民出版社，2006.

［7］胡锦涛. 携手推动两岸关系和平发展，同心实现中华民族伟大复兴［M］//胡锦涛文选：第3卷. 北京：人民出版社，2016.

［8］习近平. 习近平谈治国理政：第1-4卷［M］. 北京：外文出版社，2018-2022.

［9］习近平. 论坚持推动构建人类命运共同体［M］. 北京：中央文献出版社，2018.

二、道家道教经典及研究性著作

［1］王弼注，楼宇烈. 老子道德经注［M］. 北京：中华书局，2011.

［2］河上公，杜光庭，等. 道德经集释：上下［M］. 北京：中国书店，2015.

［3］魏源. 老子本义［M］//诸子集成（三）. 北京：团结出版社，1996.

［4］朱谦之. 老子校释［M］. 北京：中华书局，1984.

［5］陈鼓应. 老子注译及评介［M］. 北京：中华书局，2009.

［6］张松如. 老子校读［M］. 长春：吉林人民出版社，1981.

［7］唐玄宗，宋徽宗，明太祖，清世祖. 《老子》御批点评［M］. 刘韶军，点评. 长沙：湖南人民出版社，1997.

［8］任继愈. 老子新译［M］. 上海：上海古籍出版社，1985.

［9］王垶. 老子新编译解［M］. 沈阳：辽宁古籍出版社，1995.

［10］高明. 帛书老子校注：上下册［M］. 北京：中华书局，2020.

［11］杨润根. 老子新解［M］. 北京：中国文学出版社，1994.

［12］古棣. 老子校诂［M］. 长春：吉林人民出版社，1998.

［13］憨山德清. 老子道德经解［M］. 北京：中华书局，2020.

［14］南怀瑾. 老子他说［M］. 上海：复旦大学出版社，2019.

［15］王中江. 老子［M］. 北京：国家图书馆出版社，2017.

［16］许啸天. 老子［M］. 北京：光明日报出版社，1995.

［17］杨国荣. 老子讲演录［M］北京：中国人民大学出版社，2021.

［18］陈鼓应，白奚. 老子评传［M］. 南京：南京大学出版社，2002.

［19］孟欣，天厚. 老子哲学与人生智慧［M］. 青岛：青岛出版社，2006.

［20］杨先举. 老子与企业管理［M］. 北京：中国人民大学出版社，1994.

［21］裘锡圭. 老子今研［M］. 上海：中西书局，2021.

［22］牟宗鉴. 老子新说［M］. 北京：商务印书馆，2021.

［23］戴建业. 戴建业精读老子［M］. 上海：上海文艺出版社，2019.

［24］雪漠. 老子的心事：1-4 辑［M］. 北京：中国大百科全书出版社，2017.

［25］王邦雄. 老子的哲学［M］. 台北：东大图书股份有限公司，1983.

［26］王博. 老子思想的史官特色［M］. 台北：文津出版社，1993.

［27］张松辉. 老子研究［M］. 北京：人民出版社，2009.

［28］文达三. 老子新探［M］. 长沙：岳麓书社，1990.

［29］刘笑敢. 老子：年代新考与思想新诠［M］. 台北：东大图书股份有限公司，1997.

［30］刘笑敢. 老子古今：五种对勘与析评引论［M］. 北京：中国社会科学出版社，2006.

［31］宣颖. 南华经解［M］. 广州：广东人民出版社，2008.

［32］郭庆藩. 庄子集释：全三册［M］. 北京：中华书局，2004.

［33］陈鼓应. 庄子今注今译［M］. 北京：中华书局，1983.

［34］张松辉. 庄子译注与解析［M］. 北京：中华书局，2011.

［35］王景琳，徐匋. 庄子的世界［M］. 北京：中华书局，2019.

［36］林光华. 放下心中的尺子：《庄子》哲学 50 讲［M］. 北京：中国人民大学出版社，2019.

［37］李大华. 庄子的智慧［M］. 北京：北京大学出版社，2019.

［38］范忠信，袁坚. 白话庄子［M］. 北京：中国广播电视出版社，1992.

［39］崔大华. 庄学研究［M］. 北京：人民出版社，1992.

［40］蒋锡昌. 庄子哲学［M］. 成都：成都古籍书店，1988.

［41］徐克谦. 庄子哲学新探［M］. 北京：中华书局，2005.

［42］王博. 庄子哲学［M］. 北京：北京大学出版社，2004.

［43］张恒寿. 庄子新探［M］. 武汉：湖北人民出版社，1983.

［44］刘笑敢. 庄子哲学及其演变［M］. 北京：中国社会科学出版社，1988.

［45］严灵峰. 老庄研究［M］. 台北：中华书局，1979.

［46］叶海烟. 老庄哲学新论［M］. 台北：文津出版社，1997.

［47］崔大华. 道家与中国文化精神［M］. 郑州：河南人民出版社，2003.

［48］黄钊. 道家思想史纲［M］. 长沙：湖南师范大学出版社，1991.

［49］葛荣晋. 道家文化现代文明［M］. 北京. 中国人民大学出版社，1991.

［50］赵有声，等. 道家及道教的关系及人生理想［M］. 北京：国际文化出版公司，1988.

［51］公木，邵汉民. 道家哲学［M］. 长春：长春出版社，2007.

［52］胡哲敷. 老庄哲学［M］. 上海：中华书局，1935.

［53］钱穆. 老庄通辨［M］. 台湾：东大图书股份有限公司，1991.

［54］陈鼓应. 道家文化研究［M］. 北京：三联书店，1999.

［55］方东美. 原始儒家道家哲学［M］. 台北：台北黎明文化事业公司，1983.

［56］李霞. 生死智慧：道家生命观研究［M］. 北京：人民出版社，2004.

［57］林语堂. 圣哲的智慧［M］. 西安：陕西师范大学出版社，2002.

［58］张湛. 列子注［M］//诸子集成（三）. 北京：团结出版社，1996.

［59］陈鼓应. 黄帝四经今注今译：马王堆汉墓出土帛书［M］. 北京：商务印书馆，2007.

［60］胡家聪. 稷下争鸣与黄老新学［M］. 北京：中国社会科学出版社，1998.

［61］刘文典. 淮南鸿烈集释［M］. 北京：中华书局，2017.

［62］卿希泰. 中国道教史［M］. 成都：四川人民出版社，1996.

［63］徐兆仁. 仙道正传［M］. 北京：中国人民大学出版社，1992.

［64］王明. 太平经合校［M］. 北京：中华书局，2014.

［65］葛洪. 抱朴子内篇校释［M］. 王明，校. 北京：中华书局，2021.

［66］杨明照. 抱朴子外篇校笺［M］. 北京：中华书局，1991.

［67］王明. 无能子校注［M］. 北京：中华书局，1981.

［68］谭峭. 化书［M］. 丁贞彦，李似珍，点校. 北京：中华书局，2002.

［69］王宗昱. 阴符经上下册［M］. 北京：中华书局，2019.

［70］张君房. 云笈七签［M］. 李永晟，点校. 北京：中华书局，2003.

［71］张继禹. 中华道藏：全四十九册［M］. 北京：华夏出版社，2015.

［72］许地山. 道教史［M］. 北京：商务印书馆，2015.

［73］朱越利. 道藏说略［M］. 北京：北京联合出版公司，2019.

［74］王明. 道家和道教思想研究［M］. 北京：中国社会科学出版社，1984.

［75］郑开. 道家形而上学研究［M］. 北京：宗教文化出版社，2003.

［76］傅佩荣. 儒道天论发微［M］. 北京：中华书局，2010.

［77］卿希泰. 道教与中国传统文化［M］. 福州：福建人民出版社，1992.

［78］徐兆仁. 道教与超越［M］. 北京：中国华侨出版公司，1991.

［79］李刚. 劝善成仙：道教生命伦理［M］. 成都：四川人民出版社，1994.

［80］刘仲宇. 中国道教文化透视［M］. 上海：学林出版社，1990.

三、中国哲学文化研究著作

［1］梁漱溟. 东西文化及其哲学［M］. 上海：上海人民出版社，2015.

［2］胡适. 中国哲学史大纲［M］. 北京：中华书局，2018.

［3］熊十力. 新唯识论［M］. 上海：上海古籍出版社，2018.

［4］冯友兰. 中国哲学史新编：上中下［M］. 北京：人民出版社，1998.

［5］冯友兰. 中国哲学简史［M］. 北京：北京大学出版社，1985.

［6］冯友兰. 贞元六书：上下［M］. 上海：华东师范大学出版社，1996.

［7］冯友兰. 人生哲学［M］. 桂林：广西师范大学出版社，2005.

［8］张岱年. 中国哲学大纲［M］. 北京：商务印书馆，2015.

［9］贺麟. 文化与人生［M］. 北京：商务印书馆，2015.

［10］郭沫若. 十批判书［M］. 北京：中国华侨出版社，2008.

［11］北京大学哲学系. 中国哲学史［M］. 北京：商务印书馆，1995.

［12］复旦大学哲学系. 中国古代哲学史［M］. 上海：上海古籍出版社，2020.

［13］肖萐父，李锦全. 中国哲学史：上下卷［M］. 北京：人民出版社，1982.

［14］郭齐勇. 中国哲学史［M］. 北京：高等教育出版社，2006.

［15］郭齐勇. 中国哲学通史：10 卷［M］. 南京：江苏人民出版社，2021.

［16］钱穆. 中国思想史［M］. 北京：九州出版社，2013.

［17］侯外庐. 中国思想史纲［M］. 上海：上海书店，2004.

［18］侯外庐. 中国思想通史［M］. 北京：人民出版社，1956.

［19］葛兆光. 中国思想史：共 3 卷［M］. 上海：复旦大学出版社，2013.

［20］钱新祖. 中国思想史讲义［M］. 北京：人民出版社，2021.

［21］司马云杰. 中国精神通史：第一卷［M］. 北京：华夏出版社，2016.

［22］柳诒徵. 中国文化史：上中下［M］. 北京：中国书籍出版社，2022.

［23］冯天瑜，何晓明，周积明. 中国文化史［M］. 上海：上海人民出版社，2005.

［24］萧公权. 中国政治思想史［M］. 北京：新星出版社，2010.

[25] 唐庆增. 中国经济思想史 [M]. 北京：商务印书馆，2010.

[26] 胡寄窗. 中国经济思想史 [M]. 上海：上海人民出版社，1962.

[27] 李中华. 中国人学思想史 [M]. 北京：北京出版社，2005.

[28] 郑师渠，史革新. 历史视野下的中华民族精神 [M]. 广州：广东人民出版社，2014.

[29] 郑晓江. 中华民族精神之源 [M]. 南昌：江西人民出版社，1992.

[30] 乔长路. 中国人生哲学 [M]. 北京：中国人民大学出版社，1990.

[31] 蔡元培. 中国伦理学史 [M]. 北京：商务印书馆，2010.

[32] 张岱年. 中国伦理思想研究 [M]. 南京：江苏教育出版社，2009.

[33] 张岱年. 中国伦理思想发展规律的初步研究 [M]. 北京：科学出版社，1957.

[34] 朱伯崑. 先秦伦理学概论 [M]. 北京：北京大学出版社，1984.

[35] 朱贻庭. 中国传统伦理思想史 [M]. 上海：华东师范大学出版社，1989.

[36] 沈善洪，王凤贤. 中国伦理思想史：上中下 [M]. 北京：人民出版社，2005.

[37] 陈瑛. 中国伦理思想史 [M]. 长沙：湖南教育出版社，2004.

[38] 陈少锋. 中国伦理学史新编 [M]. 北京：北京大学出版社，2013.

[39] 罗国杰. 中国伦理思想史 [M]. 北京：中国人民大学出版社，2008.

[40] 樊浩. 中国伦理精神的历史建构 [M]. 南京：江苏人民出版社，1992.

[41] 王泽应. 伦理学原理 [M]. 北京：中国人民大学出版社，2021.

[42] 魏英敏. 新伦理学教程 [M]. 北京：北京大学出版社，2002.

[43] 甘绍平. 应用伦理学前沿问题研究 [M]. 南昌：江西人民出版社，2004.

[44] 何怀宏. 生态伦理：精神资源与哲学基础 [M]. 保定：河北大学出版社，2002.

[45] 邱仁宗. 生命伦理学 [M]. 上海：上海人民出版社，1987.

四、海外其他研究文献

[1] 康德. 康德历史哲学论文集 [M]. 李明辉，译注. 桂林：广西师范大学出版社，2020.

[2] 黑格尔. 历史哲学 [M]. 王造时，译. 上海：上海书店出版社，2006.

[3] 尼采. 权力意志：重估一切价值的尝试 [M]. 张念东，凌素心，译. 北京：商务印书馆，1993.

[4] 马韦伯. 儒教与道教 [M]. 王容芬，译. 北京：商务印书馆，2003.

[5] 海德格尔. 路标 [M]. 孙周兴，译. 北京：商务印书馆，2000.

[6] 海德格尔. 存在与时间 [M]. 陈嘉映，王庆节，译. 北京：三联书店，2006.

[7] 雅斯贝尔斯. 论历史的起源与目标 [M]. 李雪涛，译. 上海：华东师范大学出版社，2018.

[8] 滕尼斯. 共同体与社会 [M]. 张巍卓，译. 北京：商务印书馆，2019.

[9] 罗素. 罗素文集 [M]. 晏成书，等译. 北京：商务印书馆，2012.

[10] 舒马赫. 小的是美好的 [M]. 虞鸿钧，等译. 北京：商务印书馆，1984.

[11] 李约瑟. 中国科学文明史 [M]. 上海交通大学科学史系，译. 上海：上海人民出版社，2014.

[12] 李约瑟. 中国科学技术史 [M]. 袁翰青，等译. 北京：科学出版社，2018.

[13] 斯特恩斯，等. 全球文明史：上下 [M]. 赵轶峰，等译. 北京：中华书局，2006.

[14] 乔治·萨顿. 科学的生命 [M]. 刘珺珺，译. 上海：上海交通大学出版社，2007.

[15] 福格特. 生存之路 [M]. 张子美，译. 北京：商务印书馆，1981.

[16] 佩奇. 世界的未来：关于未来一百页 [M]. 王肖萍，蔡荣生，译. 北京：中国对外翻译出版公司，1985.

[17] CAPRA F. Uncommon wisdom, conversations with remarkable people [M]. New York: Simon & Schuster, 1988.

[18] WRIGHT F L. The future of architecture [M]. New York: Bramhall House, 1953.

[19] TONG T B. Science and technology in China [M]. London: Longman, 1984.

[20] ROLSTON H. Environmental ethics: duties to and values in the natural world [M]. Philadelphia: Temple University Press, 1988.

[21] REGAN T. All that dwell therein: essays on animal rights and environmental ethics

[M]. Berkeley: University of California Press, 1982.

[22] DESJARDINS J R. Environmental ethics: an introduction to environmental philosophy [M]. Cambridge: Wadsworth Publishing Company, 1992.

[23] SHAW B. A virtue ethics approach to Aldo Leopold's land ethic [J]. Environmental Etics, 1997, 19 (1): 51-53.

[24] WONG D B. Natural morality: a defence of pluralistic relativism [M]. New York: Oxford University Press, USA, 2006.

[25] HINTON D. The four Chinese classics: Tao Te Ching, Analects, Chuang Tzu, Mencius [M]. Berkeley: Counterpoint Press, 2013.

[26] GRAHAM A C. Disputers of the Tao: philosophical argument in ancient China [M]. Chicago: Open Court Press, 1989.

[27] SCHWARTZ B I. The world of thought in ancient China [M]. Cambridge: Harvard University Belknap Press, 1985.

[28] MUNRO D J. Individualism and holism: studies in Confucian and Taoist values [M]. Ann Arbor: University of Michigan, 1985.

[29] CHAN W-T. The way of Lao Tzu [M]. New York: Macmillan Publishing Company, 1963.

[30] TAYLOR P. Respect for nature: a theory of environmental ethics [M]. Princeton: Princeton University Press, 1986.

[31] CALLICOTT J B. Earth's insights: a survey of ecological ethics from the Mediterranean basin to the Australian outback [M]. Berkeley: University of California Press, 1994.

[32] MACINTYRE A. After virtue [M]. 2nd ed. South Bend: University of Notre Dame Press, 1984.

[33] WALZER M. Spheres of justice [M]. New York: Basic Book, 1983.

初版后记

道德五千句句真，
静观巧妙自生春。
几回笑指通幽处，
数点梅花天地心。

——王全启《道乡集》

好像应该有个结尾，却不知应该结在何处。自以为写出来的是道家伦理思想精华，但心中的那份惶惶然使我实在不敢以“精华”相称。这其中的缘故一则是自己学识浅陋、思维平庸，一则是所研读的著作和研究的对象博大精深、玄奥无穷。道家思想自古被人们誉为玄学，中国“三玄”（《老子》《庄子》《周易》），道家居其二。道家是拨乱反正之学，也是变中求常之学。南怀瑾先生在《老子他说》一书中认为，每当社会转型、变革或动乱之际，三玄之学就会特别受欢迎。“道家的文化思想，包括了中国上下五千年的整个文化。”它不仅综罗百代，而且广博精微。正因为如此，尽管我在研读写作过程中多有击掌叫绝、连连称妙的举动，灵魂似乎也受到了一次全面的洗礼和改造，好像庄周化蝶一般沉入所研究的对象之中不知有我，亦如濠上观鱼般每每自得其乐，然而毕竟自己的玄思和悟性既无超拔之升腾，亦无穿透之力度，故常有搜索枯肠实难及其万一之恨疚，穷极才能亦难观其奥旨之无奈。好在道家一贯以宽大包容为怀，善待大河亦不弃小川，故人皆可以悟道，虽然悟道者有深浅程度之不同。“不善人者，善人之资。”倘然拙著的不善之处能够成为那些尊道贵德的“善人之资”，那既是笔者的希冀之所在，更是拙著的荣幸。

20 世纪 80 年代中期，我在北京大学哲学系攻读伦理学硕士学位，有幸听过陈鼓应先生开设的老庄哲学课。当时一方面为道家思想的幽玄奥妙而叹服，另一方面却每每产生望而生畏的感觉，以为欲与道家思想对话的必是悟道体道之人。时光过去了将近十年，这种感觉至今仍依稀可寻。直到去年冬天接受“道家伦理道德精粹”一书的写作任务，通过苦读冥思，方才悟出“大道推求本不难，学人毕竟志非专”的深刻意义。当我带着 20 世纪 90 年代特有的困惑以及对当今社会世道人心诸多不解的心态跨进道家思想的大门时，仿佛有一股清新之风迎面吹来，发现此处的精神天空竟是那般的旷远清明，不由得心旷神怡、乐不思蜀。随着领略的加深，越发被其无以言说的景色所陶醉。过去曾有过的种种猜想又怎么能同这种长久地流连徜徉于其中的感受相提并论呢？我深刻且坚执地认为，道家是属于全人类的，人类是需要道家思想的。过去我们对道家思想研究不少但误解也不少。我由衷地渴盼会有更多的人来开掘道家伦理思想这座取之不竭的宝库。人类不需要太多的道士，但人类需要“为而不恃，功成而弗居”的尊道贵德之士，越多越好。当代市场经济的发展呼唤“既以为人己愈有，既以与人己愈多”的价值理念，呼唤“物我为一”“知足知止”的伦理环境，更呼唤“以百姓心为心”的治政方略……一言以蔽之，道家伦理思想并没有离我们远去，我们今天需要道家伦理思想的程度丝毫不亚于历史上任何一个时代。只要我们运用科学的方法，坚持正确的原则，我们就能够使道家伦理思想继续有益于世道人心，服务人类。

本书的写作，得到唐凯麟教授的悉心指导和帮助，湖南大学出版社的领导和责任编辑不仅给予热心的关怀并付出了辛勤的劳动，师恩友情，在此谨表衷心的谢忱！

王泽应

1996年3月于长沙岳麓山下

后　记

2020年夏季的某个周末，湖南大学出版社的领导约请唐凯麟、张怀承和我三位《中国传统伦理道德文化丛书》原作者到出版社商谈丛书的修订工作，及申报国家出版基金项目等事宜。当时我们三人觉得很有必要，而且经过这么多年的学术研究，我们自认为现在的认识和理解能力较之二十五年前还是有一些提高，于是就愉快地应承下来了。2021年该项目入选“十四五”时期国家重点出版物出版专项规划项目，2024年获国家出版基金资助，被纳入出版社重点出版项目。

我抱着严肃的态度并在道家“自知论”指导下审读自己在二十五年前写的《自然与道德——道家伦理道德精粹》原稿，心情可谓一忧一喜。一忧是对有一些原著的理解和解说还存在不够准确、不够精当之处，框架结构还不够完善、系统和深刻，一些观点或有过度发挥或有不及的地方，对道家和道教思想形成发展与演变的线索和轨迹的介绍也有疏漏或不够详尽之处。凡此等等，都说明了原稿的不足，质量和水平有待提升。一喜是原稿的一些观点表述、材料阐释，史论结合，史思并重，特别是着眼于中国传统伦理思想史，分别对早期儒墨道法四大家、中后期儒释道三家思想进行了整体性把握和比较分析，还有初步或朦胧的关于中国传统伦理思想现代化转化以及推陈出新和服务现实道德生活的论述，这给了我很大的学术理论自信，现在我要在此基础上作超越性的升华和重构性的架设。这一忧一喜的矛盾性存在于如何处理原稿和修订版之间的关系，这给我造成了一定的心结，特别是自我超越方面的瓶颈。不好好修改，好像难以证明修订的价值甚或必要性，好好修改得有一番学术上的自我反省和自我检讨的工夫，那是需要弘扬道家的真精神甚或是如同古希腊哲学家苏格拉底知道自己的无知的勇气的。我知道，道家伦理思想具有鲜明的批判意识和反省精神，但是道家伦理思想的鲜明批判意识和反省精神恰恰是建立在清醒而深刻的理性致思基础上，并以整体朝向道体作为前提的，而且是以“玄览”“静观”以及文约旨畅、言迩教圆、慧深思远为标志的。我是不是必然地超越了二十五年前的认识水平和思维境界，我自己本身也是不敢说“是”或者说“不是”的。于是，我只能在不断反刍中寻找攀越或超越自己的基点，只能在“因便但观”“再寻较之”和“用神盘桓其书久之”（明太祖《道德真经序》）中体察来自内在心灵的呼唤，将学道的工夫与体道的悟性、修道的定力和思道的智慧串联起来，边读边改，边改边审视，边审视边复归，总算勉强亦且是适意地完成了修改稿的写作任务。

修订版对原稿的框架作出了整体性的调整：增写了“道家经济伦理的价值取向”一章，由原八章变为九章的结构；将原第三章改为“道家道德观的理论致思”，强化了道家道论、德论和道德论的内容及其建树。然后集中论述了道家个人伦理、生命伦理、经济伦理、政治伦理、生态伦理五大方面的思想；最后总结和评价了道家伦理智慧的独特神韵。这样的安排使结构体系较之第一版显得更加合理也更加圆融。如果说前三章是对道家思想和伦理道德思想的整体性介述和基础研究，那么第四至第八章则分述了道家个人伦理、生命伦理、经济伦理、政治伦理和生态伦理思想，揭橥出道家伦理思想的主要内容及其特色，最后一章及结束语既是对全书的理论总结，也富含着对道家伦理道德思想现代价值的开掘与展望。修订版的修改完善，除了框架体系的调整外，还体现在具体内容的阐释以及观点的总结、评价方面，引用和吸收了自 2000 年以来道家和道教研究的系列重要成果，并将这些新世纪道家和道教研究的重要成果纳入“参考文献”，从而使“参考文献”相对更加全面和系统。修订版的修订字数已经超过十万字。

此次修改，得到了湖南大学出版社李文邦社长、王和君总编辑以及相关责任编辑等的精心指导、大力支持和高水平的编辑审校，他们对弘扬和振兴中华学术文化所持的敬业精神和执着态度，尤其是其视野、胸次和性灵等方面的突出优势，提升了本书的高度、深度和广度。此等学缘友情，怎一个“谢”字了得?!

还有不得不提及的重要一点便是，原丛书是在我敬爱的导师唐凯麟教授主编下完成的。当时的唐凯麟先生体健心怡，精神气质绝对超拔群伦，而且他对儒释道三家都有深刻的识见、精湛的研究，特别是对三家定性定位尤为精准。跟着唐凯麟老师撰写《道家伦理道德精粹》一书的幸福岁月依稀就在昨天。但是天不假人，我敬爱的唐凯麟老师于 2023 年 1 月 13 日因感染新冠病毒不幸离世，离开了他忠诚的国度和献身的学术界。唐凯麟老师不仅主编《中国传统伦理道德文化丛书》，亲自写作了丛书总论“正确对待中国传统伦理道德文化”，还与张怀承教授合写了《成人与成圣——儒家伦理道德精粹》一书，为该丛书的出版问世作出了重大贡献。该丛书也是我们湖南师范大学以唐凯麟教授为代表的伦理学研究团队的标志性成果，出版以后受到学术界的一致好评。2020 年，湖南大学出版社领导决定出版丛书修订版时，唐凯麟老师也是信心满满，谆谆告诫张怀承教授和我一定要珍惜这份信任，把握这次机会，争取修订版再上一个台阶，为伟大祖国的文化事业和中华伦理文明的传承与弘扬作出自己的贡献。他多次讲道，也许我们出了很多书，但是能够有一两本书经得起学术界的检验和时间的筛选，多少年以后还有人想读，能从中受益，那是极为难得的。他希望张怀承教授和我有这种学术价值追求和学术使命感，争取使我们的修订版成为名作，他自己也愿意为此再贡献力量和智慧。但是，令我们不胜悲痛的是，他竟于我们修订版写作关键时刻离我们而去，致使我们失去了一位受人尊敬的好师长、好主编。尽管我们也可以向书本学习、向同行请教，然而要想得到"诲人不倦"的恩师的教导与指正，对于张怀承教授和我而言是再也不可能了。"学有难题可问谁"的憾疚再也无法填补，于一个学术成长在路上的学人而言又是多么令人撕心裂肺，痛断肝肠！

在今年上半年许多写作修订版的日日夜夜，我一直都沉浸在对恩师唐凯麟教授的回忆和缅怀之中。我虽然不是唐老师最得意的学生，但是唐老师却是我最好的老师。他对我的学术指导与扶持，真的是恩重如山，无以回报。《论语·子罕》"颜渊喟然叹曰：'仰之弥高，钻之弥坚；瞻之在前，忽焉在后！夫之循循然善诱人，博我以文，约我以礼。欲罢不能，既竭吾才，如有所立卓尔。虽欲从之，末由也已'"。颜渊对孔子学问人格的这一段发自肺腑的钦佩与礼赞之语，恰好也是我对唐老师想要说的心里话。每每想到唐老师几十年来对我的教育和栽培之恩，就有一种"教我惭愧，催我自新"的力量从心底涌出。它不断地激励和提醒我，一定要尽己所能地研究学问、提升自己，要为建构中国自主的伦理学知识体系贡献一份力量。我也正是带着这样一种意识和使命感投入对《道家伦理道德精粹》一书的修改完善之中，"俯而读，仰而思。直得则识之，或中夜起坐"

（《宋史·张载传》），秉笔直书，终于完成了修订版的撰写工作。

道家以“道似海”的设喻告诫世人，“道”是很难真正被世人所认知的，人们只有凭借对“道”的尊崇而形成的“德”才可以认识“道”的一部分。故此也可以说人人是既可以认识“道”又不能完全认识“道”的。唯其如此，“道”才是“玄之又玄”的“众妙之门”，“德”才是“生而不有，为而不恃，长而不宰”的“玄德”……

王泽应

2024 年 8 月 20 日

于长沙岳麓山下景德楼